岩波現代文庫／学術 396

過労死・過労自殺の現代史

働きすぎに斃れる人たち

熊沢 誠

岩波書店

私は歴史の流れるのをみていた。あれは、私の歴史だったのだ。
すべては、私の身に起こっているのだ。
（シモーヌ・ド・ボーヴォワール『他人の血』佐藤朔訳、新潮文庫）

目　次

一章　過労死・過労自殺——ありふれた職場のできごと

1節　ある証券マンの過労死

「東の横綱」の献身

今からおよそ二〇年前の一九九〇年一〇月二〇日、ひとりの証券マン、二六歳の亀井修二が社員旅行の宿泊先において急性心不全で死亡した。

亀井は、八七年春、近畿大学を卒業し、野村證券の系列に属するエース証券に入社して、顧客開発を中心とする証券外務に携わっていた。文字どおり精鋭営業マンであった。早くも八八年には、会社の決める顧客からの「ヤング預かり資産番付表」では、「横綱」欠番のため事実上トップの「東の関脇」であり、翌年には「東の横綱」となる。死の直前、九〇年四～九月期の「営業量」をみれば、預かり資産は一八億六三一〇万円で同期生の平均業績の実に二・五倍、株式手数料は三二〇四万円で同じく三・六倍、投資信託募集額は一億二一二万円で同じく三・二倍であった。

当然のことながら亀井の働きぶりはすさまじいものだった。定時の勤務は八時四〇分から一七時までであるが、亀井はふつう、六時五〇分には出社し二二時頃までは働いた。零時すぎ帰宅も休日出勤もしばしばある。そんな亀井のがんばりを会社は「証券マンの模範」として推奨してやまず、社内報の号外は「亀井君、一億円突破!!」などと大々的に報じたものである。その会社の作成した「新入社員研修資料」は、次のように「亀井君の一日」を記している。そうした「ふつうの一日」、拘束《こうそく》労働時間は一五時間強にも及ぶ。

- 六時五〇分〜七時一〇分——顧客へ新聞を送付し、『日経新聞』を読む
- 八時一〇分まで——海外市況をみて、必要ならばすぐに電話外交を開始し、プライヴェート・レターを書き、資料を送付する
- 八時四〇分まで——電話外交
- 九時まで——本店第一営業部の朝のミーティング
- 一一時まで——約一〇〇件の電話外交
- 一三時まで——受け渡し業務、周辺外交、昼食(とれないことも多いという)
- 一五時まで——約一〇〇件の電話外交
- 一九時まで——訪問外交(新規開拓、募集、「カネ入れ営業」を中心とする)
- 二二時まで——「自主時間」、一日のまとめ＋アルファー(「外交ノート」のまとめ、プライヴェート・レター書き、その他資料作成など)

長時間労働ばかりではない。亀井は意欲と迫力に満ちた営業活動を積極的に展開していた。たとえば、顧客がそれを契約条件とするならば必死で一升の酒を飲み干したり、顧客宅の門前で早朝ごとに何日も立ちつくして資産預かりを依頼したりした。そのうえ、亀井は早くも八八年末には、会社に見込まれて新入営業マン研修の講師を務めるようになる。講師は、後輩がノルマを達成できなければ「指導責任」を問われさえする立場であり、その心労は営業活動そのものに勝るほどであったという。

このような働きかたに対して、では亀井はどのように報われていただろうか。九〇年九月、亀井の賃金支給総額は約三八万円、租税、社会保険料控除後の手取りは三一万円強であった。うち基本給は一六・二万円。若干の諸手当のほかに営業手当一・五万円、高い業績に対する「報奨金」一〇万円強がつくものの、時間外手当はゼロである。すなわちここはまったきサービス残業の界隈《かいわい》であった。

一万〜三万円ほどの営業手当のかわりに労働時間に相当する残業代を支払わないのは、日本企業の営業の世界にしばしば見受けられる通弊である。会社は「報奨金」があると弁明するかもしれないが、すぐれて「成果給的」ともいえるこのシステムが、後の多くの事例にみるように、広義の営業マンをひたすら「ノルマ必達」に奔走させる梃子《てこ》のひとつであることはいうまでもない。とはいえ、『賃金構造基本統計調査』によれば、九一年六月の男子・ホワイトカラー・大学卒・二五〜二九歳層の（所定労働時間に見合う）所定内給与額の平均は二三万円弱、残業手当をふくむ「決まって支給する現金給与額」は平均二七・九万円であった。

相対的に高賃金業種の証券業界ではあるとはいえ、会社の要請におそらくは過剰に適応した亀井の懸命の労働に対する報酬は、その基本給の低さにもかかわらず、手取り収入では当時の同等の若手サラリーマンの水準をはるかに凌駕《りょうが》するほどであったということはできよう。

挫折――過労死認定のプロセス

一九九〇年一〇月一日、前月からの漸次的な低落に続いて、株価がついに大暴落した。バブル崩壊のはじまりを告げるこの株価の低迷と暴落は、顧客から委託されている株券の含み損による保証金の評価を大幅に目減りさせるゆえに、これに対応して追加で差し入れてもらう保証金、つまり「追証」をとることに、証券マンはいっそう平身低頭の顧客折衝に忙殺されるようになった。損失を被っている顧客にさらに追加金の請求をする、それはストレスに満ちた困難な業務だ。亀井はトップクラスの成績であっただけに顧客の損失も大きく、その損失を最小にするための事後処理にあたる業務の負担もことのほか大きかった。そんななか、亀井の疲れを知らぬ営業エネルギーもようやく限界に近づきつつあったかにみえる。

一〇月一八日、亀井は会社の新人研修で講師と討論の議長役を務めた。セールスの心構えやトーク術やその苦労を話し、営業活動を数年続けると体力が極端に落ちるとも語ったという。その日も疲弊して翌一九日の午前一時四〇分に帰宅。そして同日の一七時半頃、バスで恒例の社員旅行に出かけた。亀井が斃《たお》れたのはその夜のことである。残された遺族は一歳の娘と、翌年に第二子出産予定の身重の妻、祐子であった。

夫の死は過重労働によるもの以外ではない、亀井祐子はそう痛感して、大阪証券労働組合と大阪過労死問題連絡会に相談し、九二年、大阪中央労働基準監督署に労災認定・労災補償給付金の請求を求めた。会社はしかし、はじめのうちこそ「協力」の態度であったものの、やがて亀井の死は「私病」によるもの、彼の残業は「強制ではなく自発」による行為だったと主張し、労災申請の段階では書類の捺印《なついん》さえ拒んでいる。「横綱」に仕立てられた者のそれゆえの死に、囃《はや》したてて「横綱」に仕立てた者たちが責任を引き受けることはなかったのである。

とはいえ、労働基準監督署(以下、労基署)での審査のヒアリングでは、同じ会社の同僚の証言にも恵まれ、証券労組と弁護団の対会社交渉によっていくつかの内部資料も得られた。右の記述は主としてこれらの資料を駆使する森岡孝二の分析にもとづく。きちんとした残業記録の不在は営業職によくあることであったけれども、ここでの労基署の担当者は、亀井の労働時間に関する妻や同僚の供述、亀井の抜群の業績、バブル崩壊の前後にまたがる証券外務員の大きな仕事負担などを見逃していない。「発症前一週間以前の仕事の過重性」も考慮するという労災認定基準(二二〜三一ページ)の新しい動向も無視できなかった。こうして請求から三年後の一九九五年九月二九日、労基署は亀井修二の死を業務に起因するものと認めたのである。サービス残業の多いホワイトカラーの業務の過重性を認める、それは当時としては画期的な認定であった。

＊以上、森岡孝二『企業中心社会の時間構造——生活摩擦の経済学』(青木書店、一九九五年。以下、

森岡九五年と略。以下、単著については同様の略記を用いる)、ほかに大阪過労死問題連絡会ホームページの脇山拓「亀井エース証券外務員過労死事件に業務上認定」、松丸正「ノルマ競争の中で失われた定時意識」を参照。以下、ホームページなどインターネット情報については「IN情報」と略し、URLは掲載しない。なお、以下の全編を通じて、過労死・過労自殺した人やその家族の名前は、公刊された書物や新聞報道に記載されている場合は実名を、伏せられている場合は仮名を、手記などの執筆者の場合は筆名を記した。敬称は略す。また、会社、官庁など機関の名称や地名は当時のものである

2節　本書の内容・構成・方法

過労死・過労自殺のケーススタディ

およそ八〇年代の末から広く社会的に認知されるようになった過労死・過労自殺は、日本の労働史にまつわるひとつの際立った特徴である。本書はなによりも、働きすぎて、より正確にはむしろ働かされすぎて斃れた労働者たちの体験を、忘れられてはならないこととしてできる限り具体的に綴る事例研究である。

叙述の主な内容はそれゆえ、過労死・過労自殺した人びとの担った仕事の質と量、労働時間を中心とした労働条件、それらのありようを基本的に決定した企業労務、そうした企業の要請に対する労働者の必死の適応が招きよせる疲弊と死のプロセス、遺族たちの悲しみと怒

りを発条《ばね》としたいくつかの訴えのかたちなど、一般の労働研究としては特殊にみえもする事柄である。「予告編」として紹介した亀井修二の体験はその一例にほかならないが、二章からはこのような細部にこだわった事例紹介が執拗《しつよう》にくりかえされることになる。その点では、本書が大半の紙数を費やすのはすぐれて、働きすぎて死にいたった労働者たちの「物語」にほかならない。

本書の構成

実は本書には、その意図するところがサブタイトルに明らかなように、もうひとつの内容がある。しかし、そこに入る前に、ここで本書全体の構成を大まかに示しておくほうがわかりやすいかもしれない。

過労死・過労自殺が社会的に認知されるプロセスは、後に説明する労災認定基準の変化によっていくつかの画期をもつとはいえ、その発生件数自体は八〇年代以降、きわめて連続的であると推定される。それゆえ、厳密な時期区分はさして意味をもたないけれども、一応、八〇年代から九〇年代はじめまでを「前期」、それ以降、現時点までを「後期」と把握することにしよう。本書の二〜六章までは、この前期に発生した過労死の事例を、トラック運転手、工場・建設労働者、営業や事務のホワイトカラー、教師、広義の管理職各層などの職業グループ・労働者階層ごとに紹介する。扱われる職業グループがこのように選ばれたのは、それらが多くの人びとが働く「大職種」、つまり「ありふれた仕事」だからであり、いまひとつには、事実、そこにこそ過労死が多発したからだ。たとえばはじめに掲げた亀井修二のケースにみる職場、職種、企業の要請に、私たちはみずからの体験に共通するいくつかの要素を見出すことができよう。それぞれのグループのなかでそのケースがとくに選ばれたのは、それについては後にみるような意味での良質の資料が得られたからである。

二〜六章で扱われるのはもっぱら脳・心臓疾患による過労死——過労自殺ではないという意味における「狭義の過労死」である。もっとも、これらの諸章の対象時期は、発生時点こそ前期に属するものの、被災者の遺族によるなんらかの告発のアクションが一定の成果を結ぶのはほとんど後期のことに属している。そのため、ここでの叙述は九〇年代後半にも及ぶ。

八〇年代における「狭義の過労死」に関する中間総括にあたる七章を経たあと、八〜一〇章は、主として九〇年代後半以降に多くなった反応性鬱病《うつびょう》に起因する過労自殺のケースを扱う。ここでは、二〜六章それぞれの末尾において死にいたる働きすぎの職種的な要因がすでに考察されていることを念頭において、分類の視点を変えている。すなわち八章では、発生時期としては前期から後期にまたがる現場リーダー、下級管理職、技術者たちの過労自殺を、主として彼らの課せられる「責任」という視角から考察し、九章は、二〇〇〇年代に入ってから職種を問わず頻発するようになった若者たち・新入社員のいくつかの過労自殺を、この時代に変化した彼らへの企業の要請を重視して検討する。そして一〇章では、濃淡さまざまながら、九〇年代後半から際立ってきた上司のパワーハラスメントが大きな役割を果たした過労自殺の事例に立ち入っている。もとより過労死は前期のみのこと、過労自殺は後期のみのことではない。けれども、後期を特徴づける労災死亡がすぐれて過労自殺であることに、長く続いた平成不況期以降の職場における上司および同僚との人間関係の緊張、その波頭としての上司による多様なハラスメント、それらに追いつめられた労働者のストレスの高まり、鬱病などメンタルクライシスの多発がふかくかかわっていることはおそらく疑いを容《い》れない。業務の過重ノルマや長時間労働が、人間関係の「寒い」職場風土でいっそう際立ってくると き、労働者はひときわ孤立に追い込まれ、その心労は生きづらいまでに耐えがたくなるからである。

終章では、「最後の事例紹介」を導入部として、あらためて過労死・過労自殺の原因を企業労務、行政、労使関係と労働組合、そして日本の労働者像という諸側面から総括的に考察する。いくつかの点でそれまでの記述と若干の重複をまぬかれないけれども、私たちはこの原因究明を通じて、ここ三〇年あまり日本の労働者がたどってきた軌跡の実相がいくらかは透視できるはずである。

なにを主資料とするのか

過労死・過労自殺の事例紹介に際して、私がなにを資料とするかについて、ここでかんたんに説明しておこう。

かけがえのない人を喪《うしな》って打ちのめされた遺族は、やがて気力をとりもどし、ときにその死に対する疑問を糺《ただ》し、その死の責任を問うさまざまの行動に入る。資料のありかにも関係するゆえ、いくらか脇道にそれるけれども、ここであらかじめ、遺族がとりうる「行動」のかたちをまとめて紹介しておきたい。

(1) 所轄の労基署への労災認定＝労災補償請求の申請(給付金の種類によって二〜五年の請求期限がある)

⇓業務外認定・不支給処分のとき、六〇日以内に都道府県労働者災害補償保険審査官に審査請求

⇓審査請求が棄却されたとき、六〇日以内に労働保険審査会に再審査請求

(2) (再審査請求が棄却されたとき、または三カ月経過しても未決定のとき)地方裁判所に労基署の不認定・不支給処分の取消を請求する行政訴訟の訴え

⇓一審判決に不服のとき、一四日以内に高等裁判所に控訴

⇓二審判決に不服のとき、一四日以内に最高裁判所に上告

(3) 以上とは別に、地方裁判所に企業の責任を問う民事訴訟＝損害賠償請求訴訟(控訴、上告のプロセスは行政訴訟に同じ)

こうした訴えの行動はふつう、遺族たちの屈しない強靭《きょうじん》な意思はもとより、職場の同僚や労働組合、そしてなかんずく八〇年代末から各地に組織される過労死弁護団の支援に恵まれなければなかなかむつかしいだろう。けれども、なんらかのアクションがあれば、遺族がそ

の思いを綴り、弁護団や研究者が闘いの背景とプロセスを分析する記録が公刊されもする。たとえば亀井ケースの場合、私たちは労働時間問題に長年ふかい関心を寄せてきた森岡孝二の情理をつくしたくわしい紹介を読むことができる。後述の六章の事例についても森岡は貴重な分析を残している。しかし、この点で私がもっとも重視する記録のひとつは、九一年一一月刊行の『日本は幸福《しあわせ》か――過労死・残された50人の妻たちの手記』(教育史料出版会。以下『妻たちの手記』)である。もちろんその精粗はさまざまながら、ここに収録されているいくつかの手記は、八〇年代末の時点における多くの産業・職種への過労死の広がりを如実に示す寄稿者の広範さ、記録の生なましい具体性、八〇年代後半にはすでに深刻な社会問題として浮上していた過労死という受難に向き合った遺族の心の内面を伝えて、過労死研究に必須のユニークな文献ということができる。私はたとえばこの書によって、過労死問題はシングルマザーの生活問題でもあることを心に刻むことができた。本書の前半については、この『妻たちの手記』に学ぶところが大きい。またたとえば、弁護士たちによる二〇〇〇年刊行の『激増する過労自殺――彼らはなぜ死んだか』(ストレス疾患労災研究会／過労死弁護団全国連絡会議編、皓星社。以下、『激増』)も、その具体的な詳細さにおいてまことに好個の文献といえよう。このようになによりも事実関係の記述においてくわしい文献が本書のひとつの資料になる。

　ちなみに右の(1)〜(3)のアクションに、当該企業の企業別組合が協力して取り組み、記録を残すことはまずない。しかもその傾向は、過労死・過労自殺への社会的関心の高まりにもかかわらず、時期を追うごとに際立ってくる。企業別組合の過労死・過労自殺問題に対するほとんど例外のない無関心の背景については、労使関係の観点から注目すべきこととして、以下では折にふれて、終章ではいくらか立ち入って言及するつもりである。

当事者の記録が資料のひとつであるとすれば、今ひとつ、さらに重視すべきは、アクションが行政訴訟や民事訴訟に及んだときの、判決を中心とした裁判資料である。判決文の読める事例紹介では、この判決こそが主資料となる。

判決文はもとより、その過労死・過労自殺が「業務上のもの」か「業務外のもの」か、その労働の過重性と死にいたる脳・心臓疾患や鬱病との医学的な因果関係の存否、さらに民事訴訟ではその死に対する企業の過失責任の有無と過失責任の程度などをくわしく記す。しかし私が本書のテーマのうえからもっとも重視するのは、法的な立論や、まして私見をさしはさむ余地のない医学的「機序」の判断よりは、判決の「争いのない事実」が記すその労働者の経歴や、「認定された事実」が詳細に記す企業の要請、労働の内容、労働時間の実態、死にいたる経過などにほかならない。その記述を物語として再構成する。また、とくに民事訴訟の場合には会社の立場が「被告側の主張」として明らかにされることも貴重だ。私は長い間、日本企業の労務が本当のところ個々の従業員にどのような働きかたを要請するかについて、それが私の労働研究の主な関心のひとつであっただけに具体的な資料の不足に悩んできたが、過労死・過労自殺事件の判決文の「被告側の主張」、それからまれに利用できた法廷での会社側証人への尋問記録や労基署での事情聴取記録を読むことによって、すぐれた企業ヒアリング調査によっても得られない、あるいは研究書では公表が制約されるようなその具体像を、いくらかは知ることができたのである。

こうして以下の事例紹介では、当事者の良質の記録と判決の認定事実が資料となる。さしあたり、くわしく扱われる事例はそのいずれも読むことのできるケース、よりかんたんに扱われる事例はそのいずれかを利用できるケースということができる。付け加えれば、当事者の記録は後に法廷で問題にされなかったような重要な「訴外」の事実、たとえば働きすぎを駆るような賃金支払いシステム、働きすぎを規制することに無力だった労組の対応、遺族の思いと生活などにふれるところがあるゆえ、「客観性」を過度に重視して当事者の記録を排除することは許されない。

＊さまざまのアクションと手続きについては、さしあたり中生加康夫『「過労死」と妻たち』(風媒社、一九八九年)、川人博『過労死と企業の責任』(労働旬報社、一九九〇年)を参照

労働史への透視

働きすぎに斃れた人びとの体験は、職業別、仕事グループ別、あるいは要因別に紹介するにしても、さしあたりそれぞれにユニークで特殊的である。とはいえ、人びとの体験にはもちろん、日本の企業が多くの労働者に課した実にさまざまの要請が影を落としている。亀井修二のケースをふりかえってみよう。たとえば、ホワイトカラーや管理職の責務について際立っている個人ノルマのくびき、労働時間管理の曖昧《あいまい》さとサービス残業の常態化、多かれ少なかれ「強制された自発性」の要素を帯びた労働者の「がんばってしまう」適応、そしてそ

れなのに、過労死・過労自殺にいたれば、彼の長時間労働は強制や命令によるものではなく自発的な行為だったと主張する会社の対応——それらは日本の企業社会に広範にみられる特徴であり、事実、これから述べる多くのケースについても、濃淡さまざまではあれ、くりかえし現れる事象にほかならない。それゆえ、このような一般的な事象、より具体的にはそのケースを引き起こした「ありふれた」要因を丹念にみれば、過労死・過労自殺の事例研究は結果としてひとつの現代日本労働史の様相を帯びることになる。

ここに本書のもうひとつの目的がある。すなわち本書はすぐれて事例研究にほかならず、「要因」の歴史的・構造的配列という枠組みをあらかじめつくって演繹《えんえき》法的に記述する方法をとらないけれども、それを通して、およそ現代日本、ここ三〇年の労働史を帰納《きのう》法的には透視したいと考える。その意味で、この著作は「過労死・過労自殺の語る労働史」なのだ。それぞれの章の末尾に、過労死を中間総括する七章に、そして全体の総括にあたる終章に、事例の分析・紹介から得られる日本の労働に関する一般的な特徴づけをまとめて考察しているのは、この「もうひとつの目的」のゆえである。とはいえ「細部にこそ神は宿り給う」という。この著作はどこまでも特定の仮説にもとづいて概括的に日本の労働者を裁断しようとする試みではなく、受難者の一見ささいな体験に瞳《ひとみ》をこらし、その凝視を通じて日本の労働者の体験の一般性を透視しようとする作業ということができる。

もっとも、帰納法的に、とはいっても、それぞれに独自的な労働者の体験の細部にかがみこむことによって労働史を「透視」するには、さしあたり少数者にすぎない過労死・過労自殺の人びとと多数のふつうの労働者との距離関係に思いをいたすことは不可欠であろう。死者の遺族は「日本は幸福か」と問いつめるけれども、八〇年代以降日本の多くのサラリーマンは「結構ハッピーだったのだ」という言説も根づよい。こうした言説に対しては、しかし以下のように反論することができる。

行政や司法によって過労死・過労自殺と認定され広く社会的に知られるようになる働きすぎの死者は、労働者全体のなかではたしかにきわめて少数であろう。しかし、労災認定や損害賠償を請求した人は、「認定基準」がかなり緩和された現在でも実際に認定された人の二、三倍以上にのぼる。さらにおよそなんらかの行動に進み出た人よりは、「泣き寝入り」を余儀なくされた人、あきらめた人のほうがはるかに多いだろう。あるいは「体面」を重んじる大企業が、過労死した従業員の遺族に「非公開」を条件にかなりの補償金を支払うことによって問題を隠蔽《いんぺい》してしまう場合も少なくない。

また、この仕事・この職場では「心身がもたない」と痛感して辞めた人もきわめて多いはずだ。それになによりも注目すべきは、心身の不調に悩みながらも、労災認定基準をはるかに超える長時間労働を続けている労働者、いわば潜在的な過労死者・過労自殺者は、後にみるように現時点でも決して少数とはいえないことである。すなわち、過労死・過労自殺は日本の労働者世界になじみぶかい働きすぎという大海の波頭にほかならず、それゆえに働きすぎて斃れた人びとの体験はまぎれもなく、その傍らで働くふつうの労働者の多くに共通する体験なのだ。産業社会の構造的なひずみはかならず個人の受難として現れる。過労死・過労自殺をみれば日本の労働のすべての側面がわかるとはいえないにせよ、そこを凝視することによって、私たちは日本の労働の見逃されてはならない特徴を確実につかむことができる。過労死・過労自殺は、働きすぎの臨界にいたる体験ではあれ、多くの「ハッピーな」従業員に無関係な、「まじめすぎる」「不器用な」人だけの受難では決してないのである。

この点は後にも補足する。しかし、この点を確認し、これからの諸章で紹介される諸事例についての理解を容易にするために、ここで節をあらため、とりあえず過労死・過労自殺が「問題」として浮上するプロセス、件数の一般的な数的傾向、その変動の背景や要因などを、統計的または概論的に考察しておきたい。

3節　過労死・過労自殺問題への入門

過労死問題の社会的認知

過労死とは、厚生労働省の用語によれば「日常業務に比較してとくに過重な業務に就労し」「明らかな過重負荷を発症前に受けたこと」による脳・心臓疾患――代表的には脳出血、くも膜下出血、脳梗塞《こうそく》、虚血性心疾患としての心筋梗塞、心不全など――のもたらす死亡である。また過労自殺とは、「客観的に精神障害を発症させるおそれのある業務によるつよい心理的負荷」に起因する、つよいストレスや鬱病などがもたらす自殺である。前者を狭義の過労死、後者をふくめて広義の過労死とよぶことも可能だ。私たちはとりあえず端的に、過労死・過労自殺を過重な責務や労働負担による死、労働災害と考えておけばよい。もっとも、行政官庁の生硬な用語による定義は、すでに言外に、労働者の蓄積された心身の疲弊のゆくえにあるこのような死をかならずしも労災とは認めない立場を表明している。実際、およそ九〇年代に入るまで、労働省(当時)にとって労働災害とは、職場の突発的な事故、または有害物質の取扱いとか特定の危険作業とかによる疾病や死亡のことであり、一定期間続いたシビアな労働負荷、蓄積された心身の疲弊がもたらす脳・心臓疾患や精神疾患は、労災行政の視野の外におかれていた。

過労死・過労自殺を労災と認知させ、ひとつの社会問題として浮上させたのは、労働行政でも、労働の日常を凝視すべき労働組合でもなかった。それを担ったのはすぐれて遺族たちの無念の思いを受けとめた労働関係の弁護士たちであった。およそ七〇年代末あたりから日本の職場に次第に際立ってきた働きすぎによる労働者の心身の疲弊、そしてそれに起因する「過労死」の深刻な問題性を敏感に感じとった各地の弁護士たちは、研究と調査を重ねたのち、一九八八年六月、全国七都道府県ではじめての「過労死110番」活動を実施している。初日だけで早くも一三五件の相談があったという。働く人びとのニーズは明瞭であった。一〇月には過労死弁護団全国連絡会議が結成されている。そして翌月、遺族たちからの相談を受けた各地の弁護士たちが原告代理人となって、全国一斉に一六事件が労基署に労災申請されるにいたる。過労死が日本の労働のありように深く根ざした宿痾《しゅくあ》として広く語られるようになったのはこの頃からである。まことに一九八八年は「過労死元年」であった。マスコミの報道も次第に頻繁になり、この年から九〇年にかけて、「連絡会議」の文書が発行され、朝日新聞記者の中生加康夫の前掲書、その後にこの問題の解明にリーディングな役割を担う弁護士、川人博の著書などが相次いで公刊されている。

＊以上、過労死110番全国ネット事務局(冊子)『過労死110番 一〇年の歩み』(一九九七年。以下『一〇年の歩み』)、過労死110番全国ネット事務局／過労死弁護団全国連絡会議事務局(冊子)『過労死110番 二〇年のあゆみ』(二〇〇八年。以下『二〇年のあゆみ』)、中生加八九年、川人九〇年など参照

過労死・過労自殺の数的動向

では、そもそも過労死・過労自殺の件数を、私たちはどのように把握すればよいのだろうか。資料はさしあたり労災に関する行政の統計しかない。

表1-1は、八八年から現時点にいたる脳・心臓疾患と精神障害などによる労災の請求と認定の件数、そこから算出された認定率を示している。この資料が表下の「注」に書き添えたように、不十分さ、不正確さをまぬかれないことはいうまでもない。たとえば九六年までの請求件数は「負傷に起因する疾病」をもふくみ、なによりも八八～九八年の時期には、死亡にいたった脳・心臓疾患をめぐる労災の申請と認定の数値が欠けている。はっきりわかるのは〇三年以降の過労死の労災申請が年に三二〇～三三〇件ほど、認定が一五〇件ほどであることだけだ。ちなみに「連絡会議」の『一〇年の歩み』が記録する八八～九七年の電話相

表 1-1　過労死・過労自殺の労災請求と認定(件数．認定率は%)

年	脳・心臓疾患の労災			うち死亡			精神障害などの労災			うち自殺(未遂ふくむ)		
	請求	認定	認定率	請求	認定	認定率	請求	認定	認定率	請求	認定	認定率
1988	676	29	4.3				8	0	0	4	0	
1989	777	30	3.9				2	1		2	1	
1990	597	33	5.5				3	1		1	1	
1991	555	34	6.1				2	0		0	0	
1992	458	18	3.9				2	2		1	0	
1993	380	31	8.2				7	0	0	3	0	
1994	405	32	7.9				13	0	0	5	0	0
1995	558	76	13.6				13	1	7.7	10	0	0
1996	578	78	13.5				18	2	11.1	11	1	9.1
1997	539	73	13.5				41	2	4.9	30	2	6.7
1998	466	90	19.3				42	4	9.5	29	3	10.3
1999	493	81	16.4		48		155	14	9.0	93	11	11.8
2000	617	85	13.8		45		212	36	17.0	100	19	19.0
2001	690	143	20.7		58		265	70	26.4	92	31	33.7
2002	819	317	38.7		160		341	100	29.3	112	43	38.3
2003	742	314	42.3	319	158	49.5	447	108	24.2	122	40	32.8
2004	816	294	36.0	335	150	44.8	524	130	24.8	121	45	37.2
2005	869	330	38.0	336	157	46.7	656	127	19.4	147	42	28.6
2006	938	335	35.7	315	147	46.7	819	205	25.0	176	66	37.5
2007	931	392	42.1	318	142	44.7	952	268	28.2	164	81	49.4
2008	889	377			158		927	269			66	

資料：厚労省発表(同省ホームページ)および過労死110番全国ネット事務局／過労死弁護団全国連絡会議事務局(冊子)『過労死110番 20年のあゆみ』35頁(2008年)より作成

注1：脳・心臓疾患は脳血管疾患＋虚血性心疾患

注2：「業務に起因することの明らかな疾病」の集計．ただし96年までの請求件数は「業務上の負傷に起因する疾病」をふくむ

注3：認定率＝認定件数÷請求件数．ただし認定件数は当該年度に請求されたケースに限られない

注4：森岡孝二『働きすぎの時代』(岩波新書，2005年)，『朝日新聞』2009年6月9日付により補足

談の集計をみると、すべての労災補償関係の相談は四二四五件、うち死亡事案は一七五三件(一年平均は一七五件)である。もちろん、すでに述べたように、現実の過労死者の数は、認定された数も、その二倍以上にはなる労災請求された数をもはるかに上まわるだろう。弁護士の岡村親宜や川人博は、八〇年代末の状況について、日本の死亡統計は「仕事による過労と死との関係を調査していないため」「正確な件数は不明である」としながらも、「人口動態統計」にみる脳・心臓疾患や重患の喘息《ぜんそく》による職業別・年齢別死亡者数などを検討して、過労死者は「年間一万人を超える」と推定している(川人九〇年)。

過労自殺について、**表1-1**は時系列的には完備している。しかしここでも認定数はもとより請求数でさえ、過労自殺の実数にほど遠いと思われる。たとえば八八〜〇五年の間に「勤務問題」を原因とする自殺者は、警察庁の報告から算出すれば年平均一四三一人を数える。それにいつも最多の原因である平均一万四四九二人の「健康」のなかにも、次位の原因である「経済・生活問題」のなかにも、勤務に起因する鬱病自殺がふくまれないとはいえないのである。そのうえ、自殺はなお、しばしば遺族にとって知られたくない死因であって、声をあげず悲しみを噛《か》みしめる場合も多いことだろう。いずれにせよ、近年増え続けて三万人以上に及ぶ自殺の背景に、職場の事情に起因するストレスや鬱の増加がふかくかかわっていることほぼ疑いを容れない。そこから生まれる実際の過労自殺は、とても労災請求の一〇〇〜一七〇件、認定の四〇〜八〇件にとどまる水準ではないように思われる。

にもかかわらず、このような不確かさをはらむ**表1-1**は、過労死・過労自殺問題を考えるときやはり必須の資料である。なによりもこの表は、伝統的な労災(事故災害、または有害・危険作業によるもの)ではつくせない、社会的に認知された死亡事案をふくむ脳・心臓疾患と精神障害の数的傾向をはっきりと表現する。たとえば脳・心臓疾患については、ふたつの画期による三つの時期を分かつことができる。認定が三〇件ほど、認定率が平均五・七%ときわめて低かった第一期(八八〜九四年)、請求ではあまり変わらないのに平均して認定が八一件、認定率が平均して一五%に高まった第二期(九五〜二〇〇〇年)、平均して請求が八二九件と激増するとともに、認定も三〇〇件強、認定率も三六%以上には高まった第三期(〇一〜〇七年)である。〇三〜〇七年には、過労死の労災認定率は平均四六・五%に達している。

精神障害に関しては、推移はもっとなだらかだ。請求では九四年、九七年を画期に倍増し、さらに九九年の飛躍的増加以降、一五五件から九五二件まで直線的に増加している。認定も九九年からは同様の傾向を示す。もっとも認定率のほうは二〇〇〇年以降、ほぼ二〇%台で推移している。このうち自殺に注目すれば、九五年までほぼゼロであった認定はようやく九九年以降に高まり、二〇〇〇年代に入ると、その傾向をますます際立たせる。請求は約一〇〇件から約一七〇件に、認定は約三〇件から約八〇件までに、そして認定率はほぼ三〇%強から五〇%弱になった。以上は表1-1のきわめてラフな読み取りにすぎないけれども、要するにこの分野の労働災害については、八〇年代、九〇年代、二〇〇〇年代と時期を追うごとに、請求と認定の件数、そして認定率が大きく高まったとはいえよう。

＊以上、厚生労働省「脳・心臓疾患及び精神障害等に係る労災補償状況(平成一九年度)について」

（ＩＮ情報）、『二〇年のあゆみ』参照

労災認定基準の推移（１）

労災の請求（申請）と認定のこのような推移は、くりかえし言えば、働きすぎて斃れた人びとの実数の推移をそのまま示してはいない。たとえば、過労死・過労自殺者は統計を利用できる八〇年代後半以前にも少なくなかったに違いないし、また、この実数の変化は、飛躍的な「画期」の年があるということになじまない連続性をもつだろう。

労災の請求、認定、認定率の長期的な高まりにはもちろん、企業社会における働きすぎ・働かせすぎが執拗に持続することからくる労働者の心身の危機への社会的認識の高まり、過労死問題に取り組む弁護士たちの営み、行政と司法の場におけるいくつかの訴えの成果が寄与している。では、その過程で「画期」をつくった要因はなにかと問えば、それ自体が右のいくつかの流れの結果ではあれ、直截《ちょくせつ》的には労働行政による労災認定基準の緩和であると答えることができる。後にみる多くのケースのプロセスの理解のためにも、ここでこの基準の改訂史をかんたんにまとめておこう。

一九八七年一〇月、労働省は、被災者が、①発症前一週間以内に、②時間的、場所的に明確にしうる業務に関連する異常な出来事を体験した、③または「日常業務に比較して特に過重な業務に就労したことによる」「過重負荷」があったと認められれば、その被災を「業務上」の疾病・死亡と認定する、新認定基準（以下、八七年基準）を通達した。

それまで、六一年から二六年間にわたって使われていた旧認定基準は、①発病の直前、少なくとも当日、②従来の業務内容にはなかったほどの、③「業務に関する突発的又は……時間的、場所的に明確にしうる出来事、もしくは特定の労働時間内に(質的又は量的に)過激な業務に従事したことによる精神的又は肉体的負担」(災害)があり、④「基礎疾患等があった場合にはとくに、当該の災害が疾病の自然的発生または増悪に比して著しく早期に発症等をさせる原因になった」と医学的に認められる場合にのみ、労災と認定するというものである。すなわち、旧基準では、異例の「出来事」や「災害」がないとき、長期の疲労の蓄積からくる過労を原因とする脳卒中や心筋梗塞などはまったく労災と認められなかったのだ。八七年基準において労働省はようやく、突発的な事故や災害のみを、発症当日の「突発的」な異常な出来事のみを評価する労災認定の伝統から、「一週間以内」という限定はあれ、はじめて蓄積疲労の評価に一歩をふみだしたのである。

しかしながら、この通達とともに、労働省は九〇年まで暴露されなかった「認定マニュアル」を各労基署に回して、「安易な認定」を戒めている。このマニュアルでは、

(1) 発症当日の業務量が日常業務の三倍であれば「業務上」

(2) 発症前一週間、一日の休みもなく日常業務の二倍働けば「業務上」

一日でも休日があれば、他の六日間に日常業務の二倍働いたとしても「業務外」

であった(川人九〇年)。酷薄きわまるマニュアルといえよう。認定してほしければ一週間にわたり一日にこれまでの二倍以上、一日の休みもとらず働けというのだ。八七年基準のもとで認定率がなおわずか数%にとどまったのも当然であろう。「過労死110番全国ネット」のつくる年表は、九〇年の頃を、「この頃全国的に不認定続出」と記している。

労災認定基準の推移(2)

次のステップは、七年以上のち、一九九五年二月の基準緩和であった。このとき労働省通達は、①「発症一週間前の業務については、この業務だけで血管病変などの急激で著しい増悪に関連したとは判断し難いが、発症前一週間以内の業務が日常業務を相当程度超える場合には、発症前一週間より前の業務もふくめて総合的に判断する」、②過重な業務の判断にあたっては、「当該労働者と同程度の年齢、経験等を有し、日常業務を支障なく遂行できる健康状態にある者」を対象とする――と述べている。過重労働の判断期間を延長することによって蓄積疲労の評価をより容易にするこの九五年基準は、**表1-1**にみるように認定率をようやく一〇%台に引き上げたといえよう。もっとも、ここではなお、疲弊をもたらすと認定される労働時間の目安はなく、深夜交替勤務、不規則勤務、精神的緊張を伴う勤務などへの配慮もない。また基礎疾患があるときにはやはり、業務がその疾患を「自然的経過を超えて」「急激に著しく」増悪させることの医学的立証が必要とされていた。働きすぎに斃れた人びとにとって、行政官庁の対応はなおきわめて不十分なままであった。

過労死の労災認定基準改訂史におけるこれまでの到達点は、二〇〇一年一二月の「脳・心臓疾患の労災認定基準」である。以前から進められてきた専門検討委員会による研究と報告にもとづくこの〇一年基準の通達は、次のように読める。

(1)時間外労働が、発症前一カ月間におおむね一〇〇時間を超える、または発症前二カ月間ないし六カ月間にわたって月あたりおおむね八〇時間を超えると認められる場合は、業務との関連性が強いと判断する

(2)発症前二カ月間ないし六カ月間にわたって、時間外労働が月あたりおおむね四五時間を超えない場合は業務と発症の関連性が弱く、四五時間を超えて長くなるほど両者の関連性が徐々に強まると判断する

ここにはじめて、「業務上」の判断は具体的な残業時間数の基準をもつようになるとともに、労働者の心身の消耗の過程が、場合によっては半年前にまでさかのぼって検討される可能性が開かれたのだ。働きすぎて斃れた者の無念の思いと、その思いを汲《く》む弁護士や支援者たちの長年にわたる認定基準緩和の要求と、積み重ねられてきた良質の司法判断が、行政のかたくなな立場をここまでは変更させたことを示す、それは画期的な基準改訂と評価することができる。

労災認定基準の推移(3)

では、精神障害とそれに起因する自殺についてはどうか。労働省が五年ごとに行う『労働者健康状況調査』によれば、職場生活で「強いストレスを感じる」労働者の比率は、八二年にはおよそ五〇%であったが、八七年には五五%、九二年には五七%、九七年には六三%と増加の一途を辿《たど》っていた。職場のストレス、鬱病、それに起因する自殺は、次第に無視しえない労働行政の課題となりつつあった。弁護士たちも、九六年頃からの過労自殺の相談の急増を異口同音に語っている。そうした事態の成り行きのなか、労働省は専門検討委員会での検討を経て、一九九九年九月、精神疾患と自殺の労災認定について、二つの労働基準監督局長「基発」、「心理的負荷による精神障害等に係る業務上外の判断指針について」と「精神障害による自殺の取扱いについて」を、その「運用に関しての留意点」とともに通達するにいたる。

「判断指針」は、WHOの「国際疾病分類第一〇回修正」にもとづいて「対象疾病」を従来より広く規定したうえで、当該の精神疾患が「業務上か否か」の判定にあたっては、「業務以外の心理的負荷、個体要因」も考慮して「総合的に」判断するとしている。ここでは、精神疾患の発症前おおむね六カ月の間の労働者の心理的負荷が、業務に関するストレス要因と、その変化や程度を示す「心理的負荷評価表」(**表1-2**)に照らして評価され、それが精神疾患を発病させるおそれのあるほど強度であったかどうかが判定されることになる。煩雑《はんざつ》ながら**表1-2**を掲げるのは、ここには可能性としての職場のストレス要因がそれなりに網羅されていて、後の議論のためにも職場でのストレス要因を一覧するに便利だからであるが、この表によってその精神疾患が「業務上」とみなされる可能性が高いのは、総合評価が「強」とされる場合、すなわち「出来事の心理的負荷」が強度Ⅲで「出来事に伴う変化」が「相当程度過重な場合」と、前者が強度Ⅱで後者が「特に過重な場合」である。

もっとも「生死にかかわる事故への遭遇」や、「生理的に必要な最小限度の睡眠時間を確保できないほどの極度の長時間労働」があるときには、ほぼ自動的に総合評価は「強」と認められる。とはいえ他方、業務に関して「強」とされる精神障害が労災と認定されるにはさらに、業務以外の心理的ストレス要因(持病、家族・異性・友人関係、金銭、住居、自然災害などからくる悩み)と、個体要因(精神病の既往症、生活史、アルコール依存状況、性格傾向など)が、事態の推移に大きな影響を与えていないとみなされるケースだけであった。

自殺の取り扱いも精神障害に関する右の認定基準に準じている。鬱病や重度ストレス反応などの精神障害では、病態として「希死念慮《きしねんりょ》」が生まれる可能性が高い。右の基準で「業務上」と認定されるような精神障害に陥った人の自殺は、発病によって「正常の認識、行為選択」または「思いとどまる精神的な抑止力」が著しく阻害された状態で行われたものと推定されたうえで「業務起因性」を認定されることになった。また遺書があれば右の推定、認定は成立しないという従来の立場も見直されている。

ふりかえってみれば、それまでの労働省の立場では、自殺は原則的に労災ではなかった。ほかに原因は見あたらず、ひとえに従事した業務上の極度の心理的負担によって「自由意

28

心理的負荷評価表

<table>
<tr><td>(2) 心理的負荷の強度を修正する視点</td><td>(3) 出来事に伴う変化等を検討する視点</td></tr>
<tr><td>修正する際の着眼事項</td><td>出来事に伴う問題，変化への対処等</td></tr>
<tr><td>被災の程度，後遺障害の有無・程度，社会復帰の困難性等
事故や被害の大きさ，恐怖感，異常性の程度等</td><td rowspan="6">仕事の量(労働時間等)の変化
• 所定外労働，休日労働等の増加の程度
• 仕事密度の増加の程度

仕事の質・責任の変化
• 仕事の内容・責任の変化の程度，経験，適応能力との関係等

仕事の裁量性の欠如
• 他律的な労働，強制性等

職場の物的・人的環境の変化
• 騒音，暑熱，多湿，寒冷等の変化の程度
• 職場の人間関係の変化

会社の講じた支援の具体的内容・実施時期等
• 訴えに対する対処，配慮の状況等

その他(1)の出来事に派生する変化</td></tr>
<tr><td>事故の大きさ，加害の程度，処罰の有無等
事故の大きさ，加害の程度，処罰の有無等
失敗の大きさ・重大性，損害等の程度，ペナルティの有無等
事故の内容，関与，責任の程度，社会的反響の大きさ
ノルマの内容，困難性・強制性・達成率の程度，ペナルティの有無，納期の変更可能性等
プロジェクト内での立場，困難性の程度，能力と仕事内容のギャップの程度等
顧客の位置付け，会社に与えた損害の内容，程度等</td></tr>
<tr><td>業務の困難度，能力・経験と仕事内容のギャップの程度等
変化の程度等
交代制勤務，深夜勤務等変化の程度等
変化の程度等，強制性等
研修の程度等，強制性等</td></tr>
<tr><td>解雇又は退職強要の経過等，強要の程度，代償措置の内容等
在籍・転籍の別，出向の理由・経過，不利益の程度等
左遷の理由，身分・職種・職制の変化の程度等
差別，不利益の程度等</td></tr>
<tr><td>職種，職務の変化の程度，転居の有無，単身赴任の有無等
職種，職務の変化の程度，合理性の有無
職務，責任の変化の程度等
業務の変化の程度等
教育・指導・管理の負担の程度等</td></tr>
<tr><td>セクシャルハラスメントの内容，程度等
トラブルの程度，いじめの内容，程度等
トラブルの程度，いじめの内容，程度等
トラブルの程度，いじめの内容，程度等</td></tr>
<tr><td></td><td><table><tr><td colspan="3">総合評価</td></tr><tr><td>弱</td><td>中</td><td>強</td></tr></table></td></tr>
</table>

320-321 頁(皓星社，2000 年)

表1-2　職場における

出来事の類型	(1) 平均的な心理的負荷の強度			
	具体的出来事	心理的負荷の強度 Ⅰ	Ⅱ	Ⅲ
①事故や災害の体験	大きな病気やケガをした			☆
	悲惨な事故や災害の体験(目撃)をした		☆	
②仕事の失敗，過重な責任の発生等	交通事故(重大な人身事故，重大事故)を起こした			☆
	労働災害(重大な人身事故，重大事故)の発生に直接関与した			☆
	会社にとって重大なミスをした			☆
	会社で起きた事故(事件)について，責任を問われた		☆	
	ノルマが達成できなかった		☆	
	新規事業の担当になった，会社の建て直しの担当になった		☆	
	顧客とのトラブルがあった	☆		
③仕事の量・質の変化	仕事内容・仕事量の大きな変化があった		☆	
	勤務・拘束時間が長期間化した		☆	
	勤務形態に変化があった	☆		
	仕事のペース，活動の変化があった	☆		
	職場のOA化が進んだ	☆		
④身分の変化等	退職を強要された			☆
	出向した		☆	
	左遷された		☆	
	仕事上の差別，不利益な取り扱いを受けた		☆	
⑤役割・地位等の変化	転職をした		☆	
	配置転換があった		☆	
	自分の昇格・昇進があった	☆		
	部下が減った	☆		
	部下が増えた	☆		
⑥対人関係のトラブル	セクシャルハラスメントを受けた		☆	
	上司とのトラブルがあった		☆	
	同僚とのトラブルがあった	☆		
	部下とのトラブルがあった	☆		
⑦対人関係の変化	理解してくれていた人の異動があった	☆		
	上司が変わった	☆		
	昇進で先を越された	☆		
	同僚の昇格・昇進があった	☆		

資料：ストレス疾患労災研究会／過労死弁護団全国連絡会議編『激増する過労自殺』

思」がまったく働かない心因性精神障害に陥った末に行われた自殺であると立証されたときのみが労災扱いであって、これはまったく例外的なケースにすぎなかった。それゆえに過労自殺の労災認定は、九八年までは多くても三件(すべて心因性・反応性鬱病のケース)を超えなかったのである。それにくらべれば九九年の新基準は、一方で「業務以外の心理的負荷」と「個体要因」をどれほど評価するかに曖昧な点を残すとはいえ、なによりも対象疾病を広げ、従来のきびしい「心因性」への限定を外す点において、やはり画期的だったのだ。表1-1にみるいくつかの数値の変化がこの画期性を雄弁に語っている。

とはいえ、ストレスの強度の評価はひっきょう客観性を欠く。労災認定を抑制しようとするなんらかの意向があれば、労基署は、プライヴァシーを侵害しても業務以外の精神疾患の要因探索につとめるだろう。業務上要因と業務外要因のどちらを重くみるかも、企業と認定請求者の労基署への働きかけの強弱の違いに影響されるだろう。それにむしろそのほうが常態であろうが、「心理的負荷評価表」中の諸要因のいくつかが複合的に作用している場合、重なりあってのしかかる心労をどう考慮するかにも疑問が残る。さらに労働者の心身を疲弊させる長時間労働の程度について、脳・心臓疾患に関する〇一年基準にみるような明瞭な目安がないことも問題点のひとつといえよう。

けれども、以上すべてにみる認定基準の曖昧さは、労災認定基準にかならずしも縛られない司法判断の裁量の余地でもある。後にみるように、いくつかの行政訴訟や民事訴訟の場では、遺族の切実な訴えや弁護士たちの工夫をこらした立証や、それに耳を傾ける裁判官の良識が、実際には行政の基準運用のかたくなさを小気味よくのりこえてゆくのである。

＊以上、労災認定基準の推移については、煩雑を避けてそれぞれのアドレスを示さないが、主として一九八七年、九五年、九九年、〇一年の変化を行政担当者や弁護士たちが解説する数件のＩＮ情報による。ほかに、川人九〇年、玉木一成「労働者の精神障害・自殺と労災補償・損害賠償」(『激増』所収)を参照

執拗な長時間労働

さて、このように緩和されてゆく労災認定基準のもとで、現在、労災の請求件数は過労死で三〇〇件以上、過労自殺では顕著な増加傾向のうちに一五〇件以上を数える(表1-1)。それはなによりも、長時間労働と働きすぎという過労死・過労自殺の根因が日本の職場になお執拗に盤踞《ばんきょ》しているからにほかならない。「過労死・過労自殺問題入門」の一環として、死者たちと一般労働者の関係を顧みるためにも、ここでいくらか長期的に日本の労働時間の諸相を概観しておく必要がある。

日本の平均労働時間は、ひとつの研究によれば六〇年代半ばからほぼ一〇年間は減少、七〇年代半ばから八〇年代後半までは横ばいもしくは微増、そこから九〇年代前半までは減少、そこから二〇〇〇年まではまた横ばい、そして二〇〇〇年代はじめから現時点にかけては弱含みの同水準と記録されている。企業回答による「毎月勤労統計」では、年間総労働時間は八〇年代には二〇〇〇～二一〇〇時間であったが、現在では一八五〇時間足らずになる。周

知のようにこの「毎勤」の数値は、労働者の回答による「労働力調査」の示す数値よりもおよそ年二五〇〜三五〇時間ほど短い。後者にはサービス残業と、認知されない管理者の時間外労働がふくまれるからだ。もちろんこの「労調」のほうが現実の労働時間を現すゆえに、以下、原則としてこの統計を用いることにしよう。しかしともあれ、この「労調」においても、男女計の週平均就業時間が九〇年代から漸減傾向にあることは事実である(表1-3)。この表は、後の議論のために有給休暇の取得率の推移をあわせて掲げている。

問題はこの先に潜んでいる。全労働者平均の総労働時間の漸減はいうまでもなく、九〇年代以降の企業労務の一大特徴であった非正規雇用、短時間労働者の著しい増加の反映でもあった。ほとんどの研究が「労働時間の二極分化」を確認している。ハンディな文献から図1-1を掲げておこう。説明は不要である。週六〇時間以上という超長時間の労働者は基本的に減少してはいない。

長時間労働者の存在こそは働きすぎのあまりにも端的な証拠であるゆえ、もう少しそこにこだわって、週労働時間別の雇用者比率を八〇年から九年ごとに示してみる(表1-4)。女性短時間労働者の比率は一直線に増加している。男性では、その増加はさほどではなく、そのかわり「六〇時間以上」(月あたり所定外労働は約八六時間)が、八〇年代末をピークとするものの、その後も一五%水準にはりつき、「四九時間以上」(同、約三九時間以上)にいたっては約三五%に及んでいる。〇七年をとれば、「六〇時間以上」は約四七八万人、「四九時間以上」は一一〇六万人も存在している。

表 1-3　週間就業時間と有給休暇取得率の動向

	平均就業時間	有給休暇取得率（%）
1975-80 年	49.3	
1981-85 年	50.6	55.9
1986-90 年	50.9	51.0
1991-95 年	47.9	55.2
1996-00 年	46.9	52.6
2001-05 年	46.9	48.0
2006-07 年	46.4	46.9

資料：総務庁および総務省「労働力調査」(厚労省『労働統計要覧』各年版）より作成

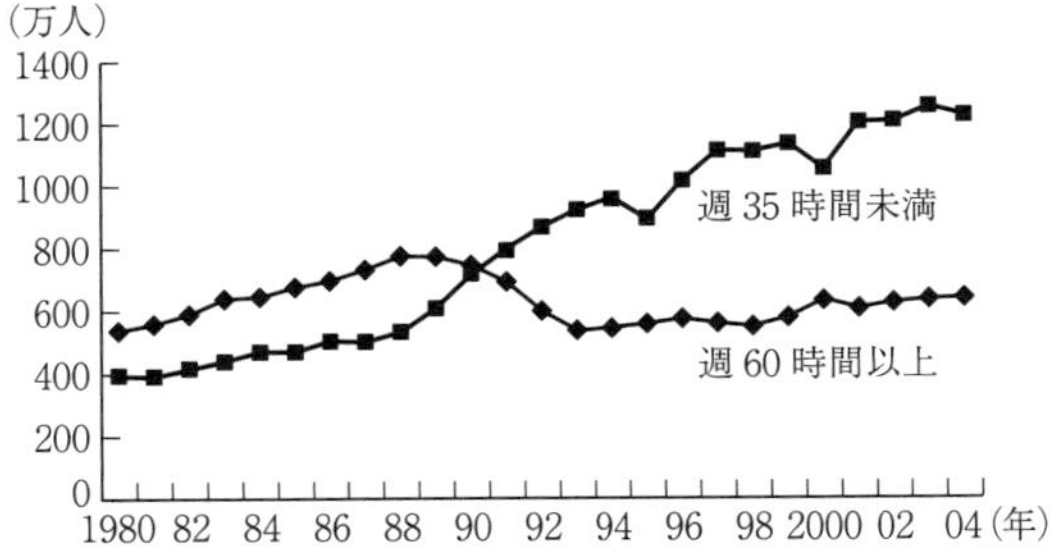

出所：森岡孝二『働きすぎの時代』(岩波新書，2005 年)，原資料は「労働力調査」

図 1-1　週 35 時間未満と週 60 時間以上の労働者数

表 1-4　週間就業時間別にみた非農林業雇用者比率(%)

	男性				女性			
	1980 年	1989 年	1998 年	2007 年	1980 年	1989 年	1998 年	2007 年
総数(万人)	2569	2880	3188	3168	1323	1713	2073	2230
参考総数(万人)	2551	2868	3184	3158	1319	1708	2071	2224
平均時間(時間)	49.9	51.0	46.5	45.9	42.4	40.7	36.3	34.8
35 時間未満	5.2	5.9	11.2	13.1	19.4	25.2	36.4	41.7
35-42 時間	16.2	16.4	29.6	29.5	24.7	27.0	35.1	33.0
43-48 時間	34.0	27.1	24.4	22.2	35.9	27.9	17.0	13.9
49-59 時間	25.9	26.5	19.7	19.8	14.5	14.2	7.9	7.8
60 時間以上	18.3	23.8	15.0	15.1	5.2	5.4	3.5	3.4
49 時間以上	44.1	50.5	34.6	34.9	19.7	19.6	11.4	11.1

資料：総務庁および総務省「労働力調査」各年版より作成
注：「参考総数」は時間区分ごとの実数を合計したもの．原票の総数との差は短時間雇用者中に就業時間未記入者がふくまれるためと思われる．比率計算は原票表示の総数による

表 1-5　性別・年齢階級別にみた週就業時間が 60 時間以上の雇用者比率(%)

歳	男性			女性		
	1993 年	1999 年	2004 年	1993 年	1999 年	2004 年
15-19	6.3	5.1	5.1	2.4	2.6	1.8
20-24	12.1	12.3	13.0	3.6	4.1	5.7
25-29	17.8	18.8	20.2	4.0	4.2	5.4
30-34	19.4	21.8	22.7	3.0	3.7	4.4
35-39	18.9	20.9	24.0	2.6	3.1	3.5
40-44	17.3	18.9	21.9	3.2	2.7	2.8
45-49	15.7	16.2	19.6	3.6	3.3	3.5
50-54	13.6	14.0	16.1	4.3	3.6	3.6
55-59	11.1	11.5	13.0	4.5	3.9	3.7
60-64	7.7	8.3	9.1	4.3	4.0	3.8
65-	6.4	5.8	6.7	5.9	4.0	4.4

出所：小倉一哉『エンドレス・ワーカーズ』(日本経済新聞出版社，2007 年)3 頁．原資料は「労働力調査」

働きすぎという事態は、いわゆる働き盛りの年齢層をみるときいっそう深刻である。労働政策研究・研修機構(JILPT)の近年の研究をまとめる**表1-5**をみよう。二〇代後半から四〇代前半の男性のうち週六〇時間以上働く労働者の比率は、九三年、九九年、〇四年と、年を追って一七〜一九%から二〇〜二四%に持続的に高まっている。こうした超長時間労働者は今や、かつてのバブル期の「猛烈社員」以上にありふれた存在なのだ。ちなみにこの表は、女性の長時間労働者の比率が三〇代から育児の終わる頃まで低くなるようすも示しており、過労死問題には働きかたのジェンダー規範もふかくかかわっていることにあらためて気づかせもするのである。

ともあれ週六〇時間の労働では、週に二〇時間、月に約八六時間の所定外労働になり、その水準は脳・心臓疾患に関する〇一年労災認定基準の労働時間を超えている。それほど長時間働く人が八〇年代から現時点にいたるまで例外的な存在でないとすれば、その意味するところは、過労死の蓋然《がいぜん》性は決して少数者のものではないということにほかならない。働きすぎて斃れた人びとはいつも、企業社会に生きるふつうの従業員の傍らにいる。

＊以上、労働時間の動向に関しては、労働省労働基準局編著『労働時間白書――労働時間短縮の現状と課題』(日本労働研究機構、一九九一年)、森岡九五年、水野谷武志『雇用労働者の労働時間と生活時間――国際比較統計とジェンダーの視角から』(御茶の水書房、二〇〇五年)、厚生労働省『平成一八年度 労働経済白書』二〇〇六年、小倉一哉『エンドレス・ワーカーズ――働きすぎ日本人の実像』(日本経済新聞出版社、二〇〇七年)など参照

仮説——過労死・過労自殺の諸要因

日本の労働時間の水準、厳密には長時間労働者の比率の高さは、ここ三〇年間を通しての過労死・過労自殺の発生そのものをあまりにふかく規定しているゆえにあらかじめ素描を試みたけれども、もちろん過労死・過労自殺の原因と考えられる職場の諸要因は、労働時間以外にもいくつかある。それらの諸要因が長時間労働に重なり、そのことがまた労働時間をいっそう長くしている。後の事例紹介に頻出する諸要因のいくつかを、仮説的に列挙してみよう。「このような場合には過労死が発生しやすい」と想定してのことである。

- 労働時間管理が曖昧で、サービス残業が常態化している
- 深夜労働をふくむ二交替制のため、睡眠時間の確保が危うく、疲労が蓄積される
- 数値的に明瞭であるか否かを問わず、生産量、品質、契約高、そして納期などについてのノルマの「必達」がきびしく督励されている。とくに注目すべきは、往々にしてチームノルマが個人ノルマでもある管理者や現場リーダーの場合である
- 仕事の質がストレスフル、あるいは重筋的であって、心身の疲弊をまぬかれない
- 職場の要員が少ない。業務の支援体制がない。またはひとり作業である
- 成果主義が浸透するなか、上司が抑圧的である。同僚関係も競争的で職場に助けあう雰囲気がない

・労働者の収入に占める基本給の比率が低い

これらのいくつかは今、きわめて多くの職場に共通する要因ではないだろうか。職場生活のしんどさを直截にもたらすこうした企業労務的な要因の、その背景にはもちろん、八〇年代半ば以降の円高基調や経済グローバル化が余儀なくさせる熾烈《しれつ》な企業間競争と、九〇年代はじめ「ゆとり社会」への離陸に挫折《ざせつ》して以来、基本的に新自由主義的な方向に舵《かじ》をとるようになった規制緩和の経済政策・労働政策がある。それらが企業労務の変化を媒介にして、総じて労働者を過酷な働きすぎに追い立ててきたことはいうまでもあるまい。

働く主体としての日本の労働者は、所属企業や政財界のこのような要請に翻弄《ほんろう》されながらも、そのなかで懸命の適応を試みてきた。働きすぎとはひっきょう、その適応のかたちにほかならないけれども、その適応のビヘイビア自体はまた、あるいは日本近代に伝統的な、あるいは八〇年代以降に生まれたさまざまの「時代の合意」に促される労働者の心性に支えられている。たとえば八〇年代という「消費の時代」にいっそう可視的になったところの、がんばれば中流の生活が可能だというそれなりの予測。浸透する能力主義・成果主義の神髄ともいうべき労働条件の「個人処遇化」が強《し》いる競争と選別の企業社会に生きて、サバイバルのためには結局、自分ががんばるほかはないという決意。こうした予測や覚悟や悟りは、ある意味では「個人処遇化」に抗《あらが》わず個人の受難に寄り添うことを放棄した労働組合というものに対する、労働者の距離感の表明でもあった。

このように仮説的に示した働きすぎの背景――経済環境の変化、企業労務の展開、政財界の動向、「時代の合意」と労働者の適応の心性などについては、それぞれの役割の相対的な大きさが、時期によりケースによりさまざまに異なるゆえ、ここでさらに展開することはせず、よりくわしくは事例紹介に挟み込む「節」のなかで、あるいは総括にあたる七章や終章であらためて考察することにしたい。くりかえしいえば、本書はまずもって働きすぎに斃れた人びとの体験の集積であって、それらを通じて日本の労働史に関してわかることを帰納法的に透視しようとする試みだからだ。いいかえれば私は、これまでのいくつかの著作で論じてきた右のような諸要因の存否や状況に対するそれぞれの規定性を、ここに確かめようとしているということもできる。

では、働きすぎて斃れた人びとに関するいくつもの物語に、その暗い森に入ってゆくことにしよう。性急にまとめようとすればひっきょう類似した体験のくりかえしのように思われるけれども、まずは一人ひとりの受難の具体的なプロセスを凝視したい。

＊以上の「仮説」については、熊沢誠『新編 日本の労働者像』(ちくま学芸文庫、一九九三年。以下、熊沢九三年a)、同『働き者たち泣き笑顔』(有斐閣、一九九三年。以下、熊沢九三年b)、同『能力主義と企業社会』(岩波新書、一九九七年)、同『リストラとワークシェアリング』(岩波新書、二〇〇三年)、同『格差社会ニッポンで働くということ――雇用と労働のゆくえをみつめて』(岩波書店、二〇〇七年)などを参照

二章　トラック労働者の群像

1節　死にいたる疾走

帯広の斉藤英治

一九八七年四月二〇日早朝の帯広市内、一台の大型トレーラーが三〇〇メートルほど蛇行し、国道の側溝に脱輪して停止した。三四歳の運転手、斉藤英治(仮名)の脳出血による事故であった。病院に運ばれた斉藤は視力も失って半ば錯乱状態であったが、そこを車内と思って、駆けつけた妻のかず子(筆名)に不明瞭な言葉で「無線をとってくれ、会社に車を引き上げてもらうから」と、事故の事後処理を気遣ったという。開頭手術の一八時間後、翌日の午前に斉藤の命はつきた。

斉藤は中学校を卒業後、地元の石油スタンド勤務を経て自衛隊帯広駐屯地に約四年間在籍し、大型車の免許を取得した。その後、三つの会社で主としてトラック運転手として働いた後、八六年四月に、トレーラーとトラックでの鋼材、木材、肥料、雑貨などの運搬を業とする、運転手三九人規模の梅田運輸に就職している。車両一台に運転手一人の配置であった。

かず子は結婚七年後の八〇年に、心臓の不調を抱えながらもようやく長男をもうけていた。その妻と当時小学生の子どものためなら「なんでもするよ」と語っていた斉藤の、労働の日常は過酷なものだった。たとえば帯広の自宅を夕方六時に出て函館に翌朝五時頃に着き、車中で三時間ほど仮眠する。八時頃、積み荷先が開くのを待って、一袋三〇キロもの肥料を一人で降ろす。その後、函館市内でレールを積み込んで札幌へ向かい、二〇時頃に到着、近くで弁当を買って車に泊まる。翌朝、荷を降ろし、また電話での指示に従ってメッキ材を積み込んで会社に戻る。帰宅はその夜二二時頃。計算すれば自宅を出てから五二時間後である。その五時間ほどのち、早朝に出勤することもあった。またあるときは、朝八時半頃から翌日の一九時頃まで、帯広⇓札幌⇓帯広⇓釧路⇓帯広と行き来する三四時間に及ぶ勤務もあった。その間、缶ジュースや瓶類のトレーラーいっぱいまでの積み込み、自宅での夜食と一時間の休憩、徹夜運転、荷降ろし、積み込み、車の点検……がはさまれている。

つらいことは長時間の運転にとどまらない。以上からうかがわれるように、なによりも不規則勤務、深夜労働であった。荷受け先で積み降ろしの順番が他社に抜かれないように早朝に着いて、車中で待機する必要もあった。そこに大豆なら六〇キロの袋を約四〇〇袋、肥料なら二〇キロの袋を約一二〇〇袋も積み降ろすという労苦が重なる。それにトレーラーは構造上、運転席の振動が大きく、また、「ジャックナイフ現象」(後ろの連結貨車が折れて前に来ること)による事故が起こりやすいため、下り坂では走行速度の制御に特別の注意を求められるうえ、斉藤のコースでは峠越えが頻繁であった。北海道での峠越えでは、冬には積雪があるばかりか、初雪の一一月と融雪の四月には道路がアイスバーン状態になるため、スリップを防ぐ細心の配慮が不可欠である。峠付近で二〇~四〇キロのチェーンを約四〇分かけて装着する作業も容易ではない。さらに車体が大きいことからくる場所の制約や時間の不規則性もあって、斉藤は拘束労働時間中の待機、休憩、仮眠、食事を、ドライブインや宿泊施設などではなく車中ですませることを余儀なくされていた。

巨漢の斉藤は、八七年二月においても血圧が収縮期一三〇、拡張期七六であり、もともとタフな労働者だった。その斉藤も、八六年九月頃からは繁忙からくる疲れ、肩こり、眼のかすみ、事故の不安などをしきりに訴えるようになる。しかし肩に湿布薬を貼るだけで、診察を受けるため仕事を休むことはなかった。梅田運輸のような小企業は、大企業で採算のとれない仕事を下請けすることが多い。そうした経営環境もおそらく影響してのことだろう、斉藤の基本給は一〇万円ほどにすぎず、これに一キロメートル五円の距離手当(月に約五万円)、それに安全手当、家族手当などが付いても総支給額は二三万円ほどである。ほかのケースでもよくみられる基本給のこのような低さも、家族のために働く斉藤を働きすぎに駆る一因であったように思われる。

後に行われた行政訴訟の判決は、この賃金体系をまったく問題にしなかったけれども、斉藤の働きすぎについては、より具体的に、よりくわしく実態に迫っている。

八七年当時、自動車運転者の労働時間についてはすでに、「昭和五四年改善基準」が一応定められていた。貨物運搬事業に関しては、拘束時間は二週間を平均して一日に一三時間以内、限度は一六時間(一五時間を超えることができる回数は一週間二回まで)、勤務間の休息期間は連続八時間以上――が規程である。これを念頭において判決は、一月六日から四月二〇日までの一〇五日の間の斉藤の労働時間を次のように事実認定している。

- 二週間単位七コマの拘束労働時間は、一一時間三分〜一五時間二二分

- 一〇五日間の休日は計一九日

- 拘束一五時間を超える日は計三一日、一六時間を超える日は計一一日

発症直前の四月一一日から四月二〇日までの一〇日間をみれば、就労日数は八日であるが、大豆、肥料、砂糖の荷降ろし作業は四回、峠越えは一〇回である。また八日間の勤務日の一日あたり平均は、拘束時間一三時間二一分。その内訳は、運転時間六時間二二分、積み降ろし時間一時間五分、待機および大豆・肥料以外の積み降ろし時間二時間五一分、車両整備、日報作成、打ち合わせ、休憩と仮眠など「その他の時間」は三時間三分であった。発症の前日にも、斉藤は早朝七時五分に家を出て、拘束労働時間一三時間五五分のあと、二一時に帰宅する。その日は八時間五分にわたり、四〇七キロメートルを運転している。七九年「改善基準」以上の長時間労働は明らかであった。

なんども夫の乗務に同行しその過酷さをよくわかっていたかず子にとって、夫の死は過労死としか思えなかった。一時は死を望むまでに生きる気力を喪っていたかず子は、思い直し

て労災認定を求めて労基署に赴く……。

＊以上、梅田運輸・帯広労基署長事件、釧路地裁一九九六年一二月一〇日判決（『労働判例』七〇九号）、および『妻たちの手記』を参照

西宮の藤原武史

斉藤の死のおよそ一年半後、八八年九月一八日には、兵庫県西宮の第一運輸に勤務し、ニッカウヰスキーの原酒をやはりタンクローリーで運んでいた四二歳の藤原武史（仮名）が、斉藤と同じような激務の末、早朝の自宅で急性心不全のため死亡している。

朝にニッカの工場で原酒を積み込み、青森、仙台、栃木、東京、ときには北海道や九州までも走り続け、翌朝、現地に到着して荷を降ろし、帰りの荷があるときはそれを積み込んで帰路を急ぐ。食事の時間も惜しんで、パンやおにぎりをほおばって運転を続け、薄暗い車中で夕食の弁当を食べ、現地の荷受け先が開くまでの間わずかの仮眠を貪《むさぼ》る。帰宅したその日にまた別の目的地へ出発する、いわゆるとんぼ返り運転もしばしばある。「一週間畳の上で寝ないこともしばしば」だった。液体を運ぶ大型トレーラーの運転では、とくにカーブのとき車体の安定に神経を使う。また、決められた時間での必着の要請がきびしいだけに、雪道や大雨、混雑などによる渋滞にいつもいらいらする。斉藤の場合と同様にときに同乗した妻マサ江（筆名）も涙ぐむほどの、それははげしい労働の毎日であった。そしてここでも、基本給は極端に低く五万二九〇〇円だった。人並みの賃金にするためには、それゆえ、月二〇〇

時間もの残業が必要であった。それでも給料明細の残業時間は実際の数値より少なかったという。

藤原は、中学、高校と野球部に属し、地域では少年野球のチームのコーチも務めている。健康そのものだった。夫は仕事の過労から死に追いやられた——そう感じて、マサ江は一人で西宮労基署を訪れる。門前払いだった。「亡くなる直前に(特別に)重労働をしたのならともかく、ずっと前から同じ仕事をしていたのなら、いくら長時間労働でも仕事には慣れているでしょう。過労死の申請をしても無駄ですよ」と言われたという。その後マサ江は、そのころ数多くなった過労死の報道を読んで、弁護士と相談し、その示唆《しさ》を受けて会社に必要書類の提出を求めた。しかし会社は資料の提供はおろか、閲覧さえ拒んでいる。そのあまりの非情さが悲しくて悔しく、彼女はあらためて労災申請にふみきった。一方、マサ江は、四一歳にしてはじめて、中学二年、高校二年の息子たちを支える生活費を稼ぐため、中古車センターの事務の仕事についている。

＊以上、『妻たちの手記』参照

京都の市川守

従業員三〇人ほどの北信運輸(以下、北信)は、京都藤川社の仕事を下請けして自動車関連部品を主として京都—東京間に輸送する企業である。その北信で働く四一歳の市川守(仮名)は、日に夜を継いで一一トントラックを運転し、きびしい時間指定がある「急便」を担っていた。片道五三〇キロメートルに及ぶ長距離運転である。

東京運行は二日間を一単位とする「隔日勤務」で行われる。高速道路を走行中は一人乗務であるため運転の交替はできない。そのうえ市川は、渋滞による遅延をおそれるあまり、トイレや自販機のところで約一五分の休憩を一、二回とるくらいだった。信じがたいことながら北信は、休憩や仮眠の指示をしていない。また、京都藤川社にも東京藤川社にも「傭車」(下請け)運転手のための仮眠室はなく、市川は待機時間にトラック内で不十分な休憩や仮眠をとるだけだった。そのうえ、京都と東京の藤川、そして大ユーザーの日産車体では、市川は荷台入口まで流れるコンベアやローラーの傍らで、一人で、あるいは藤川の従業員とともに、荷積み・荷降ろしの作業をしなければならなかった。

市川は一九八三年四月一〇日、二二時頃に京都藤川を出発し、約七時間後に東京藤川に到着、仮眠後の荷降ろし作業中の一一日早朝、脳動脈破裂によるくも膜下出血を発症して倒れた。四日間の意識不明の後に他界する。体調不良を訴え、友人には「死人の顔や」と忠告されていながら、市川は「会社が自分を頼りにしてくれているので医者に行く時間もないのや」と語っていたという。それは一カ月ほども休日をとらず不規則な激務を続けていた労働者の死であった。

具体的なイメージを得るために、死の一〇日ほど前からの勤務を紹介しよう。

・四月二日(土)――一一時頃、北信から日産車体京都に車を回し荷降ろし／一五時頃、京

都藤川に到着、二〇時頃まで荷積みして帰宅(自宅までは約三〇分)
●三日(日)――二二時頃、京都藤川を出発⇓深夜長距離運転
●四日(月)――七時半頃、東京藤川で荷降ろしを終え出発／一〇時頃、神奈川県の日産寒川に到着、荷積み作業／一六時頃、同所を出発／二二時頃、日産車体京都に到着して荷降ろし作業／二三時頃、京都藤川に到着、空車のまま駐車して帰宅
●五日(火)――一八時頃、京都藤川に到着、荷積み後、二二時頃に出発⇓深夜長距離運転
●六日(水)――五時頃、東京藤川に到着、荷降ろし作業／七時頃に出発、一〇時頃、神奈川県平塚市の平田重工業に到着、荷積み作業／一六時頃、出発、二二時頃、北信に到着、荷積みのまま駐車して帰宅
●七日(木)――八時頃に出発し、日産車体京都で荷降ろし／一〇時頃、北信に帰庫、帰宅／一八時頃、京都藤川に到着、荷積み作業／二二時頃、出発⇓深夜長距離運転
●八日(金)――五時頃、東京藤川に到着、荷降ろし作業／七時頃に出発、一四時三〇分頃に日産車体平塚に到着、荷積み作業／一六時頃に出発し、二二時頃に北信に到着、荷積みのまま駐車して帰宅
●九日(土)――一一時頃、日産車体京都に到着、荷降ろし作業／一五時頃、京都藤川に到着、荷積み作業／二〇時頃、帰宅
●一〇日(日)――京都藤川を出発、亀戸の東京藤川への深夜長距離運転……

帰路の積荷は主に日産車体京都工場への自動車部品である。私はここに、決まった時間に決まった量だけの部品を確実に用意するという、ユーザー企業におけるジャスト・イン・タイム方式の要請をみないわけにはゆかない。ここでは輸送もまた流れ作業となる。市川のトラック労働は、日本の自動車工業を世界に冠たる存在に押し上げたこの生産方式と輸送の下請け関係にビルト・インされ、死をもたらすまでの過酷さに追い込まれていたのである。

ところで、帯広の斉藤のケースで紹介した自動車運転手の労働時間についての「昭和五四年改善基準」は、長距離トラック運送などにみられる「隔日勤務」をやむをえない場合の例外的措置として認め、次のような許容条件をつけている。①二暦日における拘束時間は二一時間以内、②勤務間には連続二〇時間以上の休息期間、③休日労働は二週間の総労働時間が一二六時間を超えないときのみ可能(しかも二週間に一回が限度)、④最大運転時間は二週間を平均して、時間外労働もふくめ一日あたり九時間以内。以上がその内容である。では市川守の場合はどうであったか。

後の行政訴訟での大阪高裁の判決文から、八三年三月一六日から四月一〇日までの間、一二〜三九時間の幅をもつ二暦日ごとの市川の拘束時間の平均は二八時間強であったことがわかる。その二五日間に市川が休日をとったのは三月二〇〜二一日の一回だけである。また、その間の各隔日勤務間の休息時間の平均は一三時間半。どの点でも隔日勤務に関する基準労働時間の違反は明瞭であった。

市川は妻の満子(筆名)のほか、一八歳の長男、一四歳の次男、九歳の娘を残している。北信は当初「故人は会社にとてもよく貢献してくれたから、できるだけのことはします。葬儀も社葬に」と語りながら、「結局、なにもしてくれ」なかった。満子には、会社は責任感の強い真面目な市川に、定期健康診断も受けさせず、その身体の不調を知りながら休日も与えず、基準違反の過重な労働を強いていたように思われた。満子は労基署が労災申請を不支給処分とし、審査官が審査請求を棄却したことにどうしても納得できず、行政訴訟の長い闘いにふみだしてゆく……。市川の娘は、父の死後、毎年バレンタインデーにはかならず墓にチョコレートを供えるという。

＊以上、遺族補償給付等不支給処分取消請求控訴事件、大阪高裁一九九五年四月二七日判決(正本)、および『妻たちの手記』参照

観光バス運転手、織田清志の場合

死にいたるまでのすさまじい運転労働は、物流の中核を担うトラック労働者ばかりではなく、八〇年代のレクリエーションブームのなか急速に需要を高めたツアーの観光バス運転手にもみられた。企業間競争のはげしさが格安料金を余儀なくさせるため、旅行業各社は、運転手の増員なきままで旅行数をこなし利益をあげようとする。そんな経営方針が運転手を過重労働に追い込むのだ。一九八八年二月二〇日早朝、淡路交通の運転手、五一歳の織田清志(仮名)が、客を迎えに行く途上の第二神明道路で、高血圧性脳出血(右視床出血)を発症して倒れ、左半身不随の療養七年後に死亡したのは、そうした状況の波頭にほかならない。かんた

んに紹介しよう。

六七年に淡路交通に就職した織田は、二〇年以上にわたり大型観光バス運転の仕事を続けてきた。他人の忌避しがちなむつかしい路線運行を進んで引き受けるような性格の彼は、職場の同僚にも信頼され、八五年から八七年末にかけては労働組合の執行委員長も務めている。けれども、八八年一月の頃から当時の高校生の間で人気が高まっていたスキーバス業務がはじまってから、職場の状況は容易ならぬものに変わってゆく。

スキーバスの運行は、寒冷にさらされる機会が増えるうえ、設備の不十分な民宿での泊りが必要になる、拘束労働時間の長い長距離運転の業務だった。織田の場合も、発症直前にはとくにこの種の仕事が続いた。発症前一週間の織田の日平均延べ労働時間は一〇時間、残業時間は二時間三五分、発症前一カ月の労働時間は二五五時間四〇分、時間外労働は八三時間と、後に行政訴訟の法廷で認定されている。そのひと月の間に織田は、平湯まで五日間、草津まで三日間、和倉まで三日間の運行に携わっていた。労働時間ばかりではない。スキーバスでの夜間運行、車内と戸外では三〇度以上にもなる温度差、ここではふたり乗務ではあるものの、運転時間以外でも乗客からの拘束はまぬかれず実質上休めないこと——それらも健康を損なう労働環境であった。

晩年の織田は高血圧で、蓄積された疲労が著しかった。行政訴訟の判決は、最悪時でも収縮期血圧が一六〇〜一七〇という水準は「境界域高血圧」とみなしたけれども、生活をともにする妻の和子(筆名)はもちろん、なお「境界」ということで安心できなかった。なにしろ長年、年末年始や連休に父親がいないのは当たり前、「お父さんのいる母子家庭」と言われてきたのだ。和子は交通渋滞で予定より四、五時間も遅れて帰宅し、三、四時間の睡眠で、疲労のまま翌朝出勤する夫の健康が心配で、「自分の体と会社とどちらが大事なのか」と「よく喧嘩《けんか》した」という。織田も倒れる半年前、一カ月にわたるほとんど休みなしの勤務の後ついに起き上がれなくなって病院でCTスキャンを撮って以来は、診察と投薬を欠かさなかった。しかし需要の多い高校生の修学旅行のスキーバスに人手が足りず、妻のつよい願いもあって避けようと試みたスキーツアーの運転も結局、拒むことはできなかった。

和子の労災申請に対して、労基署はほとんど資料にもとづく調査を行わず、組合の介入を回避するかのように、早くも二カ月で不支給処分を下した。九一年二月には審査請求も棄却される。そして会社は、職場復帰をめざしてリハビリに懸命だった織田を一年後、「一年間病欠したのだから」という規程を楯に一方的に解雇した。織田は気力を失い、精神的に不安定になって自殺をはかっている。長男は東京の大学に進学する夢を捨てた。西宮市役所に仕事をもちながら家族の生活を支える和子の心身の疲労は、九一年頃、きわまりに達していた……。

＊以上、大阪淡路交通・西宮労基署長事件、神戸地裁一九九六年九月二七日判決、同、大阪高裁一九九七年一二月二五日控訴審判決(いずれも『労働判例』七四三号)、および『妻たちの手記』参照

表 2-1　輸送機関別国内貨物輸送トンキロ（単位 10 億）

	1975 年	1985 年	1995 年	2004 年
JR	46.3	21.4	24.7	22.3
民鉄	0.8	0.5	0.4	0.2
自動車	129.7	205.9	294.6	327.6
指数 75 年＝100	100.0	158.8	227.1	252.6
内航海運	183.6	205.8	238.3	218.8
国内航空	0.2	0.5	0.9	1.1
計	360.5	434.1	559.0	570.0
自動車の占める割合（%）	36.0	47.4	52.7	57.5

資料：『数字でみる日本の 100 年』（矢野恒太記念会，2006 年）より作成．原資料は運輸省『運輸白書』，国土交通省『国土交通白書』

2 節　背景の考察

トラック労働者の位置

トラック輸送は、戦後経済の復興過程から飛躍的に増え続け、八〇年代半ばにはすでに、輸送量において「内航海運」と並ぶ最大の輸送機関に成長を遂げていた。沿岸に立地する鉄鋼、セメント、石油など「重厚長大」産業関係の物流はなお内航海運に大きく依存していたものの、その後、機械工業や「軽薄短小」型の業種が経済成長のリーディング・セクターになるにつれ、トラック輸送の役割はいっそう大きくなる。「輸送機関別国内貨物輸送トンキロ（重量×輸送距離）」の推移を示す**表2-1**によれば、「自動車」は一九七五年から八五年までに五九％、九五年までには一二七％の伸びを示し、全体に占める比率も三六％、四七％と高まって、八〇年代末には五〇％以上を占めるようになる。トラック輸送は文字どおり物流の中心的存在に浮上していた。

ちなみに物流におけるこの「自動車」の成長がJR(八六年度までは「国鉄」)貨物の衰退と裏腹の関係にあったことはいうまでもない。貨物輸送における国鉄のシェアは六〇年には三九％であったが、トラックのシェアが三六％になった七五年には一三％に落ち込んでいた。労使関係史の関心からいえば、そこからくる国鉄労働組合のストライキがもつ打撃力の減殺が、七五年の公労協スト権ストの敗因のひとつであった。ストライキのさなか、政府の緊急輸送命令に応えて、大多数は未組織のトラック労働者は昼夜を分かたず高速道路を疾走し、それほどの値動きももたらさずに生活物資を中央市場に送り込んだからである。

このような物流の構造変化と同時に、もちろんトラック労働者も激増を続けていた。「営業用貨物自動車運転者」は七〇年代、八〇年代を通じて、旋盤工、溶接工、仕上工などの減少と対照的にもっとも増加した男性労働者であり、それ以降、まぎれもなく最大職種のひとつに属する人びとであった。このこともふくめてトラック労働者の位置を他職種との比較において総括的に知るために、**表2-2**を示す。資料は、職種別に労働条件の諸相を明らかにする『賃金構造基本統計調査(賃金センサス)職種別篇』の各年版である。原表は営業用貨物自動車運転者を「大型」と「普通・小型」に分けて表示しているが、ここでは文脈上、「大型」だけをみることにしたい。

まず、労働者数は、八五年に約二七万人で男子一〇一職種中の三位、九五年に約三九万人で一一六職種中の一位、〇六年の現時点ではかなり減少して約二九万人ながら、なお一二九

表 2-2　トラック労働者の位置

	1985 年	1995 年	2006 年
年齢(歳)	39.9	41.2	44.7
勤続年数(年)	9.9	10.2	11.8
所定内労働時間(時間)〔順位〕	194〔16〕	184〔 6〕	177〔 16〕
超過労働時間(時間)〔順位〕	48〔 2〕	40〔 2〕	37〔 6〕
所定内給与額(千円)〔順位〕	231.7〔22〕	292.2〔 33〕	281.7〔 51〕
決まって支給する現金給与額(千円)〔順位〕	290.8〔15〕	359.4〔 20〕	339.2〔 39〕
年間賞与その他特別給与額(千円)〔順位〕	507.5〔78〕	575.9〔100〕	340.2〔105〕
労働者数(千人)〔順位〕	265.8〔 3〕	387.4〔 1〕	288.3〔 1〕
10〜99 人規模の労働者数比率(%)	52.2	60.5	59.7
サンプル職種数	101	116	129

資料:『賃金構造基本統計調査』各年版より作成
注:男性の営業用貨物自動車(大型)運転者

職種中のトップである。では、彼らの労働条件の特徴はなにか。以下、年度ごとにいくらか異なる表示サンプル職種中に占める大型トラック運転手の順位に注目すれば、次のようなことがわかる。

トラック労働者の所定内労働時間は、九五年を別にすれば一六位であって、極端に長いわけではない。だが、超過労働時間は八五年、九五年には二位であり、この職種では残業がきわめて多いことがわかる。ここには、賃金体系の特徴がかかわっている。トラック運転手は、八五年、残業手当込みの「決まって支給する現金給与額」で約二九万円、全職種中一五位の収入であった。この水準はおそらく当時のブルーカラーの月例収入としては比較的高位であったけれども、所定内給与額は約二三万円で順位は二二位に下がる。1節に紹介した斉藤や藤原の働きにもうかがわれるように、トラック労働者ははげしい残業で数万円ほど稼いでは生活を賄《まかな》っていたのだ。しかもこの所定内給与額は、すぐれてその後のトラック輸送の規制緩和の影響によって、時代を追うにつれ、その相対的劣位性をつよめている。

＊以上、『数字でみる日本の一〇〇年』(矢野恒太記念会、二〇〇六年)、斉藤実『改訂版よくわかる物流業界』(日本実業出版社、二〇〇六年)、労働省・厚労省『賃金構造基本統計調査 職種別篇』各年版を参照。スト権ストについては、熊沢誠「スト権スト・一九七五年日本」(清水慎三編著『戦後労働組合運動史論』日本評論社、一九八二年)を参照

業界の重層構造と小企業労働者への犠牲転嫁

八〇年代末、ひとつの際立ったグループとしてトラック労働者の過労死が続発したことの最大の理由はもちろん、この業界のきびしい企業環境である。

端的にいえばそれは、五〇〜六〇%という「一〇〜九九人規模の労働者数比率」(表2-2)にも示される、この業界の小企業性であった。いや、この表でも真の事態は過小評価されよう。トラック輸送企業は、宅配便を別にすれば、小企業どころか、規模一〇人までの零細企業と「白トラ」自営業を幅広い底辺とする巨大なピラミッド構造を形づくっている。それに対し荷主は総じて大企業であり、ふつうは競争上の優位に立つ。そのうえ、わずかの大手運輸業者は、輸送コストのうえで不利な仕事は労務コストを切り下げうる小零細企業や白トラに下請けさせるのがつねであった。多すぎるライバルがしのぎを削るそうした底辺企業は、

労務上の適正相場を与件とするコストでは仕事を受注することはできない。たしかにすでに述べたように労働省による労働時間規制はあり、九〇年の「事前届出運賃制」導入にいたるまでは、運賃も認可制であった。しかし、荷主と運輸業者との間で決められる「実勢運賃」はいつも、取引上の力関係を反映して運輸省(当時)認可の認可運賃よりも何割か低かったのだ。

この環境のなかでなおいくらかの利潤を得るために、小零細企業の経営者は労働時間、休息時間、積載量、スピードなどあらゆる面で自社の従業員に、とりわけ下請け輸送企業のトラック労働者に、犠牲を転嫁するのがつねであった。実際、諸産業の大手企業がこの間、自家用輸送を本格的に業者に委託するようになったのも、そもそもトラック輸送が国鉄貨物を蚕食《さんしょく》して物流の中核にのしあがったのも、もとはといえば、投資単位が小さく参入障壁の低い中小零細のトラック輸送企業が、トラック運転手に低賃金で過重労働をさせることによって輸送コストを抑制できたからである。

トラック労働者のなかには、がんばれば稼げると予想してそこへ転職した人も多かった。彼らは、中卒後一五年、高卒後一二年、三〇歳頃に入職するという経歴がむしろふつうだった。たしかに意識のうえでは、残業手当や深夜手当を見込んで、あるいは輸送量に応じた歩合給のもとで、たしかに意識のうえでは体力の続く限り進んで、ハードワークを引き受けたかもしれない。だが、日に夜を継ぐ一六時間もの拘束労働時間、十分に睡眠もとれない休息時間、仮眠のゆとりも設備もない「とんぼ返り」運行、二カ月間も休日を取得できない勤務、家族との団欒《だんらん》や行楽の記憶をほとんど残さない生活──それらは「トラック野郎」たちがあらかじめ覚悟して引き受けた働きかたではあるまい。そしてそうした労働の果ての過労死に際しては、彼らがそのためにこそ懸命に働いてきた遺族たちも、もっと貧しくても元気でいてくれればよかったのに、なぜそれほどまでに働いてくれたのかと、痛切な疑問とある慚愧《ざんき》の思いに長らくとらわれ続けたことだろう。それはなによりも、低コストで期限の限られた輸送を果たすという日本経済の要請を、企業規模間の労働条件格差を盤石の基盤とする業界の多層構造を活用して満たそうとする企業経営が、労働者家族にもたらした悲劇にほかならない。

＊以上、斉藤〇六年、後藤正治『はたらく若者たちの記録』(日本評論社、一九八三年)を参照

3節　労災認定のゆくえ

不支給処分の続発と行政訴訟

八〇年代の末から九〇年代はじめの頃、過労死の労災認定を求める遺族たちに対する労基署の対応はまことに非情なものだった。たいていの労災申請・労災補償支給の請求には、業務外認定・不支給処分が下されている。そのうち西宮の藤原武史のケースはむしろ例外的である。マサ江による九〇年六月の労災申請は不支給決定になったものの、審査手続きの過程では、不支給処分を不当とみる労働組合が労働基準局と交渉を重ね、組合員が局長室に押しかけるまでの抗議行動を展開した。その結果、九四年一〇月七日ついに「逆転認定」にいた

る。藤原の死から約六年後のことであった。

しかし斉藤英治の場合、帯広労基署は、はじめから斉藤の業務と死の間に「因果関係なし」との予断を示していた。気力の喪失から立ち直ったかず子は八八年一一月、高崎弁護士の助言を受けて、署名運動を展開し、帯広労基署に労災認定・遺族補償年金および葬祭料の給付を請求する。帯広地区労働組合総連合の支援もあって、この地域はじめての「過労死をなくす十勝連絡会」が結成された。それでも労基署は九一年四月、「不支給」を決定している。また京都の市川満子の遺族補償給付の請求に対しても、京都南労基署は八四年二月、はじめの応対の印象とは裏腹にどうしてか不支給処分を下し、引き続いて労災補償保険審査官も審査請求を棄却している。それがむしろ九〇年前後の一般的な傾向であったけれども、こうした経過を経て斉藤かず子や市川満子の行政訴訟の闘いがはじまるのである。

市川満子の労災補償不支給処分の取消を請求する行政訴訟について、京都地裁は八九年、死の業務起因性を認めない判決を下した。だが、その控訴審においては、大阪高裁(裁判長・山中紀行)は市川の仕事の質と量を詳細に分析した(1節での私の事例紹介は主としてこの判決の「判断」にもとづく)。そのうえで高裁は一九九五年四月二七日、そうした仕事の継続的な過重性こそが、疲労を回復する休息に恵まれなかった市川の脳内に形成されていた動脈瘤《りゅう》の破裂を招いたものと認め、一審判決を取り消したのである。それは市川守の死から実に一二年後の勝利であった。

ちなみにその半年後の九月二九日には、名古屋地裁の判決(裁判長・福田皓二)が、東宝運輸のトレーラー運転手、植松伸剛のくも膜下出血死を「業務外」とする労基署の決定を取り消している。植松は発症前一年間の拘束労働時間が三六三五時間、発症直前には一日約一八時間、約五日に一日はわずか三時間から四時間半の(勤務間)休息という過酷な働きを続け、八八年三月二日に三九歳で斃れたものである。このあまりにも当然の判決が一審で確定したのは、その年二月における労災認定基準の改定(一章「労災認定基準の推移(2)」参照)の影響ということもできる。

そして翌九六年一二月一〇日には釧路地裁(裁判長・中山顕裕)が、斉藤英治の死を「業務外」とする労基署九一年四月の決定を取り消す判決を下す。ここでも裁判官は、すでに紹介したようなトレーラー運転一般の、とりわけ斉藤の過密・過重な作業内容が必然化する肉体的・精神的負荷をみつめている。しばしば「業務外認定」の根拠にもなる「相当因果関係」論に立ちながらも、地裁は八七年基準(一章「労災認定基準の推移(1)」参照)にとらわれず、二〜六週間という長い期間を考察対象として、長時間運転、深夜不規則勤務、寒冷の中で行われる荷積み・荷降ろし作業などのもたらす疲労蓄積を掬《すく》い上げた。それらが「相対的に有力な原因」となって、脳小動脈の血管病変などの「自然経過」を超えた増悪を招く。こうして形成されていた脳小動脈瘤が、発症当日の通常の労働——この当日の仕事の「通常性」がよく「業務外認定」の理由とされる——による血圧上昇を直因として破裂したという医学的判断が採用されたのである。この説明の説得性ゆえに、この判決も被告労基署の控訴なく確定であった。

＊以上、藤原事件では、『二〇年のあゆみ』、『妻たちの手記』、およびヒアリングを、市川事件では、前掲の大阪高裁判決を、植松事件では、東宝運輸・名古屋南労基署長事件、名古屋地裁一九九五年九月二九日判決（『労働判例』六八四号）、中生加八九年、および水野幹男「トレーラー運転手の過労死と審査請求中の取消訴訟の早期確定」（『労働法律旬報』一三七四号、一九九五年）を、斉藤事件では、前掲の釧路地裁判決を参照

埋もれた過労死

けれども、以上のように紹介できる事例は、労災認定や行政訴訟の闘いが取り組まれたケース、とくにその闘いが報われて社会的にもある程度は知られるようになったケースにすぎない。私の紹介事例は、どうしても裁判、とくに原告勝訴の裁判になった事例に偏っているだろう。トラック運転手の過労死に限らず、その場合にこそ裁判資料がよく利用できるからだ。しかし、この時期に続発したトラック運転手の過労死の多くはおそらく、広く知られずに埋もれていったものと推測される。

たとえば八八年一〇月、石川県に住む当時すでに六九歳の佐藤みよ（筆名）は、予定の日にも帰宅しなかった大型トラック運転手の長男、政男（四四歳、仮名）を次男とともに徹夜で捜しまわり、早朝五時、政男が大津インターできちんと端に止められた車の中で死んでいるのを発見した。静脈瘤破裂、急性心不全であった。

加賀運送に勤めて四年になる政男は、眠る時間もとれず、とれても眠れない深夜運転の毎

日だった。みよの記すところでは、髪の毛がごっそり抜け、もう心身「ぼろぼろだった」のに、気遣うと政男は「会社はものすごく忙しいので、休ませてほしいなんていったら首になる。体の調子が悪くても会社に言うことはできん」と答えたという。みよはいくたびもいくたびも労基署を訪れたけれども、労基署はろくに調べもせず、「あなたの息子さんは、病気なので駄目です」「国のお金を簡単には出せない」という対応であった。結局、労災申請は不支給であり、審査請求、再審査請求も棄却に終わる。

佐藤みよは、政男の労働時間など労働の状況を具体的な証拠として把握していなかったようにみえる。みよにとって、おそらく休めない仕事の過程で息子の心身が「ぼろぼろ」になっていったこと、最後の運行のトラックのドアには吐血の痕《あと》が残されていたことが真実だった。忙しい労基署の職員は、客観的な「証拠」をあまり示さずに彼女にとっての真実だけを訴え続けるこの老母をうるさげにはねつけることに、さしてわだかまりはなかっただろう。それ以来、佐藤みよの無念のゆくえを知る手がかりを私はもたない。にもかかわらず、ここに資料も不十分なままあえてこの事例を書きとめる理由はほかでもない、九〇年代半ば以降には、後にもみるようにいくつかの労災認定、行政訴訟および民事訴訟における原告側の輝かしい勝訴が伝えられるけれども、その陰には、なんらかの事情で支援に恵まれず、労働行政の官僚による非情の対応に抗えなかったゆえに、やむなく寡黙を強いられた数多い、働きすぎに斃れた労働者たちの遺族が実在することをあらためて思い起こしたいからである。

＊以上、『妻たちの手記』参照

労働組合の支援がもたらす成果

過労死の告発は、とはいえ、右の斉藤や市川や藤原の例にみるように、労災認定基準が緩和に向かうとき、各地の弁護士たちが労働の実態を丁寧に把握して行政や司法に迫るとき、そして労働組合、なかんずく職場の実情を知悉《ちしつ》する当該企業の労働組合が遺族の行動への支援を惜しまないとき、成功裡《り》に展開される。こうした労働組合の取り組みがとりわけ有効であった二例をかんたんにふりかえってみよう。

その一。西宮の織田和子は、夫の清志の職場であった淡路交通の労働組合と、市職員であった和子の所属する西宮市職員労組からの支援・援助に恵まれている。それが再審査請求、行政訴訟に向かう和子の気力を励ました。九四年六月、再審査請求も棄却され、九五年一月、解雇されていた清志は失意のうちに死を迎える。だが、支援に勇気を得て提訴を承継した和子を原告とする行政訴訟の一審では、神戸地裁(裁判長・森本翅充)が一九九六年九月二七日、ここでも織田の従事した仕事の実態をくわしく分析したうえで、「……当該業務の過重性の判断にあたっては、何らの基礎疾病を有しない健常人ではなく、当該労働者が従事していた通常の業務に耐え得る程度の基礎疾病(ここでは高血圧症)を有する者を基準とすべきである」として、業務と発症の「相当因果関係」を認め、労基署の不支給処分を取り消した。被告側は控訴したけれども、九七年一二月二五日の大阪高裁判決(裁判長・笠井達也)も同じ結論であった。なお一審、二審とも、一週間前の仕事の過重性を、無視はしないにせよ付随的な検討対象にとどめている九五年認定基準を、蓄積疲労を評価するうえでなお不十分と批判していることが注目される。織田和子のおよそ一〇年の闘いは、こうして終わったのである。

その二。時期は一〇年ほどさかのぼる。一九七九年六月、日本運送四日市支店の長距離トラック運転手、勤続二〇年・四九歳の亀山豊は、天草まで一〇〇〇キロメートルの運転の帰路、たどり着いた鳥栖《とす》インターで脳出血を発症して死亡した。妻、亀山あいの労災申請、審査請求、再審査請求に対して関係各機関はいずれも、不支給決定(七九年一二月)、棄却(八〇年一〇月)、棄却(八一年一二月)をくりかえしている。主として当時の六一年認定基準にもとづき、亀山の業務はこの職種の働きかたとしてはふつうであり、長年の経験に照らしてもとくに過重と認められない(「当日の勤務も二人乗務で四、五時間ごとの交替運転であって休息や仮眠が可能である」)、それゆえ、発症は健康診断で指示されていたのに精密検査や治療を怠っていた持病の高血圧が「自然発生的に」脳出血を引き起こしたものであり、業務による疾病とは認められないというのである。

しかしながら、これに続く行政訴訟においては、亀山あいは、本部は大阪、組合員は五四八〇人の日本運送労働組合の組織をあげた「亀山労災支援」を受けることができた。企業別組合としては例外的に、この労働組合は、東京の弁護士小野幸治に担当を依頼する一方、長距離運転の疲労のうえ「天草の悪路で高血圧症がつのった」ことを立証しようと、ヘアピンカーブが多く、道路幅も狭い現地の道路事情をビデオで撮影したりもする。約一〇年にわたる労災闘争に組合が投じた費用は七〇〇〇万円にのぼるという。こうした組合の努力と、同乗した同僚をはじめとする職場のなかまの法廷での証言は、八七年二月二六日の津地裁判決(裁判長・庵前重和)に大きな影響を与えたようである。津地裁は八七年二月二六日、長らく深夜不規則運行を続けてきたこと、当日も横揺れの大きい一一・五トンの中古トラックを悪路、連続二二時間(亀山の運転だけでも一一時間三五分)も運転したこと、天草では二〇〇キロのドラム缶五〇本の荷降ろし作業があったこと、そして予定されていた次の荷積みのため休息なく鳥栖に向かったことなど――を重くみて、亀山の死を労災と認定したのである。二審においては名古屋高裁(裁判長・瀧田薫)が、業務と死の関係をより狭く解釈したとはいえ、八八年一〇月三一日、やはり労基署の控訴を棄却している。上告はなく確定。九年強を要したが、それは長距離トラックの運転手の脳出血死が裁判で労災と認められたはじめての例であった。しかし皮肉にも、多くは未組織の中小企業で働くトラック労働者の過労死は、まさにこの画期的判決のあったこの年に頻発している。

＊以上、織田事件では、前掲の神戸地裁判決、大阪高裁判決、および『妻たちの手記』を、亀山事件では、労災不支給処分文書、津地裁判決、名古屋高裁判決を収録する中生加八九年を参照

4節　現時点の状況

経済的規制緩和のインパクト

厚生労働省の労災補償報告によれば、〇七年、トラック運転士を一大勢力とする「運輸・

通信従事者」は、脳・心臓疾患に関する労災件数において依然としてトップの位置にある。雇用者総数は職業大分類による他の五職種をはるかに下まわるにもかかわらず、その請求件数は九三一件中一八二件の一位(前年は二位)、支給件数は三九二件中の九三件で一位(前年も一位)であった。では、労災認定基準の緩和やいくつかの原告勝訴の判決があったのに、事態がいっかな改善をみなかったのはなぜか。

最大の要因は、新自由主義的な経済政策の典型的な措置の現れというべき物流の規制緩和である。一九九〇年、日米構造協議での「日本の物流は閉鎖的」とするアメリカ側の批判に押されもして、業者の新規参入を促進するために貨物自動車運送事業法が改正された。この流れに沿って、許可される業者のトラックの最低保有台数は二〇〇〇年代には七台から五台になる。また、改正法では運賃が許可制から事前届出制に変わった。それにどの業者でも複数の荷主から貨物の混載ができるよう「路線」と「区域」の区別が取り払われた。そのうえ〇二年には、競争のメリットを喧伝《けんでん》する財界や荷主の要望に応えて、ふたたび規制緩和の法改正がはかられる。運賃システムはついに事後届出となった。内閣府〇三年の発表によれば、こうして九八年から〇二年にかけて貨物運賃は約二三%ほど下落したという。このとき営業区域制も完全に撤廃されている。

トラック輸送はさなきだに参入障壁の低い業種であった。それに棹《さお》さす規制緩和が、事業者とトラック台数のすさまじい増加を招いたのは当然である。九〇年から〇六年にかけて前者は一・五倍に、後者は一・二倍に増える。新規参入の八割以上は保有台数五台の小零細業者だった。現在は保有車一〇台以下の業者が全体の半分以上、五一台以上の「大手」は六％にすぎない。そのこともあって、注目すべきことに、九七年から〇七年の間に、事業者のうちの社会保険未加入率は約八％から二七％に、労働保険でさえ未加入率は五％から一三％に激増している。もちろん組合の組織率は企業規模によって決定的な格差をもつ。あらゆる点で無防備なトラック労働者の増加は必然的であった。

2節で述べたように、もともとトラック労働者の労働のありようは業界のピラミッド構造のしわ寄せをつよく受けている。規制緩和が、過当競争の激化を通じて荷受け業者の価格取引力をより弱め、下請け「傭車」の活用をより頻繁にし、総じて労働者への犠牲転嫁のインパクトをよりつよめたことはいうまでもあるまい。

＊以上、厚生労働省「脳・心臓疾患及び精神障害等に係る労災補償状況（平成一九年度）について」（IN情報）、斉藤〇六年、『朝日新聞』二〇〇八年七月二一日付（大型トラック労働者の現在の労働状況をくわしく伝える金成隆一記者のルポ）など参照

社会的規制の強化と労働現場の対応

そのうえ、さらに新しく深刻な状況がある。それは、このような犠牲転嫁ができる構造のもとでは、本来は望ましいさまざまの社会的規制が、現場の労働者に対してはある種の責め苦ともなる関係が生まれることである。

この頃は経済的規制緩和と並行して、多発するトラック交通事故の防止、環境への配慮、

さらには「過重労働からの保護」を目的とするいくつかの社会的規制が進められていた。たとえば過積載の禁止は強化され、スピードは九〇キロに抑えられ、過労運転の防止のため、かねてから一日の拘束時間は一三時間、休息のない連続運転の上限は四時間に制限されている。しかし一方、荷主は納期の厳守を求めてやまず、納期が守られなければ料金支払いにもかかわるゆえに、社長も労働者もこの「厳守」を拒むことはできない。必然的に生じる事態は社会的規制の空洞化であった。

運輸労連が年ごとに高速道路上で行うトラック運転手一万人アンケート調査(二〇〇〇年)をのぞいてみよう。労働者のうち、「連続運転が四時間以上」は三七%、「過積運行の指示を受ける」のは約三割、「高速道路での走行速度が一〇〇キロ以上」は六一%であった。同調査ではまた、週四〇時間制が守られている労働者は三六%、年間休日が週休二日制に相当する一〇五日を超えるのは三八%にすぎなかった。残業時間はといえば、少なくとも一九%は月六〇時間を超えていた。「わからない」が二七%あることも印象的である。また、職場定着率が低く、「在職年数一〇年未満」が五五%にのぼることが注目に値する。これらすべてについて、状況は「組合加入者」においてより良好であることが示されている。いくらか辛《しん》辣《らつ》にいえば、それは組合の規制のゆえであるよりはむしろ、組織率の高い大企業の享受している競争上の優位性のゆえであろう。

ともあれ、これは第二次規制緩和以前の数値であることに注意しよう。〇三年には、大型トラックについて時速九〇キロ以上は出せないスピードリミッターの設置が義務づけられた。

だがそうなると、一四〇キロのスピードで走っていたときよりも、たとえば九州から関西までは二時間、東京までは四時間ほど到着時間が遅れる。納期の厳守を迫られる運転手たちはそれゆえ、この速度制限装置を効かなくする「裏技」を発揮するという。また到着が遅れれば帰路の荷積みと出発までの間隔が短くなる。結局、ドライバーたちは、そうでなくても短い仮眠時間をいっそう削る……。荷主や元請け有力企業に運賃の引き上げを要求できない小零細の運輸会社は、摘発されない限り、おそらくこうした労働の実情を知りながらも、見て見ぬふりをして、基本給が低く歩合比率の高い賃金体系などを梃子として、なんとか生活費を稼ごうとする労働者のやむをえないがんばりに期待しているかにみえる。そしてそのがんばりも、一応は雇用者である限り限度があるとすれば、最後にとられる手段は、労働法規の適用を受けず、社会保険や労働保険の負担のない自営業者「白トラ」への業務委託、すなわち業界ピラミッドの最底辺への下請けなのである。

二〇〇七年現在、サービス残業をふくまない「毎月勤労統計」(規模五人以上の調査)によっても、職種としてはタクシー運転手とともにトラック運転手が多数を占める「運輸業」の月間総労働時間は一七八・六(うち所定外は二四・九)で、全産業の一五〇・七(所定外は一一・〇)をはるかに上まわる。年間にすれば三三五時間ほども長いのだ。実態はもちろんこれ以上であろう。トラック運転手の具志堅和男は、年間労働時間を二〇〇〇時間にするには約二倍の運転手が必要だと語る。製造業の基礎資材、部品、製品ばかりでなく、鮮魚や野菜、多様な冷凍食品などを安価で大量にスーパーやコンビニに送り届け、市民が気づかぬままに八〇年代以降の日本の消費ブームを底辺で支えてきたトラック運転手は、なおもっとも過労死の淵近くに立つ人びとにほかならない。

＊以上、斉藤〇六年、運輸労連二〇〇〇年五月一九日トラックドライバーアンケート（ＩＮ情報）、『朝日新聞』前掲ルポ、具志堅和男「「トラック運転手」の労働運動」および熊沢誠「コメント」（『職場の人権』三四号、二〇〇五年）、厚労省『平成一九年度 労働統計要覧』（二〇〇八年）など参照

三章　工場・建設労働者の過労死

1節　電気工事と製本工場の労働現場

花博会場の電気工事

バブル期のさなか、一九九〇年の四月から九月にかけて、「二一世紀に向けて潤いのある豊かな社会の創造」をテーマとして開催された「国際花と緑の博覧会」(花博)は、特別博覧会としては史上最高の二三一三万人が訪れた成功的なイヴェントであった。ここでは、その会場づくりのはげしい労働で健康を損ない、その開会式を見ることなく死んでいったひとりの電気工事士に注目したい。

仮屋忠一は、七一年春から、関西電力から業務を受注する「株式会社きんでん」の下請け企業、岡崎電業に勤務していた。そこからきんでん高槻《たかつき》営業所に派遣され、「岡崎電業班」の一員として働く。主な仕事は、配電線の新設、改修、撤去、電柱の移設、工事機器の取り付けなどであった。六〇〇〇ボルトの高圧電流の流れる電線を架設する柱上の危険作業にしばしば携わっている。ミスは許されず、作業が終わるまでは地上に降りることができない。

また地上では、水道管などのありかに配慮して電柱を立てるための試験掘りを行い、削岩機も使う。総じて精神的な緊張と肉体的な労苦を伴う重労働であった。仕事の負荷は作業そのものからくるばかりではない。ここでも再下請け企業の労働者には、建設コスト削減の要請が重くのしかかってくる。現場はいつも人手不足なのに、班長はきびしくノルマ・納期の達成を求め、仮屋の作業班は、長時間労働、昼間勤務と深夜勤務の不規則な組み合わせ、深夜勤務での完全な徹夜作業などを余儀なくされていた。

そんななか、仮屋のチームは八九年九月から一〇月末日まできんでん門真《かどま》営業所に派遣され、花博会場の突貫工事に携わることになった。イヴェント関係工事は納期がことのほかきびしい。早朝に家を出る時間も四五分ほど早くなり、労働時間も日に約一一時間になった。なによりも、それまではふつう週一回だった深夜勤務が二回、三回に増えた。眠らずに三〇時間近く続けて働くこともあった。

仮屋は一〇月頃から、休憩時には昼食をとる時間も惜しんで横になり、帰宅すれば崩れるように座り込んで、食欲もなく、疲れすぎて、しかも乏しい睡眠時間にも熟睡できず……というようすだった。一〇月二〇日には手を八針も縫う怪我をしたが、その日も治療後にはそのまま深夜勤務をこなした。はげしい頭痛や肩こりを訴える忠一に、妻の和代や子どもたちは病院に行くようつよく説得したけれども、「花博の二カ月間は、ぜったいに休めない。病院へ行く時間もない。一人でも休むとほかの人がしんどくなる。会社からも怒られてしまう」とつっぱね、職場では「同僚に疲れていることを気づかれないように無理をしていた」

という。

仮屋忠一の死

一一月からは、仮屋は高槻での以前のような仕事に戻っている。だが、花博工事の過労から同僚のなかにも休む人が多くなり、また、他の班が花博工事に赴くことの影響もあって、仕事は以前よりも過重になった。一一月六日、仮屋もついに起き上がれず休み、寝床で「僕は奴隷かなぁ」とぽつりと洩《も》らす。和代はからだが震えた。

仮屋和代は克明に綴っている。一一月九日から一一日にかけては昼勤、深夜勤務、昼勤、翌一二日の日曜も通常勤務だった。そしていったん帰宅し、よく眠れなかった仮眠のあと、また深夜勤務に出かける。そのころ、仕事中ろれつが回らなくなる、手が震えるなどの異常があったと後に聞く。一三日の帰宅も翌日の昼頃だった。翌一一月一四日、頭痛のため早く床についた仮屋は、二三時四五分、蒼白《そうはく》になって脂汗を流し、頭が割れそうだと訴えた。痙《けい》攣《れん》し、意識を失い、子どもの泣く声に一瞬めざめて「大丈夫や、心配するな」と言ったものの、運ばれた病院でのCTスキャンのさなかふたたび昏睡《こんすい》状態に陥った。動脈瘤破裂のくも膜下出血であった。病名を聞いて一四歳の娘はからだをこわばらせて失神したという。頭蓋《とうがい》骨《こつ》に穴をあけ血水を抜くドレナージ手術にもかかわらず脳死状態になった忠一には、集中治療室で毎日、必死でよびかける子どもたちの声も今度は届かなかった。一九八九年一一月二二日、心臓が停止する。享年四六歳であった。

夫の死後、和代は「原因不明の病気」でめまいや耳鳴り、難聴が続いたけれど、それでも労災申請に立ち向かった。署名運動もはじめた。松本七哉ら弁護士の協力も得ることができた。しかし会社の対応は悪質というほかなかった。会社は同僚に事情を聞こうとする和代を「なにをかんぐっているんだ」と怒鳴りつけたばかりか、労基署に提出した資料では仮屋の毎日の仕事の終了時間は一七時と記したものである。箝口令《かんこうれい》を敷かれた同僚が証言することもなかった。

茨木《いばらき》労基署は九一年三月、労働実態に関する会社の報告を鵜呑《うの》みにして業務外決定を行っている。発症直前一週間は七日連続勤務であり日勤から深夜勤務への連続が二回あるとはいえ、深夜勤務明けには翌日の日勤まで二四時間の休みがある、花博工事中もその後も、仮屋が続けてきたのは通常勤務にすぎないというのである。だが、この決定の少し前から弁護団は、労基署への報告書では、休日勤務を休日とみなす、出勤時間や退勤時間を偽るなど、作業日報が改竄《かいざん》されているとの疑いを抱いており、証拠保全手続きによって、その改竄を立証するさまざまの内部資料を入手していた。営業所と現場、現場間の移動時間、機材や電柱の積み込み・積み降ろしの時間などを加算した労働時間の実態の把握にもつとめた。その結果、たとえば花博工事期間中の労働時間は所定内労働時間の一・六倍もあったことがわかった。そのうえで仮屋和代と弁護団は、その間の疲労の蓄積がすでに一〇月末にはのちの大出血の前駆となる初回出血を引き起こしていたという立場を固め、審査請求に臨んだのである。

大阪労働者災害補償保険審査官は、資料にもとづく請求側の見解にうなずき、一九九五年一二月二六日、労災を認定した。当然とはいえ、あまり例のない逆転認定であった。

＊以上、『妻たちの手記』、松本七哉「仮屋過労死事件の勝利について」（ＩＮ情報）など参照。いずれも具体的で詳細な記録である

デザイン博と鈴木竜雄

仮屋忠一のケースは、その体験のいくつかの共通性において、仮屋の死の一六日前、喘息を悪化させて死亡した四三歳の電気技師、鈴木竜雄の記憶をよびおこさせる。

鈴木は工業高校から夜間大学に進み、在学時のアルバイト先、住友電設の中部支社に就職して以来、電気工事の現場責任者として働いていた。学生時代は陸上競技の選手でスポーツマンだった鈴木は、しかし、入社八年目にはじまった岐阜高島屋の工事現場での疲労と埃《ほこり》のため喘息に罹患《りかん》している。竣工《しゅんこう》期日がきびしく決められた工程の管理、「職人」たちの安全管理、施工図作成などの作業で病院に行く時間がとれなかった。竣工式の前夜、ついに大きな発作に見舞われる。それ以来は、多額の医療費をまぬかれない喘息を抱えながらの勤務であった。そして八九年七月、名古屋で開催された世界デザイン博覧会は、作業の性格は異なるとはいえ、仕事に押しつぶされるという点で、仮屋にとっての花博と同種のインパクトとなった。その工事期間五、六月の四〇日は、休日は一日のみ、連日深夜に及ぶ残業で労働時間は四一一時間に達している。体調の悪化で「食べられず、飲めず、寝られずに、一〇キロもやせ」たと妻の美穂は記録する。それ以後も闘病と激務の日々が続いた。

デザイン博の仕事の終了から一一月に亡くなるまで、仕事を続けながら受けた点滴は四二回にのぼる。最後に携わった東名高速東郷サービスエリアの電気設備工事の業務では、鈴木は、月あたり出勤二四日、土曜の休み一日、休日出勤二日、有休と代休の未取得五三日、残業は、膨大なサービス残業を別にして三〇時間という働きかたであった。六日未明、致命的な発作がくる。命がつきたのは、自宅ではげしい発作を起こし、「もう……呼吸ができない」とあえぐ夫を励ましながら美穂が救急隊員を迎えに玄関に走る間のことだった。

住友電設は労災申請に協力的であったという。それでも九〇年四月の労災申請に対する労基署の決定は、ここでも直前の業務はさほど過重とはいえない、本人が喫煙をやめなかったこともある、などを理由とする不支給処分であった。美穂は審査請求に入る一方、九四年一一月には処分の取消を求める行政訴訟を提起している。そして一九九九年九月一三日、美穂はついに勝訴する。名古屋地裁(裁判長・林道春)は、健康な人を基準にするのではなく、喘息罹患者のケースに即して業務の負担をはかるべきであるとして、竜雄の死を業務によるものと判示したのである。これは喘息の悪化による過労死が労災と認定されたはじめてのケースであるという。

名古屋東労基署は控訴している。だが、〇二年三月一五日の名古屋高裁判決(裁判長・大内捷司)でも、労災不支給処分取消の結論は同じだった。こうして鈴木美穂と三人の娘たちがようやく愁眉《しゅうび》を開くことができたのは、竜雄の死から一二年以上経ってからのことであった。それからの美穂は名古屋の過労死遺族の会のリーディング・メンバーとなる。

＊以上、『妻たちの手記』、『中日新聞』一九九九年九月一三日付、そのほか、美穂自身の発信や裁判の内容報告をふくむいくつかのＩＮ情報を参照

製本断裁工の金井義治

華やかなイヴェントの開催の陰に電気工事士の労苦があるとすれば、書店の棚を埋めるあまたの雑誌の出版は、底辺において東京の都心に集中する印刷・製本関係の中小企業労働者の心身の消耗に支えられている。一九八七年一一月二八日に斃れた五三歳の断裁工、金井義治はその一人であった。たとえば『壮快』『婦人倶楽部』『小説現代』『シスター』『たのしい幼稚園』などの雑誌には、金井の労働の跡が刻まれている。

製本の最初の工程にあたる「断裁」とは、印刷の終わった「平台《ひらだい》」(最大で縦一・二メートル、横九〇センチの紙)を各単位の大きさに切り分ける作業である。荷台に積まれた平台を一二〇枚ほどずつ、紙の間に風を入れるように揺すりながら紙そろえ機に移す。次に、紙そろえが終わった平台を一挙に五〇〇枚から一〇〇〇枚、崩れないように保ちながら断裁機に移し、押し込んで切り分ける。雑誌の種類によって異なる切り分けの寸法は八二年以来コンピュータに入力されているが、断裁工はなお、作業仕様書を見て製本様式や仕上がり寸法を確認し、平台上に印刷されたいくつかの記号を凝視しながら平台をきちんと機械に固定したうえで、ボタン操作で刃を下降させなければならない。次いで、厚さ十数センチにもなる崩れやすい平台を回転させて固定し、別面の断裁を行う。そうした手作業をくりかえす。いずれもミリ

単位の正確さが要求される。わずかでも狂いが出れば、印刷の一部が欠けるため何千枚ものの平台が使用不能になって大きな経済的損失が生じ、きびしく決められた納期も守れないからだ。それは肉体的にも精神的にも負荷の大きい熟練労働であった。

金井は、五二年に東京都文京区白山にある永井製本に入社して以来、三〇年以上この仕事を続けていた。八七年当時、規模四五人のこの会社で断裁工は彼一人である。埼玉県川口市に住む金井は、毎朝五時に起き、六時に家を出て、混雑するバス、電車、地下鉄を乗り継いで七時二〇分には出社した。この一時間一〇〜二〇分ほどを要する通勤は東京で働く労働者の特別の苦労ということができよう。金井はほぼ毎日、八時から二〇時頃まで働いていた。日曜と祝日だけが休みだったが、月に一、二度は休日出勤もある。妻、フミ子(筆名)は、夫の死亡前の年間総労働時間は二八五八・五時間(平均の約一・四倍)、一日の睡眠時間は六時間以下だったと記している。

とくに一一月には、雑誌発行がいつもの四万部から三二万部にも跳ね上がる。新年特大号のためだ。八七年の一一月一〇日から二七日までの一八日間、金井の休日は一五日と二二日の二日のみ、勤務日の出社時間はすべて七時二〇分台、退社時間は、休日出勤の二三日をのぞけばすべて二〇時すぎだった。拘束労働時間は、この二三日をのぞけば、平均一三時間四五分になる。ここに少なくとも往復二時間二〇分の通勤時間が加わる。金井は一八日頃から体調を崩してしきりに頭痛を訴え、妻は休みをとるよう懇願したけれども、ほかの多くの事例と同じく、金井もまた懇願をふりきっている。

そのうえ、二五日から三日間は、断裁の前工程の紙そろえと後工程の折り・貼り合わせ・丁合《ちょうあい》などを手伝う助手の欠勤があって、金井は全工程を一人で遂行しなければならず、仕事の密度もいつも以上だった。二七日、二三時近くに帰宅した金井は、翌朝、五時に起きて「首筋がゴキュンゴキュンという、今日はおかしい」と言いながらも、休みを勧めるフミ子に「今(忙しいのに一人だけの断裁工が)休むわけにいかない、休むと怒られる」と言い残していつもどおり出勤した。その日は『婦人倶楽部』新年号の仕事にとりかかるはずだったが、そこに予定外の池田書店の仕事が飛び込む。九時三〇分、金井はそれを終えトイレに立って、そこで倒れ、意識不明の心肺停止状態で発見された。一一時四九分、運ばれた病院で絶命。結局はくも膜下出血であった。後に法廷では、金井が一〇日前と二日前と当日朝の三回にわたり訴えた右目上部の頭痛は、すでに形成されていた脳動脈瘤の異常膨張のためであり、すぐにも休養と治療を必要としたくも膜下出血の前徴候病状だったと判定されている。

永井製本には退職金制度がなく、金井の死に対する補償は一切なかった。みずからのパート仕事の収入不安定も考えて、金井フミ子は「過労死110番」の弁護士の助力を得て労災認定を求める運動をはじめる。文京区の小さな製本会社の界隈には、「よく立ち上がってくれた」という多くの感謝や励ましの声があがったという。だが、ここでも大方の例にもれず、九〇年三月、労基署は不支給処分を決定する。九三年一一月には審査請求も、九七年三月には再審査請求も棄却された。ヴェテランとしての金井の業務は死亡前もそれまでとさして変わらなかった、技術革新によって作業の難しさは大いに軽減されていた、長年の飲酒習慣のもとで金井はきわめて不健康な状態にあった……というのである。しかしながら、このような行政の対応に抗して提起された行政訴訟では、東京地裁(裁判長・福岡右武)は一九九九年八月一一日、すでに私が説明に用いたような事実確認のうえで、被告側の主張をことごとく退けて業務起因性を認め、不支給処分の取消を命じた。被告側の控訴はあった。けれども二〇〇〇年八月九日、東京高裁(裁判長・新村正人)は、金井が体調を崩しても仕事のため「休めなかった」という事情をいっそう強調して、一審を支持し、控訴を棄却している。

＊以上、中央労基署長・永井製本事件、東京地裁一九九九年八月一一日判決、同、東京高裁二〇〇〇年八月九日控訴審判決(いずれも過労死行政訴訟判例データベース)、ほかに『妻たちの手記』を参照

2節　職務の激変がもたらすもの

大手電機工場から販売店へ

七〇年代半ばにはじまる経済成長の停滞期、拡大を続けてきた製造業が生産調整のために用いた主な方法は、正社員の採用抑制、残業の削減とともに、まったく職域が異なる部門への異動をふくむ従業員の配転であった。このころ自動車産業や電機産業では、多くの工場労働者が販売部門やサービス部門への応援や短期配転を余儀なくされている。後の平成不況期

に実施された正社員の希望退職募集などは避ける、それはなお年功制度の上に立つ日本的な雇用調整であったとはいえ、それまでのブルーカラーがたとえば販売店の店頭に立つことのストレスは大きかった。そうしたストレスのなかで基礎疾患を増悪させて死にいたった例もある。

一九三九年生まれの宮島昌夫(仮名)は、五八年春、三菱電機静岡製作所に、当時多くの製造業入職者がそうであったように臨時工として入社して、冷蔵庫組立作業に従事していた。六〇年には本工に登用される。六六年からはエアコン組立てを中心に勤務を続け、七四年からは資材管理課現品係として、下請け業者から納品されたエアコン部品の検収と保管、現場からの請求に応じての部品のフォークリフト運搬などにあたっていた。八時一五分から一七時まで拘束八時間四五分、実働八時間。ふつう一八時頃には帰宅する。残業は月二五時間ほどで、そのときは二時間ほど帰宅が遅れはしたが、完全週休二日制で休日出勤も平均月二日であった。

くわしく紹介したのは、ここに当時の大企業ブルーカラーの、それも組立部門の管理職に昇進しなかったという意味ではノンエリート従業員の、典型的なコースと職業生活がうかがわれると思われるからだ。けれども宮島は、そのまま年功制度下の平安な社員生活を全《まっと》うすることができなかった。八〇年春、宮島は班長から埼玉県の販売店へ応援に行くよう指示を受ける。当時、静岡製作所は年間数十名から数百名、二日〜二カ月、大都市周辺の販売店へ販売応援とエアコン据付作業のため応援を送り出していたが、その人選は、応援を嫌う従業員が多かったため、事実上、順番制であった。応援の指示そのものを拒むことはやはりできなかった。本人やその家族の健康状態が悪いといった具体的な事情がない場合には、その後の査定にも響き、なかまの反感も買うからである。

宮島は、几帳面《きちょうめん》で責任感がつよく仕事熱心でもあったが、無口で内向的な性格であり、神経質でもあった。顧客との折衝の必要な販売店の業務はことのほか不向きだったのだ。そのうえ、承諾後に応援業務が販売店の都合でエアコン据付けから販売に一方的に変更されたことも宮島の気持ちを重くした。宮島は、静岡での一、二回の応援販売の研修では足りず、妻の澄子(仮名)を相手になんども接客販売の練習をしたという。

八〇年七月一日に静岡を発ち、当時の大宮市にある会社の営業事務所で商況や販売の注意事項の説明を受けた翌日から、宮島は埼玉県富士見市の新しい職場、マツモト電器店で働きはじめる。勤務時間は九時半から二〇時までの拘束一〇時間半であった。宿舎は東京都文京区の旅館。三人の相部屋である。二〜四日まで、宮島ははじめての販売業務のガイダンス、伝票の書き方、接客や電話の心得、商品の整理、よく知らなかった他社の商品もふくむ多様な電器の構造や使用法の知識などの説明を受けたあと、商品の清掃や季節品コーナーでの販売の手助けをしている。二人一組で近隣の各家庭を訪問してチラシを配り、「電化ショー」の売出しの説明をしたりもした。

だが、まだ「仕事らしい仕事」もしていないうちに、七月五日一六時、宮島はひどい頭痛で倒れた。その後、店内での休養、病院での「疲労による貧血」という診断にもとづく注射と投薬を経て、深夜、宿舎へ送られる。彼はそこで、昏睡《こんすい》、はげしい頭痛、嘔吐《おうと》、宿舎内での彷徨《ほうこう》をくりかえした。そしてついに意識不明になった宮島が救急車で帝京大病院に搬送され頭蓋内の巨大な血腫《けっしゅ》を発見されるのは、はじめの発症から二〇時間後のことである。開頭手術が行われたけれども、後に容態が悪化して宮島昌夫は死亡する。一九八〇年七月一一日。四一歳であった。

遺族の労災申請に対して、静岡労基署は八二年九月、これを業務外と認定し、審査請求も八四年三月に、再審査請求も八六年五月に棄却されている。宮島の業務は応援の前後を通じて過重とはいえず、またこれまでの応援出張でからだをこわした者はいなかった、電器店も経験上、応援者に早々の成果を期待できないことをよくわかっており、ノルマもなかったというのである。

けれども、労災申請に引き続いた不支給処分取消請求の法廷において、静岡地裁の判事たち(裁判長・塩崎勤)はあたたかく、宮島のつよいストレスを掬い上げた。長年にわたり工場労働を続けてきた内向的な性格の宮島にとって販売という仕事が不向きだったことが前提として認められた。そのうえで九一年一一月一五日、判決は拘束時間の長さ、立ち作業の継続、地下鉄丸ノ内線と東上線をラッシュ時に乗り継ぐ不慣れな通勤の負担、旅館の相部屋での就寝の不便、一〇〇〇円程度ですませる外食の夕食——それらの肉体的、精神的負担は、根が真面目で仕事に前向きの宮島には相当のものであり、このような負担が「宮島の身体的素因である脳動脈瘤ないし脳動脈奇形を急激に増悪させてその破裂に至らしめ、脳出血を招来したものと推認するのは相当」とみて、労基署決定を取り消したのである。

この判決は、しかし、控訴審で逆転の憂き目にあう。東京高裁（裁判長・野田宏）は一九九六年三月二一日、労基署側の主張を容れて一審判決を取り消し、宮島の遺族の労災請求をあらためて棄却したのだ。工場労働から店頭販売の仕事への異動は、顧客に対応するマナーや要領を新しく身につけなければならないにしても、たしかに大方の労働者にそれほどの負担ではなかったかもしれない。電器店での仕事も、判決文からわかる限り、少なくともいまだ、これまで紹介してきた事例にくらべてたしかに過酷とはいえないだろう。そんな職場で早くも五日目にあまりにもあっけなく無残な死にいたったところに、「常識」は宮島に特別の脆《ぜい》弱《じゃく》さを見出して、「業務外」判定に軍配を上げるかもしれない。とはいえ、この死そのものは典型的でないにせよ、それまで工場や倉庫で黙々と働いてきた人がますます比率を高めてゆく顧客相手の接遇業務に追いやられるときの心労そのものは、産業構造転換期の労働者に典型的なものであった。宮島の死に対する労基署決定や高裁判決は、終身雇用を望むならば仕事の種類に注文をつけることは許されないという、日本におけるもうひとつの「常識」の表明でもあったかにみえる。

＊以上、静岡労基署長・三菱電機静岡製作所事件、静岡地裁一九九一年一一月一五日判決（『労働判例』五九八号）、同、東京高裁一九九六年三月二一日判決（『労働判例』六九六号）参照

大企業の写真製版工から子会社の包装工へ

一九九〇年三月一六日、五四歳の中居百合子は、パート先の会社の慰安旅行で「北陸温泉めぐり」に出かけたものの、出がけの挨拶《あいさつ》にいつもの返事がなかった夫の和好のことがなぜか気がかりだった。前日に休みをとった和好は、「気分はすぐれないけれど、二日も休んだら課長がうるさいから」と出勤の準備中だった。和倉温泉の宿に着いた百合子に夫が職場で倒れたとの電話があったのは、その夕方のことである。

中居和好は五四年、印刷業最大手の大日本印刷に入社し、以来二九年間、京都工場で写真製版の校正という熟練作業を続けていた。しかし八三年、会社は製版部門をいくつもの子会社に分社化し、全員をそこに移す経営合理化を断行する。中居もわずかの退職金で独立採算の京都製版会社に転籍された。技術革新と企業間競争の圧力をもろに受ける子会社は、その後も引き続き自社責任の合理化を要請される。とどのつまり中居は八五年二月にはまた、五〇歳にして、製版の技能とは無関係な梱包や包装の労役を求められる大日本京都物流システムに移されるのである、しかも三、四割も低い賃金で。「新しい機械が入り、わしらのような技術者や熟練工はもういらんのや。首切りと同じじゃ」と中居は悩んだけれど、また言うところ、「時代の流れやしかたがな」かったのだ。

新しい職場での作業工程は、①未包装のグラビア印刷の巻き取り製品を包装作業場へ運搬、②それを包装作業台へ積上げ、③それをクラフト包装紙などで包装、④包装ずみの巻き取り製品をパレットに積上げ、⑤それをパレット単位で運搬、⑥パレットの回収と続く。中居の仕事は主として②であったが、ここでの作業は、いずれも一〇〜二〇キロ、ときに四〇キロに及ぶ巻き取り製品の包装と運搬に携わる、総じて単純ながら筋力を要する労役であった。

勤務体制は夜勤をふくむ二交替の変形労働時間制である。二週間単位で昼勤六日、夜勤四日、夜勤明け二日、休日二日をくりかえす。中居の属していたB組の場合、二日連続の夜勤、明け、三日連続の昼勤、休日、三日連続の昼勤、二日連続の夜勤、明け、休日……となる。昼勤は八〜一八時、夜勤は二〇時〜翌六時(休憩は昼夜とも各一時間)であり、所定内労働時間は拘束一〇時間、実働九時間という長さである。さらに注目すべきことに、残業が恒常化しており、それが班交替の間をつないで工場はほぼ二四時間稼働である。すなわち実働は昼夜とも一一時間が常態であった。

個人に対する制度化されたノルマはなかった。とはいえ——と後に高裁判決は述べる——チームとしては製品を滞留させないように一定の作業量をこなす必要があり、上司のきびしいチェックもあった。未処理の製品があれば、二時間ごとに一五分ある小休止の間も、作業を継続することが多かった。チーム全体としては時間内に処理すべき仕事の量(ノルマ)があったに等しいといわざるをえない。また二人体制の夜勤では、各人が積上げ、包装、積降ろし、運搬の全作業をこなさねばならず、そのうえ、一定の作業量を遂行しなければ限られたスペースに大量の未処理の巻き取り製品が滞留することになるゆえ、各人が適当に作業すればよいという状態は想定できない……。要するに労働者は、長時間労働の間、仕事に追いまくられていたのだ。また、裁判所ではその点は問題にされなかったけれども、中居側の主張では、職場はすさんだ雰囲気であり、同僚間での罵声《ばせい》や上司の口汚い注意、「早よ、やらんかい」「ボケー」といった言葉が飛び交うのが日常茶飯のことであったという。

中居百合子一六年の闘い

中居和好は、九〇年一月の頃からしばしば胸部の圧迫感を訴えるようになった。病院で心筋虚血症・僧帽《そうぼう》弁膜症の疑いありと診断され、投薬を受けている。自転車通勤の途上や階段をあがるとき胸がしめつけられるような感じに襲われた。三月上旬には京大病院に行く心づもりだった。だが、病院に行く時間をとれぬまま勤務を続ける。三月五日から九日までは夜勤二日をふくむ連続勤務。家ではろくに返事もしないほどの疲れようであった。二日間休日の翌一二日、身体がだるくてたまらずに病院に行き、感冒と診断されて投薬。しかしその夜から翌朝まで夜勤に就く。一三日の夜勤明け、ふたたび病院に赴き静脈注射を打たれた中居は、「とてもつらい、休みたいけど休めない、もう一日夜勤しなければ替わる人がいないから」と言って出勤した。翌一四日の夜勤明けにも、胸部不快感がつよく、また病院で感冒薬をもらい、フランドルテープ(冠動脈を広げ心筋への血液供給を増やすもの)を貼付《ちょうふ》されている。その日はついに「勇気を出して休みをもらう」ことにした。翌一五日も休む。そして一六日、中居は「もう休めない」と病を押して出勤し、午後の作業中の二時頃、作業をめぐって同僚がつけた文句に興奮気味に応じた直後に倒れた。しばらく後に絶命。五四歳、急性心筋梗塞による死であった。

中居の死に対し、「会社が持ってきたのは弔慰金五〇万円と葬儀一部負担金一〇万円だけ」だった。これが三六年間の夫の献身への報酬なのか、その怒りが中居百合子の一六年余にわたる闘いの契機だった。会社も労働組合も労災申請への協力を拒んだばかりか、それを妨害しさえしたが、百合子はミニコミ紙で知った「過労死110番」の弁護士たちのアドヴァイスと協力を得て、九〇年六月、遺族補償給付と葬祭料の支給を請求する。だが、ここでも不支給決定(九二年四月)、審査請求棄却(九四年七月)、再審査請求棄却(九七年八月)が相次いだ。中居の仕事は単純労働の軽作業であり、ノルマもない、職場の雰囲気にもストレスはなく、労働時間もとくに長いわけでなく、有給休暇の取得も可能だった、つまり中居の心筋梗塞の業務起因性は認められないというのが行政の立場だった。それればかりか、これらの決定に引き続いた労災不支給処分取消請求の行政訴訟第一審でも、京都地裁は〇二年一〇月、被告の労基署の立場を支持した。これはすでに〇一年一二月の労災認定基準改訂後のことであったが、死亡前半年間に時間外労働が月六〇時間を超えたのはひと月しかない、死の直前八日間には四日の休暇をとっている、夜勤明けには一、二日の休養期間が確保されていた——などが地裁判決の論拠であった。地裁判事のみるところ、中居の労働生活にはなにも異常な突発事はなかったのだ。

死亡前半年の間の中居の勤務状況は、後の控訴審判決で表3-1のように認定されている。一年間の年休取得日数は一二日である。たしかに残業時間だけみれば、年末年始期間をのぞいてもそれは働きすぎの典型的な姿ではないかもしれない。しかし拘束時間は夜勤もふくめ

表 3-1　中居和好の死亡前の勤務状況

	6カ月前	5カ月前	4カ月前	3カ月前	2カ月前	1カ月前
日勤日数	12	12	11	6	12	12
夜勤日数	10	8	8	5	8	8
休日	4	6	7	17	5	6
夜勤明け日	4	4	4	2	5	4
総拘束時間	263	237.25	225.75	128	241	232.5
総労働時間	241	217.25	206.75	117	221	212.5
時間外労働時間	65	53.75	30.75	15	57	56.5

資料：大阪高裁判決(正本)．71頁
注：6カ月前　1989年9月18日-同年10月17日
　5カ月前　1989年10月18日-同年11月16日
　4カ月前　1989年11月17日-同年12月16日
　3カ月前　1989年12月17日-1990年1月15日(この間には，年末年始の特別休暇のほかに5日間の年次有給休暇を取得している)
　2カ月前　1990年1月16日-同年2月14日
　1カ月前　1990年2月15日-同年3月16日

て一二時間、実働時間は約一一時間というのがふつうである。「ふつう」が異常なのだ。この認識をもとに、大阪高裁の裁判長、井垣敏生は、中居の作業の質と量の過重負担、五〇歳にもなってかつての仕事とまったく異なる業務に追いやられた特別の鬱屈《うっくつ》と心労、実質上はノルマがあって交替要員のない職場ゆえ不健康を意識しながらも十分に休暇をとれなかったこと、残業が恒常化した夜勤をふくむ拘束一二時間労働のもとでは睡眠時間が六・七時間しか保障されないこと……それらを丹念に検証し、二〇〇六年四月二八日、中居和好の死を労災と認定したのである。

この「逆転」認定にいたる一六年の闘いには、中居支持のゆえに職場での嫌がらせに耐えてきた大日本印刷で働く一部の労働者のほか、全印総連、京都労災職業病対策連絡会議、京都総評、西右京地区労、法律と医療の専門家たち、過労死家族の会などから広範な支援があった。それらの人びとによって「中居さんの過労死裁判を支援する会」が結成されている。九〇年の頃、中居百合子は、老親と成人前の子どもたちを養うため働きに働いてきた夫の体調を気遣いながら、これからはもう「あくせくしない」で「たまには二人で旅行でもする」ような老後生活に入ることを切望していた。その望みは果たせなかった。とはいえ、百合子の七〇歳にいたるまでの苦闘は、京都の地に過労死を告発する人びとの輪を確実につくりだしたということができる。

＊以上、労災保険遺族補償給付等不支給処分取消請求控訴(大日本京都物流システム・中居和好)事件、大阪高裁一九九六年四月二八日判決(正本)、「中居さんの過労死裁判を支援する会」(冊子)『あきらめたらあかん――大日本印刷　中居過労死裁判一六年の記録』(二〇〇六年)、ほかに『妻たちの手記』など参照

3節　中小企業ブルーカラーの働きすぎ

企業規模別労働時間の諸相

「過労死110番全国ネット」編集の冊子によれば、九〇年六月から九七年三月までの相談件数を「会社の業務内容」で分けると、表示一三業種のトップスリーは製造加工、建設、運輸通信、「職種」のトップは現業であった。今では過労死・過労自殺はホワイトカラーに

多いと想像されがちであるが、八〇年代後半から九〇年代はじめにかけては、ブルーカラーの過労死が多様な職域に及んで頻発したことは明らかであろう。ここにその背景を考えてみたい。資料の都合からこの章の紹介事例は建設業や印刷業に偏ったけれども、その限りでも次のような特徴をみることができる。

その一。ブルーカラーの過労死の事例は深夜勤務をふくむ交替制労働に多いことがまず注目される。週に二日ほどの深夜交替勤務は、夜勤と夜勤の間の昼間、また夜勤がはじまる日の昼間に十分の睡眠をとることがしばしば難しく、労働時間そのものの長さはさておいても生体リズムを大きく狂わせ、疲労を蓄積させる。そのうえ、工場労働の深夜勤務は、後に普及するサービス関係の深夜勤務とは異なって、待機という要素がほとんどないゆえに絶え間ない、また昼勤以上に作業範囲の広い労役なのだ。そればかりか紹介事例のほとんどでは、その深夜勤務自体もきわめて長時間の労働であった。

その二。九〇年代前半まで、つまり前期の過労死はとりわけ中小企業労働者に多かった。とりあえず過労死の直接的な原因としての労働時間に注目して、製造業についてその事業所規模別格差を示す**表3-2**を検討してみよう。

この表の原資料にはサービス残業がふくまれていないとはいえ、ここからはいくつかの興味ぶかい諸相が浮かび上がる。まず、総実労働時間の規模間格差は、八五年で規模五〇〇人以上対規模三〇〜九九人の間でおよそ一〇〇対七四と計算される賃金格差にくらべてきわめて小さいことである。しかし所定内労働時間の格差は、五〇〇人以上と三〇〜九九人の間で、

表 3-2　事業所規模別労働時間の諸相

年		500 人以上	100-499 人	30-99 人	5-29 人
1985	月間総実労働時間	177.3	179.0	183.5	
	月間所定内労働時間	155.4	161.2	168.6	
	月間所定外労働時間	21.9	17.8	14.9	
	年間休日総数	104.9	89.9	78.0	
1990	月間総実労働時間	177.0	174.8	178.2	177.1
	月間所定内労働時間	152.7	155.7	162.7	165.8
	月間所定外労働時間	24.3	19.1	15.5	11.3
	年間休日総数	112.6	98.5	86.7	
1997	月間総実労働時間	164.1	164.8	167.6	163.5
	月間所定内労働時間	146.2	149.1	153.4	153.8
	月間所定外労働時間	17.9	15.7	14.2	9.7
	年間休日総数	119.3	110.9	99.3	

資料：『労働統計要覧』1999 年版より作成．原資料は「毎月勤労統計調査」，『賃金労働時間制度等総合調査』
注：製造業の数値

八五年に月一三時間、九〇年にも一〇時間とかなり大きい。これに対し所定外労働時間は、このふたつの年で七時間から九時間も、なんと大企業のほうが長いのである。しかしまた、年間休日総数は、規模一〇〇〇人以上と規模三〇～九九人の間で八五年で約二七日、九〇年で約二六日も、小企業のほうが少ない。要するに中小企業の労働者は、すぐれて所定内労働時間が長く、また週休二日制の導入も遅れていて、大企業従業員なら「稼げる」所定外労働時間になるところがほとんど、いくらかでも労働者の選択がきく所定外労働時間にならないのだ。トラック労働者もそうだが、この章に例示したブルーカラーたちは、その拘束労働時間が一〇～一二時間に及び、休日にも否応なしに働くことが常態だったことをあらためて想起したい。

企業間競争のはげしさのゆえに製品価格の支配力というものをもたない中小工場は、せめて設備の稼働率を上げるべく所定内労働時間を長く、出勤日を多くする。そうすることで従業員数をぎりぎりに減らすこともできる。そのうえで経営者はひたすら従業員に「休むな」と訴える。従業員もまた、経営の苦境をからだで感じるゆえに、疲労困憊《こんぱい》し体調が不良でも、「休めない」と無理しようとするだろう。紹介した事例はこのようなプロセスにおいてあまりにも共通している。けれども、こうした献身的な労働者も、力つきたとき報われるところは少ない。退職金は遺族の生活を賄うにきわめて乏しいばかりか、労災の申請に対しては経営者はしばしば妨害しさえするのである。

＊以上、『一〇年の歩み』、熊沢〇七年、労働省『労働統計要覧』一九九九年版など参照

分社化と下請け化

中小企業労働者のおかれる条件についてさらに二点を敷衍《ふえん》しておこう。

まず、きびしい条件下におかれる中小企業労働者の比率が高度経済成長の終焉《しゅうえん》このかた現時点まで基本的に低下していないことには、八〇年代に顕在化した大企業の「分社」化(子会社設立)と、周辺作業や不採算部門を独立採算の別会社とする業務委託という事業再編成がふかくかかわっている。中居和好を放逐した大日本印刷はその好例であって、この会社は八二年頃から、各部門を京都製版、京都加工、京都建材加工、大日本京都物流システム、大日

本運輸、大日本機工、大日本警備システム、大日本サービスシステム、大日本商事、国際ビルシステム……など十二、三もの別会社に分割し、従業員を転籍している。そういえば、**表2-2**で用いた『賃金センサス　職業別篇』の示すところ、七〇年代から九〇年代はじめにかけて、自家用トラック運転手や守衛や用務員や内線電話交換手が激減し、かわって営業用トラック運転手やタクシー運転手や警備員が激増している。両者の対照的な増減は、それまで大企業の「社員」が行っていた業務が子会社や外部の中小企業に委託されるようになったことの反映であった。

分社というものが労働問題に与える影響はきわめて大きい。親企業内でなんらかの事情で過剰になって子会社へ移される労働者は、少なくとも長期的には賃金の低下をまぬかれないばかりか、工場から応援に出た宮島や中居がそうであったように、これまでとはまったく異質の作業の遂行を迫られる。それればかりか、独立採算制とは、労働者個々人に「あなたの今日の働きが企業の損益を直ちに左右する」関係を突きつけることにほかならない。従業員はとりあえず雇用が維持される代価として、いっそうゆとりの許されない働きかたを求められるのである。

もうひとつは下請け関係のもたらす影響である。大企業の下請け系列に入ることは、ある意味では中小企業の経営安定化に通じる。とはいえ、下請け系列に加えるほどの企業には、大企業は自社の作業効率化に徹底的に協力的であるよう求めるだろう。とくに親企業がジャスト・イン・タイム方式をとる場合には、部品納入の納期の要請がきびしく、それが下請け企業の労働時間を延長させるインパクトとなる。

私は二章で、市川守のトラック労働には自動車工場への部品搬入のきびしい納期がかかわっていると述べたけれども、連合が九三年に労働時間短縮の問題意識をもって実施した、電機、一般機械、輸送用機械などを中心的な対象業種とする『取引関係の現状と労働時間への影響』調査ほど、このインパクトを如実に示すものはない。その結果のうち、とくに注目すべきは、取引先への「休日前発注・休日直後納入あり」(「しばしばある」と「ときどきある」の計)が、企業回答で約四九％(組合回答で約五九％)もあったことだ。そうした発注のおよそ九一％は関係企業での休日出勤や残業で引き受けられている。また「終業後発注あり」も、企業回答で約一八％(組合回答で約二八％)であった。主として親企業の企業別組合からなる組織の行った調査としてはきわめてすぐれたものと評価できよう。明らかにされたところは、組合のある大企業で着手されはじめた時短が、系列企業で働く労働者の時短を、ふみつけにしないまでも置き去りにしている関係であった。たとえばＮＥＣの下請け企業、工業用写真の作成を業務とする進映社で過労死した柴崎弘の事例は、この関係を物語る好例ということができる。

柴崎弘は、二〇代後半に結核で右肺上葉を切除していたが、「軽作業で職場もきれい」と聞かされて、一九六九年、進映社に入社している。そこでの写真検査作業はしかし、ミクロン単位の精度を求められる心労多い仕事だった。徹夜作業もあり残業も多かった。柴崎は七三年、右肺に穴があき喀血《かっけつ》する。入院加療の後、七五年一月に復職。だが、その後も、発注先から送られる手書きの設計図から原画(フィルム)を作成し、それをライトテーブルの上で設計図に重ね、指定された配線間隔にいささかの狂いもないかを七倍ルーペで検査する、絶え間ない精神的緊張が続く作業に配置されている。そのうえ七六年夏、柴崎は会社の売上げの二〇〜三〇%を占めるNECへの納入製品の検査を担当する責任者に指名される。NECは、ミスがあると怒号とともに返品するばかりか、月一度、相模工場に下請け企業の担当者を集め、不良品に関して各社から報告させることで企業間競争をあおるきびしい親企業だった。そこで進映社は、自社の死命を制するNEC向けのQC活動を立ち上げ、七九年一月、病弱の柴崎をその責任者としたのだ。それ以降、柴崎の労働時間は激増した。同年八〜九月の一カ月では残業が一一四・五時間であった。

一九七九年一一月、柴崎は肺性心《はいせいしん》で倒れた。会社は、自宅療養中の柴崎に退職を強要し、結局、一〇〇万円の退職金で一方的に解雇する。八一年の労災請求は不支給決定。審査請求、再審査請求も棄却であった。柴崎は八九年、行政訴訟を起こし、ついで進映社の健康配慮義務違反の責任を追及する損害賠償請求訴訟も起こすにいたる。しかし、証拠調べに入る前、九〇年五月一二日、柴崎は脳橋《のうきょう》出血で無念の死を迎えている。まだ五三歳であった。妻の由子は訴訟を承継したが、「その後」を伝える情報を私はネット上にも見出すことができなかった。

＊以上、前掲『あきらめたらあかん』、連合・中小企業対策局／連合総合生活開発研究所(冊子)『取引関係の現状と労働時間への影響』一九九三年、また柴崎の事例については川人九〇年など

を参照。川人の多くの事例紹介はときにかんたんであるが、つねに企業の要請に関する要点は外していない

経営環境と低賃金に強制されて

この時期、大企業のふつうのブルーカラー労働者については過労死の記録は少ないようである。大企業での代表的な事例は、後に述べるようにすぐれて管理職や現場リーダー層の過労死であった。もちろん、七五年後半以降、日本の製造業のコスト競争力を高め世界の輸出市場を席巻《せっけん》した生産の合理化は、大工場の労働現場の作業密度を極度に高めていた。しかし大工場ブルーカラーについては、生産スケジュールとともに労働時間の管理はわりあい厳密であり、労働組合もなお三六協定の遵守や有休取得にそれなりの関心を寄せていて、少なくとも未組織の中小企業にみるような極端な長時間勤務はそれほど多くなかったように思われる。もっとも、大企業は中小企業にはできない額の補償をひそかに出すことによって「労災隠し」をしていたのだ、そう辛辣に推測することもあながち的外れではあるまい。とはいえ、大企業の正社員ブルーカラーにはなお、三菱電機における宮島の、販売店への応援前の勤務ぶりに垣間見られたように、庶民的ながらいちおうゆとりある職業生活を享受できる余地があったかにみえる。

けれども、働く人びとのうちでも収入においてとくに恵まれない中小企業ブルーカラーにとっては、その家族に「ふつう」の生活水準をもたらすためには斃れる危険とすれすれの働

きすぎも不可避のことだった。この時代にはエアコンを備えた自宅やマイカーをもち、子どもを少なくとも高校、できれば大学に進学させることは、当時四〇〜五〇代にあった「ふつうの」父親にとってひとつの強制ですらあった。後にくりかえしふれるように、働きすぎを駆動する意識における「自発」と「強制」の組み合わせは立場によってさまざまでありうるけれども、八〇〜九〇年代にかけての中年ブルーカラーは、「強制」の色濃い愚直なまでの勤労によって、その勤める中小企業の経営者からのきびしい要請に必死に応えることを通じて、家族に人並みの生活水準を贈ろうとしていたのだ。彼らの過労死はその苦闘が臨界にいたったとき訪れている。

四章　ホワイトカラーとＯＬの場合

1節　単身赴任のひとり作業

サービスエンジニアの三木孝男

一九八〇年代の過労死は、ホワイトカラーについては六章に述べる管理職とチームリーダー各層が中心であったとはいえ、非管理職・一般階層の次のような二グループにも徐々に広がっていた。

その第一のグループは、一人の労働者に特定の過重な業務が課せられ、しかもそれが企業の中心的な職場から離れた場で黙々と遂行された場合である。この働きかたがしばしば単身赴任や長期出張のかたちをとることも案外、無視しえない要因である。中高年層にとって、顔色などにうかがわれる健康状態や日々の食事の栄養バランスをつねに気遣う家族がいないことを、それは意味するからである。

一九八九年三月二五日、神戸のエンジニアリング会社の従業員が、出張先の高知の旅館で心不全のため死亡した。三木孝男(仮名)、四二歳。三木はその年の一月二二日から、高知セメント社が下請けに出したI社の業務、エンジンルームでのディーゼル機関二基の保守点検作業に携わっていた。

約二〇年にわたりジャパンライン(株)の船員であった三木は、会社の経営不振を理由とする大規模な希望退職募集に応じて八六年に退職し、今度は地上勤務を希望して八八年、エンジニアリング会社に再就職している。関東や中部のさまざまの企業へ出張して働くサービスエンジニアであり、入社当日から出張を命じられた。それでも、それまでは週に一日は休みがあったという。しかしこのたびの高知出張の仕事は、休日もほとんど返上で朝八時から夜二二時半まで働くという過酷なものだった。三木の遺品のなかの雑記帳によれば、一月二二日から死の前日、三月二四日までの約二カ月の間、休日は六日間だけであり、残業は実に三七五時間半に及んでいる。ときには午前二時まで働き、翌日もいつもどおり拘束一四時間半の労働という日々。しかもいつも目を離せないほど機械の故障が多く、つねに緊張を強いられて、パンぐらいですませる昼食さえとれないこともしばしばだった。朝食と夕食は旅館でとったが、夕食後もまた工場へ出かけていた。三番目の旅館では食事はなく、外食を余儀なくされている。労災申請にあたって高知の夫の職場を見学した妻、幸子(筆名)はまた、一一〇ホーンにまでなる騒音、プラントについた階段を絶え間なく昇降する労苦、冬でも四〇度近くになる高温、もうもうたるセメントの粉塵《ふんじん》など、エンジンルームの労働環境のきびしさにも衝撃を受けた。

三木が携わった作業の指揮監督の責任はどの会社にあるのだろう。I社も高知セメント社も雇主の神戸のエンジニアリング会社も彼の勤務状況や作業環境をチェックすることなく、健康を気遣う幸子に電話で訴える以外、三木は苦衷《くちゅう》を相談するなかまを見出せなかった。しかし、相談を受けた弁護士、藤原精吾らは状況をくわしく調べ、一五〇ページにのぼる報告書を用意して幸子の労災申請(八九年七月)に取り組む。その努力が報われ、九〇年一一月、当時としては例外的に早く労災が認定されている。ちなみにそのエンジンルームの仕事は三木の死後、交替制になったことを付記しておきたい。

＊以上、『妻たちの手記』参照

編集・校正の村上晃

村上晃(仮名)は、七四年三月に大学を中退後、家業手伝い、東京の出版会社勤務を経て、八〇年五月に茨城新聞社開発局出版課の嘱託となった。八二年四月には正社員に採用されている。それ以来、村上は、この課が改組された「茨城新聞出版センター」の編集者として、八五年秋からは当センターの主任として働いてきた。職場のスタッフは、もっぱら営業に携わるセンター長を別にすれば、正社員は村上のほか一名、あとは若干のアルバイトだけである。村上の仕事は、①企画立案、計画作成、進行管理、原稿依頼、執筆助言、②アルバイトの管理、③校正作業、外部の校正マンの指導と管理、④印刷会社との交渉、⑤計数管理、⑥広告、販売、発送、代金回収などきわめて広範であった。村上は『茨城県大百科事典』『茨城の野草』などの刊行を手がけ、茨城新聞社としては未開拓の分野であった出版事業の基礎を築いたという。

わずかのスタッフのうち唯一の編集プロとして働く村上の仕事はもともと過重だった。後の行政訴訟裁判における原告側の主張によれば、就職時から年間総実労働時間はほとんど三〇〇〇時間以上、在職九四カ月中、四二カ月は残業が月一〇〇時間を超えて疲労が慢性化していたが、ここに『茨城人事録一九八八』の編集作業が本格化したうえに『高校野球グラフ』の編集も進められていた八七年七月以降の村上の勤務状況について、後の地裁判決が事実認定するところを表4-1に示しておこう。

村上晃は八六年秋頃から、収縮期一五四〜一八四、拡張期一〇〇〜一二四ほどの高血圧症であった。しかし治療と投薬と食事療法につとめ、血圧は八七年五月には一六四／九二にまで安定していた。だが、その年七月、『人事録』の編集がはじまる頃からいっそう忙しくなって通院するいとまがなくなり、妻の長子(筆名)が薬だけもらってくることになった。長子が休養や診療を勧めると、いつも苦しげな顔をし、くりかえし言えば苦しまぎれに怒り出したという。一〇月七日、血圧は二二〇／一四〇。しかし村上はその状態のまま、一〇月二五日から一二月二六日まで、東京でホテルに滞在して作業場の大日本印刷に通う『人事録』の出張校正に赴いている。

校正は注意力を求められる作業にほかならないが、とりわけ『人事録』はミスがあればよくクレームのつく厄介《やっかい》な仕事だ。それを期日までに仕上げることに村上はプロとしての誇り

表 4-1　村上晃の勤務態様(日数，時間)

	出勤	休日	実労働時間	平日残業	休日労働
1987 年 7 月	29	2	317.5	112.0	16.5
1987 年 8 月	27	4	310.0	116.5	11.5
1987 年 9 月	24	6	267.0	99.0	0
1987 年 10 月	30	1	322.0	105.0	35.0
1987 年 11 月	30	0	369.5	129.5	79.0
1987 年 12 月	30	1	355.5	129.0	37.5
1988 年 1 月 1 日-11 日	8	3	83.5	24.5	10.0
同 1 月 12 日-2 月 11 日	27	4	257.5	64.0	11.5
同 2 月 12 日-19 日	7	1	51.5	3.5	0

資料：水戸労基署長・茨城新聞編集社員脳出血死事件 地裁判決より作成

をかけて、日に夜を継いで、休日もなく没頭した。この出張期間中の激務は表4-1からも十分うかがわれよう。真夜中すぎにホテルに戻り、睡眠時間はせいぜい五時間、校正室で明け方まで仕事を続けたこともあった、しかも昼食、夕食は塩分の多い仕出し弁当だった……と長子は書く。この出張校正こそが村上の高血圧症を致命的に増悪させたといえよう。

八八年に入ってからも、村上は『人事録』の残務整理のほか、雑誌『いばらきの川』の編集準備、入試問題集の刊行準備、『山村暮鳥全集』の企画立案などに着手している。さして仕事の軽減はなかった。働き者の過労死は激務のピーク時よりはむしろそれが一段落した後、しかし十分に休めないときに起こりがちであるようにも思われる。村上は二月一九日、通常勤務の後、疲れたようすでいつもより早く帰宅したが、その夜、両足、ついで全身を痙攣《けいれん》させて意識不明となった。これまでの過労によって形成されていた脳動脈瘤の破裂が招いた脳出血である。二〇日夕刻に死亡。まだ三八歳であった。

地方新聞社にとって出版は、地域文化の向上に貢献する重要な事業である。しかし三章で例示したような一般の産業と同じく、新聞業界でも「本業」の周辺とされる部門は別組織化、あるいは子会社化され、そこではともすれば人員が切りつめられて、労働者が過重負担を余儀なくされているのではないか。新聞社の名を冠したさまざまの文化事業においても大同小異であろう。村上の体験を調べて私はそう推測する。

夫の死から一年後の村上長子による労災請求に対して、水戸労基署は九〇年三月、不支給処分を決定した。九一年三月には審査請求も、九四年一一月には再審査請求も棄却されている。当時としてはいつものことながら、労基署はもっぱら発症前一週間以内の異常な出来事、日常業務にくらべてとくに過重な作業があったか否かを問題にし、八八年二月には、それが認められないとして「業務外」と認定したのだ。『人事録』校正業務をピークとする蓄積疲労は無視されたのである。けれども、ここでも労災不支給処分取消を求める行政訴訟での鈴木航兒判事らの認識は異なった。一九九九年三月二四日、水戸地裁は村上長子に勝訴の判決を下す。判決は、村上が「入院治療に踏み切れなかったのは」職場の人員不足や課せられた過大な仕事量のためであり、「業務自体に起因したこと」と判定したのだ。注目すべき指摘である。夫の死から一一年を経過したとはいえ完勝であった。

私事になるけれども、私は九〇年代はじめ、茨城新聞労組による「村上労災支援集会」の講師に招かれたことがある。そのとき委員長は開会の辞で、その直前にこの新聞社の印刷労働者が労災死したことにふれて「私たちはまた過労死を出してしまった」と語ったものである。このような責任の自覚は企業別組合としてはおそらく例外的であって、つよい感銘を受けた記憶がある。この労組は村上長子の労災申請と裁判闘争を全面的に支援する一方、新聞社に災害補償を要求する交渉をくりかえした。その結果、審査請求が棄却された後の九一年五月、会社は村上の死を「業務上」とはしないまでも「業務に準ずる扱い」として、業務上弔慰金二〇〇〇万円、補償額・平均賃金の一〇〇〇日分、葬祭料・平均賃金の六〇日分の支給を約している。

＊以上、水戸労基署長・茨城新聞編集社員脳出血死事件、水戸地裁一九九九年三月二四日判決（過労死行政訴訟判例データベース）、『妻たちの手記』参照

2節　疲弊する営業マン

オフィスの性別職務分離——男性の営業・女性の事務

八〇年代から九〇年代にかけて、日本の労働者に占めるホワイトカラーの比率は高まる一方であった。そのなかでは、コンピュータ化の進展を物語る情報処理部門の拡大が著しい。しかしそれをさておけば、どちらかといえば事務職では女性、販売職では男性の増加が大きかった。九二年の『産業労働事情調査』によれば、八〇年から九〇年にかけて、事務職は女

性一八八万人、男性三三万人、販売職は女性一三万人、男性一一〇万人の増加である。

ここでは性別職務分離の進行を見逃すことができない。オフィス・オートメーションの導入がもたらす情報処理の高速化は、一方では膨大な書類や伝票の入力作業を、他方では自動的なシステムとなおそれなりに多様なニーズをもつ顧客とを媒介する接遇・受付労働を必要とする。このいずれかの作業、あるいは両者の統合された作業が、管理職へのキャリア展開の閉ざされた一般職、いわゆるＯＬの仕事であった。それに対して男性ホワイトカラーの職務では、資材の企業間取引と製品の外交販売、女性販売職の中心勢力たる「店員」とは区別される販売職「営業」がますますその比重を高めていった。『賃金センサス 職種別篇』によれば、各種の「外交販売員」は、ＳＥ（システムエンジニア）やトラック運転手と並んで、七〇年代末から九〇年代にかけてもっとも増加した職種であった。

ホワイトカラーを斃れるまでの働きすぎに駆る多くのケースは、この「営業マン」が数値ノルマを課せられて、いつしか何時から何時までが労働時間なのかという意識すら失い、奔走を余儀なくされる場合である。これまでの中高年層、またはヴェテランたちとは異なり、この場合の受難者には若者が多いように思われる。すでに一章で述べた「横綱」証券マン、亀井修二は、その代表的事例である。ここではさらに、保険営業業務で過労死した二五歳の早川勝利（母の手記による名前）の体験をかんたんに紹介してみよう。

火災保険の営業マン早川勝利の場合

早川は一九八七年、私学の雄、早稲田大学を卒業して日動火災海上に入社した。二週間の研修の後、横浜支店に属する新横浜支社に配属される。職種は彼の希望するところではなかった営業である。しかし、この頃、大学の文科系卒業生が民間企業に就職するとき、もっとも就く蓋然性の高い職種は営業にほかならなかった。なかには亀井修二のようにこの分野で積極的な意欲を燃やした若者も少なくなかっただろう。しかし当時いわれた「猛烈社員」たることをどうしても求められることの多い営業は、かならずしも若手サラリーマンの多くが望む仕事ではなかったように思われる。

中学時代からバレーボールの選手でスポーツ万能の早川であったが、亀井とは対照的に仕事になじめず、「転勤」を願い出てもどうせ駄目だからと、早くも八九年一月には辞意をもらしている。「大企業といっても」「タイムカードもなく、残業は給料締切日前日に自分で書いて提出する。しかも一カ月三〇時間まで。後はいくらやってもサービス残業だ。土曜日も午前中は仕事、たまの休日も一人で出社している支社長にときおり呼び出される」という状態だったからだ。損保業界では日動火災海上は六位であったが、神奈川ではトップでもあって、「東京海上に負けるな」の合言葉のもと、営業マンはノルマ達成に駆り立てられていた。「いくら一生懸命にやっても次にはかならずそれ以上を要求される」。朝は支社長の机の前でハッパをかけられ、昼間は外回り、毎日、夜遅くまで書類の整理に追われた。月末から月はじめは帰宅が午前二時、三時になることもあった。支社長はどうしてか早川を執拗に追いつめていた。午前零時にでも、休日にも、女友だちがアパートに泊まった日でも、帰省先の焼津にさえ、支社長は電話をして早川の行動をチェックし、ときには呼び出していた。

八九年の夏、友人の眼にも明らかなほど疲れ果てた早川は、医者の勧めに従って土曜日に検査の予約を入れている。しかしその日も支社長の呼び出しで行くことができなかった。倒れる少し前から食事もとらず、とっても吐いてしまう状態だったという。一一月一九日の日曜日、早川は中野サンプラザでの会議中に倒れ、焼津の両親が駆けつける前に死んでしまった。二五歳の死である。死因特定のため行われた司法解剖でも、「形態学的には説明できない突然死」、「あえていえば急性心不全だが、どこも悪いところはなく、因果関係が説明できない」死であった。支社長は、「暴飲暴食」、過度のデートやマージャンなどを控えていたら彼も死ななかったはず、「過労死じゃない」と口汚く言い放ったという。会社が償ったのは、退職金二七万円弱と弔慰金二〇万円だけだった。

早川勝利の名は、二〇代の若者までも過労死に襲われるようになったケースとして、エース証券の亀井修二や富士銀行の岩田栄とともによく知られている。しかし、労災請求や裁判闘争が展開された形跡はなく、ネット上にも「その後」を伝える情報はない。それゆえ私も、判決などの事実認定で確認されないまま母、やす子(筆名)の記録を唯一の資料とせざるをえなかった。数値ノルマ、残業の実態、「支社長」のあまりに無神経な言動など、もう少し確かめたいことも多い。しかし労働研究の知見からすれば、やす子の記すようなセールス労働のこうしたありようは例外的ではないと思われるゆえ、あえて紹介を試みた。このように過重労働とハラスメントが重なった若者の受難は、九章に述べるように、今ではしばしば過労自殺として現れ、しかるべき裁きを受けている。

＊以上、ホワイトカラーの動向については、労働省『産業労働事情調査報告』(一九九二年版)、同『平成一〇年版 女性労働白書』(一九九九年。原資料は「労働力調査」各年版)、早川のケースについては『妻たちの手記』、大野正和「引きこもりと過労死の日本的経営論」(ＩＮ情報)参照

3節　富士銀行一般職の岩田栄

事件の概要

ノルマに駆動される外訪の営業マンにくらべれば、事務職の女性、それも企業内でのキャリア展開を期待された「総合職」とは区別された「一般職」、いわゆるＯＬは、ふつう過労死とは縁遠い人びとと思われてきた。たしかに一般的には、仕事のうえで彼女らに求められる心身の負担、責任、残業や休日出勤などは、「精鋭」たることをそれほど期待されない程度に応じて男性ほどではなかったということはできよう。

けれども、たとえば窓口や電話での顧客への対応に心労を伴う細心の注意を求められるとき、顧客が間断なき流れとなって必要な接遇が絶え間なくなるとき、コンピュータに入力しなければならない伝票や種類が膨大になるとき、そしてなによりも業務量の激増に見合った要員の増加が行われないとき、一般職ＯＬの仕事もあたかも工場のコンベア作業のように過密なものとなる。事務労働の合理化の進んだ大企業や金融機関では、このような仕事のあり

ようもさして例外的ではない。私見では、女性事務職の過労死の事例が少ないのはひとえに、「これではもたない」、あるいは「もういやだ」と思えば、彼女らは男性サラリーマン以上に、早期に退職することをためらわなかったからにほかならない。八〇年代末、大銀行OLの過労死として広く社会的に注目された岩田栄の死は、つよい責任意識の自覚から心身のエネルギーの限界にいたるまで辞めなかった場合の受難の姿をまざまざと示している。

岩田栄は、高校卒業後、大原簿記専門学校に二年間通ったのち、八六年春、親戚の紹介で富士銀行(現・みずほフィナンシャルグループ)に入行し、兜《かぶと》町支店外為課窓口業務(後に証券業務第一グループ)に配属されている。栄は、幼いころ罹患した喘息を克服して健康であったが、質量ともに過重な仕事のなかで八八年秋頃から次第に体調を崩してゆく。「仕事がハードでもう辞めたい」と何度ももらしていた。とくに八九年二月、三月から五月にかけては、コンピュータのシステム切替えに伴って仕事がいっそう過密化し、帰宅時間も二一〜二二時になるほどに労働時間が長くなるとともに、強度の疲労とストレスから、再発した喘息の重い症状、生理時の激痛、アレルギー性鼻炎、皮膚炎、胃痛、神経性下痢《げり》などに見舞われるようになった。痩《や》せ細り、頬《ほお》がこけ、顎《あご》がとがってみえたという。「みめかたち衰えゆくを気にやみてよそおいこらす心根あはれ」と、父親の岩田大賢は詠んでいる。そして一九八九年六月一二日の月曜日、栄は前日にはじまり深夜二時頃からはげしくなった喘息発作に苦しみぬいた末、一八時すぎ、ついに絶命する。二三歳の若さであった。

両親ははじめ労災申請を思い立ち、富士銀行に娘の死が過重な業務によるものであることの承認と、勤務記録など関係資料の提供を求めている。岩田大賢によれば、これに対して銀行は、栄に無理な仕事はさせていない、栄の死は業務とはまったく関係のない私病のゆえにすぎない、資料を提出するつもりはない、「ただし、今後労災申請を行わず本件について公表しないことを約束するならば解決金を支払う」と回答したという。この「世界一の銀行」の「金を出して問題を闇に葬る」という態度表明に接した怒りこそが、両親を九〇年七月、銀行の責任を直接追及して計一億円弱の損害賠償を請求する提訴にふみきらせたのだ。労災の不支給処分取消請求提訴が数多いなか、これまでにも損害賠償請求はないわけではなかったけれども、これは日本ではじめての、女性労働者の、そして銀行職場の過労死の企業責任を直截に追及する裁判であった。

＊以上および以下、岩田栄のケースについては、富士銀行岩田栄過労死事件諸資料(訴状、岩田大賢／久子陳述書、記者会見資料、一九九〇年)、同件・民事第一審訴訟速記録(a証人YI、b証人YK、c証人MF①、d同②、e同③、f証人TK、一九九二〜九三年)、ほかに川人九〇年、『妻たちの手記』、『朝日新聞』一九九四年一一月八日付を参照

民事裁判の証言者たち

この裁判は九四年一一月七日、企業責任を認めた額と評価できるという、おそらく一〇〇〇万円を上まわる解決金の支払いを含む確約(未公開)をもって和解している。それゆえ、事実確認のために利用できる整序された文書、判決文はなく、以上の概観も、以下の岩田栄の

職場に関するコメントも、基本的に原告側の訴状によっている。しかしこの裁判には、ほかではみられない大きな特徴があった。同時期に栄の傍ら(第二グループ)にいた派遣労働者のYI、八四年春から八六年一二月の退職まで第二グループの正社員だったYK、そしてなによりも、まさに栄と同じ時期、同じ職場で同じグループの仕事をしており、栄の死から二カ月後の八九年八月に退職した一年先輩のMFが証人として法廷に立ったことがそれである。富士銀行に生涯を託さねばならないしがらみから自由な立場にあるゆえにというべきか、彼女ら、とくにMFは、三回にわたって、仕事の負担を自分にも共通すること、栄が健康を失ってゆくようすを自分自身にも起こりえたこととして語り、訴状の内容を裏付けたのである。

これに対して銀行側の証人は直属の上司である次長、男性のTKであった。栄の死後、転出先のマレーシア法人からよび戻されて法廷に立った彼は、終始一貫、銀行の人事施策の弁明につとめ、部下のOLたちの労苦も特別のものではないとし、栄の不健康についてもひたすら「知らなかった」「気づかなかった」と主張した。TKは、システム切替え後の六月には栄らの帰宅時間はもう一七時台に戻っていた、休暇もたくさんとっていた、死の直前は土日で「お休みであった」などとして、結局、栄の死の業務起因性も企業の安全配慮義務違反も認めず、被告側からの主尋問への答えを終えている。

以上を念頭において、あらためて岩田栄の職場の日常に立ち戻ろう。仕事の種類と質、その密度、労働時間と休息時間、彼女らの仕事の受けとめかた、特記すべきこととしての要員決定と残業時間管理に関する銀行の施策、栄の健康喪失の過程などを略述する。主資料は訴状であるが、折にふれ原告側、被告側双方の証言を記す公判速記録によって訴えを具体的に裏付け、補足し、あるいは相対化をはかりたいと思う。

富士銀行職場の諸相

(1) 仕事の種類と内容

岩田栄が従事した主な仕事の内容は、①外貨の両替、送金、顧客との応答と処理を中心とする窓口業務、②電話での連絡と応答、③「締め上げ」(入金と出金の突き合わせ)、コンピュータ入力、勘定合わせなどの伝票入力処理、④その他(システム変更に伴う勉強や講習、それに関する派遣社員や新入社員の指導など)である。

これらの作業は、もっとも経験を要する①でも三、四カ月の実務で支障なくできるものだと次長のTKは言う。今かりに「複雑労働」というものを高度の知識や長年の経験がはじめて可能にする判断力がなければ個々の作業も遂行できない職務とみなすならば、岩田栄らの業務はその範疇《はんちゅう》には属さないかもしれない。だが、否定できないことは、栄らの仕事には極度の注意深さ、精神的・神経的緊張が求められていたことだ。たとえば外国送金は取引先ごとに手数料や送金方法が異なるゆえ、その都度、マニュアルや自作のノートを参照しながら行う必要がある。海外送金関係の電話連絡では、海外からの指示は英文で来るため、スペルの読み間違いのないように口座名や金額の確認に細心の注意を払わなければならない。扱う金額もしばしば億単位であり、正確な送金が絶対の要請であった。TKは、その緊張は(銀行では)どの取引についても同じであり、もしかりに「二重、三重のチェック体制」をくぐり抜けた例外的なミスやトラブルが生じても「特に(担当者に)処分はない」と、OLらの心労を軽く見るけれども、もちろん彼女らの労働観はミスが出てもさして気にしないというものではありえない。またずさんな作業の生むミスを銀行が査定の対象外とすることはありえないのである。

(2) 人員配置と作業量・作業密度

七五年から八七年にかけて、富士銀行の正規行員は、男性が約八七〇〇〇人から九二〇〇〇人に漸増したのに対して、女性は約八〇〇〇〇人から四五〇〇〇人に半減している。こうした事務部門の人員合理化を背景として、岩田栄の職場でもぎりぎりの正規スタッフで右の諸作業がこなされていた。

八八年秋からは証券ブームが到来し、証券街の中心に位置する兜町支店の事務量は著しく増える傾向にあった。そのなかで富士銀行は翌年三~五月のシステム切替えを計画する。そこで銀行は八九年一月から二月にかけて、フルタイムの派遣行員を四名増員した。TKの説明によれば、正規行員ではなく派遣労働者を増やしたのは、第一グループの仕事は「ほとんどが単純送金取引」で「窓口業務がほとんどない」ため、窓口での顧客相手の現金授受と勘定の締め上げ作業以外はすべて遂行させてよいとされる派遣労働者の増員で十分に対応できると考えたからだという。その結果、第一グループの人員は、TKをふくむ二名の男性「役席」のほかは、三名の栄ら正規行員、数名のパートタイマーおよびフルタイム派遣労働者という構成であった。なお八九年四月、栄らの必死の増員要求の後、ようやく退職予定者の補充要員として一名の新入行員が配置される。

この人員配置の不十分さは、そこでのスタッフたちの勤務時間中の極度の繁忙、仕事密度のすさまじさとなって現れた。たとえば仕向《しむかい》送金(自行から他行へ資金を送ること)では、諸外国への送金の入力、本店への外為円決済や在日外貨トランスファーについての本店・支店間依頼書の入力、その他外国送金についての起票処理など、それぞれ三〇分ずつずらせた締切時間をかならず守らねばならない作業が絶え間なく続く。その間、頻繁に入ってくる電話の応対では、受話器を肩と耳の間に挟んで話しながら手と目を使ってテレックスや伝票の処理をしたものである。また、近くの大手証券会社の「使送者《しそうしゃ》」が一社につき三回、一度に三〇～一〇〇枚は持ち込む依頼書の金額を確認したうえで授受・捺印することも窓口の仕事だ。あえてTKの見かたを容れて、一つひとつは「複雑労働」ではないとしても、細心の注意を要する各作業が単位時間にびっしりと埋め込まれているならば、その遂行はまぎれもなく「責任が重く難しい」業務となる。そして派遣労働者もフル回転ではあったが、右のような仕事については「戦力」にならなかった。総じて銀行労働のイメージを裏切るような「殺気だった」雰囲気。昼食と昼休みは交替で一時間とる規程であったが、現実には一五～三〇分ほどしかとれなかったと、すべてのOLが証言する。休み中は休憩室で横になることが多かったという。

一五時には閉店となる。スタッフたちはすでに疲労困憊しているが、そのとき流れる音楽にあわせて体操したり休憩したりするゆとりはなく、「一分でも(早く)インプット、締め上げ作業に入」る。MFは語っている。

……その一分で、最低でも二枚伝票は打ち込むことができるという、そういう観念にならされておりましたので、休むより先にインプットとか締め上げというふうに、もうそういうふうに連動させて必然的になっておりましたので、とても休みたくても休もうとは思いませんでした(訴訟記録C)

それ以降、二、三百枚もの伝票をぶっ続けで入力し、電卓を使い、精査・確認を続ける。派遣社員は行わないこの「締め上げ」では、システム変更の過渡期の春から初夏にかけては、新旧の機械の間を併行させて稼働させるため、それまでの三倍くらいの手間と時間がかかった。作業が間に合わなくて、三月からはコンピュータクローズの時間を一九時すぎくらいまで「延長していただいていた」。その時間帯には疲労がきわまって、もうろうと手だけを動かせたものだ。機械稼働を終えた後は、伝票を整理して束ね、外為関係のさまざまの書類や台帳をきちんと整理して一日が終わる。八九年三〜五月の最繁忙期には、

……やっと帰れるのかなと思ったら、次はあと何時間後にはまたここにいるんだと思う

と……自分は何をやってるんだろう、いったい何しに家に帰るのかなというくらいで、帰宅はもうふらふらといいますか、やっと帰り着くというのがこのころの現状でした（同上）

ＭＦは、八八年一二月には退職を決意していた。岩田栄ともよく、「もうしょっちゅう辞めたいね、辞めたいねって、こんなんでは何もできないし、もうからだがどうしようもないということで、辞めたい辞めたいとよくお互いに、合い言葉のように」語り合っていたという（訴訟記録ｄ）。それでも八九年はじめ、午後六時頃からはじまるシステム変更の勉強会などが日常業務に加わる頃、ＭＦは岩田栄とともに副支店長に正規行員の増員を願い出ている。すでに述べたように、それに対して銀行は派遣社員を配置したが、それは派遣行員を「一から教え」る負担を増しこそすれ、彼女らの基本業務を軽減することはなかったのである。

（3）労働時間と残業

黒岩容子、川人博ら原告側弁護団は、銀行に対する証拠保全行動によって得た「勤務時間管理表」にいくつかの不自然な数値があること、ときには退社時間が書き替えられていることを発見している。たとえば八九年三～五月にかけては、ＭＦも岩田栄も、月の途中で突然、それまでは二〇時から二〇時半であった帰宅時間が定時の一七時四五分以前になる。それが実態を反映していないことは今さらいうまでもないが、では、なぜそのような偽りの記録になるのか。

その頃の労働基準法はなお、非専門職女性の残業に四週二四時間、年間一五〇時間以内という制限を設けていた。大銀行としてはこの法規制を公然とふみにじることはできないけれども、第一グループの前述の仕事内容はもちろん残業をこの限度で押さえることを許さなかった。そこで銀行は四週二四時間以上の残業登録をきびしく禁ずるとともに、課長から次長に昇進していたTKは、四週二四時間、または年間一五〇時間を超える残業分を「本人(MFや岩田)と話し合って」未登録とし、それを翌月、または翌々月……に繰り越すことにしたのである。TKはそれをまったく上役に相談せずみずからの責任と裁量で実施したという。下級・中間管理者が会社の施策を庇《かば》うことはむしろふつうであって、この措置がTKだけの責任でなされたか否かは疑わしいが、ともあれ彼によれば、繰越し分は後にすべて支払った、だから違法残業はなかったという。一方MFは、八五年五月から八九年八月までの間はいつも、一〇～五〇時間は四週二四時間を超えて残業したとメモしており、それらがすべてTKのいうように支払われたかどうかは、これまた疑わしい。しかし確実なことは、少なくとも、システム切替え中の八九年三～五月、彼女らの退勤時間は二〇～二一時半より早くはなかったことである。MFが約五〇分をかけて帰宅すると、自宅のテレビはNHKの「ニュースセンター九時」か「ニュースステーション」を放映していた。岩田栄らの所定外労働時間の正確な数値は結局のところ明らかにならなかったけれども、実態として栄が急速に健康を損ねる時期、彼女らの残業が月六〇時間を超えていたことはまず確実である。

ちなみに富士銀行は、その頃、人事部から全支店長に「時間外予算の運営」なる通達を発していた。それによれば「予算」(支払われる残業時間)は管理職で月二五時間、一般男性行員で二〇時間であった。TKによれば、これは効率化に向けての「目標値」としての「ガイドライン」であったが、月々、登録残業の多い三人の行員の名前が本店から支店に知らされていた。だから、たとえば二二時まで働いても一九時までと申請していれば「ワーストスリー」に名前が出ることはないわけだ。この点を原告代理人の川人弁護士に追及されると、TKは「仮定の話はちょっとわかりませんが」とぼかしたけれど、これがサービス残業を奨《すす》める措置であることは明瞭であろう。富士銀行はまた、「効率化」の点ですぐれた支店を「事務表彰制度」によって表彰するならいであったが、時間外手当支払いの額はその表彰の査定項目のひとつであった。もし男性行員が「残業二〇時間」ということの真偽を問われれば、それは「月あたり」ではなく「週あたり」のことと答えたかもしれない。

（4）死にいたる病

岩田栄は、入行後三カ月にして過労から喘息を再発させ、三日間休んだ。新入社員が複数日休むことはあまりなく、当時の課長は朝礼で岩田の休みの理由を報告している。そのときは幸い回復したが、八八年秋頃から、仕事はますます長時間の過密なものになり、喘息症状が次第に重くなる。投薬量も増え、あわせて月経困難症もきつくなった。その頃には、前述のMF同様、もう辞めたいとくりかえし洩らしている。しかしこれもMFと同じ気持ちの、自分が休むと周りに迷惑がかかるという思いがあって今しばらく、もう少しとがんばり続けた。八九年三〜五月、システム切替えの最繁忙期には、極度の疲労とストレスが募り、仕事量と、いくら訴えてもスタッフを増やしてくれない上司に対する不満と不信のあげく、栄は両親にもあたり散らすようになった。そして栄は、春から初夏にかけて、すでに述べたところをくりかえすけれども、喘息症状ばかりか、生理時の激痛、アレルギー性鼻炎、皮膚炎、胃痛、神経性の下痢などに苦しみ、致命的に健康を損ねていった。

　同僚のＭＦは法廷で、栄の体形の変化、顔色、休息のしかた、通院の頻繁さなどにうかがわれる疲労困憊のようすをきわめて具体的に証言している。「痰《たん》がからんだようなごうごうという咳《せき》」を聞き、ポケットティッシュでは間に合わずクリネックスの箱を机に置いて仕事をするようすを見た(訴訟記録d)。休みの後は、「よくまぁ出勤してきたこと」と思うこともあった。しかしながら、次長のＴＫは、栄のかつての病気休暇についても知らされていなかった、喘息の持病についても(個人の病気のことをくわしく聞くのははばかられて)知らなかったと証言する。ＭＦが痛ましくみつめ職場の誰もが知っていた栄の苦患《くげん》の姿、夕方の咳き込み、クリネックスの箱を持ち歩いていたことなども気がつかなかった、休みの後は「大丈夫かと聞けば大丈夫と答えていたので……」などと突っぱねている(訴訟記録f)。損害賠償請求の提訴では、銀行の健康配慮義務、従業員の死の「予見可能性」が問われるゆえに、あえてそう証言したのは明らかである。

　ＴＫの主な仕事は、外国証券の新たな取扱いを証券会社と契約する、つまり顧客獲得の外交販売であった。ＴＫが気にしていたのはひとえにそのノルマ――「収益目標」とＴＫはいつも言い直す――の達成であったかにみえる。八七年七月に次長になってからは残業手当がいっさいつかない。こうした仕事の労苦は、前節で述べた営業職のそれと基本的に同じであり、まして中間管理職は個人ノルマの上にチームノルマも背負うゆえに、その労苦もいっそう重いことだろう。私は別の章で、過労死の一大グループをなすこの人びとのことをあらためて論じるつもりである。要するにＴＫは、その立場と責務から、岩田栄の死の背景にあるものをすべて見逃した、あるいは見なかったことにしたのだ。「栄さんが亡くなられたことは私も非常に悲しいんですが、それは業務と直接関係があるという認識ではありません」(訴訟記録f)。ＴＫは精鋭男子行員であった。八九年五月末、富士銀行全体で三二四支店あるなか、兜町支店は事務表彰受賞店、業績準表彰受賞店、店頭表彰受賞店、経費節減特別顕彰店という、実に四部門で顕彰されている。その後に紹介された社報の「わが店登場」欄の写真の説明ではしかし、すでに岩田栄は「(故)岩田栄さん」であった。ちなみに富士銀行広報部は、一九九四年一一月七日の和解に際して次のように述べている。

……当行としては死亡と業務の因果関係はないと考え、審理の中でもその点を一貫して主張してきた。和解内容は当行の主張が反映されたものとなっているので、裁判所の和解勧告を受け入れた。従業員の健康管理に留意するのは企業として当然のことで、従来と同様に留意するという意味で和解条項に盛り込んだ(『朝日新聞』一九九四年一一

月八日付)

それからのこと——女性労働者の分化

一九九七年、男女雇用機会均等法が改正され、八五年法では「努力義務」にとどまっていた募集と採用、OJT(仕事の経験を通じての訓練)、配置と昇進の性差別が禁止事項となった。それとともに労基法が改正され、それまでは残されていた労働時間についての女性保護、「四週二四時間」(のち三六時間)などの規制が、〇二年三月までの「激変緩和措置」が設けられたとはいえ、基本的に撤廃されている。それらはグローバルな性差別撤廃の息吹を背景として、「もっと使いやすく」と望む企業と、「規制なくがんばれるように」と望む一定層の女性の声が届いた改正であった。

雇用機会均等法の制定と労基法における女性保護の緩和は、男女平等への巨歩のはじまりではあれ、その不可避の裏面として、ある意味では男女がともに能力主義的選別の世界に巻き込まれる結果をもたらした。企業が「精鋭」選別の基準を次第に性そのものから個人ごとの能力査定に変えてゆくことを、それは促すからだ。そして、これらの法整備に促された日本企業の能力主義管理の純化は八〇年代以降に加速度的に普及し、日本の現代労働史におけるもうひとつの決定的な様相になった非正規労働者の動員と結びついて、それなりに「自然な」女性労働者の三コース、三層構造を生み出すことになる。すなわち、①男性「精鋭」社員と並んで激務に挑戦しようとする、相対的に少数の総合職または専門職の女性、②従来の

OLの職務の比較的高度な部分に習熟してゆく、ある程度キャリア展開の許された一般職・正社員の女性、そして③単純で補助的な作業を有期の一定期間、労働時間を限って遂行する、派遣労働者などの非正社員である。

そのうち、①層に属する女性の担うことになる仕事のしんどさは基本的に男性サラリーマンのそれと共通であり、後にこの層からも過労自殺の事例が現れる。一方、②層の女性たちの多くは、総合職よりははるかに低いとはいえそれなりの昇格はあるだけに、総じて昇給にみあう繁忙や過重業務をまぬかれない。けれども、彼女らは結局「辞めなかった」ヴェテランであって、いくつかの業種、とくに公務部門では、法規制が緩和されたあとも仕事の負担を巧みにやりすごすしたたかさを身につけた人びとも少なくなかった。この②はその後、徐々に採用が限定され相対的に少数化してもいる。他方、OL仕事の下層部分、入力やファイリング、定型的な接遇・受付などの遂行は、急速に③層の非正規労働者に委ねられていった。その傾向はここに考察した富士銀行の職場でもすでに観察されたところである。

この分化の傾向は、雇用機会均等法が従来の「努力義務」を「禁止」に変える方向で改正され、労働時間の女性保護が撤廃される方向で労基法改正がなされた九〇年代末以降にはいっそう際立ってくる。二〇〇〇年に入る頃には、女性正社員はすでにオフィスの少数派であり、事務の日常労働の主体は契約社員、パートタイマー、アルバイト、そして派遣労働者の混成軍であった。〇二年の状況を伝える『就業構造基本調査』では、たとえば女性派遣労働者の六四%は事務職についている。彼女らの仕事は、総じて単純労働ながら、その密度は、あるいは②層のそれを超えるかもしれない。そのうえ③層の非正社員女性は、なんらかの事情で親や夫にパラサイトできずに家計の主な支持者たることを余儀なくされるとき、不安定雇用と低賃金を主因とする抗いがたい貧困の問題に押しつぶされるだろう。とはいえ、そうした不運な事態に遭遇しない限り、彼女らはやはり過労死するくらいなら退職するという選択を、男性サラリーマンよりもためらわないだろう。耐えがたい仕事を、どうせ有期の経過的な苦労とみなしうる余地もある。その点は事務労働に限られない。非正規雇用の多い販売職、サービス職、工場労働においても状況は同じだ。こうして日本企業は、現在の②層の仕事を主に、③層の仕事を副次的にあわせて遂行し、健康上はもう続けられなかったのにすぐ退職することをためらううちに斃れたかつての岩田栄の悲劇を、自発的にであれ強制的にであれ、ジェンダー規範に則して全生活を仕事に投入しないような働きかたに誘われる非正規雇用の女性たちを大々的に動員することによって、しばらくは回避したのである。

＊以上、西谷敏『規制が支える自己決定』(法律文化社、二〇〇四年)、熊沢誠『女性労働と企業社会』(岩波新書、二〇〇〇年)、総務省『平成一四年　就業構造基本調査報告全国編』(二〇〇四年)を参照

五章　斃れゆく教師たち

1節　いくつかの事例

およそ一九八〇年の頃から、学校の教師は、トラック労働者とともに、職種としてはもっとも頻繁に過労死の事例が伝えられたグループであった。この章では、その教師たちの死の体験をふりかえることにしよう。今なお、この「聖職」者に要請される働きすぎの結果は、たとえば医療や介護の現場で働く人びとのそれと共通して、きわめて深刻だからである。

愛知県の小学校で——岡林正孝の場合

一九七八年一〇月二八日午後二時すぎ、愛知県尾張旭《おわりあさひ》市の小学校教師、岡林正孝は、ポートボールの練習試合の審判を務めるうち、そのハーフタイム時に倒れて意識不明となった。特発性脳内出血の診断にもとづき、すぐに血腫除去の緊急手術を受けたが、吐物《とぶつ》誤嚥《ごえん》の呼吸不全により一二日後に死亡。本来はとても壮健だった三四歳の教師の死であった。

ポートボールは、両チームがボールを取り合って味方のゴールマンに渡すことで得点を競うゲームである。各一〇分の前半と後半の間にハーフタイムがある。その審判は、ボールをパスでつないで進む試合中、選手とともに二五メートルの両ゴール間を走りながら移動し、笛を吹いてボール操作の反則を細かくチェックするほか、得点のカウントや試合時間の計測も行う。テニスなどと違って審判自身のはげしい動きを求められるため、二名が審判にあたるのが通例ながら、その日は岡林一人であった。もっともこの審判の作業自体はもともとスポーツマンの岡林にはさして特別の負担を痛感するような任務ではなかったけれど、その日の彼は、早朝からのポートボール指導(模範を示す実技)、社会科、家庭科、国語科の授業、清掃指導、下校指導、学級委員認証状づくりなど多岐にわたる午前中の仕事の間、顔色が蒼白で頻繁に気分の悪さを訴え、めずらしく今日の審判は替わってくれるよう同僚に頼み込んでいたのだった。この頃すでに脳出血ははじまっていたと思われる。こうした不調の原因を知るためには、もう少し岡林の体験をさかのぼる必要がある。

岡林の勤務先、瑞鳳《ずいほう》小学校は、七八年開校の新設校であり、教育上、学校運営上の諸事項について慣行を一からつくりあげてゆかねばならなかった。教員一九名のうち五名は新任教員、三名の三〇代教員のうち男性は彼一人、管理者をのぞけば最年長の男性は彼である。経験一二年の岡林が、なにかにつけてもっとも責任の重い役割を割り当てられるのは必然であった。

岡林は、六年一組の担任、学年主任のほか、「校務分掌」上、社会科主任、視聴覚教育主任、「特活指導」・児童活動の責任者、児童会主任……など数え切れないほど職責を抱え込んでいた。週三〇時限(一時限四五分、週日は六時限)の、音楽と書写をのぞく全教科の授業のほか、打ち合わせ、朝の会、給食指導、帰りの会、清掃指導、教材研究、次の授業の準備、下校指導、児童との接触と個別指導、それにすでに述べた校務分掌業務が加わって、一日はめまぐるしく過ぎてゆく。そのうえにポートボールの練習指導が重なっている。毎年一一月初旬に行われる尾張旭市教育委員会主催の球技大会の女子種目であるこの競技では、瑞鳳小学校は幸か不幸か「優勝候補」であった。それだけに学校は力を入れて、七八年一〇月以降、授業前四五分、授業後一時間の練習、土曜日は練習試合をすることにしたのだ。指導員に任じられた七名のうち、もっぱら実技指導にあたったのは、バスケットボールやサッカー指導の経験をもつ岡林であった。早朝練習のため岡林の睡眠時間は三〇分は短くなり、ときに一七時すぎまでになる授業後の練習は、教材研究、テストの採点、学級通信の作成といった通常業務を帰宅後に自宅で行うことを余儀なくさせていたのである。

一〇月二四〜二五日は奈良・京都方面への修学旅行であった。六年生の担任と学年主任を兼ねる岡林はもちろん、その事前準備、指導、引率の企画と実行にあたる必要があった。修学旅行の引率指導は、旅行社まかせの成人のツアーと異なり、旅行前には旅行代理店および保護者との密接な連絡のうえで、法隆寺や清水寺など見学先の事前学習、生徒の服装、持ち物、荷物整理、健康留意、バスや旅館でのマナー、他校生徒との接しかたなどを盛り込んだ「旅行のしおり」をつくる必要がある。旅行中はそのマニュアルに応じてほとんど二四時間、チェックをしなければならない。夜間にも「巡視」があって、断続的に四時間ほどの仮眠ができる程度である。岡林は、校長、養護教員をふくむ三人とともにではあれ、二四日早朝五時半からこの引率業務に就き、二五日夕刻、疲れ果てて帰宅している。

その日は一一時間の睡眠をとったものの、一〇月二六日と二七日には深夜二時まで自宅で仕事をして、睡眠時間は五時間ほどであった。二七日の「愛日(地区)教育研究集会」での発表の準備と、市内の教員とつくる「任意団体」である「子どもの本について語る会」の会報づくりのためである。岡林は修学旅行の引率でピークに達した蓄積疲労を回復するいとまをもたぬまま、一〇月二八日(土)を迎えた。その過労が、「素因」としての脳血管腫瘍《しゅよう》を、午前中は徐々に、断れなかったポートボールの審判中の午後には一挙に、破裂させたのである。

＊以上、瑞鳳小学校岡林脳内出血死事件、名古屋地裁一九八九年一二月二二日判決(『労働法律旬報』一二三四号、一九九〇年)、野呂汎「小学校教員の過労死と公務上認定」(同上)、中生加八九年を参照

千葉県の中学校で――中野秀夫の場合

岡林の死からおよそ九年後の八七年一二月二二日、千葉県の中学校教師、五二歳の中野秀夫(仮名)が、学校の更衣室で意識不明のまま倒れているところを発見された。くも膜下出血である。「目を覚まして！」と、妻の淑子(筆名)と子どもたちは必死でよびかけ続けたけれどもむなしかった。一〇日後の一九八八年元日、中野は絶命する。

中野は八七年四月、定期異動で船橋市の中学校に転勤している。中野もまた、週一八時限

の英語の授業および一時限の「中国帰国子女適応指導」のほか、校務、管理、安全の三主任、日課時間割係、学校会計係など、多くの未経験の管理的、事務的作業を割り当てられていた。教師本来の仕事というより、電話の取り次ぎ、植木の手入れ、ペンキ塗り、校舎の破損箇所の確認と簡単な修理、放課後の戸締まりなどをふくむ「雑用」が多かった。なにしろ仕事範囲が広く、毎日、夜遅くまで働いていた。担任のない「窓際族」という思いもあって、秀夫は疲れ、嘆きといらだちのうちに若い日の教育に対する情熱を失っていた、妻の淑子はそう記している。

一一月は、三年生の進路指導に伴う面接、テストとその処理、一、二年生の学期末テストとその処理などがあって、中学校は繁忙の極に達する。そのときクラス担任のなかった中野には、パソコンに資料を入力する仕事を課せられた。冬休みまでの二週間の間に、全校三〇学級、約一二〇〇名の成績、三年生四〇〇名分の進路指導資料を入力するという、それは膨大な作業だ。何人かの担当者が分担しても毎日、二一〜二二時までの残業になった。作業を中心的に担う中野は、家に持ち帰って午前二、三時まで、ときには明け方まで延べ一一時間にも及んで、ミスの許されない不慣れな入力作業を続けたものである。一二月半ばには、中野はいつも頭痛に襲われたが休めず、娘に手を引かれて起き上がっても出勤ぎりぎりまでまた横になっているような疲労困憊の状態であった。みずからも現役の教師であった淑子にとって、夫の死は拒んだり遅らせたりすることのできない過重な校務によるものとしか思えなかった……。

＊以上、『妻たちの手記』、『毎日新聞』一九九二年八月二九日付、参照

静岡県の高校で——大野芳温の場合

一九八四年初夏、静岡県立吉田高校の英語教師、四五歳の大野芳温の毎日は多忙をきわめていた。

まず授業の担当は週一七時限(一時限五〇分)、あき時間は週一五時間であったが、彼は補習、イングリッシュキャンプ、LL教育、夏休み課題、英作文や発音の授業など、実にさまざまの教材づくりにとりわけ力を入れていた。一般に授業準備には授業時間の約一・五倍の時間を要するという。そのため週一五時間のあき時間だけでは足りず、大野は放課後毎日、約一時間半をこれら教材づくりに費やしていた。そのうえ大野の担当は、吉田高校で「専門科目」と位置づけられていた英語科だけではなく、保育科、普通科の授業も担当していたため、授業の内容にも「科」の実情に応じた多様性を求められ、そのぶん負担が重かった。それに英語科には、すべて英語で行われる週二時間の外国人とのチーム授業もあって、その調整も気苦労の多い仕事だった。また英語教育を重視していたこの高校では例年、英語科関連行事として県の高校英語研究会、英語検定試験、中学校訪問、校内研修会、イングリッシュキャンプなどが行われる。大野は、そのなかでいつも中心的な役割を割り当てられ、「二級」合格者について目標数のある英語検定試験のための生徒指導や諸行事の準備などに忙殺された。とくに「英語科の概要」というパンフレット作成の負担は大きく、自宅で零時すぎまで

働いたりもした。

こうした英語科特有の仕事のうえに、教員一般の責務が重なる。八三年度、大野は進学組と就職組の双方がいる「三五HR」の担任であった。進学指導は一学期末頃から忙しくなり、夏休みはほぼ毎日出勤することになる。そのうえ、このクラスには、特別の対応を求められる生徒が多かった。謹慎処分者七名、カンニングや喫煙といった「問題行動」者三名である。大野はその対応に追われ、この年度にはこの一〇名の生徒を対象に自転車で三〇～四〇回の家庭訪問を行っている。翌八四年度には、担任クラスに神経症の女子生徒がいて、大野は本人や母親や養護教員との懇談をくりかえしている。大野はまた、素行上の問題がある一人の女子生徒の指導に心を砕き、頻繁に、五月上旬の五日間には三、四回も、吉田高校から九キロメートル離れた家庭を訪問して両親と話し込み、帰宅は午後九時から一〇時にも及んだ。彼女はしかし、大野の反対にもかかわらず五月一三日、兵庫県にある宗教施設に入所してしまう。大野にとってそれは、大きな心労の果てにきた、気力を萎《な》えさせる出来事であった。

そのほかの仕事としては、春から初夏にかけて引き続く始業式などの学校行事、二泊三日の新入生集団訓練、二〇キロメートルを生徒とともに歩くクロスカントリー、交換留学生の受け入れと派遣、外国からの来校者の応接、クラブ活動指導などが数えられる。そのいずれも、担任をもち、英語に長《た》けたヴェテランで、かつ上司、同僚、生徒たちも認めるように責任感がつよくて仕事熱心であった大野がしかるべき役割を果たさねばならぬ業務であった。

こうして後の行政訴訟での原告側の主張によれば、大野の残業時間は、少なくとも、つまり膨大な在宅仕事を別にしても、春には日平均二時間、死の直前の五月六〜一六日には三・七時間に達したという。

大野は死の一年くらい前からは続けていたジョギングをしなくなり、三カ月ほど前からは妻の昭子（筆名）にしきりに早朝覚醒《かくせい》、頭痛、疲労感を訴えていた。五月一七日の第六限の英語授業中、大野はいつもの立ち姿に耐えられず椅子にくずおれ、教卓に顔を伏せた。異常に気づいた生徒が「そっと教室を抜け出し」養護教諭に連絡した。後頭部の痛みと吐き気を訴える大野は救急車で総合病院に運ばれた。「あまり例のない」ほど大量の脳幹出血で、もはや手術不可能であった。死の訪れは一週間後、二二日のことである。

＊以上、静岡大野事件、東京高裁一九九七年一〇月一四日判決（過労死行政訴訟　被災者側勝訴判例八六号、ＩＮ情報）、『妻たちの手記』参照

名古屋の中学校で――柏木恒雄の場合（1）

八〇年代初頭は、いわゆる校内暴力が全国的に頻発した時期であった。次に紹介するのは、一人の教師が校内暴力を中心とするさまざまの生徒の「問題行動」を一身に引き受けて全力で立ち向かい、ついに燃えつきて斃れた代表的な事例である。

柏木恒雄は、一九五四年四月、名古屋市の中学校教諭になり、その後ふたつの転勤を経て七七年四月、中村区の豊正《ほうせい》中学校で理科の授業を担当していた。七八年から生徒指導主事であったため、授業時間数はその責務にある者の標準どおり他の教師の半分ほどであり担任ク

ラスもなかった。だが、「校外指導」のキャップを兼ねる総括責任者としての生徒指導主事の仕事は、過重なことこのうえなかった。柏木はまた名古屋市少年補導委員も務めている。

豊正中学校は生徒数一五六〇名、名古屋市でも五指に数えられる大規模校であった。所在地は中村区。娯楽・ゲームセンターや昔からの歓楽街も近く、「恵まれない家庭環境に育った生徒が多いためもあって、校内における喫煙、シンナー吸引、授業妨害、校外での万引き、窃盗、恐喝などの生徒の問題行動が目立っていた」(高裁判決文)。いわゆる「荒れた中学校」の典型であり、この学校での問題はしばしば新聞に報道されている。五一歳の柏木は、八三年二月以降に限っても、後に地裁判決が認定する次のような出来事の続発に対処する、たゆみない「生徒指導責任者」であった。

- 八三年二月一〇日——三年男子四名が、シンナー吸引を注意したH教諭の教室に押しかけて、ホームルーム授業中のHに暴行を加え、全治一カ月の傷害を負わせる。柏木はその日以降二〇日夜まで、休日、休息をとらずに生徒からの事情聴取、保護者への指導と懇談、全教師への経過報告、報道関係者への対応、警察への報告、指導方針の再検討、警察の現場検証の立会いなどの事後処理に追われた
- 同月二四日——三人の三年女子生徒が家出した。柏木はこれらの生徒の捜査に従事し、無事発見されてからは各家庭を訪問して指導。二四日から三日間は毎日深夜零時すぎの帰宅であった

- 同月二五日には二年女子生徒二人が、二八日には一人が女性教師に暴行を加える。関係者からの事情聴取などは柏木が行う
- 三月五日深夜――何者かが職員室へ不法侵入した。柏木は連絡を受けてすぐに駆けつけ、警察の現場検証に立ち会う。翌六日の零時半帰宅
- 三月一四日前後――卒業式前後の非常勤務態勢。「荒れる」予想のもと、式の前々日午後から「非常警戒態勢」に入り、柏木を中心に卒業式翌日の一五日朝まで、徹夜で校舎や式場を見まわる
- 四月一四日――三年女子生徒二名が、朝九時頃、授業中の二年生の教室に押しかけて、なかまの生徒を連れ出そうとし、S教諭に注意されると「生意気だ」と反発、顔面を殴り腹部を蹴るなどの暴行を加えて全治一週間の傷害を負わせる。その後の生徒や保護者への指導、警察や報道機関への対応はもちろん柏木の担当であった
- 五月一〇～一二日――柏木は修学旅行に付き添う。その年の修学旅行では、出発間際に異様なヘアカラーの生徒が突然の参加でバスに乗車しようとした、旅行先では他校とのいざこざがあって他校生徒が宿泊先に押しかけパトカーの出動を招いた、バスの中ではシンナーの吸引があった……などトラブルが頻発し、柏木はその都度、対応に追われた。夜はまた、問題行動を未然に防ぐため廊下で監視にあたるなど、ほとんど不眠不休の生徒指導を余儀なくされた
- 五月一五～一七日――中村区最大のイヴェント、「太閤祭《たいこう》」では例年、生徒の問題行動

が多発するため、柏木は修学旅行の前後を通じて、防犯対策の立案、連絡、印刷物作成、巡回などに中心的な役割を果たした。修学旅行後の祭礼期間中の三日間、帰宅は深夜零時半すぎであった

- 六月一日夜——三年男子生徒一名が、同乗するオートバイのガードレール激突による腎臓破裂のため入院した。柏木は生徒の所属する卒業生、在校生からなる暴走グループを指導する必要もあって、連日のように病院を訪れて付き添う。八日に生徒が死亡してからは一二日の通夜まで、毎日その自宅を訪れて、事後処理と保護者のケアにあたった
- 六月一七日——三年生の女子生徒一人が家出した。柏木はその日、夕方から深夜まで友人宅や学区内の盛り場を捜してまわる

名古屋の中学校で——柏木恒雄の場合(2)

教師たちを悩ませる「問題行動」の、まことに息苦しいまでの続発である。これらへの対処はもちろん制度上は、まったく柏木一人の責務ではない。しかし、とりわけ教育熱心なヴェテラン生徒指導責任者であり、また中村区の「棟割り長屋」に住んでいた柏木はどんな場合にも中心的な役割を引き受けていた。柏木は八一年以降、有休休暇をとったことがなく、勤務日数のすべてに出勤している。まさに働きづめであった。柏木の超過労働時間は八三年二月から六月までの間、確実に認定されるだけでも月約五四時間に及んでいた。もちろん「生徒指導」のかなりの部分はここにふくまれていない。

当然のこととして柏木は、八三年にもなると慢性疲労とつよいストレスにさいなまれ、帰宅後はひたすら休息するだけで家族の団欒もできないようになる。六月二六日には歯痛で食事もままならなかったが、柏木には治療に行くいとまがなかった。

翌二七日、柏木は疲労のうちに出勤し、夕方まで、理科の授業のほか、授業を放棄する生徒への指導をふくむ何度もの校内巡視、救護施設に収容されていた同校の生徒がゆくえ不明になったことへの対応策の検討などに追われる。退勤後は、その日は定期試験の前で部活動がなく、それだけに問題行動が起きやすい日であったことから、生徒指導の同僚五人とともに中村公園、ゲームセンター、ジャスコ、名鉄ストアなどを巡回することにした。二〇時頃、同僚と軽食の後、疲労の色濃い柏木は「明日は休むで頼むぞ」と伝えたけれども、同僚の誘いがあって、二二時五〇分頃まで気晴らしに麻雀《マージャン》を楽しんでいる。零時前に帰宅。その深夜、二八日一時頃の就寝後、柏木は胸の痛みを訴えて倒れ、救急車で病院に搬送された。急性心筋梗塞であった。三時一五分、死が訪れる。

豊正中学はもしかすると例外的なのかもしれないとはいえ、八〇年代の前半、中学校の一角がこのようにも「荒れ」ていたことに私たちはあらためて衝撃を受ける。ここに長々と「事件」を紹介したのは、これもまた、受験競争が中等教育にまで浸透し高校進学率もおそらく九五％ほどに達していた「教育熱」の時代に、必然的に析出された「底辺校」の現実だったからである。すさまじい一種の「反学校文化」から噴出する「問題行動」に向き合おうとする柏木教諭の苦闘は、もぐらたたきのような徒労にみえささえする。彼の仕事は「生徒指導」の域を超え、警察に委ねるべき社会問題に及んでいたかもしれない。けれども柏木は、問題行動を起こす生徒や保護者からもつよい、あるいは一定の信頼を受けていたゆえに、直ちに警察通報も辞さないという八三年からの校長の方針に疑問を感じていた。それだけに異常な努力を重ね疲労を募らせたのだ。その点では柏木は、もっとも良質の旧型教育者であった。この事件を伝える中生加康夫の著書に掲載されている遺影では、寄り添って甘える女子生徒たちに囲まれた柏木恒雄の温顔が印象的である。

＊以上、地方公務員災害基金愛知県支部長・名古屋市立豊正中学校教員事件、名古屋地裁一九九六年五月八日判決（『労働判例』六九六号、一九九六年）、同、名古屋高裁一九九八年一〇月八日判決（『労働判例』七五〇号、一九九九年）、ほかに中生加八九年、『中日新聞』一九九八年一〇月八日付を参照

2節　教師の公務災害認定

教育公務員の特殊性

九〇年代はじめまでの多くの過労死の例にもれず、教師の過労死もそのほとんどが労災の認定を受けることなく、「逆転」認定や行政訴訟での勝訴は、私が後期とよぶ九二年以降、とりわけ労災認定基準史の画期となる九五年改訂以降に持ち越されている。しかし、こうした一般的傾向のほかに、教師たちについてはまた特別の要因もかかわっているように見受け

られる。

ここでの事例にもみられるように、教師の多くは地方公務員であった。ちなみに地方公務員の労災認定手続きは、次のように進む。

(1) 地方公務員災害補償基金(以下、地公災基金)県支部長に労災を請求

(2) (公務外決定・災害補償不支給決定のとき、六〇日の間に)地公災基金支部審査会に審査請求

(3) (審査請求棄却のとき、三〇日の間に)地公災基金審査会に再審査請求

(4) (審査請求三カ月後に)「公務外」決定の取消を請求する行政訴訟

このプロセスは、一章2節で示した民間労働者の場合と基本的に同じだ。むろん地方公務員も労基法などの枠外にあるわけではない。けれども、教師には労災認定(公務上認定)がふつうの労働者よりもむつかしい事情はある。以上の紹介でも、以下にみる行政訴訟の判決でも、労働時間の確定があまりみられないことに注目しよう。教師の労働は、法的に残業を規制する労働時間管理がなじまないとされているのである。

一九七一年、教職員給与特措法は、①勤務時間の内外を包括的に評価して一律の教職調整額(給与の四%)を支給し、時間外手当は支給しない、②時間外勤務命令は生徒の実習、学校行事、職員会議、非常災害や生徒指導に必要な緊急措置に限る——と定めている。この法制

にたとえば日教組がどのように対応したのか、私にはつまびらかではないが、いま教師の過労死の続発をみるとき、この法規が残業の程度というものを枢要の判断要素とする労災認定基準の適用にとってマイナス要因となったことは明らかであろう。それに、教師一般の、とくに意欲的な教師の自覚する責務の境界はきわめて広く、時間外勤務命令の可能な「校務」の限定はそれほど確定的なものではありえない。たとえば家庭訪問などをふくむ懇切な生徒指導にほとんど限りがないことは、多くの教師の実感であった。教師の多くはまた、教材研究や問題づくりや採点をしばしば帰宅してから行っている。

にもかかわらず、教師の疾病や死亡が公務上か否かを判定する行政は、「がんばってしまう」教師のビヘイビアを顧慮せず、この法令上の扱いを楯にとって安易に「公務外」認定を下してやまなかった。また、学校の営みにはある意味で毎年くりかえしの側面がある。そのことが、ヴェテラン教師ならばその業務は手慣れた容易なものであるはずだという論拠になるという場合も少なくない。公務外認定の論拠としてしばしば愛用される、これは「暦年の仕事の容易性」論とよぶこともできよう。

＊以上、中生加八九年、伊藤正純「コメント」(『職場の人権』五一号、二〇〇八年)参照

過労死告発のゆくえ(1)

ともあれ、前節の過労死の告発と救済のゆくえを、ここで瞥見《べっけん》してみよう。

右の四事例のうち、行政訴訟にまでいたらなかったのは中野秀夫の場合だけである。しか

しここでも、妻、淑子の災害補償請求に対して地公災基金県支部長は、これは教師の通常勤務の範囲内であり特段の過重性は認められない、在宅仕事は「校長から命令を受けていないので公務に従事したとは認めることはできない」としてはねつけている。けれども、このあまりの形式論は、一九九二年八月二八日、審査請求の段階において覆《くつがえ》される。県支部審査会は、当時としては全国的にも画期的なことに、中野の在宅のコンピュータ作業には公務性があり、量的にも過重だったと認定したのである。

大野芳温の過労死認定を求める妻、昭子の闘いも容易ではなかった。高教組の協力があったとはいえ、ステップ(1)では八五年一〇月、公務災害が認められなかった。大野は同僚にくらべて仕事が多かったわけではない、英語科の仕事も分担による遂行であり、生徒指導のための家庭訪問の回数や所要時間もこれを裏付ける客観的な証拠がない、治療すべき基礎疾患(脳動静脈奇形)の重大性に気づかずに(換言すれば公務に起因するとはいえない)脳幹出血で死亡した者に、「租税を原資とする地方公共団体の負担金から出損される補償基金」は使えないというのである(前掲資料、被控訴人の主張)。そして九年後、行政訴訟の一審も、すぐれて「平均人基準説」——いうならば同僚は元気で働いているではないかという立論——に立つ被告側の見解を支持している。しかしながら、その控訴審において、東京高裁(裁判長・今井功)は、一九九七年一〇月一四日、大野の業務を細かく分析してその労苦を跡づけ、一審判決を破棄した。判決の末尾には「責任感のつよい大野の性格から頭痛を押して授業を行ったことを責めることはできない」という文章が読める。高教組に支えられた大野昭子一三年余の告発は、こうして報われたのだった。

けれども、尾張旭市の岡林正孝の死は結局、公務上の災害とは認められなかった。妻、里美の公務災害申請は、不支給処分(七九年一二月)、審査請求棄却(八一年一一月)、再審査請求棄却(八二年一二月)の憂き目にあった。ここでも行政側は、平均人基準説、「暦年の仕事の容易性」論に立ち、修学旅行付き添い、ポートボールの指導と審判、通常の教育労働などの公務と、特発性脳内出血との因果関係を否定した。また、「子どもの本について語る会」は任意的な活動であり、そのための作業は公務とはいえない個人的な行動にすぎないと断じている。行政側によれば、死因は脳内出血の適切な処置ののち突然起こった吐物誤嚥であった。

だが、これらの棄却のあとに続いた行政訴訟の一審では、名古屋地裁は八九年一二月二二日、岡林里美に勝利判決を贈る。裁判長清水信之らは、教員に超過勤務手当を支給しないのは、その仕事では狭義の職務と自主的な判断に委ねられる広義の研究・修養とを截然《せつぜん》と分かちがたいからにほかならない、それゆえ、後者の負担もまた公務起因性を判断する際の要因として検討すべきであると述べている。問題を感じとる感性の光る判決ということができる。

里美のよろこびはしかし経過的なものにすぎなかった。控訴審では逆転敗訴し、上告を受けた最高裁(裁判長・千種秀夫)は九六年三月、これを名古屋高裁に差し戻す。そして二年後の差戻審での名古屋高裁(裁判長・水野祐一)一九九八年三月三一日の判決は、控訴審と同じく、行政側を勝訴としたのである。岡林里美の長い闘いの結果は敗北であった。だが、三〇代から五〇代にかけてほぼ二〇年の間、夫の死の意味を問い続けた女教師、岡林里美の努力は、教師という仕事の日常にどのような労働問題が潜むかをあらためて私たちに顧みさせる。

＊以上、中野ケースでは『妻たちの手記』、『毎日新聞』前掲号、大野ケースでは前掲の東京高裁判決、岡林ケースでは前掲の名古屋地裁判決と野呂汎論文のほか、最高裁判決(平成八年三月五日集民一七八号、ＩＮ情報)、地公災基金愛知県支部長(瑞鳳小学校教員)事件、名古屋高裁一九九八年三月三一日判決(過労死行政訴訟 被災者側勝訴判例六九号の差戻審、ＩＮ情報)参照

過労死告発のゆくえ(2)

では、名古屋市の柏木恒雄の過労死はどのように報われただろうか。

この場合にも、信じがたいことながら、八五年五月から八七年九月にかけて、地公災基金愛知県支部長、同支部審査会、同審査会はいずれも妻、たゑ子の訴えをはねつけている。柏木の業務は過重であったとはいえず、その死は公務との間に相当因果関係のない、「要精検」であったのに再検査を受けなかった既往症としての心筋梗塞の再発によるものと解釈したのである。コレステロールや血糖値の高さ、日二〇〜四〇本の喫煙、前夜の麻雀(それがどうしたというのか?)なども発症の原因に数えられていた。とはいえ、その後の行政訴訟では、なんといっても、心身の疲弊をもたらす生徒指導の並外れた負担の立証が被告側の主張の疑わしさを判事たちに確信させたのだ。こうして名古屋地裁(裁判長・福田皓一)での一九九六年五月八日判決、控訴審での名古屋高裁(裁判長・笹本淳子)の一九九八年一〇月八日判決は、いず

れも行政側の公務外認定処分を違法として取り消したのである。実に一五年を要したとはいえ、この高裁判決で確定であった。

この経過では柏木周辺の人びとの惜しみない協力もあった。同僚たちは公務災害認定の申立てを支持して、柏木と自分たちのメモや手帳の整理、二年生の全生徒や保護者へのききとり調査、警察への照会などにつとめた。柏木の死の直後の夏休みには、同僚十数人ばかりか、校長、教頭、学年主任、生徒指導担当者も加わって二日間、早朝から深夜まで、それら調査結果を突き合わせて提出書類を作成した。高裁はそうした営みをとくに控訴審判決文に書き加えて原告側の証拠・証言の信憑《しんぴょう》性を確認している。提訴に際してはPTA会長も、生徒指導の方針について柏木と意見を異にした校長も支援の意見書を寄せた。それは「問題行動」の生徒の保護者からも感謝されていた献身的な教育者・柏木が、恵まれるべくして恵まれた協力であったとはいえ、それはまた、教師なかまの間にまだ連帯の気風というものが健在であった時代の学校職場の雰囲気を伝えているように、私には感じられる。

＊以上、前掲の名古屋地裁判決および名古屋高裁判決、中生加八九年を参照

教師の「先駆的」な過労自殺

さて、ここにもうひとつ書き添えたいことは、教師においては、後に述べる現場リーダー層と並んで、八〇年代にすでに先駆的な過労自殺のケースがみられることである。

たとえば一九八四年八月三〇日、北海道旭川市の五〇歳の高校教師、その年の四月から学

級担任と学年主任を務めていた樋口良平(仮名)が自殺を遂げた。特別に編成されたクラスを担当していたこと、家庭訪問などで相当の時間外労働があったこと、保護者からの「内申点水増し要求」への対応を迫られたこと――それらのもたらすつよい精神的負担に耐えられなかったのだ。このケースについては、地公災基金北海道支部審査会が九一年九月一一日、地公災基金北海道支部長の決定を覆して公務災害と認定している。教師の自殺が公務災害と認められたのは、八五年に校内暴力への対応に悩んで自殺した長野県の高校教師に次いで全国で二件目であったという。

とはいえ、その前年、一九八三年二月に命を絶った宮城県釜石《かまいし》市の小学校教師、三〇歳の神尾修(仮名)の場合は、決着が最高裁にまで及んだが、結果は原告、神尾昌子(仮名)の敗訴に終わった。

神尾修は、岩手大学教育学部を卒業して、宮古市の小学校、岩泉町の川口分校を経て、八二年四月から釜石市の平田小学校に勤務していた。平田小学校で神尾ははじめて一年生の担任となり、毎日午後一一時頃までの自宅での授業準備や、家庭環境に恵まれない生徒のケアに追われるようになる。実にさまざまの学校行事も大きな負担であった。それに加え、神尾は秋になってから全校研究会の国語と道徳の授業担当を命じられ、その準備のため自宅での作業も零時から一時までに及ぶようになった。もっとも決定的な負担は、八三年二月四日に予定された釜石市教育委員会指定の継続研究の一環である、道徳の公開授業の担当者に任じられたことであった。

平田小学校の女性校長Uは、釜石市の教育界では有力な教育者であり、彼女が重視する道徳教育は「平田方式」としてよく知られていた。平田方式とは、児童を①規範意識がつよく考え方と行為の一致する子、②建前的で行為が伴わない子、③価値意識が低く、行為が伴いにくい子という三グループに分け、それぞれのグループからの「抽出児」を授業対象として、授業を通じて抽出児の意識がどのように変容するかを観察するという方式である。しかし神尾は、子どもたちの道徳意識の「内発的な成長」を信じており、道徳教育それ自体にも、「抽出」による児童のランキングの要素をふくみもつ平田方式にもつよい違和感を覚えていた。Uは神尾のそうした批判的な立場を察知してか、かねてから神尾の授業中に突然、傍聴に訪れたりしていた。神尾はまた組合活動家であり、社会主義青年同盟のメンバーでもあった。U校長はこのような神尾のスタンスも問題視していたように思われる。組合が二九分ストを予定していた八二年一二月二四日、Uは「教育長の警告」を見せて全員に個別的に(行動を慎むよう)説得を試みたが、神尾には、妻の昌子も市内の小学校教師であることを話題にし、転勤のおそれをほのめかして「自分の立場」をよく考えた態度決定をするよう迫っている。

こうして神尾は、みずからの教育理念や価値観と学校の指導や方針との重い葛藤《かっとう》のなかで、多忙のうちに、公開授業の計画づくり以外のすべてに関心を失っていった。精神的な病いの兆しがみられるようになる。八二年末には五七キロあった体重が五二キロになった。すべての私生活に無関心になり、職場のなかまに対しても次第に心を閉ざすようになった。神尾の言動がアブノーマルな状態になってゆく姿にふれて昌子が病院に行くように勧めても、答えはすべて「公開授業が終わってから」であった。八三年一月末、校長に提出した公開授業の指導案は修正を求められる。その後も神尾はストレスを抱えながら苦しい作業を続けたけれども、ついに一月二四日、自宅を出てゆくえ不明になった。二月六日、山中で縊死《いし》しているのを発見される。「……昌子ごめん、学校に仕事にいささか疲れた。もっと楽しく生きたかった……」という、指導案の用紙の裏に書かれた遺書が残されていた。

八七年八月から九一年一二月にいたる昌子の公務災害認定請求、審査請求、再審査請求はすべて不成功であった。九二年四月に提起された行政訴訟ではしかし、盛岡地裁(裁判長・栗栖勲)は〇一年二月二三日、精神科医、南雲与志郎の克明な『鑑定意見書』を重くみて、神尾の心の葛藤を掬い上げ、その葛藤が鬱病を発症させ、その結果としての希死念慮の発作が自死を招いたとして、公務上認定の判決を下した。だが、行政側は控訴して、〇二年一二月一八日、逆転判決をもぎとる。高裁判決(裁判長・喜多村治雄)の理由は、神尾は軽症鬱病またはなんらかの精神疾患に罹患していたかもしれないとはいえ、神尾の校務がとくに過重であったとはいえず、「葛藤」は客観的に証明されない、それゆえ神尾の死の公務起因性を認めることはできないというものであった。そして二〇〇三年七月一八日、最高裁は高裁判決を支持して上告を棄却したのである。

*樋口事件については、『毎日新聞』一九九一年九月一二日付、神尾事件については、地公災基金岩手県支部長・平田小学校教諭事件、盛岡地裁二〇〇一年二月二三日判決(『労働判例』八一〇号、

二〇〇一年)、同、仙台高裁二〇〇二年一二月一八日判決(『労働判例』八四三号、二〇〇三年)、過労死弁護団全国連絡会議『過労自殺の原因分析――精神科医南雲与志郎鑑定意見書集』(二〇〇六年。以下、『南雲鑑定意見書』)、および同書収録の担当弁護士佐々木良博の「解説」など参照

3節　九〇年代半ば以降における教師の労働環境

教育労働の繁忙と心労

教師という仕事は、児童・生徒の成長にかかわろうとする意欲と情熱に駆動される労働である。すぐれて主体的な志望にもとづいてそこに就く人の比率も、他の職種以上に大きいだろう。そしてたしかに教師は、ゆとりという条件に恵まれれば、日々の労働の過程で生徒や学生が真摯《しんし》な学びによって変わってゆく、その鼓動を聴きとるというよろこびを感じることができる。

しかし一方、保護者および社会一般の教師に対する期待はきわめて高く、子どもや若者のありようすべてがともすれば学校教師の「責任」とみなされがちである。こうした主体的かつ客観的な事情が、真面目で責任感のつよい教師がみずからの守備範囲と感じる、あるいは学校の「評判」を気にする管理者が教師の負担を顧慮せずに命じる、仕事の範囲というものをほとんど無限に広げてゆく。私は少し後に日本の教師の仕事範囲の国際比較的な広範さにふれるけれども、ともあれ、教師は、児童・生徒を学びを通じての成熟に導く、そのやりが

いに賭けて、ときには心身をすりへらして働いてしまうのだ。教師の過労死・過労自殺の大きな背景には、およそこのような仕事の特色がある。その点は、やはり主体的な志望者の多い専門職――医師やナース、ケアワーカーなどと共通するところがあるだろう。こうした教師労働の特徴はそして、すでに述べた厳密な労働時間管理の不在によって制度化され、教師の働きすぎのコントロールを他律的にも自律的にもむつかしくしてきた。ちなみに今では政財界の一部によって「諸悪の根源」とみなされている日教組も、学校を職場、教師を労働者とみる視点に徹することはほとんどなかったように思われる。けれども、たとえば教師の仕事範囲や仕事量を教員組合が規制対象とすることなしには、生徒たちとの十分なコミュニケーションのうえに立つ教育もまた不可能なのである。

八〇年代に続発した教師の過労死は、現時点の報道から類推する限り、おそらく子どもの数が少なくなったこと、〇一年の労災認定基準の緩和によって公務上認定のハードルも低くなったことなどを反映して、少なくなっているように見受けられる。しかしながら、この界隈には、教師の過労死の続発を招いた深刻な事情はなお基本的に存在し、かつ新しい深刻さも重なってきて、教師は今なおもっとも過酷な専門職のひとつであり続けている。

たとえば、日教組の調査報告書(〇六～〇七年時点)を紹介する伊藤正純によれば、初等中等教育での週あたり授業時間数は一八・一、先進国七カ国中では四位で、さして長いわけではない。もっとも別の便利な資料、教師の働きかたに関する『朝日新聞』の特集記事は、文科省が実に四〇年ぶりに実施した「教員勤務実態調査」とＯＥＣＤの教育統計(いずれも〇六年)によって、次のようなイラスト(図5-1)を示している。OECDの国々とくらべると、日本の小・中学校教師は授業時間数こそ短いものの、それ以外の仕事――生徒指導、学校行事、授業準備、成績評価、会議などの負担がきわめて大きく、ほとんど休息なく日に一〇時

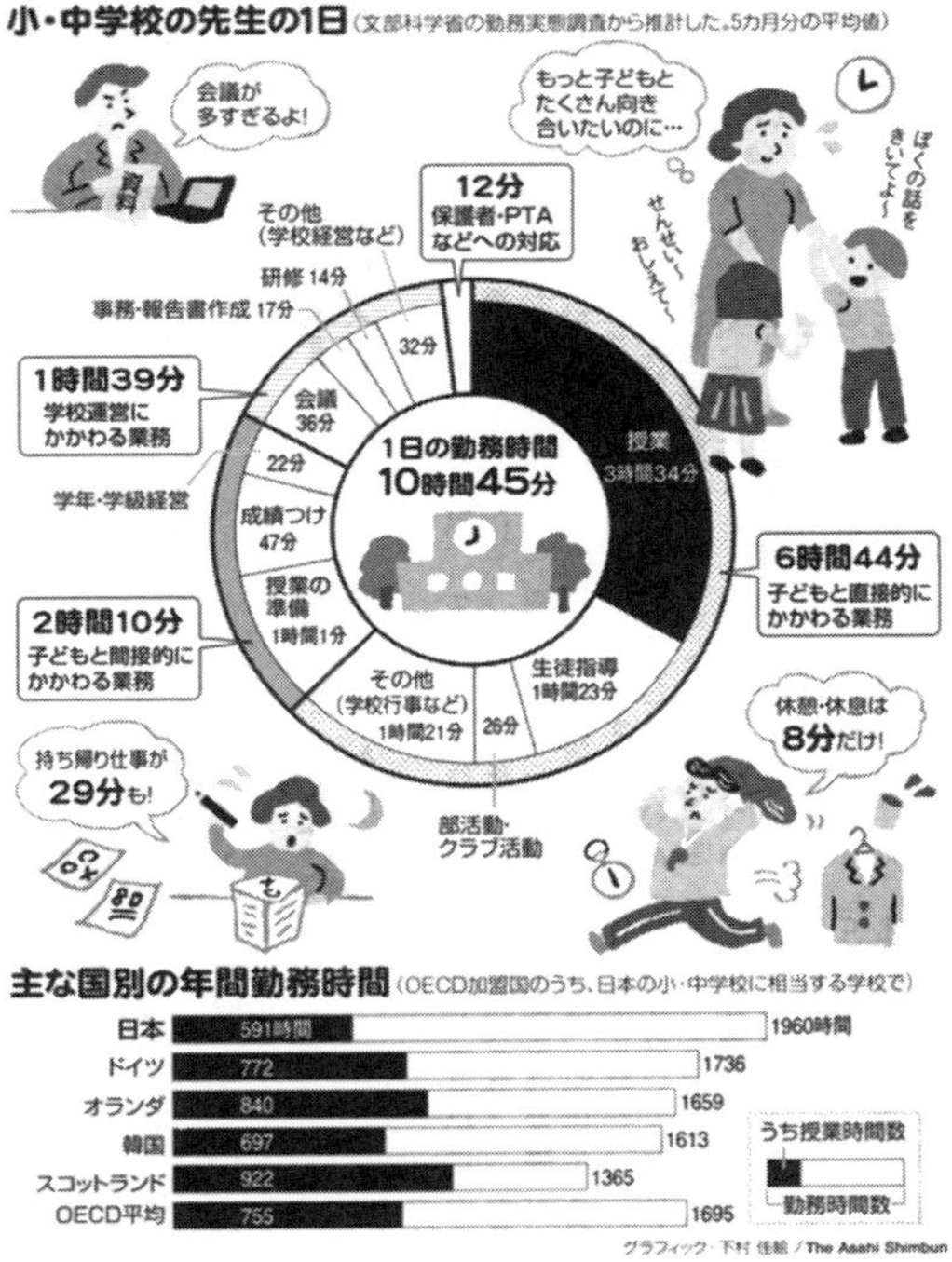

出所：『朝日新聞』2007 年 6 月 3 日付

図 5-1　現在の教師の仕事負担

間四五分、年間では諸外国の群を抜いて一九六〇時間も働いている。推計残業時間は四〇年前にくらべると五倍前後に増えているという。ここでの一日の労働時間は夏休みをのぞく五カ月平均の数値であるが、一方、パソコンを使っての試験問題作成、成績評価、諸活動の資料づくりなどに携わることの多い自宅仕事はおそらくここにふくまれていない。

＊以上、現役の中学校教師、田中芳子「なぜ、学校の先生はこんなにしんどいのか」、および伊藤正純「コメント」(『職場の人権』五一号、二〇〇八年)、『朝日新聞』二〇〇七年六月三日付を参照

「学校問題」の趨勢と変化

教師の繁忙と心労はまた、「学校の荒れ」というタームに総括されるような諸問題に関する、総じて持続的なトレンドにもふかく規定されている。

たとえば柏木恒雄の死の一因であった校内暴力は、文科省の「児童生徒の問題行動等生徒指導上の諸問題に関する調査」によれば、八六年から九六年まで漸増し、新しい推計法(暴力を対教師暴力、生徒間暴力、器物損壊に分類し、かつ小学生をふくむ)によって飛躍的に増えた九七年から二〇〇〇年まで激増して、三万四六〇〇件になった。その後はやや減少するものの、〇四年からはふたたび増加、〇七年現在、中学校を中心に約四万八〇〇〇件を数えている。校内暴力の性格に変化がみられることも注目に値する。河上亮一によれば、かつての校内暴力は主として非行グループの「ヤンキー」に担われた反学校文化のひとつの現れであったが、

九〇年代後半からのそれは総じて、服装や髪形や行動においては一見「ふつうの」生徒個人による突発的でアナーキーな行為として行われることが多くなったという。初期の校内暴力に対処する管理体制が強化された結果、いわば暴力が潜在化したのだ。九八年一月二八日、栃木県黒磯北中学校の英語教師、二六歳の腰塚佳代子が一年男子生徒にバタフライナイフで刺殺された。彼のあまりにいいかげんな授業態度を毅然《きぜん》として注意したためである。それは新しい時代の校内暴力のすさまじい象徴であるとともに、生徒に向き合う姿勢について教師の自信を揺るがせる前例をみない事件であった。

いく人かの子どもの痛ましい自殺を招いた学校のいじめも、教師の重い心労のひとつである。文科省の同じ調査によれば、いじめは八〇年代半ばから九三年にかけては減少、九四年には「学校が事実を確認していないものもふくむ」など定義が緩和されたことの影響で一時はねあがったもののその後〇五年までは減少、しかし〇六年にはまた、「一方的に」「継続的に」といった限定を外す定義変更があって激増するというトレンドである。ともあれ〇六年現在、いじめは小、中、高、特殊学校(現・特別支援学校)、公立・私立あわせて約一二万四九〇〇件にのぼっている。そのほか、三〇日以上の欠席者を定義とするいわゆる「不登校者」が、小、中あわせて九一年から〇一年にかけてほぼ二倍化して約一四万人に増え、その後いくらか減少があったとはいえ、〇七年には約一三万人は存在すること、高校では中退率が、八二年から〇二年にかけて、若干の変動はあれ約二％台にはりついていて、〇六年現在も七万七〇〇〇人にもなることにも注目しよう。高校全入という現象の、それは皮肉な裏面ということができる。

以上の諸問題は、社会階層間格差、その反映としての学校間格差の拡大という大状況を背景としている。もっと直接的には、そこには受験競争、若者就職市場の変化、家庭内・世代間コミュニケーションの希薄化、生徒間人間関係の変化、学校の管理体制の強化など、若者たちの心性のありようにかかわる実にさまざまの要因が複雑に絡み合っているだろう。率直に言って、それぞれの問題の原因を説得的に解きほぐす能力を私は欠く。また、授業の割当てと生徒指導という通常の責務を超える「問題行動」への教師個々人のコミットは深浅さまざまであろう。だが、社会全体のありようを反映する「教育の荒廃」が、総じて教師をいっそう心身の疲労に追い込んでいることだけはたしかである。

＊以上、文部科学省「平成一九年度 児童生徒の問題行動等生徒指導上の諸問題に関する調査」(文科省ホームページ、ＩＮ情報)、同調査の結果を図表化する清水一彦ほか編著『最新教育データブック第一二版』(時事通信社、二〇〇八年)、二〇〇七年度の数値については『朝日新聞』二〇〇七年一一月一六日付、二〇〇八年一一月二一日付、ほか河上亮一『学校崩壊』(草思社、一九九九年)など参照

教師の孤立化とストレス

現在の教師の心身の疲労は、最後には、教師が学校内外でかかわるさまざまの人間関係の疎遠化によってつよめられている。この疎遠化は、ことの性質上「画期」というものを確定

しがたいとはいえ、九〇年代、二〇〇〇年代と時代を追うごとに明瞭になったように思われる。もともと職場においては自己の感情の管理を求められるという意味で「感情労働」でもあった教師の仕事の心労を、それは著しく重くしている。

たとえば、多くの教師はいま、思春期の生徒たちにときに言いしれぬ「わけのわからなさ」を感じるようにもなったという。中学校教師の田中芳子は、生徒が教師に平然と「くそ、ぼけ、かす」とか「お前、死ね」とか言い放ってはばからないようすを報告し、ヴェテランにもなればこれも生徒のあいさつみたいなものと受けとめうるかもしれないけれど、新任の教師などは傷ついて、「僕、毎日、人権侵害されています」と訴えもすると続けている。なぜそうなったのかについてここでも私は十分な説明ができない。けれども、九〇年七月六日、兵庫県立神戸高塚高校で始業時間まぎわに学校に駆けつけた女生徒が教師の一方的な閉門によって命を奪われた事件、いわゆる校門圧死事件に象徴される、生徒をひたすら時間遵守に追い立てる「生活指導」が教師と生徒を遠く隔てさせた一因となったということはできないだろうか。ともあれ、今や少なからぬ教室において、世代も異なりなにかと自分たちの言動をチェックする教師は、児童・生徒にとって、心を開くことのない、できればかかわりたくない「うざい」存在なのである。

それに、かつてよりも学歴水準が高まった保護者が教師に批判や苦情を申し立てることも多くなった。そのこと自体はほんらい望ましいことながら、そのなかには「わが子」の厚遇だけに視野が限定された「ねじこむ」類のクレームも少なくない。期待していたような宿題を出さない、受験準備のため通学を一カ月ほど免除してほしい、（学芸会の劇について）わが子はなぜ主役でないのか、（校外学習中のすり傷を消毒したところ）「なぜ医者に連れて行かなかったのか」、任意の検定試験があるので「学校行事の日程を変更してほしい」、家で風呂に入らないので入るように言ってほしい、担任が気に入らないので替えてほしい、欠席数が規定を超えているが進級や卒業を認めてほしい……。教師の罷免《ひめん》要求の署名運動がはじまることさえある。これら、居丈高《いたけだか》ないわゆる「モンスターペアレント」にくりかえし面談・説明する心労は、とくに若い女教師にとってとても重いものだ。「日本の教育を考える10人委員会」の公立小中学校教師に対するネット調査（二〇〇八年）によれば、教師が「負担を感じている問題」のトップは「保護者の過度の要求」（五〇％）であった。ちなみにこれに次ぐものは「給食費の滞納」三八％、不登校三一％、「学校裏サイトなどの利用」と「いじめ」各二三％である。

このような心労も、問題が教師なかまの間で共有されれば大いに軽減されるだろう。しかし、その共有が時期を追うごとに難しくなっているという仮説を私はもつ。すべての教師が自分の仕事のためいっそう多忙になり、とくに若い教師が痛感する学級経営上、生徒指導上のしんどさを同僚の教師が共有し、助言し、解決に協力するという体制が崩れつつあるかにみえる。それをもたらした最大の要因はおそらく、全般的な多忙化のうえに、「世論」に応えてという名目で、国―教育委員会―校長などの管理職を縦貫する教員管理体制が強化されたことである。職員会議が討議よりは命令通達システムになっていること、教師への査定がつよめられていることなどはその現れにほかならない。教員個人がさいなまれるストレスをまず教師間で共有することに大きな可能性をもつ教員組合運動の衰退は、この管理体制強化の原因でもあり結果でもある。五八年には八六%であった日教組の組織率は、〇七年には二八%になった。一方、どの組合にも組織されない教師は同じ期間、五・七%から五五%に激増したのである。

教師はいま一人ひとり孤立して、まさに社会全体の問題が鋭く反映されたものとしての学級経営上、生徒指導上の難問に対処することを迫られている。たとえば、査定の強化は、クラス内に起こった校内暴力、いじめ、不登校、モンスターペアレントなどの問題を学校全体が協力して対処すべきこととして公にすることを教師にためらわせるだろう。公にすること自体が担任である自分の評価にかかわるからだ。担任の教師はこうして「不祥事」を「自己責任」として苦闘を続ける。ここから生じる当然の結果は、一方では、近年のすべての調査が示すこと、ほぼ半数の教師が意欲をもってはじめたこの仕事を辞めたいと思ったことがあるという事実であり、他方では、鬱病などメンタルクライシスの激増であった。表5−1「教員の精神性疾患による病気休職者の推移」を掲げる。九五年から〇六年にかけて、教師の過労状態をありありと示す病気休職者は二倍以上に、〇・二八%から〇・八三%に増えている。しかしそれとともに衝撃的なことは、そのうち病休者中の精神疾患休職者が三四%から六一%に激増していることにほかならない。

過度のストレスのもたらす鬱病、そのゆくてには樋口良平や神尾修に先駆をみる過労自殺

表 5-1　教員の精神性疾患による病気休職者の推移(1995-2006 年度)

年度	在職者数(A)	病気休職者数(B)	うち精神性疾患による休職者数(C)	在職者比		
				(B)／(A)	(C)／(A)	(C)／(B)
1995	971027	3644	1240	0.38	0.13	34.0
1996	964365	3791	1385	0.39	0.14	36.5
1997	958061	4171	1609	0.44	0.17	38.6
1998	948350	4376	1715	0.46	0.18	39.2
1999	939369	4470	1924	0.48	0.20	43.0
2000	930220	4922	2262	0.53	0.24	46.0
2001	927035	5200	2503	0.56	0.27	48.1
2002	925938	5303	2687	0.57	0.29	50.7
2003	925007	6017	3194	0.65	0.35	53.1
2004	921600	6308	3559	0.68	0.39	56.4
2005	919154	7017	4178	0.76	0.45	59.5
2006	917011	7655	4675	0.83	0.51	61.1

出所：清水一彦ほか編著『最新教育データブック　第 12 版』(時事通信社，2008 年)，196 頁．原資料は文科省調査

注：「在職者数」は，当該年度の「学校基本調査報告書」における公立の小学校，中学校，高等学校，中等教育学校および特別支援学校の校長，教頭，教諭，助教諭，養護教諭，栄養教諭，講師，実習助手および寄宿舎指導員(本務者)の合計

がある。大阪府堺市では、九八年一〇月に、中学二年生の学級担任であった五一歳の女教師、田村友子が、みずからも被害を受けた校内暴力の頻発に、同僚や上司から励まし以上のサポートを受けないまま苦しみ、自殺した。夫の和夫は、公務災害申請の審査請求、再審査請求を棄却された後、〇八年に行政訴訟を提起している。また二〇〇六年六月一日には、東京都内の小学校で二年生の単級学級(学年にクラスひとつ)の担任と生徒指導を兼ねていた二三歳の女性教員、森川尚美(仮名)が、自殺を遂げた。地公災基金東京都支部長への公務災害申請に際して遺

族代理人が行った記者会見の資料によれば、森川は、授業、校務、障害児のケアや生徒のけんかの処理をふくむ生徒指導などによる月一〇〇時間を超える残業、新任教員へのサポート体制の不在、そして詰問に近い調子で頻繁に突きつけられる「保護者の過度の要求」に悩みぬいて、抑鬱状態に追い込まれ、その果てに死を選んだものである。しかし地公災基金東京都支部は〇八年九月五日、遺族の公務災害申請に不支給処分を下している。審査請求や提訴が引き続くだろうことはいうまでもない。

教師はいま、頻発するメンタルクライシスの果ての過労自殺がさして異常なできごとではない地点に立っている。教師たちのこのような心身の疲弊を視野に入れないままの教育問題の議論は、まことに虚妄《きょもう》というほかはない。

＊以上、「感情労働」については渋谷望『魂の労働――ネオリベラリズムの権力論』(青土社、二〇〇三年)、生徒の言動に関しては田中芳子(『職場の人権』前掲号)、モンスターペアレントの苦情例は『朝日新聞』二〇〇五年六月二六日付(署名・氏岡真弓)、教師の負担に関する調査では同紙二〇〇八年一一月一六日付、田村友子事件については、同紙二〇〇八年一〇月八日付、森川尚美事件については、川人博／山下敏雄「記者会見配付資料　新任教諭自殺死公務上災害申請事件について」(冊子)(二〇〇六年一〇月二四日)、および『毎日新聞』二〇〇八年一二月二六日付を参照。ちなみに教師の労働、健康、意識などの状況についての近年の報道は枚挙にいとまがない

六章　管理職と現場リーダーの責任

1節　埋もれる管理職の死

扶桑化学の若き工場長

主として脳・心臓にかかわる疾患のもたらした過労死の事例を扱ってきたこれまでの諸章の最後に、広義の管理職および労働現場の第一線リーダーとして業務を担った人びとの死の軌跡をみつめてみよう。数多い事例を、工場長、部長、課長など、企業が法規上は労働時間の管理をまぬかれる「管理職」と、作業長、班長、主任など、しばしば企業によって「管理職」のようにみなされるとはいえ、明らかに「労働者」に属するチームリーダーに分けて紹介を試みる。

前者については、労働時間の実態の把握がむつかしいこともあって、もっとも労災認定の門が狭く、法的提訴もほとんどなく、したがってあまり広く知られなかった事例が多い。しかし、くりかえし用いてきた『妻たちの手記』では、この層は実は「過労死元年」の前後、トラック労働者や教師と並ぶ、もっともまとまった過労死のグループにほかならなかった。

裁判資料は利用できず、たとえば認定された労働時間の数値などはなお曖昧ではあれ、この手記のうち仕事の性格がおそらく一般性をもち、その労働実態が具体的に伝えられていると思われるものを選んで、彼らの受難の一端を調べてみる。

たとえば、一九八七年二月、当時、自動車の照明器具のゴムパッキングやダスキンのゴムマットを製造する会社であった扶桑化学の工場長、木下春男(仮名)が、三五歳の若さにしてくも膜下出血のため死亡した。

東京採用の木下は八二年、新設の名古屋工場の営業管理部長として、春日井《かすがい》市に赴任している。当時の工場長は社長の義理の兄である。木下は働きはじめてほどなく、社長の姉と知り合いの娘、きよみ(筆名)と婚約したが、日曜日も休めないあまりの激務のため、きよみに早くも辞意をもらし、「社長に仲人をしてもらうのに、そんな(不義理な)ことはできないだろう」ときよみの父にたしなめられている。八五年一月の結婚式も、その前に行くことになった新婚旅行も、日程はすべて会社の都合で社長が決めた。シンガポールへの新婚旅行は正月休みにかけてでなければ無理と言われ、木下は一二月二六日の零時すぎまで残業したあと飛行機に飛び乗ったものだ。それからの繁忙は常軌を逸している。新婚の彼は、五月の連休もお盆休みもまったくとれず、日曜も祝日も出勤し、帰宅は毎日、午前三時か四時であった。商品不良の発生や無理な注文引き受けもあって、夏には徹夜の連続だった。工場の操業も近所から苦情が出るほど長かった。不良品が出れば、刈谷、浜松、鈴鹿、静岡など取引先の工場に車で赴きもし、とんぼ返りしてはまた働いた。

そんな生活のなか、高校時代はバスケットの選手であり、身長一八〇センチ、体重六三キロ、健康このうえなかった木下はみるみる体調を崩してゆく。体重は五六・五キロに減った。また過労死の記録によくみられることだが、仕事のため診療予約のキャンセルが続いて歯をひどく痛めた。毎日、胃薬と疲労回復剤の服用が欠かせなかった。それなのに木下は、いっそう責任の重い工場長に任命され、いよいよ体調を崩していった。会社で倒れ、意識不明のまま六日後に死が訪れる。それは若くして前近代的な企業の管理職に抜擢《ばってき》され、個人的にも社長とのがんじがらめの関係におかれ、とめどなくこき使われて斃れた「会社人間」の死であった。

一歳二カ月の子とともに残されたきよみの、おそらくは周囲の反対をはねかえしての労災申請に対して、社長はひどく腹を立て、手続きの協力をいっさい拒んだ。社内には箝口令が敷かれ、それまで同情的だった従業員もすべて前言をひるがえした。労災申請も審査請求も、決定は「業務外」であった。発病前一週間にとくに過重労働が行われたわけではないという理由である。しかし最後の再審査請求ではついに、労働保険審査会は木下の死を労災と認定している。

＊以上、『妻たちの手記』参照。弁護士からのききとりによって補足

食肉販売会社の営業部長

加藤邦夫(仮名)の職場は、横浜の中小企業、食肉販売会社「M社」であった。三四歳で営業課長になって以来はとくに繁忙で、ふだんの仕事は七時から一九時までの一二時間は続いた。そのうえ、得意先の接待や会議があって、記録されない膨大な残業もあった。主な作業内容は、営業と配達を兼ねたルートセールスである。毎日、一、二トンの肉を運び、得意先を新規開拓するとともに、部下を統括する。責任感がつよく、人一倍仕事を背負い込む性格でもあった。長年にわたって日曜と祝日以外に休みはなく、冠婚葬祭以外には有休休暇も無縁だった。週三回は「午前様」の帰宅となる。「私の結婚生活は夫の帰宅を待つだけの毎日」、ここ三年間は日帰り旅行すらしたこともなかったと、病院に勤務する妻の美知子(筆名)はふりかえる。長年の蓄積疲労に重なって過労死の直接の引き金になったのは、販売士の資格をとれという会社の命令であった。加藤はしきりに疲労を訴えながらも、繁忙の合間を縫って講習を受け、最後の三日前には休日にもかかわらずすさまじい試験勉強をした。ここからサラリーマンとしての体験の一般性を透視するならば、この当時から、中核従業員には、「能力」の指標としてさまざまの資格取得を企業から要請され、その講習や準備が働きすぎを駆る一因にもなっていたことが想起されよう。加藤の場合、試験勉強の負担は悲劇的であった。加藤は、試験が終わった翌日、外勤をすませたあと机に倒れ込み、みずから救急車を依頼して妻の務める病院に運ばれた。その五日後、一九八八年一〇月一八日夜、美知子と息子にむなしくよびかけられながら「結婚してからずっと、ただ働くばかり」だった加藤邦夫は死亡する。享年四七歳、小脳出血であった。

加藤美知子の八八年一二月の労災申請に対して、横浜西労基署の係官は事情聴取の際、「過労死なんて言葉は、あんたたちが勝手に作った言葉だから」と言い放ったという。美知子は「家族の会」や弁護士の協力を得て、会社への事情聴取などを通じ、長年にわたって長時間勤務を余儀なくされた夫の仕事量や、資格取得のための懸命の試験勉強が与えた心身の負担などを確認させている。しかし弁護士川人博の情報によれば、結局、この労災申請は労働保険審査会での再審査請求棄却に終わった。

加藤邦夫と同種の体験は、D食品会社の静岡営業所長、柴田謙(仮名)の場合にもみることができる。柴田の仕事は、デパート、レストラン、チェーン店などに会社の食品を納める営業取引、その新規開拓、接待、クレーム処理、欠品の即時補充……など広範である。週二日ほどは二一〜二二時に帰宅、四日ほどは昼頃出社して午前一時に帰宅という毎日だった。取引先は日曜開店でもあり、柴田の休日も月二、三日しかなかった。正月も二日から働く。疲労が昂《こう》じて、一九八九年五月二五日、心筋梗塞で死亡。五〇歳であった。勤続一〇年強とはいえ退職金はわずか八〇万円。妻の早苗(筆名)は労災申請を試みたけれども、営業所にはタイムカードも労働時間の記録もなく、協力を依頼しても「会社の人は薄笑いを浮かべるだけ」だった。その労災申請のゆくえに関する情報を私はもたない。

＊加藤と柴田のケースについては『妻たちの手記』参照

広告代理店の制作部副部長

一九八〇年代は、広告という業務がサービス経済化の一環として急速に拡大した時代であり、またその後半にはバブル期の不動産取引もブームを迎えていた。東京都内の広告代理店「創芸」の制作部副部長として不動産広告の制作を担当していた八木俊亜の死は、その二つが結びあう地点での過労死であった。

四三歳の八木は、わずかのスタッフを統括しながら、みずからも早朝出勤、帰宅はいつも二三〜零時になるほどの残業、現地調査のための休日出勤、ワープロによる企画書作成のための自宅作業……といった繁忙の日々を送っていた。タイムレコーダーも、超勤手当もなかった。管理職はもとより、そもそも創芸では平社員にさえ残業手当がなかったのだ。しかし労災申請に際して遺族と弁護士によって作成された資料によれば、八七年一月二六日から死の前日、二月四日までの八木の労働時間は、顧客のところから「直帰」する一日をのぞく九日平均で少なくとも一〇時間半、残業時間の平均は約四時間に及んでいた。

広告制作は顧客からのクレームの多い、細かい配慮を求められるストレスに満ちた仕事だ。それればかりか基本給がまた、一〇万円ほどというきわめて低い水準であった。労働組合もない。要するに創芸は、今でも「ニューインダストリー」の一角にしばしば見受けられる、労働者の権利や労使関係の慣行をまともに考えたことのない「やくざな」企業のひとつであった。八木は部下の残業や過労への不満も受けとめて、会社に対して、ときに激しい口論をふくむ人員増の要求を突きつけている。しかし会社は聞く耳をもたなかった。「現代の無数のサラリーマンたちは、あらゆる意味で、奴隷的である。金に買われている。時間で縛られている。上司に逆らえない。賃金も一方的に決められる……」。八木はそんな手記を残している。

八木俊亜は一九八七年二月五日深夜、急性心筋梗塞で斃れた。退職金は一一九万円であった。中学三年生の長女、小学五年と二年の男の子二人とともに残された妻、光恵は、もちろん労災保険の給付を申請している。会社の対応はここでも、同僚からのヒアリングを妨害するほどに非協力であった。そして中央労基署長は九〇年三月三一日、不支給処分を下す。理由は、把握される発症一週間前の残業が二五時間(!)程度では過重業務とはいえない、自宅での仕事時間が妻の証言だけでは認定できない、長年の蓄積疲労は現在の認定基準にあてはまらない——であった。一章で紹介した暗黙の「認定マニュアル」がここに濃い影を落としている。

＊以上、川人九〇年、『妻たちの手記』、『東京新聞』一九九〇年四月三日付など参照

三井物産課長の石井淳

以上のように、管理職の過労死は、その労働時間が確定されないことが労災認定をきわめてむつかしくしている。その点では、三井物産の課長、石井淳の場合は、仕事の過重性の指標が、日数によってその程度を確定しやすい海外出張であったことが、まだしも幸せであった。

四七歳の石井淳は、三井物産の対ソ連貿易を中心的に担う商社マンであった。ロシア語に堪能《たんのう》で工学的な知識もあった石井の勤務について特筆すべきことは、その勤続の一七年の間、一年のうち三分の一前後は海外出張や国内出張だったことだ。主な出張先はソ連。その地では狭義の営業取引だけではなく、ロシア語の話せないメーカーからの出張社員の生活全般にわたるケアから休日のつきあいまで、一人でこなすのがつねだった。出張社員はロシアの食事になじまないこともあって、石井のモスクワでの滞在先のキッチンは、彼らの食事が用意される場所でもあったという。海外から帰国するとすぐ福島や鳥取への出張に出かけたりもした。そしてソ連からの顧客がビジネスで日本を訪れるときには、営業交渉ばかりでなく、一日中付き添って通訳し、観光旅行の案内もする。死亡前の一年間にいたっては、ソ連出張は一〇回、延べ一一五日に及んでいた。

一九九〇年七月一五日、石井は出張していた名古屋のホテルのシャワー室で倒れ、死亡した。急性心不全であった。石井は少し前から、あまりの出張の頻繁さに生活リズムを狂わされて睡眠不足も重なり、体調不良で疲労を訴えていた。死の三日前には電話で妻の幸子に「もう、めちゃくちゃだよ」と語っていたという。名古屋では、ただ一人ロシア語の話せる石井は、朝から深夜まで、ロシア人四人とたくさんのメーカー社員の間をとりもち、接待していたのである。

悲しみに打ちのめされた幸子はその後の半年、情緒不安定に陥っていたけれど、「過労死110番」のダイヤルを回し、九〇年一一月には労災を申請する。マンションの知己や子ども通じての幸子の友人たちも、石井の労災認定のために署名を集め、会社や労基署への要請に同行するなどの協力を惜しまなかった。それに三井物産は、著名な大企業としての品格を示した。会社はとりあえず労災に準じた会社規定の弔慰金三〇〇〇万円を支払い、労働時間や出張内容などを証明する書類を提出して労災申請に協力した。また取引先からの証言をとるために幸子と弁護団が訪ソするに際しても尽力している。

こうして申請から一年八カ月後の一九九二年七月一四日、中央労基署は石井の死を業務上の労災と認定した。死亡前一週間の休日はゼロ、名古屋では睡眠以外のすべての時間が実労働時間だったこと、そしてかねてからの出張の異常な頻繁さなどを、ほぼ原告の主張どおり認めた結果である。これは大手商社の営業マンでははじめての過労死の労災認定であった。

ちなみに石井の死から一一年を経た二〇〇一年一〇月四日、長野県塩尻市のセイコーエプソン広丘事業所に勤務していた四一歳の犬飼俊彦が、出張先の東京のホテルでくも膜下出血のため死亡している。海外生産拠点の技能認定を担当する犬飼は、発症前一〇カ月半の間に、フィリピン、アメリカ、チリ、中国など計一八三日の海外出張をくりかえし、さらに二〇日間のインドネシア滞在を終えた三日後、今度は東京に出張して、過労がきわまり倒れたものである。労災不支給処分後に提起された行政訴訟の一審は、妻、洋子の敗訴であった。しかし控訴審では東京高裁(裁判長・青柳馨)が、労働時間が数的に確定されないことにこだわらず、頻繁な出張の精神的、生活環境的な負担の過重性を重くみて、洋子に逆転勝訴の判決を贈っている。夫の死の約六年七カ月後、二〇〇八年五月二二日のことであった。

九〇年代以降の日本企業のビヘイビアを特徴づける生産拠点のまさにグローバルな展開が、おそらくはぎりぎりの要員配置のためであろう、一人の技術指導エンジニアにこれほどの負担を強いていたことに驚くほかはない。また、三井物産の石井淳のようなタイプの労苦が、この時点にしてなお、それほど容易には労災を認定させる要因になっていなかったことにも驚かされる。

＊以上、石井ケースについては『妻たちの手記』、『日本経済新聞』一九九二年七月一二日付、およびいくつかのＩＮ情報を、犬飼ケースについては『信濃毎日新聞』と『朝日新聞』、いずれも二〇〇八年五月二三日付を参照

2節　労働現場のチームリーダーたち

カルビーの要田和彦(1)――その職務責任

では次に、企業の要請を担い、労働現場の第一線で部下を指揮・統括しながらプラント稼働の責任を果たすチームリーダーたちの苦闘をみる。この人びとはもとより法規上は「労働者」にほかならない。しかし企業はしばしば、彼らをあたかも「管理職」のようにみなして労働時間管理を曖昧にし、彼らが「強制された自発性」に従って働きすぎ、心身を消耗させることを黙認してきた。ここでは、「大阪過労死１１０番」の弁護士たちが力をつくして告発を社会的に浮上させた、八〇年代末のふたつの代表例を紹介しよう。ことの成り行き上、

裁判資料は利用できないけれども、弁護士たちとの密接な協力の下に容易には得難い企業内部の資料を駆使して問題を克明に分析する、森岡孝二の著作がその欠落を補ってあまりある。

一九八八年四月一〇日、「やめられない、とまらない」かっぱえびせんやポテトチップスで有名なスナック食品メーカーの雄、カルビー(株)の各務原《かかみがはら》工場で、包装部門の主担(作業長相当)要田和彦が、三四歳にして心筋梗塞のため命を失った。

要田は、七六年に福岡工業大学を卒業してカルビーに入社、広島本社での研修後、宇都宮、千歳、下妻などの工場への配属を経て、八三年一〇月、操業まもない各務原工場に包装部門の班長として就任している。社内資格では八五年に主担Ⅱ、八七年には主担Ⅰに昇格。職務は、ライン作業のポテトチップスの計量、パック、封緘《ふうかん》をふくむ包装B班の主担、すなわちふつう「職長」と訳される「フォアマン」であった。

その職務分担は広範にわたる。会社のマニュアルにより大別して列挙すれば、①作業の指導・配分・指示・応援手配、②新人教育、③残業・休日出勤の指示、勤務表チェック、有給休暇の承認、昇給・昇格・賞与の査定への関与などに及ぶ人事管理、④クレーム処理、⑤上司への実にさまざまの事項に関する報告と起案、部下への連絡などをふくむ「上と下の調整」が数えられる。そのうえ、専門技術者で現場管理者であった要田には、QC活動の指導、設備のメンテナンスと修理、工程の技術的改良、応援作業などの責務が重なってくる。カルビーは、六〇年代半ばからの日本企業の代表的なビヘイビアであった全社的QCサークル活動の熱心な推進者であった。要田も部下とともにこの運動を担い、八四年の社内全国大会では彼と他の一名を代表者とするサークルが「発表賞」を、翌年にはポテトチップス用アルミ包装の改善で「社長賞」を受賞している。要田は、評価の高いすぐれた技術者であり、昇格も順調であった。

私はかつて、多くの事例に即してこのQC活動の光と影を考察したことがある(熊沢九三年a)。一般論としては、このQCサークル活動では、労働者の「やりがい」の向上に偽りなく資するような改善テーマについて、建前どおり「現場の自発的な創意を汲む」営みが展開される可能性もないわけではない。しかしながら、QC活動も現実には、一方では企業がついに手放すことのできない「本音」としての工数削減の要請によって、その「建前」がないがしろにされてゆくこともきわめて多いようである。とくに大量生産を前提としながら、不良品を出さない、需要の変動に即応するということが絶対の要請とされたカルビーでは、「自主性を尊重する」活動もひっきょう、労働者の作業から一切の無駄を排除するテイラー主義的な作業管理、その発展形態であるIE(インダストリアル・エンジニアリング)手法に蚕食されていった。八六年、カルビーの各工場に導入された「PACシステム」は、決められた製造方式と作業方法のもと、時間・動作分析によって「標準作業時間」を設定し、その遵守の程度を労働者の作業パフォーマンスに対する評価と、さらなる改善の基準とする技法であった。そうした評価と改善指導はひとえにフォアマンに課せられる。要田をふくむ各部門の責任者には、たとえば「カード貼り機の操作方法」の改善指導などの課題が与えられ、週一回の実績検討会議で達成度が点検されるのである。

根っからの技術者であった要田は、もともと査定など人事管理が苦手だった。要田は死の二週間ほど前、部下のボーナス査定をしながら、「……機械を直せと言われるなら長時間でもするが、人の管理は五分でも辛い。皆に良い点をつけたいが枠が決まっている」とつぶやき、「機械でさえ調子の良い日、悪い日があるのに、どうして人間を数字で比べられるのか、人間的ではない、性格に合わない」と語っていた。妻の志信は手記や労災申請の陳述書のなかでそう記している。

八六年九月、各務原工場の人員は男性二四名、女性七〇名。包装ライン五〇名のうち四二名はパートタイマーを中心とする女性であった。作業経験者は少なく、欠勤率や退職率は高かった。要田はこれらの若者や女性パートタイマーに標準作業時間を守らせる指導のむつかしさにも悩んでいた。こうした労働力構成こそは企業がＩＥ技法の実施に固執する要因のひとつであったけれども、その実践の責任者の役割を不可避的に担わされていた要田は、彼の同僚によれば、ＩＥに「常々反対であった」。ＩＥは人間を機械のように扱って「数字で比べ」て評価するゆえ、「労働強化になりかねない」からである。「死の直前にもＩＥ反対のレポートを出した」という。要田は精鋭ではあったが、心からの「会社人間」ではなかったのだ。それだけに、さなきだに職務範囲が広範なうえに性格的に考え方のなじめない作業管理・人事管理をふくむ重責を果たさねばならないところからくる精神的ストレスは、きわめて重かったように思われる。

カルビーの要田和彦(2)──その長時間労働

では、労働時間についてはどうか。要田は八五年夏頃について、Ⅰ直(第一シフト)では二時四〇分に起床して一六時〜一七時の帰宅、Ⅱ直(第二シフト)では正午の出勤で零時すぎの帰宅という生活をふりかえって、「上司から多くの課題を受けて……家に仕事を持ち帰ってもなかなかノルマを達成できるまでにいた」らない、志信とふたりの大切な「ボアーとした時間」をもてない、いっそ退職して広島に帰り再就職したいけれど、それだと収入が三分の二、二分の一にもなって志信にも働いてもらわなければならなくなる……と、つきない悩みを綴る文章を残している。事態は、PAC導入後いっそう悪くなったかにみえる。志信が懸命に調べ、のち労基署がおおむね認定した死亡前三カ月の(A)出勤日数、(B)拘束労働時間、(C)実労働時間は次のようである。

一月──A一七日、B二四六時間、C二二九時間
二月──A二一日、B三〇七時間、C二八六時間
三月──A二三日、B三三六・五時間、C三一三・五時間

この間、平均して一日あたりでは拘束一四・六時間、実働一三・六時間の労働。年に換算すれば拘束三五五八時間、実働三三一四時間にもなる。出勤後は、次々に設備、製品、人事、上下間の連絡にかかわる、先に記した①〜⑤に及ぶ処理事項の連続で、まともに休息もとれなかった。同僚の誰しも認めるところ、要田はいつも、班のなかで誰よりも早く出勤し誰よ

り も遅く退勤した。そのうえ要田には平日一〜一・五時間、休日四〜八時間もの、報告書作成や部下の査定などのための自宅作業や、会社指示の通信教育の自宅学習もあった。

八八年三月末から体調を崩していた要田は、四月八日には心臓の痛みを訴えたけれど、その日も一五時間半の拘束労働、一時間の自宅作業だった。翌九日、ようやく医者に行き、心電図で不整脈と診断される。しかしその日も「休んで！」という志信をふりきって午後から出勤。帰宅は一四時間後だった。この二日間、ポテトチップスの味付け不良の発生、設備トラブル、辞めたいという女性従業員の慰留などがあって休めなかったのだ。そして日曜日の一〇日、予定していた包装博覧会に行くのをやめて、しばらく一歳の子どもをあやして寝室に入る。要田はその後ほどなく心臓発作を起こし、運び込まれた病院で意識を失って絶命した。心筋梗塞であった。

要田志信は、あまりにも大きい心の痛手にみずからも入院するまでになり、しばらくは子どもも抱けない状態だった。しかし半年後、彼女は頭《こうべ》を上げ、大阪過労死弁護団に相談して、労災補償の請求にふみだすにいたる。夫の残した膨大な仕事の資料や手記を調べた。「ノルマ、ノルマと言われ、なかなか帰ることができない。一日が二四時間ではとても足りない」と書かれた手記もあった。同僚からのヒアリングもはじめた。しかし会社は、そして組合もやがて不協力に転じ、資料を求めても「企業秘密」を楯に提供を拒むようになる。周辺には、「いい人だった、でいいじゃないか」とか「テレビの取材に出たから協力したくなくなった」

とか「金が目当てか」などと言い放つ人も現れたという。夫の両親でさえ「申請しても生き返るわけではない。恥をさらすことはない。忘れろ」というほどだった。企業人というものについての日本的な規範の、唾棄《だき》すべき卑俗な側面がここにある。健康管理は個人の責任と言われもした。志信は書く――それは「辛いときに病院に行けるときに言うこと」「有休どころか振替休日さえとれない状態で個人の責任に帰することがあっていいものだろうか。気をつけなかったのではなく、気をつけても気をつけても気をつけきれない仕事量のなかで(夫は)押しつぶされたのだ」。

八九年一一月の労災申請時には、正確な労働時間などの資料はまだ不十分であった。弁護団はしかし、会社に「出入門管理記録」を提出させる、同僚の証言を集めるなどの努力を重ねた。一方、持ち帰り残業や自宅学習時間の量的な実証、ストレスの程度の秤量《しょうりょう》などは難しかった。とはいえ、一九九一年七月二九日には、後に弁護士池田直樹が「薄氷の勝利」とよぶ業務上認定、労災支給が決定する。岐阜労基署は、恒常的な長時間労働の実態のほか、現場の事務作業も相当あったこと、発症直前には不整脈だった要田の発注ミス、ポテトチップスの味付け不良、機械トラブル、要田の要求していた装置の設置提案の却下、クレーム会議での上司の厳しい叱責《しっせき》……などによるつよいストレスに襲われたことなどを重くみたのである。

＊以上、要田ケースについては、森岡孝二『日本経済の選択』(桜井書店、二〇〇〇年)、情理をつくした志信の手記(『妻たちの手記』)、ほかに池田直樹「カルビー製菓要田事件」(大阪過労死問題

連絡会ホームページ、ＩＮ情報)を参照。ＱＣ活動一般については熊沢九三年ａの参照を乞う

椿本精工の平岡悟

もう一つの代表例は、有力なボールベアリングメーカー、椿本精工の奈良県葛城《かつらぎ》工場における平岡悟の過労死である。一九八八年二月二三日のこと、死因は心疾患の急速な増悪による急性心不全。享年四八歳であった。社会的にも注目され海外にも報道されて広く知られるようになったこの事件については、後の損害賠償請求裁判が原告勝利の和解に終わったため、資料にできる判決文はない。しかしこれについても森岡孝二の懇切な分析と、弁護士たちによるくわしい報告を読むことができる。

五九年に故郷の鹿児島を出てある電線会社に就職した平岡は、半年後、「組合のある会社で働きたい」という希望で従業員一二〇人の椿本精工に転じている。それ以来二八年間、平岡は、規模七〇〇人で、彼の死の一カ月後には一部上場の大企業に成長するまでの会社の発展を現場の第一線で支えてきた。晩年の職務はＳ２工場(小径ベアリング用鋼球製造)班長であった。原料のプレスから焼き入れ、研磨、仕上げまでの一連のラインでの工程を監視して、機械の微妙な調整などの製造管理と、三〇名の部下の監督指導に従事する。絶えず「いい玉」をつくり出す責任からくる心労は大きかった。そのうえ「プレイングマネージャー」としての平岡は、欠員や欠勤や残業人数の不足の場合には、班のノルマ達成に必要な人員確保の責任を負っているゆえ、みずから残業、休日出勤、夜勤などを果たすのがつねであった。

そのこともあって、平岡のケースについてなによりも印象的なことはその長時間労働である。会社は当時、一週間交替の昼夜「二直二交替制」、一部上場に向けての二四時間フル稼働であった。すなわち昼勤⇓夜勤、夜勤⇓昼勤というシフト間の各三時間もラインを稼働させるため、一定の人員がシフト終了後も引き継ぎ残業をする慣行であった。平岡班では三〇名中二〇名がこれにあたっていたが、平岡は前述の責任から、しばしば一日に二度の引き継ぎ残業(昼勤＋残業＋夜勤＋残業)さえ行っていた。そのうえこの会社で八七年二月に結ばれた三六協定は、一日あたりの延長可能な労働時間を「男子五時間、女子二時間」としながらも、但し書きで、男子の場合「生産工程の都合、機械の修理、保全等により一五時間以内の時間外労働をさせることがある」と規定していた。なんという会社、なんという労働組合か。残業を規制するはずのこの三六協定のもとでは、二四時間(拘束九時間＋一五時間)働かせることも可能だったのだ。後の裁判で労務部長は、従業員も労組も長時間の残業を望んでいると証言し、みずからそうよんだ「青天井」システムを正当化している。

労務部長の発言に少しでもあたっているところがあるとすれば、それはこの会社の基本給が低いからだった。八八年二月の平岡の基本給は約二五・七万円である。それに対し残業手当は二一・九万円、そこに休日手当一万円、深夜手当七・九万円を加えると三手当の計は約三〇・八万円。その他わずかの諸手当を加えた税込みの総支給額五八・九万円の実に半分以上、五二・三％にもなる。九〇年版『賃金構造基本統計調査』によれば、八八年六月、一〇〇〜九九九人規模企業に勤める四〇代男性の平均所定内給与は約三二万円、残業手当こみの「決まって支給する現金給与額」は三六・一万円、残業手当等の対総額比は一一%ほどであった。椿本精工の例外性は明らかであろう。従業員は、並外れた長時間・不規則勤務をすることによって、きわめて低い基本給を補おうとしていたのである。平岡は、あまりの長時間労働のため退職する部下を慰留できなかったこともあって、会社の今の労働時間の現実は週六六時間であるが、段階的に週四〇時間制を導入しようとする改正労働基準法の下で、八八年四月からは週四八時間を実施したいと望んでいた。八八年一月には、そう記すメモを残している。そこには「労使相互の話し合いで……」の文字もみえる。組合のある会社で働きたかった平岡の、それは当然の期待であったけれど、それだけに悲劇的にも、その期待は無残に裏切られていた。

　タイムカードおよび給与明細書によれば、平岡悟自身の死亡前一三カ月間の労働時間は、**表6-1**のとおりである。拘束労働時間は四〇三八、実労働時間は三六六三、うち所定内労働時間は二二六三、年間実残業時間は一三九九となっている。しかし森岡孝二によれば、給与明細書上の残業時間は一〇一五であって、その差三八四時間はサービス残業にほかならない。ともあれ、その一年余、平岡は週六日、平均一二時間以上、日勤と夜勤が入れ替わる日曜日には一六〜一九時間の拘束労働に従事していた。また一月四日から死亡する二月二三日までの五一日間では、まる一日休んだ休日は一日もなかった。

　几帳面で責任感がつよく、篤実《とくじつ》な働き者であった平岡も、八七年夏には辞意をもらしていたという。疲労が重なり、遅い夕食をとりながら寝てしまうこともあった。ここでもまた、

表 6-1　平岡悟の死亡前 1 年間の労働時間(1987 年 2 月 24 日-88 年 2 月 23 日)(時間：分)

	1987 年 3 月	4 月	5 月	6 月	7 月	8 月	9 月
拘束時間	270:18	280:06	304:25	339:45	336:11	350:34	358:20
実労働時間	247:18	254:06	274:55	309:45	306:11	317:34	321:50
所定内労働時間	160:00	175:30	189:30	208:00	190:30	195:30	186:30
実残業時間	87:18	78:36	85:25	101:45	115:41	122:04	135:20
支払残業時間	58:30	35:00	60:00	61:00	73:00	104:00	91:30
支払労働時間	218:30	210:30	249:30	269:00	263:30	299:30	278:00
出勤日数	23(0)	25(2)	27(5)	30(0)	28(4)	28(10)	29(15)
休日日数	2(2)	6(6)	3(2)	1(1)	2(2)	3(1)	2(2)

	10 月	11 月	12 月	1988 年 1 月	2 月	3 月	計
拘束時間	312:31	364:24	374:35	321:40	382:54	42:56	4038:39
実労働時間	281:01	335:24	342:05	290:10	343:24	39:26	3663:09
所定内労働時間	185:30	208:00	181:00	169:00	198:30	16:00	2263:30
実残業時間	95:31	127:24	161:05	121:10	144:54	23:26	1399:39
支払残業時間	76:00	91:00	123:00	110:00	111:00	21:00	1015:00
支払労働時間	261:30	299:00	304:00	279:00	309:30	37:00	3278:30
出勤日数	25(13)	29(0)	28(9)	24(15)	29(21)	3(1)	328(95)
休日日数	5(3)	2(2)	2(0)	7(6)	1(0)	1(0)	37(27)

出所：森岡孝二『企業中心社会の時間構造』(青木書店，1995 年)，103 頁．原資料は平岡悟のタイムカードおよび給与明細

注 1：月度は 87 年 3 月および 88 年 3 月を除き，前月の 21 日から当月の 20 日までの 1 カ月間

注 2：支払残業時間のうち前月からの繰越しのある月(8, 10, 1 月)については，繰越し分を当月分から引いて前月分に加えた

注 3：出勤日数の(　)内の数字は深夜勤務日数

注 4：休日日数の(　)内の数字はタイムカード上の休日のうち次の勤務まで 24 時間確保された休日

生前も死後も「母子家庭」に変わりはなかった。妻のチエ子も長女の友子も、くりかえし休養をとるように、「収入が減るなら私がパートで働いてもいいから」と訴えたが、平岡は「僕がおらなあかんのや」とか「お前のパート一日分くらい、俺が一時間残業すれば出るやないか」とか言って、取り合わなかった。平岡には冠不全の基礎疾患があり、たびたび「要精検」「要観察」の診断を受けていた。彼はしかし、おそらく健康の不安をあえて気にしないようにして、五一日間休みのない昼夜交替勤務を続けたあげく死んでしまったのである。

平岡チエ子と弁護団の闘い

ものづくりの熟練工としての誇りをもっていた平岡が、新製品のベアリングを家族に見せて、「自動車やソ連のロケットにも使われてんのや」と語ったとき、中学生だった長女の友子は、それがなによと反発して、そのベアリングを捨ててしまったことがあった。後に成人して当時はピアノ講師だった友子は、家の中に父親の趣味や主張がみえない、自分で買った服すらない、つまり「お父さんのカラーがない」と感じ、仕事一筋の悟を疎遠に感じもしてきた。だが、あんなにも働いて死んだ「お父さん」の死はどのように報われるのか？　会社から仕事の実態についての情報が得られないとわかった頃から、それを探る過程でチエ子、友子、一七歳の省吾の三人はふたたびかたい絆を結んだ。三人は協力して悟との日々の生活をフラッシュバックし、詳細な勤務表をつくりあげていった。日々の家庭生活に父親が不在だったことを再確認する、それはつらい作業でもあったけれど、そのうえでチエ子は八八年四月、大阪過労死弁護団に相談し、親戚らの反対を押しきって七月、葛城労基署に労災を申請するにいたる。

はじめは労基署も会社提出の資料をチエ子側に開示せず、認定の見通しはかならずしも明るくなかった。しかし、タイムカードなど数値的な資料の入手、数少ない職場の協力者からの事情聴取、それに約五〇人からなる「働き過ぎ社会を考え平岡さんの労災認定を支援する会」の結成、マスコミの報道と社会的な関心の高まりなどによって、対労基署交渉の力関係が変わってゆく。八九年五月一七日、労基署は異例にも家族をよびだし、平岡の死を「業務上」とする決定を伝えた。私はその日テレビで、初老の担当者が開口一番「長ごぅ待たせましたなぁ」とチエ子に語りかけたようすを見ている。発症の三日前、一週間前、九〜一〇日前それぞれの、ときに休日返上、ときに所定内労働時間の二倍近い異常な長時間労働、その過重な負担が心疾患を急激に増悪させたという認定理由である。伝統の「災害主義」にこだわらない画期的な決定であった。

この決定はしかし、第一幕の終わりにすぎなかった。会社は、労災認定は「謙虚に受け止める」が、平岡の勤務は極端な例にすぎず、「会社が強いたものではない。自分の意思で過労になったものだと解釈している」とマスコミに語ったのだ。チエ子ら遺族を九〇年五月、会社に対する総額五五〇〇万円の損害賠償請求にふみきらせたものは結局、あくまで責任を回避しようとするこの会社の態度への怒りであった。平岡の死に対する会社の過失責任や「予見可能性」を立証するむつかしさが予想されるだけに、提訴は労災認定後一年の迷いの後であった。これは「過労死110番」運動としては最初の企業責任追及(民事訴訟)の試みだったという。

裁判での主な争点に関する会社側の主張は次のようである——①平岡の職務内容は監視を中心とする単純労働であり、負荷はさほどではなかった。②平岡の労働時間はたしかに長い(この点はタイムカードから否定できない)が、これは平岡が残業手当ほしさにみずから望んで行った「率先労働」である。③労働者にはみずからの健康を管理する「自己保健義務」がある。その点、本人から不健康について特別の申告はなく、会社としては格別の配慮の必要を感じなかった。また平岡には相当の飲酒、喫煙の習慣があった……。原告側の弱みは、社外での支援の広がりとは対照的に、社内からの協力者が得られないことであった。同僚は口をつぐんだ。つぐむことを指示されていた。第一回公判でチエ子は、工場の二四時間フル操業、不規則交替制、機械の故障の頻繁さ、工場長からのノルマの重圧などのもたらす労苦のように続いて、こう述べている。

法治国でありながら、職場に起きた過労死について、職場の人も、二八年八ヶ月ともに苦労した友達……も、一言の発言もありません。それは職場に自由と民主主義がなかったからでした。死んだ人も憐れですが、生きて働く者も大変なのです

こうした条件のもとで弁護団は、工場長、労務部長、S2班担当係長といったいわゆる

「敵性証人」を問い詰めることによって実態を明らかにする方針をとった。そのなかで弁護団は、会社の業務起因性の否定論を論駁《ろんばく》し、「自己保健義務」論に対しては、本人による不健康の申告は、それが査定上不利に扱われず、会社の適切な事後処理や健康配慮の措置が制度上保証されているときにのみ期待できること、「率先労働」論に対しては、長時間労働がまさにビルトインされている作業システムのなかでは、それが虚妄にすぎない点を暴露することに総じて成功した。とりわけ最大のポイントであった「率先労働」論については、上司たちは追及されて、すでに紹介した諸点――昼勤・夜勤間の引継残業、班スタッフへの（マル秘扱いの）膨大な残業割当て、昼休み半分を残業扱いで働かせる慣行、「青天井」の三六協定、「作業票」によれば仕事内容はとても単純な監視業務とはいえないこと……などを認めざるをえなかった。結局、平岡が「冠不全」を抱えながら「率先」して残業や休日出勤を続け、暦年の労働時間が三〇〇〇時間以上にも及んだのは、人員確保がないのに、みずからに課せられた班のノルマを達成しようと苦闘したからにほかならない。そのうえ会社には、産業医もなく、健康診断で異常が発見された者の申告が査定上不利な要素にならないという保証もなかった。係長尋問の最後に行われた裁判官の補充尋問は、原告代理人のそれかと見まがうほどきびしいものであったという。その頃の公判では、会社に動員された従業員もさることながら、それ以上に「支援する会」の人びと、学生、主婦、過労死を研究テーマとする外国人研究者など多くの傍聴者が定員一〇〇人の法廷を満たし、この代表的な過労死裁判のゆくえを見守っていた。

一九九四年九月八日、大阪地裁は和解を勧告し、双方は協議の席についた。大方の予想に反して裁判所はほぼ原告側の主張どおりの和解条項を提示し、一一月一七日、その線で勝利和解にいたる。①会社は平岡悟の死が健康に対する適切な配慮を欠いたことによるものと認め謝罪する、②会社は原告に対し、和解金(慰謝料)として、既払金をのぞき五〇〇〇万円を支払うという内容であった。

平岡の遺族たちは、苦労して悟の墓をつくったとき、思わず「お父さん、ここから会社に通わんといてよ」と語りかけたものだった。そして父親の死後六年九カ月にしてようやく、同じ墓前で最終的な闘いの成果を報告することができた。長女の友子は支援活動に加わった教師と結婚して一子をもうけている。ちなみに椿本精工はあくなき労働者の搾取によって上場企業にのし上がった会社ではあったが、その謝罪のいさぎよさは、まさに同じころ岩田栄の死をめぐる損害賠償裁判の和解に応じた富士銀行のしたたかさ(四章参照)とは対照的であった。また、一切の上部団体とのかかわりを拒んでいたこの企業の労働組合は、九〇年代半ばついに解散したという。

＊以上、森岡孝二『企業中心社会の時間構造――生活摩擦の経済学』(青木書店、一九九五年)、池田直樹「お父さん、会社があやまったよ」(日本労働弁護団『現代企業社会と労働者の権利』一九九七年)、岩城穣「平岡過労死裁判完全勝利和解について」および岩城穣／西晃「平岡過労死事件――勝利和解への軌跡」(ＩＮ情報)、川人九〇年など参照

3節　典型的な企業戦士の死

「無言の強迫体制」――企業目標=個人ノルマの界隈

一九九八年六月二五日、文化シヤッター(株)に勤務していくつかの営業所長を歴任したのち、単身赴任の静岡工事センター所長として、時間外手当・休日勤務手当もなく工事契約や下請け折衝を一手に統括していた村松隆司(仮名)が、くも膜下出血のため亡くなった。その妻、村松季代子は、『妻たちの手記』にこう記している。

大学時代から夫を見てきた私は、夫が就職後、会社のなかで企業戦士として教育され、作り上げられていく過程をずっと見てきました。夫は「男子」としての本分を、多少のエリート意識と出世欲におき換え、自分の働きすぎを納得していたのです。自己満足にかたちづくられた無言の強迫体制が、企業内には渦巻いています。会社人間は、お互いにお互いの首をしめているように、私には思われます

ここに過労死の事例を紹介した工場長、部課長などの管理職や作業長、班長、主任などの現場リーダーは、会社に育てられ会社が高い期待をかける精鋭従業員の中核に位置する企業戦士であった。もともと勤勉で責任感のつよい働き手でもある。彼らは総じて、業務分野に

よって違いはあれ、契約高、生産量、品質、納期などに関する重いノルマ――「目標」とか「予算」とか「数値」とかよばれることが多い――を課せられる。けれども、上司はそこに会社の命運がかかっていると、「期待しているあなた」を励ましてやまないだけに、この働き者たちは、このノルマの達成に、おそらく昇進や昇給や賞与での厚遇ではつくせない働きがいや「男の本分」を感じもしてがんばってしまう。そのノルマの決定方式が一方的命令ではなく、【目標の自己申告―上司との面談―「合意」による自己申告の上方修正】という「目標管理」を通じて行われるとき、そのがんばりにはいっそう「自発」の要素が色濃くなるだろう。「無言の強迫体制」はおそらく、企業戦士にはこのように受けとめられていたのである。その帰結は、制度上の非管理職もふくめてのサービス残業、手当なきままの休日出勤、自宅作業の容認などにみる、労働時間の契約意識というものの著しい衰退にほかならない。

そこにはもちろんいくつかの亜種がある。たとえば食肉会社の加藤、創芸の八木など、総じて中小企業の管理職の場合、ノルマはすぐれて個人的であって、彼らは部下を統括してというよりは、自分一人の長時間のがんばりで広範な職務にあたっている。典型的な例として、加藤などは営業取引と配達を兼ねたセールスドライバーのごとき存在であった。大企業である三井物産の石井の場合も、堪能なロシア語という能力の希少性ゆえに一人で社業を背負うという中小企業的要素がつよくなっている。一方、大企業メーカーの現場リーダー、カルビーの要田や椿本精工の平岡の場合には、彼らの個人ノルマは同時にチームノルマなのであって、その職務には別様のしんどさがまとわりついてくる。

生産計画遂行、長時間の設備稼働、効率向上、良好な品質維持、納期の厳守などのかたちをとるチームノルマは、作業に対する部下の協力的な姿勢なしには覚束《おぼつか》ない。現場リーダーはそれゆえ、配置や残業割当てなどはもとより、部下の督励、動機づけ、技能指導、ときには人員確保のための退職希望者の慰留などにも腐心しなければならない。人事考課はふつう制度上は課長以上の責務であるが、その前段の意見聴取や第一次査定は、しばしば日頃、部下に接している係長や班長にかかってくる。このように部下を統括管理する責務は、現場リーダーが、もともと設備や品質については「つよい」けれども、人事・労務については「苦手」とすることの多い技術・技能畑の昇進者であるとき、いっそう心労の種になるだろう。それに今ひとつ、八〇年代の頃から次第に、製造現場の部下たちの構成が変わりつつあったことも見逃せない。「子飼いの」ヴェテラン労働者が減り、しかるべきありようとして企業意識や労働意欲がそれほど高くなく、作業がきびしいと「すぐ転職を考える」パートタイマーや若年非正規労働者が増えつつあったのだ。これは現時点ではいっそう、相対的に減少した正社員の職務を気苦労多いものにさせている要因の一つにほかならないけれども、当時すでに、そうした部下たちを仕事に「前向き」にさせることは、要田や平岡の記録が示しているように、現場リーダーにとってなかなかむつかしいことだったのである。

しかしながら、チームノルマの達成はもちろん現場リーダーの責任であり、その達成を左右する部下のありようは「現場職制のあなた次第」とみなされがちである。現場リーダーが、部下に「やる気」がないから目標が達成できなかったと開き直ることは許されない。それゆえ、現場リーダーはたとえば、部下に突発休が出れば（平岡のように）いつでもリリーフマンとして働かねばならず、QC活動の割当提案数が不足すれば（終章で紹介するトヨタ自動車の班長、内野健一の体験にみるように）自分の提案で補わねばならなかった。ここではもうひとつ、過労死の事例ではないが、営業畑の例をあげておこう。

一九九八年六月一〇日、福岡地裁（裁判長・草野芳郎）は、八三年五月に脳内出血で倒れた教育出版社（株）の営業部次長、四〇歳の本間輝久（仮名）が労災の休業補償給付の不支給処分取消を求めた行政訴訟について、原告（本人）勝訴の判決を下している。本間は発症前一年間の毎日、七時間の残業、一四時間三〇分の（実質）拘束労働時間という、文字どおりの長時間労働に携わっており、その労働のまぎれもない量的な過重性が重視されたものであるが、ここでの文脈上、紹介したいのはその業務の具体像である。

本間の仕事は、一六時頃までは営業部員へのさまざまな指導や各班への訪問販売先の割当てである。その後、各班は車で出発し、二一時半頃まで家庭への訪問販売活動、具体的には中学生対象の書籍のセールスに従事する。本間は毎日、いずれかの班に同行して営業活動とその指導を行い、一緒に帰社して二三時頃になる終礼を主宰していた。けれども、本間の仕事は以上で終わらない。本間はそれから当日の営業成績の芳しくない営業部員を誘って、飲酒と食事をともにしながら個別の営業指導をしなければならなかった。これは社長の命令でもあった。本間はいつも、営業本部長でもある社長からは売上げが悪いと責任を問われ、部下にはどうすれば売上げを伸ばせるかを問われ、日夜苦闘していたのである。こうして帰宅は午前零時をすぎる場合がほとんどであった……。要するに部下の業績＝ノルマ達成は、すなわち第一線指揮官の責任なのである。

＊村松季代子の発言は『妻たちの手記』、本間ケースについては、休業補償給付不支給処分取消請求(教育出版社)事件、福岡地裁一九九八年六月一〇日判決(IN情報)参照

「名ばかり管理職」への道

くりかえしいえば、一般に管理職の労働時間はもともと労基法の規制外にあり、例示した企業では、現場リーダーでさえ労働時間管理は曖昧このうえなかった。企業は、これらの層の労働時間契約意識が必然的に希薄化することを奇貨として、彼らの献身を貪欲《どんよく》に享受していたのだ。それにしても仕事以外の生活のための時間とエネルギーをほとんど残さないまでの、なんというすさまじい労働だったことだろう。彼らは、会社に頼られ上司に励まされることによって、みずからの責任意識と家族との交流の大切さとの板挟みに悩みながら、ときにはみずからと同じような前向きの仕事観をもたない部下の労働者に苛立《いらだ》ちながら、この繁忙は強制なのか自発なのかはっきりとは区別できないままに、さしあたりどうしようもないかにみえる毎日の過重な責務を引き受けて「ばりばり働き」、エネルギーが燃えつきる臨界に達して斃れたのである。思えば日本企業の精鋭中の精鋭ともいうべき企業戦士の多くは、その労苦の程度においてそうした臨界にはいたらなかったにせよ、その働くオリエンテーションにおいてはここに紹介した受難の人びとと同じ位相にある。

ノルマの過重性―曖昧な労働時間管理―サービス残業。従業員の「強制された自発性」に頼るこうした日本的な企業労務は、その後九〇年代半ばから、「個性を発揮する働き方」の名のもとに正当化されさえして、いっそう普及したかにみえる。時間ではなく成果を評価する裁量労働制が実質上「裁量」を享受できない一般社員に徐々に浸透したことも、この傾向に棹さしている。政財界による近年のホワイトカラー・エグゼンプションの提案もその流れに沿うものといえよう。また、〇六〜〇七年に、労働法上はとても管理職とはいえない、たとえばファミレスの店長などもあえて「管理職」と扱う、いわゆる「名ばかり管理職」問題が浮上したことも、この文脈で理解することができる。

なによりも残業代の支払いなしに長時間労働をさせるために若手正社員の店長を「管理職」とみなす。マクドナルドをはじめとするファミレス業界に典型的なこの働かせかたに対する、店長たちのコミュニティユニオンに助けられた団体交渉や提訴がいくつかの成果をもたらすにいたって、厚生労働省は〇八年秋ようやく、「名ばかり管理職」の是正をめざす通達を発している。パートの採用、勤務表の作成、残業指令などの権限がない、遅刻に対して減給などの制裁がある、労働時間に対する裁量がほとんどない、時間あたり賃金がパートより低い、残業代のないことを補う役職手当が不十分である――そんな事情が認定できれば「管理監督者性」は否定されるというのである。通達は「ないよりはまし」というべきか。判定の裁量の余地は大きく、「名ばかり管理職」による搾取の克服はなお、当事者の闘いに委ねられているといえよう。ともあれ、もう二〇年も前の要田和彦や平岡悟の受難の体験は、ホワイトカラー・エグゼンプションや「名ばかり管理職」問題の「公分母」ともいうべき、労働時間管理の限りない曖昧化を撃つ視点にとってなお示唆的である。

＊「名ばかり管理職」については、安部誠「店長だって労働者だ！──マクドナルド店長による残業代未払い裁判」(『職場の人権』四三号、二〇〇六年)、熊沢誠「偽装管理者問題の周辺」(『POSSE』二号、二〇〇八年)、『東京新聞』二〇〇八年九月一三日付、『朝日新聞』二〇〇八年一〇月八日付などを参照

七章　過労死の一九八〇年代

1節　労働時間短縮の期待と現実

労災認定をめぐる行政と企業

これまでの諸章において、私は前期、一九八〇年代から九〇年代はじめまでの、主として脳・心臓疾患の発症を直因とする過労死の事例を紹介し、それぞれの職業グループに特徴的な背景を素描してきた。過労死はむろんそれ以降にも絶えることはなかったけれども、これからの諸章では、後期、バブル崩壊期から現時点までの労災死の特徴をより明瞭に現すと思われる、仕事に追いつめられた果ての労働者の自死、いわゆる過労自殺に注目することにしよう。しかし、それにさきがけてこの章では、私のいう前期の過労死をめぐる一般的な状況について、労働史的な関心から中間総括的ないくらかの考察をこころみたい。

参考までに、これまでに扱った過労死事例の業種、職種、役職、年齢、死亡または発症時点、そしてわかる限りでの最終決着のかたちを一覧する**表7-1**を示す。事例は主に資料的便宜の点から選択されているとはいえ、ここから過労死の多発した仕事分野、八〇年代後半

表 7-1　過労死紹介事例一覧(1~6 章関係)

		享年	死亡または発症時点	最終決着　09 年時点
トラック運転手	斉藤英治*	34	87. 4. 20	96. 12. 10(行)地裁勝訴
同	藤原武史*	42	88. 9. 18	94. 10. 7 労災(逆転)認定(S2)
同	市川守*	41	83. 4. 10	95. 4. 27(行)高裁(逆転)勝訴
観光バス運転手	織田清志*	51	88. 2. 20	97. 12. 25(行)高裁でも勝訴
トラック運転手	植松伸剛	39	88. 3. 2	95. 9. 29(行)勝訴
同	佐藤政男*	44	88. 10. 14	労災再審査請求棄却(S3)
同	亀山豊	49	79. 6. 6	88. 10. 31(行)高裁でも勝訴
電気工	仮屋忠一	46	89. 11. 22	95. 12. 26 労災(逆転)認定(S2)
電気技師	鈴木竜雄	43	89. 11. 6	02. 3. 15(行)高裁でも勝訴
製本断裁工	金井義治	53	87. 11. 28	00. 8. 9(行)高裁でも勝訴
工場⇒販売店応援	宮島昌夫*	41	80. 7. 11	96. 3. 21(行)高裁(逆転)敗訴
製版工⇒包装工	中居和好	54	90. 3. 16	06. 4. 28(行)高裁(逆転)勝訴
写真検査工	柴崎弘	53	79 年 11 月	90 年の死で(行)(民)証拠調べ前に不発
サービスエンジニア	三木孝男*	42	89. 3. 25	90. 11 労災認定(S1)
編集・校正	村上晃*	38	88. 2. 20	99. 3. 24(行)地裁勝訴
証券マン	亀井修二	26	90. 10. 20	95. 9. 29 労災認定(S1)
火災保険営業マン	早川勝利*	25	89. 11. 19	不明
富士銀行窓口担当	岩田栄	23	89. 6. 12	94. 11. 7(民)地裁で勝利和解

小学校教師	岡林正孝	34	78. 10. 28	98. 3. 31(行)高裁(差戻審)敗訴
中学校教師	中野秀夫*	52	87. 12. 22	92. 8. 28 公務災害(逆転)認定(S2)
高校教師	大野芳温	45	84. 5. 17	97. 10. 14(行)高裁(逆転)勝訴
中学校教師	柏木恒雄	51	83. 6. 28	98. 10. 8(行)高裁でも勝訴
高校教師	樋口良平*■	50	84. 8. 30	91. 9. 11 公務災害(逆転)認定(S2)
小学校教師	神尾修*■	30	83. 2. 6	03. 7. 18(行)最高裁上告棄却・敗訴
中学校教師	田村友子■	51	98 年 10 月	08(行)提訴　未決
小学校教師	森川尚美*■	23	06. 6. 1	08. 9. 5 公務外決定⇒審査請求
扶桑化学工場長	木下春男*	35	87 年 2 月	労災(逆転)認定(S3)
食肉会社営業部長	加藤邦夫*	47	88. 10. 18	労災再審査請求棄却(S3)
食品会社営業所所長	柴田謙*	50	89. 5. 25	不明
広告代理店副部長	八木俊亜	43	87. 2. 5	90. 3. 31 労災不支給決定(S1)
三井物産課長	石井淳	47	90. 7. 15	92. 7. 14 労災認定(S1)
エプソン勤務	犬飼俊彦	41	01. 10. 4	08. 5. 22(行)高裁(逆転)勝訴
カルビー主担	要田和彦	34	88. 4. 10	91. 7. 29 労災認定(S1)
椿本精工班長	平岡悟	48	88. 2. 23	89. 5. 17 労災認定(S1)/94. 11. 17(民)地裁勝利和解

注 1：人名中＊印は仮名，■は自殺，発症日と死亡日は異なる場合がある．たとえば織田清志は 95 年，柴崎弘は 90 年，中野秀夫は 88 年元旦に，大野芳温は 84 年 5 月 22 日に死亡

注 2：S1 は労災申請，S2 は審査請求，S3 は再審査請求の各段階を示す

注 3：(行)は労災不支給処分取消請求の行政訴訟，(民)は対企業損害賠償請求の民事訴訟

注 4：入手可能な限りの情報を網羅したが，ここでの「最終決着」のあと，なお新しい展開のあった場合もありうると思われる

における頻発、脳・心臓疾患の「好発期」四〇代がピークになることなどの特徴を読みとることができる。しかし、もっとも印象的なことは、たとえば九二年末までに解決をみた事例はわずか六例にすぎず、最終決着はほとんど後期に持ち越されていることにほかならない。別の角度からいえば、発症後五年以内に労災認定などの解決をみた事例は亀井修二、岩田栄(民事勝利和解)、中野秀夫、石井淳、要田和彦の五例にすぎず、遺族の敗訴三例をふくむ一三例は解決までに一〇年以上を要している。

法廷での最終決着の多くは、労災保険不支給処分の取消を請求する行政訴訟の判決というかたちをとっている。これは、解決までの期間が長かったこととともに、前期には過労死の労災認定がむつかしかったことの別の表現である。実際、事例を叙述するたびに、私はなぜこれが「業務上」と認定されないのか、いぶかしく感じたものだ。ここにあらためて問えば、では、当時の労働行政は、なぜこれほどに過労死の労災認定に消極的だったのだろうか。

すでに一章で述べたことながら、八七年の改訂認定基準は、被災者が通常の水準を超える過重な業務に従事したと判断される期間を、発症の「直前、少なくとも当日」から「一週間以内」に広げることによって伝統の「災害主義」から一歩を踏み出している。とはいえ、「一週間以内」では、労働者の長期間にわたる蓄積疲労の評価にはほど遠かった。それに業務量が、発症当日は通常の三倍、発症前一週間は(一日でも休みがあれば)通常の二倍でなければ「業務上」とはしないという、暗黙の「認定マニュアル」が猛威をふるっていたことは確実である。行政官には「大切な国のお金」をみだりに給付するまいとの思いがあったことだろう。しかしそれだけではあるまい。「過重業務」の判定には、企業からのくわしい労働時間記録の資料提供など、すなわち企業の労災認定への協力が必要である。とくに管理職周辺の従業員の場合にしばしばみられるように、労働時間の管理が杜撰《ずさん》きわまるときには、企業からの懇切な説明なしには、業務の過重性は「遺族の主観」としてはねつけられもする。当の企業は、行政訴訟では直接に企業の責任が問われているわけでもなく、また労災保険の給付それ自体においてはとくに財政的な負担を負うわけでもない。にもかかわらず、多くの事例でみたように、一般に企業は従業員の労災申請と認定には消極的、あるいは敵対的だったのである。民事訴訟ともなれば、この傾向はいっそう鮮明である。

では、企業が従業員の過労死認定を忌避するのはなぜか。当時の内閣府主任研究員、徳永芳郎の洞察《どうさつ》によれば、ひとつには、部下の過労死認定が、企業内に管理者や経営者に対する処理の厄介な「管理責任」問題を引き起こすからだ。しかしより決定的な理由は、労災認定に続いて、同じような条件で働いている多数の従業員から労働条件を早急に改善する要望が噴出しかねないことである。それればかりか、労災認定があれば、労働協約などの規程による企業補償がとかく上積みされることにもなる。実際、行政や司法での労災認定があれば、その後、内容はふつう非公開ながら、遺族が相当の企業補償を支給される場合も多いだろう。それら、とくに一般従業員が要求することになる労働時間短縮などの待遇改善はかなりのコスト上の負担をもたらすのである。

いずれにせよ、こうした行政と企業の「連携」によって、家計支持者の過労死に対する労災認定を拒まれる遺族は、長期間にわたって生活上の困難に耐えねばならない。『妻たちの手記』はその苦労について豊富な事例に満ちているが、ここでは一例だけ紹介しておこう。

相原良子(筆名)の夫は、高卒後、徳島にある規模五〇人の日用品雑貨卸売会社で、三〇年間に一日の欠勤もなく営々と働き、七九年一一月二八日、四八歳の部長職にあるとき心筋梗塞で死亡した。遺族は大学生の息子、中学生の娘、六四歳の実父である。退職金はわずか一八〇万円。会社は冷やかであったうえ、申請された労災は不支給処分であり、審査請求、再審査請求も棄却された。

子どもたちの教育は日本育英会の奨学資金に頼る一方、四一歳の専業主婦だった良子はそれ以降、親戚から借金を重ねながら、まず、仏壇の部品の塗装と研磨をする仕事について日給三〇〇〇円の木工所で、次に病院の給食部で、次に月収一〇万円のパチンコ店の景品交換所で、そのうえ仏壇用の掛け軸をつくる、一幅につき一〇枚の部品を貼り合わせて二〇円になる内職で、日夜、懸命に働き続けた。そのかいあって息子は大学院を出て就職し、娘は大学の医学部に合格する。けれども、ほどなく実父の末期癌《がん》が発見され、その手術費、入院費が賄えず、良子はまた借金を余儀なくされる。生活保護申請は却下された。五カ月後、実父は今度は脳内出血で再入院し、開頭手術を受ける……。それから一年、実父は他界し、息子は結婚したものの、家は抵当に入り、銀行、農協、親戚、知人からの積もった借金はなお重かった。夫の死後一二年、良子は娘の婚礼というよろこびの日を迎える。しかし九一年現在でも、良子は午前中は給食弁当屋、午後はパチンコ店で、あわせて日に一三時間も働き、借金の返済を続けている。

＊以上、労災認定をめぐる当時の状況については、川人九〇年、徳永芳郎「働き過ぎと健康障害」(経済企画庁経済研究所編『経済分析』一三三号、一九九四年)、相原良子については『妻たちの手記』参照

目標としての「年一八〇〇時間」

相原良子が徳島市の雑業のパノラマのなかを這《は》いずりまわるようにして生計費を稼いでいた八〇年代は、日本経済のパフォーマンスが全体として良好な時期であった。石油ショック後のグローバルな規模でのスタグフレーションの進行のなかで、ひとり日本は経済成長率、失業率、名目賃金と実質賃金の上昇率、自国通貨ベースの労働生産性向上率などにおいて、他の先進諸国をしのぐ抜群の成績を示している。主要工業製品の世界市場での日本企業の競争力は圧倒的であった。いわゆる「ジャパン・アズ・ナンバーワン」の時代である。その競争力は「減量経営」、ジャスト・イン・タイム生産方式、QC活動、ストライキのほとんどない労使関係など、「日本的経営」の成功的な展開によって保障されていたのである。

しかしその成功的な展開も、究極的には日本の労働者の特徴的な働きかた、働かせかたによってはじめて可能であった。すなわち、コストダウンという大目的のために企業が要請する仕事の種類・仕事の量・要員数・働く部署などについての総じてきびしい方向への不断の変化、設備の二四時間的な稼働、サービス残業をふくむ残業や休日出勤など——それらをと

もかくもこなしてしまう従業員のフレキシブルな適応が不可欠だったのだ。たとえば、ジョブサイクルがそれぞれ一分の六人の労働者が「改善活動」の結果、各自一〇秒の工数節約を果たすとする。そのとき改善後は一人分五〇秒の仕事を、五人が一〇秒分ずつ引き受ける、つまり各自がやはり六〇秒の仕事を担うことによってなかまを一人削減する。そんなことができるのが、世界の経営者がうらやむ日本の職場であった。長時間労働を主因とする過労死がこのような働きかたの延長上にあることは今さらいうまでもあるまい。

とはいえ、日本経済はやがて、国際競争におけるこのような勝利に対してそれなりの代価を支払うことを求められるようになる。代価とは、経常収支の膨大な累積黒字の結果としての、今度は輸出コストを決定的に高める円高・ドル安である。七八〜八五年には一ドル二五〇〜二一〇円ほどであった円価は、プラザ合意後の八六〜九一年には一七〇〜一三〇円ほどに上昇した。この為替レートの大きな変化は、日本の賃金水準を国際比較的にみて一挙に「世界一」の高位に、ドル換算ベースでの単位労働コストを八三年から九二年にかけて五九ポイントも押し上げている。その一方、世界市場における日本企業の席巻によって打撃を受けていたアメリカの産業界は、日本の競争力を高めている日本的経営の諸要素を学ぼうとしながらも、たとえば日米構造協議などの場を通じて、日本経済のもつ「輸出偏重」の体質、市場の制度的閉鎖性などの変革を迫ってくるようになった。欧米人のなかには、「輸出拡大に狂奔する働きすぎの日本人」に対する一種の揶揄《やゆ》と非難も台頭していた。

このような一種の「ジャパン・バッシング」という環境のなか、八〇年代後半以降の政財界には、主として経済摩擦解消、内需拡大のため、日本人の働きかたを変えようとする問題意識がようやく芽生える。いくつかの提言や目標設定が相次いだ。一九八六年の『国際協調のための経済構造調整研究会報告』(前川レポート)では、欧米並みの年間労働時間の実現、有給休暇の集中的活用、週休二日制の早期達成が謳《うた》われた。翌年の「新前川レポート」は、はじめて「(二〇〇〇年に向けて)一八〇〇時間」という目標を提示した。内需拡大論が労働時間短縮の必要論を引き起こしたのは、余暇の増大は消費の拡大に通じると考えられたからである。こうして八七年には、従来は「一日八時間、一週四八時間」であった労働時間の原則を「一週四〇時間、一日八時間」とする労基法改正がついに国会で議決されるにいたる。もっともそれと同時に、労働時間の計算単位の延長など変形労働時間制が拡大され、フレックスタイム制・事業所外労働・裁量労働制などの「みなし労働時間制」が導入されている。このような労働時間管理の柔軟化がはじまったことを、過労死を招くまでの「そのひと個人の長時間労働」に注目する私たちは忘れてはならないだろう。しかしともあれ、いくつかの例外措置や猶予《ゆうよ》期間は設けられたとはいえ、ここに日本も遅ればせながら、八八年から「週四〇時間制」が実施されることになったのである。

そのうえで翌年五月の閣議決定、その名も『世界とともに生きる日本――経済運営五カ年計画』は、九二年までに週四〇時間制の実現、年労働時間を一八〇〇時間に向けてできるだけ短縮すること――を追認した。そして九一年八月、労働省はさらにふみこむ。同省の『所定外労働削減要綱』は、①所定外労働時間を毎年一〇%ずつ減らす、②サービス残業と休日労働をなくす、③サービス残業の温床となるような安易な時間管理を見直す、と述べている。今なお顧みられるべき、それは聖域に立ち入った革新的な方針の提起であった。

＊以上、当時の経済情勢と企業労務については、熊沢誠「企業社会と労働」(『日本通史第二一巻 現代2』)(岩波書店、一九九五年)、鈴木良始『日本的生産システムと企業社会』(北海道大学図書刊行会、一九九四年)を、労働時間政策については、森岡九五年、西谷敏『規制が支える自己決定――労働法的規制システムの再構築』(法律文化社、二〇〇四年)などを参照

経済企画庁の「個人生活優先社会」論

一方、この頃、経済企画庁国民生活局の審議会は、貿易摩擦解消論とは別の新しい角度から、日本の労働者の働きかたを見直そうとする提言を行っている。同審議会総合政策部会基本政策委員会による九一年一一月の中間報告『個人生活優先社会をめざして』に注目したい。この革新的な「中間報告」は、「摩擦」は企業活動と個人生活のニーズとの間にもあり、現状の「企業中心社会」を「個人優先社会」に変革しなければならないという問題意識に立って、①個人を中心とした価値観の形成、②「会社はノルマを廃止する」、③残業割増率の引き上げ、④「会社も個人も社会貢献活動に取り組む」、⑤「会社人間」化を助長する社宅建設の見直しなどを提言している。とくに②は、驚くほど大胆ながら、まぎれもなく的確な指摘であった。「生産優先やノルマ達成を主目標にしたこれまでの経営は、従業員のストレスや疲労の増大を招き、それが健康障害や突然死を引き起こす原因ともなってきた」、このため

労働時間の短縮やノルマの廃止などが望まれるというのである。また「中間報告」は「参考資料」のなかではこうも述べる。

……ホワイトカラーを中心に我が国にサービス残業が存在する理由は、企業側の所定内労働時間や賃金が支払われる残業時間では到底こなすことの出来ない高いノルマ設定とコスト削減要求に労働者が無報酬で応える(みずからの意志であるないにかかわらず)点にあると思われる

まことに洞察というべきであろう。ここにおいて、いくたの過労死の体験は、それを頻発させるまでの日本の職場に潜む働きすぎの根因は、はじめて政財界の文書に掬《すく》われたということができる。そのほか「中間報告」が、働きすぎ批判の文脈で、コンビニの深夜営業、宅配便の翌日配達など「過度の便利さ」を消費者が求める意識を変える必要性を説いていること、私も三章で述べたことだが、ジャスト・イン・タイム制をとる大企業や官庁に中小企業への多頻度発注や休日前発注・休日後納入などの見直しを求めていることもきわめて注目に値する。

この「中間報告」に続いて九二年六月に発表された『個人の生活を重視する社会へ』は、あらためて長時間労働の問題性にふれ、年間一八〇〇時間実現のための週休二日制の完全実施、有給休暇取得率の引き上げ、残業削減、サービス残業の撤廃などを主張している。しか

しこの段階ではすでに、これらはほぼ合意されたテーマであって、労働省の一〇カ月前の残業に関する『要綱』ほどの新味はなく、しかも「中間報告」の白眉《はくび》であったサービス残業に連動するノルマを「廃止」する提言は不明瞭になったかにみえる。思うに「中間報告」のこの画期的な部分は、とても財界人にすんなり受け入れられるものでなかったからであろう。しかし、ともかくも九〇年代はじめの段階では、目標としての「一八〇〇時間」、残業や休日労働の削減、克服されるべき慣行としてのサービス残業の認知などが、すでに一つの「国民的合意」に浮上していたことは確認しておきたい。一九九二年六月の閣議決定『生活大国五カ年計画』も、あらためてこの目標を掲げるとともに、政府文書としてははじめてサービス残業にも言及している。

＊以上、経済企画庁国民生活局編『個人生活優先社会をめざして』(大蔵省印刷局、一九九一年)、森岡九五年など参照

「日本的経営」と労働時間の現実

しかしながら、政財界の新しい期待や方針とは裏腹に、個別企業のレベルでは、八〇年代半ば以降は皮肉にも労働者の職場の日常からむしろゆとりが削られてゆく時期であったように思われる。

円高といううきびしい環境におかれた日本企業は、生産拠点の海外移転を本格的に進める一方、他方では、高まった賃金コストを吸収すべく、いっそう効率的な労働力の活用をはかる

ほかなかった。「ノルマの廃止」どころではなかったのだ。人事処遇についても、昇格や昇進において年齢や勤続を重視する日本的経営の「ハト派」局面が、能力評価の要素をつよめそれらの保障を一定比率の精鋭社員に限るという「タカ派」局面に席を譲りはじめるのもこの頃からである。後の平成不況のさなかほど熾烈ではないにせよ、能力主義的な選別の強化は、ノルマの達成や仕事の質量の転変に対する敏速な対応を競う労働者間競争を必然的に激化させる。時あたかもバブル景気のさなかである。この景気と選別的労務の合力から生まれる事象はむしろ、すでに**表1-3**(三三ページ)にみたように、八〇年代後半における平均就業時間の増加、有休取得率の低下、そして超長時間労働に携わる人の比率の高まりであった。先の徳永論文の指摘によれば、男性のうち週六〇時間以上働く労働者は、七五年には一三％であったが、八八年には二四％にまで高まったのである。

八九年に当時の労働省が実施した「労働時間短縮に関する意識調査」は、これらの直接的な原因をよく表す。「残業、休日労働が減少しない理由」はなにか(全一一項目、三項選択)。上位五位まであげてみよう。

- 「所定労働時間内では仕事が終わらない」五〇％(「最大の理由」としては一九％)
- 「仕事の繁閑が激しい」二七％(七％)
- 「取引先の仕事や顧客へのサービス」二六％(一一％)
- 「取引先からの発注に時間的余裕がない」二二％(八％)

表 7-2　年次有給休暇の取得に対する業務の処理方法(%)

		管理職が処理する	他の出勤者が処理する	本人が別の日に処理する	パート，アルバイトを採用する	あらかじめ取得を見込んで従業員を配置	その他	不明
合計		34.4	81.5	59.7	3.3	13.5	2.4	1.9
年次有給休暇の平均取得率	30% 未満	33.6	81.5	62.6	2.5	8.4	2.1	0.8
	30% 以上 50% 未満	38.0	83.8	63.9	1.4	13.4	2.3	0.9
	50% 以上 70% 未満	36.7	87.2	62.8	2.7	11.2	1.1	1.1
	70% 以上 90% 未満	32.0	80.0	53.0	10.0	22.0	3.0	1.0
	90% 以上	26.2	69.0	33.3	7.1	38.1	9.5	−

出所：労働省労働基準局編著『労働時間白書——労働時間短縮の現状と課題』(日本労働研究機構，1991 年)，63 頁．原資料は労働省「労働時間短縮に関する意識調査」(1989 年)

注：企業調査

- 「人手不足で新規採用が困難」一四%(三%)

これらにくらべれば「残業・休日手当に期待」は一〇%(一%)にすぎない。顧みれば右の上位項目とまさに同じ言葉を、過労で斃れた人びとのどれほど多くが「休んで！」と訴える妻たちに返したことだろう！　なお、後の時代についてはほぼ同様の調査結果を終章に示す。

では、「年次有給休暇を取得しにくい理由はなにか」(全一三項目中、三項選択)。五位まであげるならば、「周囲に迷惑がかかる」三二%、「病気等有事への備え」二八%、「仕事がたまり後で忙しくなる」二七%、「仕事が多く人手不足」二四%、「休暇を取りにくい職場の雰囲気」一五%。表7−2「有給休暇の取得に対する業務の処理方法」が、右の回答の分布を納得させる。有給休暇を前提に人員配置をしている企業は総計で一四％に満たないのだ。労働者がよほどのことがなければ有給休暇をとらないのも当然である。ちなみに自発と強制がないまぜになった有休の取得率の低さは日本の労働者の行動様式の、**表7-2**にみる背景の要因は日本の職場労使関係の、いずれも典型的な特徴ということができる。

＊以上、労働省労働基準局編著『労働時間白書——労働時間短縮の現状と課題』（日本労働研究機構、一九九一年）を参照

2節　労働者の適応と妻たちのメッセージ

「適応」のかたちにみる階層差のゆくえ

とはいえ、いずれの国でも個別企業は、労働力を徹底的に活用するため、一般に労働時間短縮に消極的である。八〇年代半ば、ドイツの金属労組が大幅な労働時間短縮を要求するストライキ闘争に入ったとき、経営側は「この要求は（ライバルである）日本を喜ばせるだけ」というキャンペーンをはったものだ。それゆえ、日本がこの時期一八〇〇時間を達成できなかった理由を理解するためには、あらためて、企業労務の「働かせる論理」を前提としながらも、その要請に対して労働者が「働きすぎてしまう」という適応に赴く側面にも、もう少し立ち入る必要がある。もちろん、その適応もまた、企業のフリーハンドに寛容な政府と労

働組合の性格、そしてそれらとふかく結びついたところの、ともかくなにかにつけて企業保障に頼らざるをえない日本のセーフティネットの粗さに規定された労働者のビヘイビアにほかならなかったけれども。

この適応のありようは、過労死の事例の教えるところ、截然とは分かちがたいとはいえ、管理職、現場リーダー、専門職、営業職などの場合と、ブルーカラーや一般事務労働者、すなわち文字どおりのノンエリート労働者の場合とではいくらか異なるように思われる。

前者では、企業の期待の高さ、その期待に応える職務遂行での一定の裁量性、それゆえいっそう自覚される責任意識があって、その働きすぎにも、「出世欲」ばかりとはいえない「仕事のやりがい」というものに駆動された「自発」の色彩が混じる。その際、「ふりむけば会社人間」と企業中心社会を鋭く批判した経企庁国民生活局の「中間報告」も、あるべき労働者像のイメージを、たとえば平岡悟がむなしくも正当に期待したような労働組合運動などによって連帯的に生活を守る労働者でなく、年功賃金や終身雇用にも頼らない強靭な個人においていたことが顧みられなければならない。強靭な個人はみずから働きかたを選ぶ。しかし「ノルマの廃止」がさしあたりむつかしいことを与件とするならば、そしてさしあたり日本の企業社会を与件とするならば、個人が「選ぶ」働きかたはひっきょう会社人間のそれに収斂《しゅうれん》してゆくのだ。「週四〇時間」の規定とともに裁量労働などのみなし労働時間制や労働時間計算単位の延長制が導入されたことも、個人中心・個性尊重の働きかたを推奨する流れと連動している。一日の労働時間管理の曖昧化はおそらく、これからは「時間」でなく「成果」で評価されるのがふさわしい仕事が増えるという想定にもとづいているけれども、ここでいう「前者」に属する人びとの一定部分は、私の仕事はそのタイプだと感じ、「私は時間契約で働いているのではない」という納得に誘われもするのである。

けれども、「後者」、自分の仕事量を会社や上司からほとんど一方的に与えられ、仕事の進めかたにも裁量性の乏しいノンエリート各層には、このような「納得」の余地はほとんどない。働かせかたはほとんど強制的である。にもかかわらず日本では、ノンエリート層も、通説とは逆に「私生活中心主義」のゆえにこそ、企業の要請する長時間労働に抗うことなく、八〇年代にはここからも過労死を頻発させてきた。たとえばジル・A・フレイザーの『窒息するオフィス』は、アメリカの中層・上層ホワイトカラーの企業に対する二四時間的な献身が、およそ八〇年代末から企業によって残酷に裏切られてゆくさまを活写している。私はこれを読んだとき、「個人主義」の国アメリカの一定階層にみる「日本以上の働きすぎ」の実在に驚くとともに、しかしアメリカのブルーカラー、とくに組織労働者の働きかたは、社会保障もなく自己の成功および高い生活水準と企業の発展とを同一視してきた人びとのそれとは、なおある距離を保っているだろうと感じたものだ。それにくらべれば私たちの国では、「一億総中流」がきわめて肯定的に語られることからもわかるように、よかれあしかれ階層別ライフスタイルというものに自足する通念がなかった。この一種の「平等主義」はおそらく、企業内の正社員の諸階層が年功制のなかで、理念的にも、またある程度は実体的にも、明瞭な切れ目なくつながっているという事情に裏打ちされている。その惰力のひとつとして、ノンエリート労働者の働きかたはエリートまたは昇進者のそれに絶えず牽引《けんいん》されてきたのである。

それゆえ、どちらかといえば「働かせかた」を「強制」されているノンエリートたちの「働きかた」には、いささかの「自発」の要素もなかったということはできないだろう。ここまでくると、私たちはやはり、ノンエリートの場合にとくに色濃い、家族の生活のために積極的に「傍楽」(はたらく)という労働観の背後にあるものへの考察を促される。

＊以上、熊沢誠「会社人間の気力と憂鬱——働きすぎを考える」(熊沢九三年b所収)、ジル・A・フレイザー『窒息するオフィス——仕事に強迫されるアメリカ人』(森岡孝二監訳、岩波書店、二〇〇三年)を参照

「ふつう」のための「猛烈」

一九八〇年代は消費の時代であった。電気洗濯機、電気冷蔵庫、カラーテレビはすでにほとんどの世帯にみられたが、九〇年までには、ルームエアコンも三九%から六四%に、乗用車も五七%から七七%に普及率が上昇した。他方、持ち家比率は八三年から〇三年にかけて六三%から六一%に漸減したけれども、これは生家を離れて都会へ就職または進学する若者単身世帯の増加のゆえであろう。また、六五年にはその世代の若者の一七%であった大学・短大進学率も、八〇年代には三六〜三七%の水準で推移する。七〇年代にはすでに日本人の八五%以上が「中流の中、または中流の下」と意識していたといわれる。八〇年代には、マ

イカーもあり、子弟も少なくとも専門学校や短大までは進学するような生活水準が「中流」＝「ふつう」であった。

とはいえ、日本のふつうのサラリーマンは、文字どおり貧しい「戦後初期的」な生活水準を脱却してもなお、孜々《しし》として長時間労働で稼がねばならなかった。「中流」＝「ふつう」の生活水準は夫や父親にとって一種の暗黙の強制であり、それを家族に享受させることができなければ、肩身の狭い思いをするようになったからだ。そのインパクトのゆえんにもう少し立ち入ってみる。

「中流」＝「ふつう」の生活内容は、多くの耐久消費財のように、生産性が上がれば価格が下落してほどほどの収入の世帯でも一定品質の製品を入手できる、いわゆる「普通財」(象徴的にも「民主財」ともよばれる)だけによって構成されているのではない。そこには供給が本来的に限られているゆえに、多くの人が殺到して良質の製品やサービスを求めるならば価格が高騰してなかなか庶民の手に届かないという、容易に享受できるのはときにその名に値しないほど低い質の製品やサービスになってしまうという、いわゆる「希少財」がかならずふくまれている。その代表的な例は住宅、大学教育、医療などであろう。たとえば、年収の数倍にもなる大きなローンを組めなければ、交通至便なところにゆとりある広さの住宅を購入することはできない。塾や家庭教師に「投資」できなければ、将来の有利な就職に役立つような大学に子弟を送ることはできない。また、多額の出費を覚悟しなければ、家族の望むベストの、ときには保険適用外の医療サービスは受けられないのである。父親が、日々の経費やすでに「民主財」となったクルマのためというより、主として住宅ローン、子どもの学資、老後の安定や十分の医療を賄う出費に備える貯蓄のために苦闘したことは、多くの家族になじみぶかい記憶であるはずである。

もし「ふつう」の生活内容が普通財だけで構成される――想定すれば住宅や教育や医療は公的サービスの供給による――のであれば、あるいは、階層別ライフスタイルに自足する通念が強固な伝統として生きていたならば、すさまじい働きすぎはノンエリート層にまで及びはしなかっただろう。けれども、階層をあげて希少財の享受にも殺到するという、おそらく日本に特徴的な「民主主義」の強烈な光はノンエリート労働者をも包み込み、その光に伴う影、代価としての影、すなわちみずからの心身の危機を招くまでの過度の労働をあえて引き受けさせたかにみえる。この要因は、もちろん相対的に仕事そのものに「やりがい」を感じうる管理職、現場リーダー、専門職の場合にも共通する。けれども、ブルーカラー層、一般事務職などの場合には、働きすぎはより選択の余地なく、このすぐれて生活的な必要性に動機づけられていたに違いない。とくにゆとりある働きぶりでは「中流」＝「ふつう」の享受が容易ではない中小企業労働者は、より「強制」の色濃い働きすぎの毎日を嘆くいとまもなく追い立てられたのである。「ふつう」のための「猛烈」というべきだろうか。

今にして思えば、この「傍楽」労働観はジェンダーバイアスを帯びていたかもしれない。「男の自分」が働いて家族を養う――八〇年代末当時に三〇～五〇代で過労死した働き手にとって、それは自然な規範でもあっただろう。しかし、**表7-3**にみるように、八五年には、

表 7-3　有配偶女性の就業状態と世帯主配偶者の収入比率(%)

	1985年	1992年	1999年	2006年
15歳以上有配偶女性比率	63.2	60.0	59.6	58.4
労働力率	51.1	52.9	50.0	48.5
雇用者比率	29.9	35.7	36.5	38.8
非労働力率	48.4	46.9	49.9	51.5
世帯主配偶者収入比率*	8.5	9.1	10.4	10.5

資料：総務省「労働力調査」,「家計調査」各年版より作成
注：*は，世帯主配偶者の収入÷世帯の勤め先収入

有配偶女性のうち就業者は五一%(うち雇用者はパートタイマーを中心に三〇%)に達しており、ほぼ四八%の専業主婦をすでに上まわっている。事実、主婦がパートに出るのは、父親の働きすぎと同じ理由、住宅や教育や老後の備えのためであった。条件が許すなら共稼ぎにして父親の働きすぎを控えたほうが、家族にとって合理的な選択だったともいえよう。しかし、あれほどに無理を重ねた要田や平岡も、妻が働くことはさしあたり想定外であった。そして現実にも、八〇年代を通じて勤労者世帯の「妻の収入」は一・八倍化したとはいえ、九二年時点でも平均五・一万円ほどにすぎず、勤め先から得る世帯収入の九・一%にすぎなかったのである。

＊以上、生活水準の数的指標については、『数字でみる日本の一〇〇年』(矢野恒太記念会、二〇〇六年。原資料は内閣府、総務省、文部科学省の調査)を、「「ふつう」のための「猛烈」」については、熊沢九三年a(論文の初出は八四年)、女性の就業については、厚労省『働く女性の実情』各年版(原資料は総務省「労働力調査」)、同『労働統計要覧』各年版(原資料は総務省「家計調査」)などを参照

「仕事人間」に問いかける妻たち

くりかえし参照してきた『妻たちの手記』は、身近な男たちの死にいたる軌跡を傍らでみつめ、余人をもって代えがたい夫や父親を失った遺族たちの痛切な思いにあふれている。そこにみるものは、骨を嚙む喪失感と孤独感、命を失うまでに自分たちのために働いてくれた人への哀惜、体調不良をまのあたりにしながら結局とどめられず死なせてしまったことへの悔恨、夫や父親をそれほどまでに追い込んで働かせた企業への怒り、その働きすぎによる死をこともなげに扱おうとする行政官への不信、それにもちろんこれからの生活に対するつよい不安である。妻たちみずからもしばしば心のバランスを失い、体調を崩している。

けれども、このように打ちのめされながらも、死せる夫たちにある疑問を投げかける妻たちの発言も聞くことができる。

安田秀美(筆名)の夫は、環境調査会社で一カ月に三七〇時間も働き、四〇歳の九〇年二月に突発性心機能不全で死んだ。その後、薬に頼らずに不眠症を克服するため、男子寮の寮母という疲れ果てる仕事をあえて選んだ四〇歳の秀美は、「仕事以外の話には耳を貸さず……真からの仕事人間なのだと思った」夫に宛ててこう書く。

あなたが仕事をしていたころ、毎晩(朝)帰宅が遅いのに私が心配して、転職をすすめたことがありました。会社をやめてほしいと何度も言いましたね。でも、家族のためにこれだけの仕事をしているのだ、社会的責任もあるのだと、そして私が自分の気持ちを理解してくれないと、あなたは言いました。そして死んでしまった。あなたが守りたかったものはなんだったのですか。死ぬほど大切にしたかったのは、なんだったのですか。……あなたが生涯をかけてやりたかった環境保全の仕事はたしかに、だれにでもわかるほど素晴らしい仕事だと思うのです。そして真面目に努力して、コツコツと仕事をやりとげ、評価も受けた。やりたい仕事で死ねて本望ですか？

滝沢進(仮名)もまた、企業規模三〇〇名の土木設備会社で、現場監督から抜擢されて水処理部門の営業担当となり、激務の末に九〇年一〇月、出張先での商談中に脳幹出血で死亡した。当時三八歳の妻、路子(筆名)は記している。

夫は、仕事をとったらなにも残らないような人でした。会社からがんばれと言われ、がんばらざるをえなかった部分もあったでしょうが、なによりも真面目で仕事熱心でした。でも、仕事人間の父親を誇りに思えと、私は息子に言えません

安田秀美はそれでも「お父さん、ありがとう」と手記を結んでいる。けれども、右のふたつの文章には、結局あなたは家族のために働いたことにならなかったのではないかという、過労死した者の責任を問うまなざしがあり、幸せの約束を裏切ったことへの怨念《おんねん》さえうかが

われる。その人のために働いたのにその身近な人からも疑問を投げかけられる、そこに働きすぎて斃れた者のきわまった悲劇性がある。これらはあるいはきびしすぎる発言かもしれない。とはいえ、このような眼こそが、女性自身の内なるジェンダー規範をも顧みさせ、ともに働いて生計を立てる次代の家庭像を用意するということができる。

しかしながら、夫の働きすぎに心細く依存していた専業主婦も、すでに働いていた妻たちも、そして性別役割分業というジェンダー規範にとらわれていたか否かにかかわらず、哀惜の思いを、夫たちに「会社人間」化を余儀なくさせた企業や行政に対する告発の気力に転化させていったことでは同じだ。ときに一〇年以上に及ぶ労災請求や裁判闘争の過程で、彼女らはその訴えに耳を傾ける弁護士、医者、裁判官たち、そして同じ苦しみの体験をもつ女性たちにも出会うことができ、その訴えの普遍性と正当性を確信することができた。九〇年代半ば以降、過労死の労災認定がはるかに容易になったのは、労災認定基準の緩和もさることながら、すぐれて彼女らのこの確信の社会的承認ゆえにほかならない。思えば、当時すでに「会社人間」を嗤《わら》う言説は論壇には見出されたけれども、この人間像を造型する企業社会のありようをほかならぬ日々の会社業務と関連づけて撃ったのは、感性ゆたかな専門家たちの尽力があったとはいえ、なによりも自分の夫を死に追いやったものについてのみずからの思いを忘れることのなかった女たちであった。生産点の近くにあって、その責務を担うにもっとも適していたはずの労働組合ではなかった。「過労死元年」の翌年、一九八九年一一月二一日、労働界の長年の「悲願」として進められていた労働戦線統一運動が実り、「社会的に価値ある労働運動」を謳う、七八単産・八〇〇万人の連合(日本労働組合総連合会)が結成されている。しかし、八〇年代の労働戦線統一という風は、働きすぎて斃れた一人ひとりの労働者の体験をそれほどは気にかけることなく吹きぬけていったのである。

＊以上、安田秀美、滝沢路子の発言については『妻たちの手記』、労働戦線統一についてはさしあたり、ものがたり戦後労働運動史刊行委員会編『ものがたり戦後労働運動史 X』(第一書林、二〇〇〇年)を参照。当時の労働戦線統一の政策表明や宣言には、「年間一八〇〇時間」への言及はあっても、過労死の文字はみえない

八章　過労自殺――前期の代表的な五事例

1節　サンコー班長の飯島盛

発展途上メーカーの新鋭工場

一九九〇年代以降、日本の職場は、労働者の「心の危機」、ストレスと鬱のまことに広範な普及を背景とする多くの過労自殺を発生させる。以下の諸章ではその具体的な軌跡をたどることにしよう。もっとも、仕事の重圧が心身の疲弊を通じて労働者の自死を招くという過労自殺は、同じ根因から脳・心臓疾患によって死にいたる、狭義の過労死が特徴的であった前期にもさして稀《まれ》ではなかった。この八章では、主として六章での過労死者たちと階層的な立場を同じくする現場リーダー層に集中した、九〇年代半ばまでに起こった過労自殺の事例をみつめることにしたい。

一九八五年一月一一日早朝、金型《かながた》、治工具《じこうぐ》、精密機械のプレス加工を業務とする(株)サンコーの班長、三〇歳の飯島盛は、自宅のガレージで縊死を遂げた。

長野県穂高《ほたか》町生まれの飯島は、七三年三月、地元の工業高校を卒業してサンコーに入社し、岡谷市の本社工場でプレス工として働いていた。七八年六月には、同じ会社の事務職であった千恵子と、上司であり千恵子の親戚にあたる部長KMの仲人で結婚し、一男一女をもうけている。そして八三年七月、飯島は実家に近い堀金《ほりがね》村にサンコーが操業を開始した新鋭工場に転勤し、自動プレス部門のグループリーダーに就任することになった。実家の敷地内に新居を建てることもできた。

サンコーが堀金工場を建設したのは、本社工場ではプレス加工のスペースが手狭なうえ、騒音や振動に対する近隣住民の苦情があって夜間操業が制約されがちだったからだ。サンコーはその頃、驚異的に業績を伸ばしていた。八二年八月(決算期)の売上げ八〇億円は八四年同月には倍増の一五四億円になり、その勢いで会社は、八五年八月には東証第二部に上場することをめざしている。わけても大型の自動プレスを備える堀金工場には、その目的を達成するための強烈なハッパがかけられた。そこでの業務は、時代のニーズを反映した各種OA設備、家電製品、事務機器などの部品の精密プレス加工であったが、八四年末には増築されて部品組立ても行うようになった。

大型プレス機を扱える数少ない熟練工であった飯島は、上司KMとともに、この新鋭工場の導入機械の選定からレイアウトまで担当する。「自分が会社をつくっていくのだ」と燃えていた。しかも製造部長KMは、現地採用者が多いうえになお管理体制が整っていない新工場のプレス作業の管理においては、気心が知れ、なんでも頼みやすい忠実な部下、飯島にとかく頼る傾向があった。それにKMは単身赴任でもあって、深夜にわたる稼働をなんら苦にしていなかったという。その関係はどこか六章で扱った扶桑化学の木下春男と似ている。ともあれ、自動プレス部門の責任者である飯島の仕事は、生産計画の立案、他部門との折衝、金型の交換や修理などの作業段取り、不良品の処理対策、十数名の部下の指導と残業時間の管理、そしてなによりも心労多い納期管理に及んでいた。八四年当時、工場の注文が増え続けていたうえに、納期厳守は至上命令であった。それだけに、余人をもって代えがたい作業のできる飯島は、寸法出し、不良品処理（たとえば金型のトラブル）、機械修理、増設される機械の据付作業、ひいては欠員補充の実作業などのために、ほぼ自動的に過大な残業を、あるいは次のシフトにまで及ぶ長時間勤務を余儀なくされたのである。

そのうえ飯島は、KMのかねてからのつよい勧めを拒みきれず、気の進まぬままに八三年一一月には班長登用試験を受験することになる。帰宅後はその準備のために時間を割かねばならなくなった。二度目の試験に合格した飯島は直ちに一二月二一日、班長に任じられる。これによって部下も二倍以上の三三名に増え、新たに増えた部下の指導のほか、ロボットプレス部門の管理が職務に加えられた。こうして八四年一月以降には、飯島が午後一〇時前に帰宅するのは稀になり、休日出勤も月に三、四回になっている。飯島は、八四年一月にはじまる二交替制の第二勤務（一六時四五分〜翌一時三〇分）の終了後さらに残業しても、第一勤務（八時一五分〜一七時〇五分）の後さらに働いて実に第二勤務者より遅く帰宅しても、朝八時には出勤するのがつねだった。

表 8-1　飯島盛の残業状況(1984 年 7-12 月)

	残業	深夜	内職分	計	1日あたり	退社時刻
1984 年 7 月	94	4.5	55	153.5	7	AM 0:01
8 月	74.5	7.5	51.6	133.6	7	AM 0:15
9 月	86	4				
10 月	84	5	55.9	144.9	6.9	AM 0:10
11 月	49	6.5	62.4	117.9	4.5	PM 9:45
12 月	52.5	15	76	143.5	6.5	PM11:45

出所：村松文夫「プレス工場管理職の自殺」(『激増』186 頁)

例によって飯島の残業時間も正確な記録は存在しない。けれども、例外的に八四年二月六日から二〇日までについてKMがメモするところ、この期間の第二勤務後の深夜残業時間は平均四・五時間、退社時間は午前六時から八時までの間であった。少し後の時期については、給与明細書から八四年七〜一二月までの残業状況が、表8-1のように把握できる。

表中の「内職分」とはなにか。ここにみる飯島の残業時間は記録され会社に承認された時間にすぎないが、それでもそれは、「臨時の受注、納期・生産確保、機械保守などのために例外的に時間外勤務を三カ月につき一五〇時間まで、休日出勤を月三回までに限る」という、三六協定に違反する水準であった。会社はそれゆえ、内部処理として規程を超える残業時間分を翌月分として計上したり、欠勤日を出勤日と扱うなどの措置をとってきたが、七月以降はこの超過分をなんと妻の「内職分」として手当を支給することにしたのだ。ちなみに各工場・部門の責任者が月一回集う「生産会議」では、セクションごとに月間の一人平均の生産高や(支払われる)残業時間がきびしくチェックされていた。いずれにせよ、月一五

○時間にも及ぶすさまじい飯島の残業であった。

体力と気力の喪失

八四年春から夏にかけては、さしも意欲にあふれていた飯島盛も頻繁に疲労を訴えるようになる。八月末、飯島は「皆勤賞」を受けとったけれど、すでに「仕事を辞めたい」「班長にはなりたくない」気持ちであった。「ほとんど一人で仕事をせざるをえない。現地採用の新人では寸法出しのできる人はなかなか育たない」「ほとんど毎日のように午前二時、三時まで残業がある」……と千恵子に洩らす。秋頃からは、独り言を言ったり、話をしても上の空、といったようすで、千恵子に対して不眠、仕事がらみの悪夢、頭痛や胃・腰の痛みを訴えては出勤を億劫《おっくう》がった。毎日の滋養《じよう》強壮剤を手放せなくなった。会社やＫＭの方針を批判し、「もうこれ以上は働けない」としきりに言い募る。班長に就任すると、さらに責任が重くなるばかりか、残業手当がなくなってむしろ収入が減る(?!)こともいやだった。「班長になると会社を辞められないのか。死んだら楽になれるのかなぁ」と本社の従業員につぶやいたともいう。ＫＭに退職を願い出て拒まれ、仕事中に泣いていたこともあった。夫であり父親である盛が正常を取り戻すためには退職以外にないというのが、すでに家族の結論であった。

だが、その年末年始にかけて、工場には量産試作の受注が集中していた。量産試作とは、新規受注した製品について、工作課が金型を設計・製作して試作品をつくり、メーカーの点検を受けて指摘された箇所を修正のうえ、プレス課がプレス加工を行う業務である。金型のセットや寸法出しを一〇〇分の一ミリまでの正確さで行わねば不良品が続出するゆえに、それは高度の熟練と神経の集中を要する、どうしても飯島ら数名に頼らざるをえない作業であった。わけても一一月一五日に新規受注のあったシャープのコピー機、A3用紙送り装置760の量産試作は、三〇工程以上のプレス作業のほか、八個の部品のねじ切りや溶接を加えて組立てに入るという複雑な製品を、きびしく設定された納期で、八五年一月一七日夕方から一日一五〇個ずつ、計一二〇〇個を納品するという画期的な規模の業務であった。しかも工場はその他の製品にかかわる通常業務の納期にも迫られていて、金型製作は遅れがちなのに、後工程からは早期のプレス作業の完了を督促されて飯島は苦境に陥っていた。飯島を最後に追い込んだのは、シャープのこのすぐれたコピー機だったかもしれない。

年末二六日から二日間は発熱、腹痛、吐き気によってやむなく欠勤する。短い正月休みにもたまった鬱屈と疲労は癒《い》えず、一月五日からはじまった勤務でも飯島に以前の活力はなかった。六日の日曜日、飯島は義姉の子どもたちへのお年玉を忘れたことで千恵子につらくあたり、些細《ささい》なことで子どもたちを怒鳴りつけている。彼が入浴しひげを剃《そ》ったのはこの日が最後である。八日頃には、職場では昼食のラーメンを吐いてしまい、同僚が話しかけても上の空で返事もしない、昼休みは帽子で顔を隠して眠るという状態であった。九日、いつもどおり出勤して、納期に対する不安をKMに洩らしつつ、翌日午前三時までシャープコピー機関係の業務に従事する。飯島は自宅では夢にうなされ「早朝覚醒」に悩んでいたが、午後九時半頃の仕事中には工場の通路ででも眠り込んでしまいたくなると千恵子に訴えている。一〇日、「どうせ飯は食えないから」と味付け海苔《のり》一枚を口にしていつもどおり出勤。KMと例のコピー機関連の量産試作の進行について協議し、翌日午前二時まで仕事を続けた。千恵子は、二時一五分に帰宅した夫が「やっと仕事のめどがついた」と語るのにほっとして眠りにつく。しかし千恵子が七時に目覚めたとき、傍らに夫の姿はなかった……。

飯島千恵子の闘い

飯島千恵子は夫の死後、盛の両親との関係が悪くなって、せっかくの新居を離れ、幼児二人を抱えて実家のある飯田市の市営住宅に転居している。「盛の自殺を止められなかったのはお前が眠りこんでいたせい」と義父に責められ、千恵子はいたたまれなくなったのではないか、私はそう推測する。飯田市で千恵子は病院に勤務し、准看護師の資格をとってなんとか生計を支えた。会社は夫の死後、「本来なら支払われないが、飯島君にはとくによくやってもらったから」と、一〇万円を振り込んできただけだった。思えば「夫がわが家にゆっくり帰れたのは死んでから」であった。千恵子は、それでも長い間、夫の無念を晴らすすべがわからなかった。

そんな千恵子を労災申請に誘ったのは、長野の「過労死110番」の林豊太郎弁護士である。自殺に対する労災認定のハードルの高さ、時間の経過、会社の敵視、組合の非協力などさまざまの困難はあった。しかし千恵子と弁護団(林の急死後は松村文夫ら)は、千恵子が保管していた給与表や「内職代内訳表」の整理、元従業員からのヒアリングなどを精力的に進めた。元従業員からは「生産会議ノート」などの資料提供や「量産試作」の重要性と難しさについての示唆もあった。一方、五万人目標の署名運動によってこの問題は社会化しつつあった。そのうえで八九年一一月、時効期限ぎりぎりながら大町労基署に労災申請することが可能になったのである。

しかし、一九九五年一月、労基署は、長時間残業の事実は認めたものの、おそらくは関東労災病院医師の「業務外」鑑定があったことなどに頼って不支給処分を決定した。審査請求も棄却であった。そして再審査請求の結果をじりじりと待っていた千恵子はついに九七年一月、「マスコミで騒がれる」ことの子どもへの影響からためらっていた行政訴訟にふみきることを決意する。

公判の場では、KMなど「会社側」証人や、鬱病の有無とその業務起因性をめぐって立場を異にする医師たちへの、双方からの白熱した尋問が展開された。しかし飯島の労働と生活の実態を凝視する説得性において原告側は被告側にはるかに勝っていた。一九九九年三月一二日、長野地裁(裁判長・齋藤隆)は、飯島の反応性鬱病の罹患と自死を、「内因性精神病に親和的な素因があったとは認めることはできない」として認定し、それらは長時間残業や納期達成への過重責任というまぎれもない仕事の負担に起因すると判断して、労基署長の労災補償不支給処分を取り消す判決を下したのである。この原告勝訴の判決は、九八年一〇月の再審査請求の棄却にもかかわらず控訴なく確定する。盛の死後、実に一四年後のことである。

過労自殺について労基署長の処分が裁判で取り消されたのは、全国でこれがはじめてであった。

長野地裁の判決の前日に高校入試を迎える盛の長女、淳子は、裁判官にあててこう綴っていた。

母が運動を始め十年目になりました。……父の後ろ姿を見送る母はどんなに辛かったでしょう。引き止めても父は会社に吸い込まれていってしまいます。父もどんなに辛かったでしょう。辞めたくても辞められなかったのです。はっきり言って、私には父の記憶が何一つないのです。父の優しい笑顔も優しい声も私の記憶になる前に、たった一人の父を仕事と会社にとられてしまったのです。私はくやしくてたまりません

盛が自死したとき淳子は生まれたばかり、千恵子が闘いをはじめたときは小学一年生である。千恵子が記すようにまことに「過労死問題は女性のたたかい」であった。

＊以上、飯島のケースについては、大町労基署長・プレス工場責任者反応性鬱病発症自殺事件、長野地裁一九九九年三月一二日判決(過労死行政訴訟判例データベース)、『激増』、『妻たちの手記』、『信濃毎日新聞』一九九九年三月一二日付などを参照

2節　トヨタ自動車の久保田敦

設計課のエリート係長

飯島盛が、なお中小企業の体質を残すサンコーにおいて若くして班長に抜擢された工業高校卒の刻苦勉励《こっくべんれい》型の熟練工であったとすれば、一九八八年八月二六日に三五歳で投身自殺したトヨタ自動車の係長、久保田敦(仮名)は、すべてに恵まれたエリート社員であったようにみえる。

久保田は愛知の名門、旭丘《あさひがおか》高校、次いで東京工業大学を卒業後、トヨタの奨学金を受けて同大学院理工学研究科に進学し、大学院修了後の七八年、この日本を代表するトップ企業に就職している。久保田は高校時代はボート部、大学時代はラグビー部、また一般の山岳会にも所属していた健康なスポーツマンでもある。性格的には――皮肉にも後にそれこそが自死の一因と主張されるのだが――きわめて几帳面で真面目、積極性・責任感・社交性にも富む、他方、完全主義者で神経質、仕事第一主義ですべて自分でやろうとして仕事を背負い込むところがあったとみられていた。上司の課長の評価では「バランスがとれていて優等生的であり、職場にとっては申し分のない人物」であった。この期待の人材は、入社以来一貫してシャーシー関係の設計業務につき、八七年二月からは、同期入社者のなかではいち早く、第一車両設計課第一係の係長に就任する。

一方、久保田は入社直前には中学時代の同級生綾子(仮名)と結婚、二人の間には三人の娘が生まれた。八七年には、名古屋市内の綾子の実家の隣地に新築した家に転居する。綾子は週二回、音楽学校や高校でピアノ講師を務め、自宅でも個人レッスンを行っていたが、夫のゆとりない仕事中心の生活を理解して、両親に助けられながら家事・育児の一切を引き受けていた。住宅ローン約二七〇〇万円の返済義務はあったとはいえ、給料天引き分の返済控除後でも毎月の手取り給料は二七万円から三二万円ほど、ボーナスは夏冬それぞれに約一〇〇万円あって、綾子は月に二二万～二五万円ほどの自分の収入を貯金に回していたほどであった。まずは順風満帆のサラリーマン生活だったといえよう。

「出図」納期に追われる過重労働

しかし仕事の要請はきびしかった。世界に冠たる「トヨタ的生産方式」のもと、新車の開発や既発の量産車のマイナーチェンジは、製品企画室があらかじめ設定した日程にもとづいて遂行される。思考と判断を求められる設計業務も例外でなく、その遅れはほかの部署の業務進行に大きな影響を及ぼすゆえに、設計図の出図《しゅつず》期限の遵守は至上命令であった。この出図時期が設計業務の最繁忙期である。シャーシー関係の設計にあたる第一係は八八年二月頃、アジアカー(AC)二種(4×2車、4×4車)のマイナーチェンジに伴う開発設計と、ライトエーストラック(LAT)の新ステアリング方式に伴う改良設計に取り組んでいた。そのほかにも、生産ラインから以前に寄せられていた変更依頼やユーザーからの苦情――たとえば「L

ＡＴのリーフスプリングの異音がある」――に対処するスポット改良、ＬＡＴ関係ではＰＳ油圧を使用するダンプ開発計画などの仕事が重なっていた。

設計業務はａ先行試作設計、ｂ第一次試作設計、ｃ第二次試作設計を経て、それによって生産が開始される正式図の出図にいたる。第一係の予定では、ＡＣ４×２車のａは七月末完了、ｂは一〇月開始、４×４車のａは八月末完了、ＬＡＴのａは七月完了、ｂは八月開始であった。しかし、設計は予定どおりスムーズには進まず、久保田は課長と相談して、ＡＣ４×４車ａの完了予定をまず九月末、次いで一〇月末に延長する。ＬＡＴのａについても部分的に九月一〇日までに変更された。また予定どおり進んだ設計についても、生産コストが高くつくことがわかり、その処理はｂ段階の課題として残された。しかし、ａ先行試作設計の期限は延ばせても、ｂｃの試作設計、ひいては正式図の完成に続く生産開始のタイムリミットは厳存する。それらのスケジュールを狂わせることは係長へのマイナス評価になるだろう。いずれにせよ、八八年七、八月の第一係では、設計の遅れを取り戻すための緊張と繁忙がきわまっていた。そのなかで納期遵守の責任を問われる係長、久保田の職務は、月例報告の作成、製造現場や販売店からのクレームに対する改良措置の指示、係員への仕事配分と助言・指導、係員の設計のチェック、日程表の作成と進行管理などをふくむ業務管理、係員との協力による先行設計図の原案決定、他部署や生産現場との連絡・調整、各種会議……などきわめて多岐にわたっていた。みずからが行う設計だけに専念できるわけではなかったのだ。

就業規則では所定労働時間は八時三〇分～一七時三〇分、週休二日制である。また三六協定では、一カ月の残業のリミットは当時七五時間であった。久保田の場合は、勤務報告上では、八七年九月から八八年八月二五日までの間、月平均残業時間は四五・三七時間である。しかし同年七月は六八・五時間、八月は(二五日までで)、八日間の夏休みがあったのに四六・五時間。また、それまではなかったのに七月には二日、八月には三日、休日に出勤している。その夏はとくに忙しかったことがわかる。もっとも、この点は後の労災認定にかかわることだが、久保田の労働時間そのものは、ほかの係員や係長にくらべてとくに長いわけではなかった。

トヨタでは八六年四月から、急激な円高への対策として経費五〇％削減をめざす「チャレンジ五〇運動」が、その一環として同年一二月からは、翌年六月までの期間を対象に事務部門の残業半減運動が展開されていた。この運動のもとでは、残業希望者はその必要性を上司に申告してその指示を受けねばならない。また週に二日以上の「一斉定時退場日」も設定されている。第一車両設計課においても、月ごとに係員一人平均の目標残業時間数が決められた。この「目標」は八七年七月以降、徐々に緩和され、一二月には四二時間、八八年四月には四六時間になったが、四月下旬には増える傾向の残業に対処すべく「明日より一九時以降の残業中止」の指示が発せられる……。こうした残業規制は、それ自体は真摯な企業努力ながら、業務量の見直しがない限り、それは確実に労働密度を高める。もうひとつの可能性はサービス残業である。後の行政訴訟での高裁判決は、原告の主張するサービス残業については「明確な証拠なし」と述べたけれども、仕事に追われる設計技術者が、たとえば休憩時間に、そしてまた自宅で働く蓋然性はきわめて高いといえよう。久保田は八八年の夏休み中も仕事だったのである。

それらの夏の日々、次第に心のバランスを失いつつあった久保田にさらにふたつの心労が降りかかった。その一。八月はじめ製品企画室は、南アフリカへの「V／N型車」輸出に向けて、現地環境や市場性を調べるための出張者の推薦を設計課長に申し入れていた。課長は久保田を選び、八八年八月二〇日、翌年一月一〇〜二五日までの南アフリカ行きを依頼した。久保田は出張期間がACおよびLATの第一次出図時期と重なっていることが心配で断ったけれども、結局は承諾させられている。

その二。久保田はかねてからトヨタ労組の評議員であったが、八八年七月初旬、一年任期の職場委員長に就任するよう説得を受けた。職場委員長は、出席すべき会議だけでも組合大会、評議会、支部評議会、支部評議員会議、職場委員長会議、支部懇談会、支部生産説明会、各種研修会、労使協議会(傍聴)、上部団体の大会、中央委員会など多数を数える、よかれ悪しかれ組合員間のコミュニケーションと意思統一を重視するこの組合の、それは要職であった。本来はむろんボランティアの職務であったが、実際には妻に洩らしたように、就任は「会社を辞める覚悟がなければ断れない」「自分の仕事よりも優先しなければならない」要請であり、トヨタマンの義務と意識されていた。久保田が優秀なトヨタマンと目されていなかったら、組合役員に推挙されることもなかっただろう。結局、久保田は暗い気持ちで引き受け、六月末から自死する前日の八八年八月二五日まで、一泊二日の職場委員長セミナーをふくむ七回の会合に出席している。

自死に辿るプロセス

八八年六月頃から、久保田はそれまでとは違って綾子に仕事上の愚痴をこぼすようになった。早朝覚醒にも悩まされる。七月からは仕事の日程消化につよい不安を覚え、鉛筆とメモ用紙を枕元において就寝し、しばしば夜中に目覚めてはアイデアをメモしている。綾子は七月四日に三女を出産したが、久保田は忙しく、病院を訪れたのは出産と退院の日だけ、それも仕事や会議の合間を縫ってのことだった。七月末には不眠もさらに悪化し、八月はじめには、午前五時すぎには目覚め、そのため睡眠時間も四時間〜四時間半になってしまう。精神科医、南雲与志郎の『鑑定意見書』によれば、この頃は「それまでの自信、自負、強気の頑張りと、弱気や不安な迷い、悲観的な見通しなどとが流動的に交錯する印象」という。以下、死にいたる日々をメモ風に記す。

- 八月四日――(妻に語る)その日に死亡した妻の祖母の葬儀が六日と聞いて、「休みの日でよかった」
- 七日――AC4×4車関係の日程調整。帰宅後(妻に語る)、「今回の仕事は乗り切れないかもしれない。夏休みは毎日出社になるかもしれない」
- 八日――「今後何に注意していくべきか。現部署にいるべきか。現状を(上司に)話すべきか」と書いたメモを妻に渡し、彼女が時おり相談している占い師に尋ねてきてほしいと依頼する(合理的な思考になじんできたはずの人が「占い師」に意見を求めるところに、心のバランスの痛ましい崩れをみることができよう)。そしていぶかしがる妻に、次長や課長は現場の混乱に気づいていない、このままでは予定どおり進まない、自分が図面を書く時間があれば何とかなるが、会議などでそれができない、どうするべきかと、悩みを打ち明ける。その日、課長に現状報告したところ、課長は「夏休みに気分転換してまたがんばってくれ」と取り合ってくれなかったという。この頃から「身体が疲れれば眠れるかもしれない」と早朝のジョギングをはじめる

• 一〇~一七日——夏休み。一一日には会社から仕事の書類を持ち帰り、一三日には家族で実家を訪問。しかし他の日は、午前五時頃起床、約一時間ジョギング、その後、三度の食事と一五時の休息をのぞいて午後一〇時頃まで自宅で仕事、零時に就寝という生活を続ける。一七日午前には会社に書類を返却(書類を持ち出しての在宅仕事は会社の知らないこととしておきたかったと推測される)。仕事はかなりはかどった模様

• 一八日——「夏休みも終わりだ。またがんばろう」と出勤。LATのコスト低減問題をめぐって関係部署、部品メーカーと検討

• 一九日——午前五時に出勤(タイムレコーダーの打刻は八時二分。「一時間でも多く仕事がしたい」とのメモが残されている)

• 二〇日——アフリカ出張の発令。帰宅後(妻に語る)、「半年先といっても日程は全部埋ま

っている。一月が一番忙しい時期なんだ。僕が抜けたら仕事が混乱する。とても行ってられない」
●二一〜二二日――休日だったが、職場委員長の研修セミナー。二二日の終了後はそのまま出社し、開発プログラムの作業日程計画作成に関する仕事。帰宅後(妻に語る)、「肩がやけどのようにヒリヒリ痛い」、しかし「セミナーに来ていた人も皆忙しそうだから、またがんばろう」
●二三日――顔色も表情も見るからに疲れているようすで、二一時半過ぎに帰宅
●二四日――午前五時すぎから自宅で仕事の作業日程表を作成。(妻に語る)「課長は忙しさをなにもわかっていない。この計画表をこのまま出したら、部長、次長が無理な計画だとびっくりする。課長のメンツも潰れてしまう。どうしようかな」。その日の二一時頃帰宅した久保田は、仕事の進行を尋ねる妻に「まぁなんとかね」と答えたが、夕食の直後、すべて吐いてしまう
●二五日――午前中は業務報告書の作成、LAT関係の仕事。昼休みは職場懇談会。午後はLATのリーフスプリングの異音問題についてメーカーや製品企画室と事前打ち合わせ……

そして久保田は、一六時から予定されていた次長月例報告会を欠席し、タイムカードの打刻もせず、胸に名札をつけたまま会社を抜け出す。二〇時半ごろ帰宅、放心状態で二階のべ

ッドに横たわった。夕食後、異常を感じた綾子に問われて、久保田は「もうトヨタにはついて行けない。仕事をやる時間がない。トヨタを辞めたい」と答えた。この日、会社の屋上まで行ったけれど、子どもの顔が浮かんできて、いま死んだらこの子は親の顔も覚えていないだろう、だから飛び降りられずに帰ってきたのだと言う。妻は「死ぬ気になればなんでもできる。明日、会社を休んでもとの部長のPさんに相談したほうがいい」と「助言」したが、返答はなかった。その後、久保田は三女を風呂に入れ、なにも語らずに泣いていたという。二六日一時半、勧められるままに「ゆっくり眠りたい……明日病院へ行って(睡眠薬を)もらってこよう」と言って床につく。綾子は気になって、敦が眠り込んだと感じられる午前四時頃までは起きていた。だが、久保田敦はほどなく、マイカーで自宅を抜け出し、近くのマンションの六階から身を投げたのだ。スポーツシャツとトレパン姿ながら身分証明書は携行していた。

労災認定・行政訴訟の攻防

設計出図の予定というものにさいなまれた久保田敦の仕事上の心労をつぶさにみてきた者には奇妙にさえ感じられることながら、八九年三月一七日に出された綾子の労災申請に対して、豊田労基署長は九四年一〇月二一日、業務外決定を下した。綾子は一一月七日、審査請求に赴く一方、一九九五年三月二四日には名古屋地裁に業務外処分の取消訴訟(行政訴訟)を提起する。ちなみに審査請求も九七年二月二〇日に、再審査請求も〇一年五月一六日に棄却であった。

法廷で国側は、久保田の労働時間が同僚のそれとくらべてとくに長いわけではなく、仕事の心理的負荷もとくに過重ではなかったゆえに、彼の鬱病は業務に起因するものではなく、「内因性」のもの、つまり執着性格、メランコリー的性格によるものと主張している。それに対し原告側代理人の水野幹男らは、久保田の真面目さ、誠実さ、几帳面さこそトヨタでは望ましい勤務態度として推奨されたありようではなかったかと批判したうえで、トヨタ的生産方式のもとでの仕事の過密性、久保田の当時の業務におけるマイナーチェンジと改良設計の重なり、設計日程の遅れ、それらが係長に課する心理的重圧の論証につとめた。業務の過重性はすぐれてその人にとってどうだったのかを基準に判断されるべきであるという「本人基準説」も、原告側の強調点のひとつだった。詳細で説得的な『南雲鑑定意見書』をはじめとする精神科医の多数意見も、業務起因性を認める立場であった。

九九年九月に精神疾患に関する労働省の労災認定基準が発表されてからも、国側はなお久保田の「性格上の脆弱性」論に固執している。だが、二〇〇一年六月一八日の名古屋地裁判決（裁判長・林道春）は、原告側の主張を容れ、久保田の八八年夏の鬱病罹患と自死の業務起因性を認定したのである。判決は精神疾患の労災認定についてこう述べている。

企業に雇用される労働者の性格傾向が多様なものであることはいうまでもないところ……労災保険制度の趣旨に鑑《かんが》みれば、同種労働者（職種、職場における地位や年齢、経験な

> どが類似する者で、業務の軽減措置を受けることなく日常業務を遂行できる健康状態にある者)の中でその性格傾向がもっとも脆弱である者(ただし同種労働者の性格傾向の多様さとして通常想定される範囲内にある者)を基準とするのが相当である

注目されるべきは、判決が明瞭に「平均人基準説」を斥《しりぞ》け、「本人基準説」を採用していることである。ちなみにトヨタは「コメントを差し控え」た。

労災認定に大きく道を開くこの「本人基準説」の容認は画期的であっただけに、国側は控訴にふみきっている。名古屋高裁の法廷では、本件での仕事上のストレスと個体側の反応性・脆弱性の関係把握、つまり「相当因果関係」の意味をめぐってさらに論争が展開された。私の叙述はそこでの事実認定に多くを負っている。結末は「何事においても仕事中心で、いわゆる会社人間であった」(『南雲鑑定意見書』)久保田が燃えつきて自死してから一五年後に訪れた。二〇〇三年七月八日の高裁判決(裁判長・小川克介)は、一審と同じ判断、つまり控訴棄却であった。なお高裁判決は、職場委員長就任に伴う、仕事ができないのではないかとの不安を当然のこととみて、この組合業務をも「業務上の出来事として取り扱うのが相当」とも述べている。久保田にとって組合活動への参加が、仕事の日々にいくらかのゆとりをもたらそうとする営みの機会ではなく、それ自体が身に降りかかる業務と意識されていたことは皮肉である。ともあれ、過労自殺の労災認定をめぐる行政訴訟で遺族側の主張が高裁レベルで認められたのは、これがはじめてのケースであった。

＊以上、久保田ケースについては、豊田労基署長・トヨタ係長鬱病自殺事件、名古屋高裁(控訴審)二〇〇三年七月八日判決(過労死行政訴訟判例データベース)、『南雲鑑定意見書』および同書所収の水野幹男「解説」、水野幹男「設計労働者の過労自殺を労働災害と認定」(日本労働弁護団『日本労働弁護団の五〇年　第三巻』二〇〇七年。以下、『五〇年』)、『朝日新聞』二〇〇一年六月一八日付、同紙二〇〇三年七月八日付など参照

3節　日立造船の下中正

新型舵取機の設計納期

日立造船の技師、下中正(四六歳)の場合も、九三年春の自死にいたる苦しみの根はトヨタの久保田敦と同じく、すぐれて設計の納期であった。

一九六九年入社の下中は、日立造船舞鶴工場で二〇年以上も経験を重ねた舵取機の設計担当者である。九二年当時は、本社から提示される基本設計図をもとに、実物を製造するに必要な寸法、材質、形状、能力などを割り出し、いくつもの図面製作や部品指定までを行う「詳細設計」に携わっていた。緻密《ちみつ》さを求められる心労に満ちた作業であることはいうまでもない。

下中はこの頃、自社建造の五隻と住友重機建造の一隻にかかわる、いくつもの舵取機設計を担当していた。そのうえ下中は、九二年四月から大型船舶に用いる新型舵取機の開発プロ

ジェクトにおけるただ一人の実務責任者に任じられる。この開発は、コストの安い「フォーク型」では五五〇トルク(トルク＝舵の力)の能力をもつ機種を製造できる有力なライバル、川崎重工に大きく水をあけられていただけに、日立造船にとっては至上命令であり、有明工場(熊本県)で建造されるタンカーにせめて五三〇トルクの一号実機を搭載できるよう、舵取機の納期が九三年六月に決められていた。しかし開発は手探り状態で、下中は川崎重工で製作された舵取機の外形を測ることからはじめて、従来の日立造船製作の「フォーク型」とは構造がまったく違う、トルク数は一・七倍、容積は〇・八の新鋭機を設計するという困難な課題に挑戦しなければならなかった。それなのに会社は、未完成の新型舵取機を備える大型タンカー三隻の受注をすでにすませていた。バブル後の不況期、大手造船会社間の受注とコストをめぐる企業間競争がいかに熾烈であったかがうかがわれよう。

九二年一〇月、試作機の試運転に入った段階で、油圧をかけないとき舵がふらつく、油圧ポンプの油温度が上昇しすぎるという二つの重大なトラブルが生じた。折しも設計のヴェテラン二人の別の部署への異動もあった。下中は一人で懸命にトラブル処理に取り組んだけれども、当初計画の開発期間の九二年一二月までに完了させることは不可能であることがわかり、翌年五月三日までの期限延長と予算増額の計画変更願を提出する。トヨタの久保田がそうであったように、こうした計画変更は責任者としての能力評価への不安にもかかわるばかりか、また実機の納期は変わりないゆえに、下中をいよいよストレスと過重労働に追いやったのである。九三年一～三月、下中の残業は賃金明細書によるものだけでも月八〇時間を超えた。二月一二日からの三一日間についてみると、休日は二日間だけであり、帰宅時間はいつも二二時をすぎていた。九二年の年末頃から、下中は妻の恵子や長女の喜代美にひどい疲れ、不眠、食欲低下を訴え、「会社を辞めたい」と洩らしている。過度に家族に感謝したり、褒めちぎったり、また自分の「力不足」を謝ったり、涙を浮かべたりもしたという。妻は病院へ行くことを勧めたが、答えは例によって「今は行く時間がないんや」であった。

二月二七日(土)からの三日間は、連日の休日出勤、往復とも夜行列車での有明工場への出張、帰宅日も二二時までの勤務であった。三月九日、トラブル対策検討書を作成し終えたもののなお不安を残しながら、期限を急《せ》かされていた新型舵取機の実機用三組の図面作成にすぐに取りかかる。しかし三月一二日(金)までには、この三組はどれも完成しなかった。それゆえ三月一三日(土)と一四日(日)、下中は休日出勤して午前零時まで苦闘し、マニブロの図面二枚(一組)だけはなんとか仕上げ、作成日を一二日と記して課長の机に残した。日曜は一六時間労働であったが、作成日付は予定の一二日(金)であった。

すでに一五日になってから帰宅した下中は、待っていて語りかける家族になにも答えず、まるで誰もいないかのようだったという。下中はその日、定刻の七時半に出社するかのようにクルマで家を発つ。そのまま失踪《しっそう》した。それから二日間、三回給油して一一〇〇キロを彷徨した後、九三年三月一七日未明、入水自殺したのである。四〇時間の彷徨の間、下中はなにを考えていたのだろう。新しくむつかしい仕事の責任が自分一人にかかり相談する人もいなかった悩み、納期への心配、「それにしても自分の処理能力のなさ」への自責、「ああ、も

う どうしたら……。今のこの不安感ではもう生きていく気力がない」、そして「家族のことを考えるとひどいことをしていると思うが……すまん。がんばろうとしてもだめや！　恨むなら俺と会社を恨め。ああ、残念無念」——と綴る遺書が残されていた。

非情の労基署決定と民事訴訟

妻の恵子は、夫の死後二年ほどは立ち直れなかった。会社の非協力的な対応、公に訴えると同僚に迷惑がかかるのではないかとの心配、なんとなく感じられる地域社会の圧力、夫を喪ったことに伴ういくたの処理事項からくる精神的な疲労に気力を喪っていたのだ。しかし「過労死１１０番」や「京都労災職業病対策連絡会議」(職対連)に相談する過程で、夫の過労自殺を無駄にするまいと思い定めるようになり、ようやく三年半後の九六年九月二〇日、舞鶴労基署に労災を申請した。だが、労基署は九七年一二月二四日、不支給処分を決定する。後に明らかになったその「理由」は、①下中の経験に鑑みれば、当時の業務の質と量に反応性鬱病を招くほどの「特段の困難性」があったとは思われない、②精神障害の発症は業務以上に、下中の性格特性と、実母の「寝たきり」と長男の「不登校」などの「家庭問題」による、③意味のよくわかる遺書があり、「心神喪失の状態」での自殺とはいえない——であった。

行政に対する労災申請に関しては、九八年一一月五日、審査請求も棄却されたものの、再審査請求への裁決は二〇〇〇年五月二五日、ついに逆転認定であった。しかしここにいたるまでには、九七年一二月一六日に、遺族が企業に対する損害賠償請求訴訟を提起し、その審議のプロセスが右の「理由」の不当性を白日の下にさらしたことの影響が大きい。会社の安全配慮義務違反の責任を追及するこの民事訴訟は、再審査での労災認定後に、会社から求めて和解にいたっている。それゆえ判決は読むことはできないが、争点はよくわかる。

法廷に立たされた日立造船は、会社の勤怠原簿以外には下中の残業実態を明らかにする資料はない、開発計画に無理はなかった、自殺の原因は家庭にあったと主張した。しかし、たとえば母親の「寝たきり」や長男の「不登校」は、会社関係者の間での単なる噂によるものであり、まったく事実に反していた(ちなみに労災認定の審議では、三人の精神科医はともに、労基署側の医師までも、下中の最期の日々に「国際疾病分類ＩＣＤ‐10」による鬱病エピソード(後述)を発見して、反応性鬱病の発症、その業務起因性を認めていた)。弁護団はまた、下中の残業については、彼自身の詳細なメモや走行ノートによれば、会社に記録されている分は総じてその三分の二にすぎなかったことを暴露している。実態としての自殺直前六カ月間の残業は月一〇〇～一二〇時間になる。二月には、会社の勤怠原簿では平日出勤一三日、休日出勤五日、代休五日とされているにもかかわらず、実態はそれぞれ一八日、七日、ゼロである。この月の残業は会社の認める八三時間ではなく一二〇時間以上であった。もちろん弁護団は、下中の責任を問われる立場、きびしい納期で困難な課題に挑む設計業務の特徴、トラブルの発生による仕事の質的な負担増の立証にもつとめた。事実、下中の死後、仕事の引継ぎには何人もの従業員が補充されている。実機納入期限や生産開始時期が不動のまま、中間段階での設計の目標時期を遅らせねばならないことのもたらすいっそうのストレスは、トヨタの久保田の場合と同じだといえよう。ともあれ、最終段階での労災認定は結局、このような法廷での立証を援用した判断にほかならなかったのである。

＊以上、下中ケースについては、小林義和「造船所設計技術者の自殺」(『激増』所収)、川人博『過労自殺』(岩波新書、一九九八年)、およびヒアリングによる

4節　下田市の観光課係長

繁忙と心労——黒船祭と世界レスキュー大会

過労死・過労自殺は日本のふつうの労働者の生活に内在する危機であるとはいえ、その死者にはなんらかの事情で特別の業務負担が集中的にかかっていたことは多くの事例にみるところである。この仕事分担の不均等性それ自体は、決まった範囲の仕事に人が配置されるというよりは人によって仕事分担が異なることが多いホワイトカラーの分野において、さらには全社の隅々まで効率原理が貫かれている民間企業よりは、個別の勤怠管理がなおそれほど厳密でない公務員の世界に、いっそうよくみられる状況であるかにみえる。教師を別にすれば、公務員の過労死・過労自殺が紹介される例はそれほど多くないが、ここでは、下田市の観光課係長、河本繁雄(仮名)の縊死(一九九二年六月二三日)を紹介しよう。この事件は、九八年冬、地方公務員災害補償基金静岡県支部審査会が公務災害を認定するという結末を迎えて

いる。その前段の処分庁による公務外認定に抗する審査請求の際、代理人(弁護団と下田市職員組合幹部)が展開した請求人の主張を中心に、河本の体験を概観する。

九二年三月二三日から六月七日(死亡直前に一二日間の休職をとる前日)までの七七日間、河本が休暇を取得したのは二日のみであった。その間の拘束労働時間は八八〇時間、日平均一二時間弱に及ぶ。午後一〇時以降まで勤務した日は二五日、深夜一時、早朝四時までの日もそれぞれ一日ある。河本はかねてから多忙であったが、九二年は前年とくらべると四月で一・三倍、五月で一・二倍の労働時間であった。では、なぜそれほどの長時間の労働を余儀なくされたのか。

五月一六日(土)〜一八日(月)には、市職員の三分の一が投入される年中行事「黒船祭」が行われる。観光課の職員はそのため例年、四、五月には月一〇〇時間を超える残業を強いられていたが、観光課係長の河本は、準備期限と材料費や人件費の予算枠を守らねばならない黒船祭の準備にあたる、心労たえまない司令塔であった。河本は自費で計算機を買い、自宅で黒船祭予算の計算をしている。しかしこの年、それ以上に負担だったのは、六月二日から七日までの六日間、日本ではじめての国際企画「レスキュー92世界大会」が、下田市の共催により当地で開かれることになり、九一年末、河本が大会副実行委員長に選任されたことだった。

それ以来、二一カ国から選手一〇〇〇人、国内から選手・役員五〇〇人の参加が予定されるこの催しのため、河本は通訳手配、宿泊の手配、中央諸官庁、海上保安庁、県警などへの協力要請、マスコミ対策など大会の企画と運営に多大の労苦を強いられた。九二年の四月の人事異動によって、観光課で一緒に仕事をしてきた課長とヴェテラン主査が異動になり、二大行事を前にして報告書作成や懸案事項の相談など経験を要する業務が河本一人に集中するようになったことも痛手であった。レスキュー大会の準備担当はほかに観光課スタッフ一人だけである。大会の準備業務は多くの外国人への対応を必要としたが、英会話や外国の習慣になじみ薄い河本は、思い悩むことが多かった。「もっと英語を勉強しておけばよかった」と、河本はしきりに妻に語ったという。

そのうえ、レスキュー大会の企画遂行にはさまざまの困難が生じていた。まず、バブル崩壊直後のことでもあって当初予算の協賛金の集まりが悪く、予算確保上の心配があった。大会のプロジェクトを請け負った会社の規模、経歴、能力にも不安があった。未経験の事業でありマニュアルも急ごしらえのものだった。河本を管理監督する立場の市上層部は、場所の提供と予算内の補助金支出以上に河本を支援することがなかった。そればかりか河本は、八七年度の観光施設整備——いくつかの観光道路、公園、海浜など五つの整備事業に関する仕事も引き続き担当していた。これらはときに、さまざまの業者や地域住民からの、場合によっては工事差止要求すらふくむ苦情の処理、関係各機関との協議、判例研究などを必要とし、その心労はなまなかのものではない。たとえば市役所職員の地域住民に対する折衝は、容易に「金で解決」できないだけに一種の感情労働なのだ。レスキュー大会の準備もまた、多分にその要素をふくんでいたと思われる。

自殺前後の夫と妻

こうして九二年四月頃から、四〇代の河本繁雄はおそらくは次第に不健康の度合いを深めていった。妻、真弓(仮名)の語るところ、五月には夜遅く帰宅すると、疲労とか肩や首の痛みを訴え、布団に倒れ込むようになる。一月に七三キロあった体重は六三キロに減った。座るとすぐに居眠りしはじめるのに床につくと眠れない。クルマを運転すればぼうとうとして蛇行する。六月には、土日なしに残業が続いて疲労困憊し、自信もなくして「仕事に行くのが怖い」「仕事を辞めたい」と口走るにいたる。六月七日、あのレスキュー大会の打ち上げ式にすら最後まで列席できなかった。大会の好評を伝えても苦笑いするだけだった。六月八日、河本は予定の出勤ができずに休んだが、勤務先にいた真弓に「息ができない、胸が苦しい」と電話で訴え、救急車で駆けつけた真弓に付き添われて隣町の国立湊《みなと》病院へ行った。やっと発作が静まると、医師は症状を軽視して(この措置が後に問題とされる)帰宅を促したけれど、二人はあえて頼んで一週間の予定で入院した。しかし注射や点滴などの治療もまったくないため三日目に退院している。入院中、繁雄はまた「仕事を辞めたい」と言い、真弓が「そんなにいやなら辞めよう」と答えるとうれしそうだったという。ほっとしたのだ。ここからやり直せばよかったのだ。

六月二〇日(土)と二二日、河本は、真弓の勧める心療内科の受診もせず、点滴をくりかえしながら半日勤務をした。かかりつけの医師に「社会的に復帰できないような病名」をほのめかされて落ち込んだ模様。「心配ばかりかけて……」と謝りながらも真弓にすがりつくような日々だった。そして二三日、出勤はしたがやはり気分が悪く点滴をして、勤め先の真弓に早く帰ると連絡する。真弓は、「明日こそは」と心療内科の予約をとって、自分の仕事の終わりを待たず、「お父さん、待っててね、今帰るからと、独り言を言いながら猛スピードで」、一七時四〇分ごろ帰宅した。しかしその一〇分ほど前、繁雄は裏の軒下で縊死していた。まだ温かかった。

繁雄の自死は真弓をしたたかに打ちのめした。「なぜ、なぜ?」という執拗な疑問、夫を結局は助けられなかったという自責が重くわだかまる。心のバランスが崩れて「現状を理解する能力及び五官」、たとえば味覚や痛覚、その人が誰か認知する力さえ失うような状態になったという。ゆっくりと回復はしたけれど、当時の下田という地域社会では自殺というものへの偏見からくる無言の圧力がからだで感じられる。それと関係して、長女が大学を卒業して就職し長男が大学受験に受かって「この町」を出るまでは、役所に対するアクションがためらわれる、そんな気持ちもあった。

ためらう真弓の背中を押したのは、なによりも下田市職員組合の支援である。労働組合はいち早く河本繁雄および商工観光課職員の労働実態についてくわしい調査を行い、九三年七月には、長時間残業の実態や担当業務の過密性・困難性を明らかにする「調査報告書」を安全衛生委員会の名で提出していた。繁雄の死は公務災害と認定されるべきであるというのが組合の明瞭な立場であった。それもあって真弓は、期限ぎりぎりの、河本の死後四年あまり経過してからではあれ、ついに公務災害を申請するにいたる。

地公災基金静岡県支部長は、例のとおり、河本の年中行事での長年の経験、新しい行事での協同作業性(?・)、精神疾患という病院診断の欠如、精神錯乱による衝動的な自殺といえないほどしっかりした遺書の内容などを論拠として、九七年七月九日、公務外と認定する。その不当性についてはくりかえすまい。しかし審査請求での審議においては、地公災基金静岡県支部審査会が、前記の組合調査のほか多数の供述記録など膨大な資料を検討して、河本と、「残業課」「残酷課」とよばれていた商工観光課の労働実態を掬い上げ、その肉体的、精神的負荷の重さを評価して一九九八年二月一九日、公務外認定を取り消した。その後、この課の人員体制は見直され、人員の補充が行われたという。

ちなみに、八七年一〇月、質量両面において河本繁雄ときわめてよく似た業務に携わっていた豊橋市農政課の課長補佐、五一歳の伊藤康雄がくも膜下出血で死亡している。ここでは豊橋まつりがあり、ここでも職員組合がすでに非組合員であった伊藤の労災申請の支援に取り組んだことが注目される。行政改革によって不断に公務員減らしを迫られ、しかも一方、「地域おこし」の要請によって祭などのプロジェクトの企画に誘われる地方都市において、河本や伊藤のような死はさらに起こりうるものと予測される。

＊以上、河本ケースについては、河本真弓の申立書のくわしい紹介をふくむ大森秀昭「市役所観光係長の死」(『激増』所収)、伊藤ケースについては中生加八九年を参照。伊藤の公務災害申請の結果は不明

5節　川崎製鉄の生産管理掛長・渡邉純一

高卒掛長のがんばり

この章の最後に、八〇年代末から九〇年代はじめにかけての、つまり比較的に早い時期における現場リーダーの過労自殺としてもっとも社会的に注目された一ケースをとりあげよう。一九九一年六月二〇日に川崎製鉄(以下、川鉄)本社の屋上から身を投げた渡邉純一(四一歳)の体験を考察する。はじめに、この事件の複雑な経過、さまざまの訴えとその結果をまとめて把握しておこう。

- 九四年六月一五日——妻、渡邉滋美、倉敷労基署に労災申請・遺族補償など請求
  同月同日——岡山地裁(倉敷支部)に損害賠償請求訴訟提起
- 九七年七月一一日——労基署長、業務外決定
- 九八年二月二三日——岡山地裁、原告勝訴判決、ただし「過失相殺」五割を認容
  (⇒控訴)
- 九九年一月八日——岡山労災保険審査官、審査請求棄却(業務外決定)
- 二〇〇〇年三月二三日——労働保険審査会、再審査請求に対し、業務外決定を取り消し

●二〇〇〇年一〇月二日——広島高裁(岡山支部)において原告全面勝利和解

これは富士銀行、椿本精工、日立造船の場合と同じく民事裁判になった事例であるが、前三者と異なって、和解前に一審判決があるため、以下、この判決文の事実認定を主資料とし、ほかの諸資料も参照しながら叙述を進めたい。

渡邉純一は六八年三月、岡山県立天城《あまき》高校普通科を卒業し、七〇年六月、鉄鋼大手の川鉄水島工場に入社している。七四年には主務職掌候補と認定され、その七月から、生産工程の全般の管理にあたる工程部の条鋼工程課に配属された。その後は三年間の同部生産管理技術室の勤務を経て、九〇年四月からもとの職場に戻る。その当時の渡邉は、同部・同課のなかでの【形鋼グループ】、そのなかでの「計画グループ」に属した。電炉システムと中形工場の生産管理(受注から出荷までの工程の管理)を担当するグループのトップ、掛長補佐的な立場だった。翌九一年一月、渡邉は「計画グループ」のほか「命令グループ」「進捗《しんちょく》グループ」も統括する掛長に昇進する。会社の扱いでは「管理職」である。その際、かつてのグループ四人のうちヴェテラン担当者が配転になり、技能的戦力が大きくダウンしていたことも、渡邉の心労をはかるうえで見逃せない。

その頃、鉄鋼業では、バブル期の好況による建設用鋼材の需要が大きかった。そのなかで川鉄が八九年から生産を開始したスーパーハイスレンドH(以下、SHH)は、従来のH形鋼にくらべて薄く軽量でしかも強度にも遜色《そんしょく》がないことから、鉄鋼業界久々のヒット商品と目されて受注増がめざましかった。それだけに遵守されるべき納期はきびしく、工場設備はフル稼働であった。このＳＨＨの本格的な生産を九一年から軌道に乗せることが当時の会社にとって至上命令である。しかし、ＳＨＨの生産にはさまざまの技術的なむつかしさがあり、「直行率」が五〇％弱でいつも「仕掛《しかかり》」（未完成品）がきわめて多く、したがって納期の達成率は思わしくなかった（上司ＭＨの証言）。大形工場の設備トラブルも頻繁だった。また、渡邉が掛長になった頃の川鉄は、東京湾横断道路に使う三七メートルもの鋼矢《こうや》板《いた》生産のスムーズ化をめざしていたが、この製品は長すぎて工場のレイアウトなどに問題が生じ、やはり仕掛が多かった。この二つの仕掛問題への対処のためトラブルの多かった大形工場の設備調整を果たすことが当時の水島工場の課題だった。そのほか、新製品の鋼矢板Ｙ形鋼の生産が九一年夏に予定されていて、その生産管理システムの設計も迫られていた。

　これらの諸問題への対処は、会社側があらゆる機会に力説したように、巨大ながら有機的に関係づけられている大企業諸組織のなかで分担して取り組まれる「会社全体の課題」であり、たしかに渡邉一人の責任が問われたわけではないだろう。しかし、工場の稼働能力・生産量を高めるために九一年八月から四直三交替制の実施が予定されるなか、大目的としての納期とコストに縛られたスムーズな製品提供をめざして、上級管理者と一般労働者の間、顧客と生産現場の間を調整する役目をもつ新任掛長に、心の安まるいとまはなかった。そのほか渡邉は、固有の職責として割り当てられた碧南《へきなん》火力発電所向けの鋼矢板の製造・出荷の検討、シンキンググループ（小集団活動）やサジェスチョンシステム（改善提示活動）を通じてのいささか頼りない部下の育成、一月末と七月末に行われる利益計算などを遂行しなければならなかった。身分的な立場上の事情も認められる。仕事では自分にも部下にも厳格さを要求する「几帳面」で「完全志向」の性格であり、きわめて責任感がつよかった渡邉は、同期高卒の主務職掌ではもっとも昇進が早く、本社採用者との間になにかと差別が残っていた地方採用者としては掛長になった最初の例だった。部内には就任に反対の意見もあったという。それだけに渡邉は、本社採用者に「負けないように」「……後々の評価につながるので」いっそうがんばらねばならないと、いつも滋美に語っていたという。そうした認識は、持ち前の仕事に前向きの態度と相まって、渡邉を信じがたいほどの過重労働に駆ったのである。

「管理者」の「自主的な労働」――「常軌を逸した長時間労働」

渡邉は九〇年四月以来、午前八時三〇分には出社し、帰宅は二二～零時、月二、三回は午前二時まで働いていた。土曜、日曜もほとんど勤務に就く。掛長就任後は、以前より三〇分も早く出社し、退社は午後一一時～午前零時であった。一週間続けて零時すぎに帰宅したこともある。昇進後に出社しなかった日は元日と六月一五日のみ。土日も九～一〇時には出勤し、二一～二二時に帰宅していた。もっとも、拘束労働時間、残業時間の正確な記録は、提訴の際の原告側の訴状にもみられない。当時の川鉄では、社員の残業や休日出勤はみずからのメモなどによる自己申告制であった。後の地裁判決によれば、九〇～九一年当時、一般社員は月に一七〜二五時間までの残業手当を請求するのが「通例」ながら、実際の残業はこれをはるかに超えているのが常態であった。サービス残業の存在はまぎれもない。工程部においても残業の「管理目標」は月一五時間であったが、「そもそも時間外労働を命ずることは殆《ほとん》どなく」、従業員の「自己申告制」による「自主的な労働」とされている。サービス残業について「被告(会社)、社員同士、労働組合等で具体的な問題になったことはなく……」と、判決は述べる。「従業員に不平、不満があったことは想像に難くないが、被告の時間外労働に対するそれまでの態度からして、実際の時間外労働を申告することは不可能であり、また認められることもあり得なかった」。

ましで掛長の渡邉は、民事裁判での川鉄の「準備書面」によれば、自己申告の必要もない、「休日出勤、残業という概念がそもそも妥当しない」「管理者の地位にあった者」であった。それゆえ、渡邉の残業の「実態は不知であるが」、かりに原告側の主張するような実態があったとしても、それは渡邉みずからの「その裁量範囲内」での「自主的判断に基づ」くものであり、「被告(会社)の命令に基づくもの」ではない、「管理職掌の掛長は業務成果によって評価されるため、みずから管理する就労時間は評価の対象になっていない」というのである。川鉄はまた、原告側が渡邉の負担とみなす当時の工場の課題業務の一つひとつに担当者が決まっていて、渡邉の職務の多くは、それらの直接的な担当でなく、担当者の仕事の確認にすぎなかったと述べる。これは各人のパフォーマンスの結果をチェックする責任があるという「管理者」の職責と矛盾する主張にほかならないけれども、会社はともかくも、渡邉の仕事の質や量は長時間労働を必要とする程度ではなかったと印象づけたかったようである。そのうえで川鉄は、前任者、同僚、部下のすべてに、渡邉が深夜までの休日出勤をくりかえしたのは「専ら亡純一本人の意思によるもの……仕事のやり方の問題である」と証言させている。強制され命令されたわけではないのに、渡邉の「自己満足」や完全志向の性格が、彼を（もし本当とすれば）過度に働かせたというのだ。それは企業社会の組織力というものをまざまざと見せつける、酷薄な準備書面であった。

後の岡山地裁判決は、掛長の管理者規定は容認したうえで「過失相殺」を認めている。だが、川鉄の労働時間管理には、一種の嫌悪さえ感じられるほどにきびしい批判を向け、渡邉の過度の長時間労働を次のようにはっきりと認知した――九一年一月から死亡した六月二〇日までに、渡邉は少なくとも平日は日に五時間、休日は日に一一時間の時間外労働に携わった。これに平日の所定内労働時間を加えると総労働時間は二〇七一時間、年間に換算すると四四二〇時間になる。これは所定労働時間の二・三倍に及ぶ。その水準はふつう過労死認定の目安となる平均労働時間三〇〇〇時間よりはるかに長く、「社会通念上許容される範囲を超える、常軌を逸した長時間労働」にほかならない……。

投身自殺にいたる日々

掛長就任後、渡邉純一はストレスが昂じて、飲酒が増え、自宅では時折、それまでになかった理不尽な怒りを爆発させるようになった。二月末、転勤した部下が水島に来て一緒に飲んだ二週間後、純一は「十分に接待できなかったのはお前のせいだ」と怒って滋美の頰を叩き、五月末には、部下Iから新婚旅行の土産を受けとって帰った夜、婚礼のとき妻に渡されたお祝い二万円が不足だったと滋美にわめいたという。六月には、「人間の運命は生まれたときから決まっているのだろうか」とつぶやき、滋美が「そうかもしれないね」と答えると、突然「お前は課長と同じことを言う」と怒鳴ってウィスキーグラスをテーブルに投げつけた。その月八日には、遅くに起床したが、異様に不機嫌で、「仕事が思うように進まない。死にたい気持ちだ。わしは馬車馬か」と誰に向かってということなく怒鳴っている。

これらの言動のあと、純一はたいてい「どうかしていた」と謝るのがつねであった。会社側はこの点を重視して、純一の異常行動が家庭内においてのみ認められたことをもって、精神がバランスを失った理由を家庭に求めている。だが、「会社ではおかしいところがなかった」ところにこそ、私は深い意味を読みとる。職場では不調を悟られまいとつとめる、その鬱屈こそがなんでも言える滋美につらくあたらせたのだ。純一の怒りの根因はどこまでも会社での人間関係や仕事の状態であった。

六月一〇日開催のテレビ会議では、本社営業課長からSHHの納期達成率が悪いのでどうにかしてくれと求められている。工程部はいくつかの製品について進捗の遅れに対する対策に悩んでいた。六月半ば以降、純一は微熱、左胸部痛、睡眠不足とひどい寝汗に悩みながら、新聞も読まず、朝食もとらず、作業服のまま出勤するようになる。そして六月二〇日、課長のもとで進捗会議が行われているさなかの一七時一五分、渡邉は会社ビルの六階から身を投げて即死したのである。

損害賠償請求・民事裁判の軌跡

会社に調査を求めて拒まれた渡邉滋美から相談を受けて、弁護士の清水善朗が証拠保全手続きをとり、水島工場と川鉄病院から資料を入手したのは九三年七月のことであった。それからの経緯はすでに示したとおりである。行政訴訟とは異なって告発の矢面に立たされる川鉄の論理は、すでにあらかた紹介したように、渡邉の仕事責任の過重性の否定、「管理者」掛長の労働時間についての自己裁量性の強調であった。鬱病の原因としては、本人のメランコリー型性格、アルコール依存、家庭問題、たとえば管理職になって残業手当がなくなりむしろ報酬が減少したことを妻に責められていたこと、などが主張された。川鉄にとって渡邉の死は、ふつうの仕事に対する不必要だった過剰反応であり、課長MHの証言によれば、安全衛生委員会では「(渡邉の自殺の)原因についてはみんなわからんと言っていた」という。MHはまた、証人尋問の際「自殺したことについては後に残った者のことを考えると腹が立ちます」と述べたものである。

九八年二月の一審判決(裁判長・濱本丈夫)が、「常軌を逸した」長時間労働の実在を中心に、業務上の負担による鬱病・自殺を認めた論理も、私たちにはすでに明らかであろう。判決はまた、大企業がふつう備えている安全衛生措置が渡邉個人の心身の消耗を汲むほどに十分ではなかったとして、会社の安全配慮義務違反・損害賠償責任も認定した。とはいえ、地裁は一方、民法の「過失相殺」(請求側に一半の責任を認めて賠償額の減額をはかる措置)規定を適用して、会社に損害賠償請求の五割、五二〇〇万円だけの支払いを命じている。自己の責任範囲を超えてまで仕事を抱え込んでしまう渡邉の「鬱病親和性」、「管理者」の労働時間の制度的な非拘束性、毎日ウィスキー二〇〇〜二七〇ミリリットルもの飲酒、会社内では異常行動が気づかれなかったこと、渡邉の健康配慮の不十分さ、そして純一の異常な言動に気づいていた妻、滋美も専門医の診断を受けさせるなどの措置を怠ったこと——それらが「斟酌《しんしゃく》」されたのである。その限り判決はいくつかの点で川鉄側の主張を支持している。「名ばかり管理職」の問題が浮上している現状をみれば、とりわけ判決が会社の「管理者」論を不問に付したことが惜しまれる。「掛長」(係長)は、労働法の一般的な解釈では「管理監督者」とみなされないはずである。

この判決に対しては、あくまで一切の企業責任を否定する川鉄も、過失相殺を不当とする滋美もともに控訴している。しかしその後、九九年九月には精神障害および自殺の労災認定に関する労働省(当時)の指針(一章参照)が定められ、二〇〇〇年三月、労働保険審査会はついに渡邉の自死を「業務上」のものと「逆転」認定する。そして同じ月には、画期的にも最高裁が、次章で紹介する電通の過労自殺事件をめぐる損害賠償訴訟について、過失相殺を認めた九七年高裁判決を破棄して差し戻し、原告の遺族は同年六月、高裁で全面勝利の和解にいたった。このような時代の推移は、控訴審を扱う広島高裁の勧告を受けてはじまった和解協議でも原告側の追い風になったかにみえる。こうして渡邉純一の死後九年四カ月の二〇〇

○年一〇月二日、川鉄の謝罪、過失相殺分なき一億一〇〇〇万円の損害賠償をふくむ和解が成立する。当然のこととはいえ、渡邉純一の自死について企業責任以外の「個体要因」――彼の性格、健康配慮の等閑視、妻の責任などを「斟酌」する論理は斥けられたのである。

巨大企業の人事管理はさすがに時代の風に敏感であった。会社はその後、毎年の命日にはかならず渡邉の墓参に訪れるという。

＊以上、渡邉ケースについては、（渡邉滋美 vs.川崎製鉄）損害賠償事件、岡山地裁倉敷支部一九九八年二月二三日判決（正本）、同裁判関係資料（訴状、陳述書、会社側準備書面（一）（五）、上司ＭＨの証人調書、公判速記録――以上一九九四年六月〜一九九七年五月）、清水善朗／山本勝敏「大手製鉄会社中間管理職の自殺」（『激増』所収）、『南雲鑑定意見書』および同書の清水善朗「解説」、清水善朗「働き盛りの過労自殺と企業責任・労災保障」（『五〇年』所収）、『読売新聞』一九九八年二月二三日付、『日本経済新聞』二〇〇〇年一〇月二日付など参照

6節　短い総括――現場リーダーたちの過労自殺

ここにあげた五事例は、日立造船の下中正を別にすれば、班長、係（掛）長など、現場労働を主導しながらみずからも第一線で働く、「精鋭」とみなされていた人の自殺である。これらの死の背景としての職場と仕事の状況は、すでに六章3節にまとめたところと基本的に共通する。

円高基調のもと、バブル期もその崩壊後も、日本の有力な製造業大企業は熾烈な企業間競争に耐えぬいて国内外の市場を制するため、全社あげての効率化に突き進んでいた。従業員に対する要請は、経営陣と現場労働者を結ぶ環、現場リーダーにはとりわけ過酷なものだった。人一倍真面目で仕事熱心の「精鋭」たちを死に追いやったものが結局その過酷さにほかならないことは、以上の物語から明らかであろう。広義のノルマともいうべき納期・コスト・品質という、ほんらい同時達成がむつかしい課題を完遂する責任。市場への無理な即応からしばしば生じるトラブルへの対処。会社、他部門、部下の労働者との間で折衝・依頼・提案・指導をくりかえす心労。人減らしによるヴェテラン労働者なかまの間引き。相談できる同僚の不在。それらが必然化する、信じられないほどの、カウントされず支払われもしない膨大なサービス残業をふくむ長時間労働……。現場リーダーたちにおいては個人ノルマがすなわち統括するチームのノルマでもあることを、もういちど強調しておきたい。自分だけががんばればいいというのではなく、部下もがんばらせなければならないのだ。生産技術上の課題に挑戦するばかりでなく、組織内の上下の人間関係にも心を配らねばならない心労がのしかかる。心のバランスの崩れは往々にして疲弊した肉体に宿るだろう。過労自殺は、課せられる過重労働と広範な責任からくる心身の疲労困憊というダメージが、脳・心臓疾病ではなく、自死を招く反応性鬱病として現れたものということができる。両者の背景の間に明瞭な区分線を引くことはできない。

一般に鬱病の発症は、次のような「国際疾病分類 第一〇版」(IN情報)における「鬱病性エピソード」(F32)の有無により判定できるという。そこでは、抑鬱気分、興味とよろこびの喪失、「易疲労性《いひろうせい》」という「基本的な症状」と、集中力と注意力の減退、自己評価と自信の低下、自責感と無価値観、将来に対する希望のない悲観的な見方、自傷あるいは自殺の観念(希死念慮)、睡眠障害、食欲不振という「一般的な症状」の有無が基準となる。基本的な症状の最低ふたつ、一般的な症状の最低ふたつ(最低二週間は持続するもの)が認められれば軽症鬱病、以下、その症状の重なりに応じて中等症、重症と診断される。

ここでの記述は、鑑定を求められた精神科医の間でも意見が異なりうる、各人についての鬱病の深さや発症時期をくわしく紹介していない。けれども、それぞれの自死にいたるまでの具体的な言動には、もちろん右の「症状」のいくつかが認められる。ふりかえってみよう。「班長になると会社を辞められないのか」と悩むまでに会社に義理立てして、最後には朝食もとらず無精髭《ぶしょうひげ》も剃らず出勤した飯島盛。トヨタの久保田淳は自負と自責の間を往来しながら、どうすべきかに迷って占い師にさえ頼り、ついには死にダイビングしてしまう。そのときトレーナー姿の久保田が社員証を携行していたのはなぜだろう。身についた携行の習慣のゆえか、死者の身元がわからなくては困ると配慮する律儀さゆえか、あるいは自分を追いつめたトヨタに対する控えめな抗議の表明なのか？　日立造船の下中正は、できるところまでがんばった最後の二日の休日労働のあと、設計作成日を金曜日と記して、自死にいたるドライブにさまよい出る。また、辞めたかったのに、頼っていた妻の帰宅も待てずに縊死した下田市の河本繁雄。そして妻につらくあたり「わしは馬車馬か」と怒鳴りながら、仕事の進捗に悩みぬいて休むことなく年換算で四四二〇時間も働いてぼろぼろに疲弊し、ついには会社ビルから身を投げてしまった川鉄の渡邉純一。乏しい想像力をもってしても、それらの人びとの孤絶の苦しみや現状打開への絶望感は、脳・心臓疾患による死のケース以上に私たちの心に突き刺さるように思いやられる。世界に冠たる日本企業の競争力の要請は、この時期、それを現場で支える不屈の働き手たちの、それ自体は「個人的な体験」とみなされがちな精神的バランスの喪失・心の危機をもたらすまでに「高度化」していたのである。

企業の要請が労働者の心の危機や過労自殺を招く状況は、しかしヴェテランの「精鋭」現場リーダーたちばかりではなく、次第に若年労働者にも及んでくる。次章のテーマは、その若年層の受難の諸相である。

＊鬱病の診断基準については、天笠崇稿および玉木一成稿（『激増』所収）、『南雲鑑定意見書』を参照

九章　若者たち・二〇代の過労自殺

1節　電通過労自殺事件の衝撃と余波

大嶋一郎の働きすぎ

典型的な「会社人間」の一人であった川鉄の渡邉純一の投身自殺からおよそ二カ月後の一九九一年八月二七日、大手広告代理店の電通で働きはじめて一年五カ月の大嶋一郎(二四歳)が自宅で縊死を遂げた。

渡邉事件とともに多くの文献が紹介するこの有名な電通のケースでは、企業責任を問う損害賠償請求を提訴した原告、一郎の両親が、一九九六年三月から二〇〇〇年三月にかけて地裁、高裁、最高裁のいずれにおいてもみごとな勝利を収め、後の多くの過労自殺裁判に大きな影響を与えている。それゆえ過労自殺をめぐる法廷闘争の軌跡を描こうとするなら、このケースを八章の主人公たちにさきがけて紹介すべきだったかもしれない。けれども、大嶋の死は、九〇年代後半からとくに多くなる、労働体験のあまりに短い若者たちの早すぎる自死の先駆ということもできる。

大嶋一郎は、明治学院大学法学部を卒業後、きびしい入社試験を経て九〇年四月、電通に入社して、ラジオ局ラジオ推進部に配属され、総合職としてラジオ広告の企画と営業の業務についている。具体的な仕事内容は、企業をラジオ番組の提供主とさせるための企画と勧誘、企業の行う宣伝行事の企画と実施、それに新入社員の義務としての事務所の清掃や整理などである。大嶋はふつう、日中はほとんど勧誘先の企業、電通の他部署、制作プロダクションなどとの連絡や打ち合わせや会議に忙殺され、職場での夕食後の一九～二〇時ごろから企画書の起案や資料づくりをはじめるのがつねであった。同時並行的に営業活動する担当企業の割当ては四〇社。企画した宣伝イヴェントの会場でなにかと雑用をこなすことも多かった。

大嶋は配属後しばらく、帰宅は「出勤した当日中」(最高裁判決)であったが、九〇年八月頃からは「翌日の午前一～二時ころ」になることが多くなった。**表9-1**はその頃からの大嶋のすさまじい長時間労働のようすを示す。当時の電通の三六協定・例外規程による男性の残業時間の上限は日に六時間半であったが、表中の①は、ラジオ推進部における目標としての「月別上限時間」を示す。しかし、この会社では、残業時間は各人が「勤務状況報告表」という文書によって申告し、事前に所属長の「許可」を得るべきものとされていたとはいえ、実際には事後に「承認」を得る状況であった。必然の結果として、過度の残業は恒常的であり、三六協定の水準を超えて申告する社員もあったとはいえ、申告せずにサービス残業をする社員が多かった。表中の②は大嶋の申告した残業時間である。そして③は、原告代理人の

表 9-1　大嶋一郎の死亡前の所定外労働時間

	①月別上限(時間)	②申告残業時間(時間)	③午前2時以降退勤(回数)
1990年7月	60	87(S 15)	4
8月	60	78(S 12.5)	5
9月	80	62.5(S 10)	2
10月	80	70.5(S 6/H 13)	3
11月	80	66.5(S 10)	5(徹夜 1)
12月	60	62.5(S 12.5)	6
1991年1月	60	65(S 12/H 6)	10(徹夜 3)
2月	60	85(S 20.5/H 8.5)	8(徹夜 4)
3月	80	54(S 8)	7(徹夜 2)
4月	80	61.5(S 8)	6(徹夜 1)
5月	60	56(S 1/H 7)	5(徹夜 1)
6月	80	57.5(S 3/H 11)	8(徹夜 1)
7月	60	73(S 4/H 9)	12(徹夜 8)
8月	80	48(S 4.5/H 3.5)	9(徹夜 6)

資料：電通過労自殺裁判 最高裁判決より作成
注1：S＝深夜(22〜翌5時)勤務，H＝休日勤務
注2：1991年8月は22日までの数値

弁護士(はじめは藤本正、藤本の死後は川人博)の工夫と努力によって入手された資料、深夜二時の閉門以降の「退館者記録」や「監理員(夜警)巡察記録」が明らかにする状況である。藤本の計算では、この頃、大嶋の月平均残業時間はカウントできるだけでも所定労働時間とまったく同じ一四七時間、総労働時間は年換算三五二八時間であった。もっとも他の社員についても大同小異だった。組合の調査によれば、ある日の午前零時には一二〇人が、深夜二時でも四〇人が在社していたという。一般職女性の深夜労働も常態であった。会社は、零時以降まで働き翌日も九時に出勤する社員のためにホテル

の五室を用意し、また無制限のタクシー乗車券を配布している。大嶋も毎夜、一万五〇〇〇円ほどのクーポン券を使って郊外の自宅に帰っていた。

大嶋は、慢性的な残業に悩みながらも、自分の企画案が成功したときのよろこびや仕事を任せてもらえる満足はあって、意欲的な勤労態度を保っていた。上司の評価も概して良好であった。けれども、九〇年一一月頃から、翌日の午前四、五時の帰宅どころか徹夜勤務で帰宅しない日(表9-1参照)もしだいに増え、帰宅しても二時間後には出勤するといった日々が続くにつれ、両親は健康を心配して、一郎に有休をとるように勧めている。しかしこのケースでも、一郎は有休をとると「代わりの者がいない」「かえって後で自分が苦しむ」、上司に休暇を願い出ると「仕事は大丈夫か」と言われてとりにくい……と応じなかった。九〇年度には大嶋の有休権利日数は一〇日であったが、彼が実際にとったのは〇・五日にすぎない。九一年一月、大嶋は業務の七割程度を単独で行うようになっていたが、三月頃には、部長は直属の上司であるS班長に、大島が社内でよく徹夜していることを指摘している。それを受けてSは大嶋に、納期や業務量の変更にはふれぬまま、「帰宅してきちんと睡眠をとり、それで業務が終わらなければ翌朝早く出勤して行うように」と「指導」したという。なんといういいかげんな「指導」か。この班長はその一方、月に一度の班の飲み会で、靴にビールを注いで大嶋に飲ませ、靴底で殴打したりもしている。そんなこともさしてめずらしくないのが、時代の先端を行くこの企業の職場社会の雰囲気であった。ともあれ、九一年七月までラジオ推進部に人員補充はなかった。そればかりか大嶋はこの月以降、班から独立して業務を遂行することになり、新たに別の三局の営業を担当または補助する責務が加えられ、いっそうの働きすぎを強いられたのである。

母の洋子は、よく眠れず極端に睡眠時間の短い一郎の健康を心配して毎日、栄養価の高い朝食を用意し、自宅から駅まで一郎を車で送った。洋子自身も心配から不眠がちで体調を崩していた。九一年夏、一郎はといえば、もう疲労困憊して、同僚のみるところ職場でも元気がなく、顔色は悪く、暗い感じで鬱々とし、目の焦点も定まらない状態に陥っていった。「自分がなにを話しているかわからない」と上司に告げたこともあるという。それでも大嶋は、八月一日から二三日まで、五日に九一年度はじめての有休をとったほかは休日をふくめて毎日、長時間勤務についている。九一年八月二三日、大嶋は夕刻、いったん帰宅した後、二二時頃マイカーで長野県H村に向かう。二四日から二六日夕刻まで取引先の味の素のイヴェントを実施するための出張であった。二七日午前六時頃に帰宅。そしてその日、会社に欠勤を伝えた後、浴室で縊死したのである。

損害賠償提訴――画期的な勝訴へのプロセス

大嶋の過労自殺を社会的な問題として浮上させたのは、まずもって、無念の思いに突き動かされた父、久光による真相究明の闘いである。その努力によって、すでに紹介した「退館者記録」など重要な資料が発掘された。しかし、電通は、社内はもとよりクライアント界隈にまでいち早く箝口令を敷き、社内にも組合にも真相解明の協力者は得られなかった。会社は久光の社長への直訴状も、和解の打診もにべもなく無視した。その久光を助けたのは弁護士、藤本正である。それもあって両者は、再度の和解打診を門前払いされた後、ついに九三年一月二九日、一郎の死に対する企業責任を問う民事訴訟、損害賠償請求訴訟を提起するのである。一方、このケースは九八年八月、行政によって労災認定されるけれども、私たちが注目すべきはなによりも、この民事裁判のゆくえである。

　裁判において電通は、①大嶋の仕事量は過度の残業を必要とするほどではない、②かりに「退館者記録」や「監理員巡察記録」が長時間の在館時間を示しているとしても、そのすべてが残業とはいえず、本人の申告残業時間のみが残業時間である、③仕事がないのに在館時間が長いのは、家庭(父母)が冷たく帰りたくなかったため、またうまくいっていなかった恋人との電話のためである——などと主張した。大嶋の自死はもちろん業務上のものではなく、まして会社に安全配慮義務違反はないというのである。主張①や②の偽りを暴く原告側証人はいなかったにもかかわらず、裁判官がこのような主張を容れなかった理由はなによりも、すでに紹介したように、電通における労働時間「自己申告制」のもたらす長時間労働の実態への洞察であった。一九九六年三月二八日、東京地裁(裁判長・南敏文)は、自殺は異常な長時間労働によるものであって会社にすべての責任があるとし、一億二六〇〇万円の損害賠償の支払いを命じた。それは「過労自殺に企業の損害賠償責任を認めた史上初めての画期的判決」であった。

　会社は「電通王国」の権威にかけて控訴した。控訴審で会社側は、大嶋の鬱病罹患は疑わしいとしたばかりか、自殺の原因をいっそう、きっぱりとした性格の父親との関係や「失恋」に求めて、恋人Mを証人に採用させている。このなりふり構わぬあがきは、しかし逆効果だった。明らかにされたところ、結婚の時期をめぐる意見の相違以外にはMとの間になんら問題はなく、強烈な個性をもつ久光に一郎はある反発を覚えていたにせよ、それが大きな心労の種であったとは到底いえなかった。なによりも自殺の原因が過重労働の結果としてのその夏の鬱病罹患にあること、会社の並べ立てる安全衛生管理がいずれも労働者個人の心身の疲弊を救う水準になかったことの認定は動かず、九七年九月二六日の東京高裁判決は、基本的に一審判決を踏襲する。

しかしながら、そうした判示とどのように調和するのかは疑問ながら、高裁は三割の過失相殺を認めている。曰く、①大嶋の責任感がつよく几帳面な性格、いわゆる「鬱病親和性」が仕事に対する過剰反応を生んだ、②残業時間の過少申告が、実際の勤務状況を上司が把握することをやや困難にした、③労働時間配分に一定の裁量権があるような仕事なのに、大嶋は時間の適切な使用方法を誤った、④鬱病の診断・治療をしなかった、⑤大嶋と同居していた両親も勤務状態・生活状態を改善する具体的な措置をとらなかった、と。判決のこのくだりは、川鉄の渡邉事件一審判決の過失相殺論と基本的に同じだ。今日の企業社会では、労働者やその家族がみずからの判断で心身の健康にとって望ましいように行動することはむつかしい。その事情に対する顧慮をまったく欠く、それは非情このうえない理屈である。

とはいえ、双方の上告にもとづいて行われた最高裁での審議の結果は、大嶋の両親、藤本の死後に原告代理人となった川人博らの胸のすくような勝訴であった。二〇〇〇年三月二四日の最高裁判決(裁判長・河合伸一)は、大嶋の過重労働—鬱病—自殺の相当因果関係と、それに対する電通の賠償責任を認定するとともに、高裁判決の過失相殺の理由づけを明瞭に批判した。判決は、それまでは会社が積極的に評価してきた大嶋の性格や、勤務状態を改善する方途をもたない両親のありようを責任範囲の認定において斟酌することの不適切さを指摘している。しかしもっとも大切なことは、右記②③にかかわる論点であろう。判決は次のように洞察する。

(上司らが)一郎に対して業務遂行に月期限を遵守すべきことを強調していたとうかがわれることなどに照らすと、一郎は業務を所定の期限までに完了させるべきものとする一般的、包括的な業務上の指揮又は命令の下に当該業務の遂行にあたっていたため……継続的長時間にわたる残業を行わざるを得ない状態になっていたものと解される

そのうえで判決は、大嶋の長時間労働や健康の悪化を知りながら「その負担を軽減させるための措置」「業務の量等を適切に調整するための措置」をとることなく、早く帰宅して翌朝に仕事をするようにと的外れの「指導」をしただけで、七月以降はかえって彼の仕事を増加させさえした企業の責任は、ここにまぬかれないと断じたのだ。あまたの過労死・過労自殺の裁判をふりかえるとき、ここで安全配慮義務が仕事量のしかるべき調整義務をふくむと

判示されたことの画期的な意義は、まことにはかりしれないといえよう。

こうして高裁に差し戻されたこの事件は、二〇〇〇年六月二三日、電通が謝罪し、一審判決の金額に遅延損害金を加えた一億六八〇〇万円を支払うという和解をもって結末を迎える。大嶋一郎の死からあしかけ九年後のことであった。

＊以上、電通過労自殺事件に関しては、電通社員鬱病自殺事件、最高裁二〇〇〇年三月二四日判決(正本)、同事件東京高裁控訴審一九九七年九月二六日判決(『労働判例』七二四号、一九九七年)、藤本正「日本型企業社会の病理と青年の死――電通自殺過労死事件」(日本労働弁護団『現代企業社会と労働者の権利』一九九七年)、川人博「大手広告代理店青年社員の自殺」(『激増』所収)、一審、控訴審、上告審の経過と判決要旨を記す川人博『過労自殺と企業の責任』(旬報社、二〇〇六年)など参照

2節　オタフクソースの木谷公治

ソース製造工場の労働環境

大嶋一郎の自死からおよそ四年後、仕事の種類はまったく異なる広島の工場労働の現場で、同じく二四歳の木谷公治が心身の疲労きわまって死の淵をさまよっていた。

木谷公治は、北九州の第一経済大学在学中に父親が亡くなったこともあって、出身地にいる母親の照子を支えるため広島での就職を希望し、卒業後の九三年春、地元有力企業のオタ

フクソースに入社した。翌年三月には多品種少量生産を行う子会社、イシモト食品に転籍して、特注ソース、たれ、ケチャップ、合わせ酢などをつくる製造部門の、まず「特注ソース班」に、ついで「合わせ酢班」に配属されている。ここは老舗料亭や寿司屋の発注に応じて各種の原料や調味料を配合して注文どおりのソースや合わせ酢などをつくる多品種少量生産の現場である。研究室からくるレシピを見ながら、材料置き場の砂糖や塩などの袋やポリタンクを運び、釜の中へ投入する、摂氏二〇〇度の蒸気で釜を高温に保ち、操作盤のスイッチ操作で材料を攪拌《かくはん》しながら炊きあげる、サンプルを瓶に詰めて試験室に送る、試験結果がOKであれば釜のなかみを貯蔵タンクに転送する、最後に釜を洗う――という工程である。一工程は二〇分から一時間で終わるが、それぞれの作業は分刻みで行われる。各作業の必要時間を異にするいくつかの製品の加工は同時並行的に進行している。レシピがあり、攪拌は機械化されているため高度の熟練労働ではないにせよ、材料の投入や加熱処理のタイミングには一定の経験が求められる、慣れ・不慣れによって製品の良否が左右される仕事であった。

労働環境はきびしかった。数個の釜を同時に摂氏六〇～一〇〇度近くまで熱処理して使用するため、現場は夏場には四〇度前後という異常な高温である。九五年の頃、現場に温度計や湿度計はなく、四基の換気扇はあったものの食品衛生管理の配慮から窓はふつう閉められている。また一基のスポットクーラーは、粉塵を起こすおそれがあって作業員から遠くに設置され、冷房効果はほとんどなかった。そのなかで木谷らは、膝までの長靴を履き、汗まみれで、重い材料を抱え、何度も建屋フロアの違う釜と材料置き場の間を往復するのである。

ここでの所定労働時間は午前八時〜午後五時であったが、作業はふつう早朝からはじめられる。労働時間管理はタイムレコーダーの打刻と、就業時間記録用紙に始業、終業、早出、残業の時間を書き込むことによる自己申告制の併用である。それらによれば、九五年夏における木谷の(a)就労日数、(b)日平均就業時間、(c)日平均在社時間は次のようであった。

- 九五年七月――(a)二一日　(b)九時間一〇分　(c)一〇時間四九分
- 同年八月――(a)二三日　(b)一〇時間四九分　(c)一一時間一七分
- 同年九月――(a)二二日　(b)九時間五六分　(c)一一時間四三分

心身の疲弊と自死

木谷公治は、高校、大学を通じてバドミントン部に所属し、チームの主将を務める健康なスポーツマンであった。就職後もバドミントンの練習は欠かさず、試合にも出場し、また草野球チームにも所属するほどだった。入社時の成績は三番、優秀社員として表彰されたこともある。オタフクソースという会社が好きで仕事ぶりは意欲的だった。けれども、特注ソースの需要の増加に伴い製造量が年々一・二倍ずつ増えてゆくのに現場の要員はずっと三人のままであり、九五年夏には、右のように長時間労働を余儀なくされている。そのうえ、九五年夏は全国的にまれにみる酷暑であった。

この頃から木谷の心身の異変がはじまる。八月七日にはチームの中心であったＫＩが仕事中に脱水症で倒れて入院した。翌八日には、前夜遅くまで、それに当日早朝からがんばっていた木谷がやはり脱水症、熱中症で倒れ、病院で点滴を受ける。しかしその日も木谷は、職場に戻って夕刻まで作業を続けている。この頃には木谷はやせこけて目の下にはクマが目立ち、元気がなくなり、週二回のバドミントンの練習にも出なくなった。

木谷の疲弊の原因は、仕事自体の過重さばかりではない。九五年夏、製造部門の担当者は特注ソース班にKI、KY、合わせ酢班に木谷の三人。経験と年齢の点から事実上のリーダーはKIであった。木谷よりも年上ながら勤続の短いKYは、ケアレスミスが多く、作業が遅れたり、製品をつくり直さねばならないことも多かった。広島大学大学院工学研究科(工業化学専攻)という高学歴のKYは、おそらくこの職場を経過的なものとみなしていて、仕事そのものに意欲をもてなかったのだろう。KIは、そんなKYに説明、指導をくりかえしていたけれども、相変わらずミスが続き、しかもKYが自分の非を隠すためになにかと嘘をつく態度に立腹して、八月初旬と同二〇日の二回にわたり、ついに彼に暴行を加える事件が発生した。その事態に対し、会社はKYではなくKIのほうを九月七日から工場内の他部門に配転している。この不適切な措置の結果は、KY、新たに配置されたやはり未経験者のHUとアルバイトのSを「指導」し、彼らの不十分な作業をカバーする労苦が、木谷にかかってきたことだった。

案の定、それ以降、タンクの上蓋《うわぶた》が釜内に落下(九月一三日)、原材料の入れ間違い(同一四日)、水の入れすぎ(同一八日)、洗い水の混入と原材料の入れ間違い(同二八日)と、いずれも製品のつくり直しを必要とするトラブルがKY、HU、Sらによって起こされた。それらの心労となかまのトラブルをカバーして予定の生産を達成しようとする身体の疲れから、木谷は九月中旬から急速に燃えつきていった。

食欲の減退から朝食を抜く、職場で同僚と元気に挨拶を交わしたり話したりすることも少ない、帰宅するとソファーに倒れ込んで眠り込み入浴もしない、好きだった週刊漫画雑誌さえ買おうとしない……。木谷は福岡に婚約者がいて、それまではデートや電話に心を弾ませていたけれども、この頃には電話もすぐに切り、デートの予定もキャンセルしている。母の照子にひどい不眠を訴えるようにもなった。九月二二日、木谷はついに辞めたいと係長に言う。理由はKYやHUへの「教えかたがわからない」であった。係長は指導の件は気にしなくてもいい、一〇月からは木谷も手詰め部門に異動になるから、もう少しがんばったらどうかと答えた。その日は広島に来た婚約者とのデートの日であったが、食事のあといつものようにゲームやカラオケに行こうともせず早々に帰宅したという。九月二八日には、「行ってきます」と言ったあと、ふらふらと玄関とは反対の方向に向かっている。その日、照子は大学病院の神経科に電話をして翌日の診療を予約し、木谷はふたたび課長と次長に、同じ理由で辞意を伝えた。しかし上司らの応答は同じ翻意の促しであった。「ここを辞めてどこかにあてがあるのか」とも言われた。なぜか木谷は「もう少しがんばってみる」と返答したという。そして一九九五年九月三〇日、木谷は出社して六時三〇分からはじめた午前の仕事を終えた後、特注ソース製造部門の現場で縊死をはかったのだ。その日一三時四三分、不帰《ふき》の客となる。その日は期末で、翌日はオタフクソースの創立記念日、多くの社員が異動することになっていた。

木谷照子の闘い

それからの木谷照子の闘いのゆくえを追ってみよう。

このケースについては、九六年三月六日になされた労災申請・労災補償請求が、九七年一二月二五日には広島中央労基署によって認められている。母の照子が死後まもなく取り組んだ同僚や友人からの、とりわけ配転後もつねに旧職場のことを心配して注意を怠らなかったＫＩからのヒアリングと、その記録が大きな役割を果たしたということができる。照子は一方、九六年一〇月二五日、会社の安全配慮義務違反を追及する損害賠償請求を訴えている。

裁判の過程で、会社は、例によって木谷の業務の過重性を否定し、ＫＹやＨＵの能力は不断の「指導」を必要とするほど劣っていたわけではなく、しかも木谷に「指導」責任はなかった、安全配慮も十分だった……と主張した。けれども、裁判所の現場検証、労働時間資料、ＫＩの明瞭な証言、『南雲鑑定意見書』の説得性などによって、過酷な環境のなかの労働体験、不適切な要員配置、労働者の健康を顧慮しない会社の労務、典型的な中等症鬱病エピソードを示した木谷の反応性鬱病罹患などはほぼ完全に明らかにされた。広島地裁(裁判長・加藤誠)はそれらを汲んで、電通事件最高裁判決のほぼ一カ月後の二〇〇〇年五月一八日、オタフクソースとイシモトに一億三七〇四万円の賠償を命令したのである。原告側の全面勝訴であった。会社は直ちに控訴したが、六月六日に控訴を取り下げている。

いくつかの過労自殺をめぐる裁判と同じく、精神科医、(故)南雲与志郎の『鑑定意見書』はここでも原告側の勝利に大きく寄与した。それでも南雲は、受難の労働者の考え方にふれては、ときにきびしくもきこえる診断を示している。

南雲はこう書いている。「当時の木谷氏にとって、オタフクソースの社員であるという内容を生活から抜き去ったら、後にはなにも残らないほど、仕事が全存在的意味をもっていた」。客観的にみれば、会社を辞めるという選択も当然ありうる。しかし、

(木谷の)身体にきざまれたスポーツマンの感覚は、どんなに苦しくても、不利であっても、最後までがんばれという信条であったろうし、上司(指導者)に反抗しても自分の言い分を通すという習慣もなかった。言われれば忠実にそれにしたがって努力する。試合を放棄することはできないのである。……木谷氏は性格的には、いわゆるいい子であり、いい子の役割を演じ続けてきた。周囲の期待に応え、望まれるように行動する優秀社員である。それは屢々《しばしば》過剰反応を生む。……体力、気力の限界を超えてでも全力をつくす。企業内では責任感のある、たのもしい人材と評価されるが、屢々人間の有限性によって裏切られる

そんな木谷にとって、会社を辞めることは「それまでの価値観、責任感」の否定であり、「辞めることを合理化する価値基準を彼自身が持っていたとは到底考えにくい」。しかし、限

界に来てついにもう辞めるしかないと思ったとき、「木谷氏の内面にある種の崩壊が起きたのではなかろうか……」。ある意味で「鑑定」の域を超えるこの忌憚《きたん》ない診断から透けてみえるのは、困難な状況のなかでも、したたかに働いて燃えつきることなく生きよという、若者たちへの真摯なメッセージにほかならない。

＊以上、木谷ケースについては、オタフクソース自殺事件、広島地裁二〇〇〇年五月一八日判決（過労死民事訴訟判例データベース）、『南雲鑑定意見書』および池上忍「解説」、池上忍「明るくて優秀だった青年社員の過労自殺とその責任」（『五〇年』所収』）、大野正和「過労自殺の労働者像」（『職場の人権』三〇号、二〇〇四年）など参照

3節　ニコン職場の上段勇士

偽装請負の派遣労働

木谷公治が大企業の子会社の職場で斃れたとすれば、（推定）一九九九年三月はじめの上段勇士（二三歳）の縊死は、〇四年の「解禁」以前からひそかに増加を続けていた製造業への派遣労働者の受難を典型的に現す出来事であった。

七五年生まれの上段は、中学校時代は陸上部で活躍する一方、学級委員や生徒会長などを務める学内のリーダー的な存在だった。学業成績も良好である。しかし中学三年のとき、小学校の教師だった母親ののり子が、「放浪癖」と「ギャンブル癖」があって不在がちの夫と

協議離婚する。勇士の父親は以後、ゆくえ不明になる。のり子は、教師を辞め編集関係の自営業を営んで、勇士を次男とする三人の子を育てている。

そんななか上段は、高等専門学校電子工学科に進学し、きわめて優秀な成績で卒業、九六年春、ある大学の工学部電気工学科の三年に編入学している。ここでも成績は優秀であり、二団体からあわせて六万五〇〇〇円ほどの奨学金貸与を受けた。それなのに上段は、九七年九月には大学を中退し、将来のアメリカ留学の費用をつくるため働こうとして、すぐに就職情報誌を調べて、寮のある人材派遣会社ネクスター(後にアテスト)の社員募集に応募するのである。おそらく経済的にきびしい状態にあったなかでの、夢の達成をかけた選択であった。

九七年九月二〇日、上段は、ネクスター社員Eに連れられて、当時ステッパー(IC製造工程で使われる超微細なIC回路パターンを露光・転写する装置――以下SP)の増産をはかるため請負社員・派遣社員を増員していたニコン熊谷製作所に赴き、労務管理と請負・派遣会社の窓口を担当するFと、品質保証課マネージャーG(いずれもニコン社員)の面接を受ける。そこでステッパー完成品検査の作業をはじめるようになった。ネクスターはコンピュータのソフトウェア、プログラムの開発・設計、事務用機器の操作・保守・維持管理などの人材を派遣する会社であったが、仕事をするには派遣先の面接が必要であったことが注目される。労働者の適格性を判断し仕事を指揮監督するのはあくまでニコンだったのだ。後に社会問題として浮上する偽装請負である。

上段の仕事は、働きはじめて一年二カ月は、クリーンルーム内での「社内検査」、SPの精度やゴミ、汚れ、損傷、異常音の有無などの検査であった。付属するパソコンを操作してSPを作動させ、標準化された検査チェックシートの項目ごとに検査データと、数値が規格範囲にあるか否かをシートの所定欄に記入する。一台につき二、三日要する社内検査は次のシフトに引き継いで行われる。神経の疲れる微細なVDT作業であった。この期間中、上段はまた、ふつう半年の経験は必要とされているのに入社後四カ月にして、九八年三月と一二月には台湾へ、七月には宮城県へ「納入検査」のため出張している。顧客先にSPを納入・据え付けし、適正な検査値が出るまで調整して引き渡す業務だ。納期に縛られて、その間、過度の残業や休日労働を余儀なくされている。だが、もっとも上段を消耗させた作業は、ニコンの都合による四日間の休暇の後には新型SPの納品を果たす必要から、九九年一月二四日から二月七日まで連続一五日間の勤務を強いられた「ソフトウェア検査実習」であった。SPの多様で精密な機能を制御するため開発された多くのソフトウェアが正しく機能するか否かを、クリーンルーム内でSPを実際に稼働させて一つひとつ確認してゆく。設計者、技術者との電子メールによる協議にもとづいて検査報告書も作成する必要がある。上段には未経験の、高度な知識と本来は一年以上の経験を要する難しい作業であった。派遣労働者に割り当てられる検査作業は、たとえばコンベア上を流れてくる飲料ペットボトルのうち浮遊ゴミがみられるものを取り分けるといった単純労働がふつうであるが、以上にみる上段の仕事の質は正社員のそれと同等ということができる。

クリーンルームでの過重労働の果てに

上段の職場はクリーンルームであった。ウェハ（ICチップ製造に使われる半導体の薄い基板）への感光を防ぐため黄色の蛍光灯のともるクリーンルームは、温度が二三度、湿度が四〇％台に保たれている。そこへの入室には防塵服、帽子、クリーン靴の着用が義務づけられ、数十秒、エアーシャワーを浴びる必要がある。トイレや休憩施設はない。この作業環境は、着衣の不便さ、閉鎖圧迫感、休憩や用便などの制約においてそれ自体ひとつのストレス要因である。それにこの職場は、三週間で一サイクルとなる三組二交替制であり、上段も右のような作業をしばしば二〇時三〇分から七時三〇分までの夜勤（実働九時間四五分、拘束一一時間）で遂行していた。拘束時間中の仮眠は、もっとも長い休憩時間一時間を使っても、クリーンルームから別の建物にある仮眠室への往復、セキュリティシステムの解除や鍵の受け渡し、防塵服の着脱などに時間をとられて、事実上できなかった。とくに「ソフトウェア検査実習」の一五日連続の勤務は、**表9-2**にみるように過酷だった。上段はこの間、七日の休日勤務、一日あたり約一一時間の実働時間・約一二時間半の拘束時間で働き続ける。この間は昼勤であったが、退勤は総じて深夜、ときに「零時すぎ」にもなったことにも注目したい。しかも同じ部署のニコン社員はこの間、ふつうに休暇を取得していたのだ。上段は三日間は指導員がおらず、また別の三日間は指導員の帰宅後に一人で「実習」しなければならなかった。

派遣社員であることのしんどさにはリストラの不安もあった。ニコンは早くも九八年春には請負・派遣社員の削減方針に転じていた。熊谷製作所の同じ課でも、同年七月には四七名いた派遣なかまが、九九年一月半ばには「自発的」退職や契約終了で三五名に減り、ネクスターからの派遣は上段のみになった。もっとも、ネクスターもニコンも有能で真面目な上段を「手放す」気はなかったようである。皮肉にも、希望した退職がすぐに実現しなかったことが、後に上段が自殺する一因となる。

表 9-2　上段勇士の 15 日連続勤務の労働時間

	年月日	出勤時間	退勤時間	労働時間
1	1999. 1. 24	12:50	19:35	6:45
2	1. 25	8:24	22:31	14:07
3	1. 26	8:26	19:38	11:12
4	1. 27	8:25	23:30	15:05
5	1. 28	9:02	21:10	12:08
6	1. 29	12:49	21:39	8:50
7	1. 30	8:19	24:26	16:07
8	1. 31	8:27	20:43	12:16
9	2. 1	8:23	23:53	15:30
10	2. 2	8:19	22:01	13:42
11	2. 3	12:53	24:34	11:41
12	2. 4	8:25	19:48	11:23
13	2. 5	8:25	23:02	14:37
14	2. 6	8:26	24:32	16:06
15	2. 7	8:18	16:41	8:23
計				187:52

資料：東京地裁判決(2005. 3. 31)別表

上段勇士は、二人一部屋の寮で家族と離れて自炊生活を送っていたが、九八年春ころから疲労、不眠と日中の眠気、慢性的な胃腸の不調、忙しくて食事がとれず、勉強や趣味のトレーニングができないことなどをのり子に訴えはじめている。訴えは夏から秋にかけて「食べ物の味がわからない」ようになるなど、より深刻になった。とはいえ、上段は九月には電気主任技術者(第二種)資格試験のためにいくつかの理論書を購入している。それ以降は、夢の実現に向けてがんばる気力と、どうしようもない不健康の自覚が痛ましくせめぎ合う日々である。一方では勇士は、資格試験の勉強の集中力を高めるため通販で「α波発生装置」を購入し、同じ目的からテレビとビデオを自室から実家に送ってしまう。だが他方では、記憶力と集中力の低下、目の重苦しさ、はげしい頭痛、胃痛の再発、「簡単な単語を何度も打ち間違える」……と頻繁に母に訴え、のり子はまた、年末には勇士の嗅覚と味覚の鈍麻や、「無表情でぼんやりしていることが多くなった」ことに気づいていた。甘えるようになったとも感じていたという。

ソフト検査実習の激務が終わり社内検査の昼夜交替制に戻ったとき、上段はついにこの職場からの脱出を決心したようである。九九年二月一八日、勇士はのり子に、同二三日と二四日にはネクスターの係員Aに、「国家試験と運転免許取得のため」月末に退職する希望を伝えている。Aはニコンとの契約や調整があって「今月末」は難しいと即答を避けた。夜勤の二五日にも期待していたニコンの回答はなく、上段は二六日から無断欠勤に入る。それ以降、連絡はつかなかった。ネクスターの担当者は三月三日になってようやくニコンに上段の退職希望を伝え、ニコンは四月一五日までは働いてほしいと答えていたという。三月七日、のり子は六日は自分の誕生日だったと留守電にメッセージを残したが、返信はなかった。三月一〇日、ネクスター社員が寮を訪れ、上段の遺体を発見する。何日も気づかれなかった孤独な縊死であった。室内のホワイトボードには「無駄な時間を過ごした」と記されていた。

派遣元および派遣先の損害賠償責任

二〇〇五年三月三一日、東京地裁の判決(裁判長・芝田俊文)は、母ののり子によるニコンおよびアテスト(旧称ネクスター)への損害賠償請求に対して、約二四八八万円の支払いを命じた。VDT作業、昼夜交替制勤務、クリーンルーム職場、時間外勤務のある海外出張、一五日間連続のソフト検査実習などがもたらした心身の疲弊、鬱病罹患と自殺の関連、そして上段の働かせかたや退職申し出に対する対応の不適切さにみられる両社の安全配慮義務違反を認定したのである。地裁はまた、上段がみずからの不健康について会社に訴えず、診療・治療を受けていなかったことは、過失相殺の事由とみなさなかった。しかし判決は一方、退職申し出に対する両社の回答が待ちきれないほどの資格試験準備への焦り、一月から二月にかけて兄に「BMW購入費用として」五〇万円を、のり子にパソコン購入のため二〇万円を融通したことによる預金減少という「一定の精神的負担」などを取り上げて、損害支払いを三割減額している。

この判決は控訴された。けれども、本書の草稿執筆後の〇九年七月二八日、東京高裁(裁判長・都築弘)は、派遣元と派遣先の損害賠償責任をはじめて認定した画期的な一審判決を追認する。そればかりか、元夫(勇士の父)との遺産分割協議の成立によって損害賠償の請求権がすべて原告のり子に属するようになったことを考慮して、損害賠償額を七〇五八万円に増額している。

ふりかえってみれば、ニコンは偽装請負によって、およそ一年半、上段勇士を酷使して自死にいたらしめた。過労自殺はもちろん派遣労働者に限られたことではないとはいえ、すぐれたカメラメーカーのニコンは、上段に正社員と変わらぬ重い仕事責任を課し、たとえば休暇取得などがよりむつかしい非正規雇用の人間材料として使い捨てたのである。両判決がこのような使い捨ての責任を、派遣会社だけでなく派遣先の大企業にも課したことの意義はきわめて大きい。にもかかわらず、派遣の活用による、あるいは一定期間後には直接雇用化を提案する義務などを規定する改正派遣法を逃れるための偽装請負の活用による労働者の収奪は、平成不況の回復期以降にはいっそう大々的にまかり通ったのである。

上段勇士は、甘えの許されぬ家庭環境のなかで懸命に働いて、そのコンピュータ技術をもってやがてアメリカに留学し、有利な職を得て、経済的自立をし、のり子らの生活の安定を支えようとした。どのような職場であっても、当面は自分の労働の収入以外にはなにも頼ることはできないと上段勇士は覚悟していたに違いない。勇士の将来の夢はいつまで保たれたのだろう。彼はいくらまで貯金していたのだろう。二月八日になってのり子に「あげてもいいんだが……」とむしろ進んでパソコン費用の融通をしたのは、すでに夢のプランの挫折を見通した勇士の、のり子への別れのプレゼントであったように私には感じられる。

では次に、ホワイトカラー職場での若者のいくつかの自死に目を転じてみよう。

＊以上、上段ケースについては、アテスト(ニコン熊谷製作所)事件、東京地裁二〇〇五年三月三一日判決(『労働判例』八九四号、二〇〇五年)、川人〇六年、『朝日新聞』二〇〇九年七月二九日付など参照

4節　死に急ぐ若年ホワイトカラー

九州テンのシステムエンジニア

佐世保市の九州テンは、富士通グループに属し、各種通信機器の設計と製造、ソフトウェアの開発と販売などを営む会社である。伊達良樹（仮名）が、Ｋ大学大学院（数理科学・情報システム専攻）を修了してこの会社に入社したのは、二四歳のとき二〇〇〇年四月だった。研修の後、システム開発チーム所属のＳＥとして、プログラミング作業などに携わる。その伊達が精神障害を発症しみずからの命を絶つのは、入社してわずか半年後の九月二六日である。

二カ月間ほどのＯＪＴ（仕事をしながらの訓練）と、Ａ社向けシステム開発のプログラミング作業は順調だった。しかし七月二五日にはじまるシステム開発は、Ｂ製薬会社からの発注が富士通、傘下ＦＱＳ社を経て九州テンに二次下請けされたむつかしい業務だった。薬品合成装置からのデータを読み込んで画面に表示するとともに、入力データをデータベースに書き込むというプロセスを薬品合成の流れに沿って五、六段階くりかえす。試薬管理、固相《こそう》合成、液相合成の三種について、ＶＢＡという伊達にははじめての開発言語を用いてプログラムを作成しなければならない。それはゼロから立ち上げる内容のシステム開発であった。完了予定は九月二六日。作業チームはリーダーのＮを中心にＰ、Ｑ、伊達の四人である。伊達の担当分野はもちろんもっとも難易度の低い液相合成の部分であった。

この仕事は、九月一七日までは九州テンの福岡支店で行われ、プログラムの作成とサンプルデータでのテスト作業までは順調に進んだ。そこで次に千葉県袖ケ浦《そでがうら》市のB社の研究所に出張して、実際のデータを使って稼働テストをしながら修正・調整のうえシステムを納入することになった。九月一八日、伊達はN、FQS社のR、富士通のSとともにその地へ出張し、システムインストールとネットワーク設定作業を行うようになる。この日から死の前日までの拘束労働時間は、勤怠表とパソコンの履歴から計算できる限り、日に最短九時間半、最長二一時間五分、日平均一三時間三一分に及んでいる。ちなみにそれまでの労働時間は平均九時間三六分である。もっとも、九州テンでは、全従業員が申告しない残業や休日勤務をすることが常態であり、実際の労働時間は九時間半どころではなかったけれども。

伊達が出張中にこのようにも働かざるをえなかったのは、実データによる稼働テストをはじめると、出るはずのないエラーメッセージや、仕様と異なる画面表示になるなどのバグが次々に現れたからだ。リーダーのNは帰社予定日を早々に当初の二二日から二六日に変更する一方、伊達とNは、B社の研究所やホテルで、日に夜を継いで稼働テストとバグの修正に取り組んだ。なんとしても納期二六日を守ろうとしたのだ。伊達はたとえば二四日の(公認)一〇時間四二分のほかにも、翌日の三時一三分までバグ修正の作業に就いている。

そして九月二五日、伊達もNもホテルで、そして電話連絡を受けた福岡のチームメンバーPも、もちろんサービス残業で朝から深夜まで、いや翌日にいたるまで執拗に現れるバグと戦った。その日、伊達らは完全に徹夜作業だった。一方、福岡では部下たちの異常に気づいた部長Lが、二六日二時頃、「これ以上やっても仕方がない。富士通と話をして後のことを決める、今日はもう休むように」と指示する。ここでついに、九州テンの経営陣はB社への納期の延期もやむなしと認めたといえよう。その電話指示を受けたNは、伊達に「もういいけん、やめんね」と伝えた。だが、伊達はその後もPと電話連絡しながらさらに作業を続けていたという。伊達良樹は、午前三時五四分、父親に「本当にごめんなさい」とのメールを、五時頃、「本当に申し訳ありません。死んで解決するものではありませんが私にはもうどうしようもありません」との(会社への?)謝罪と、Nへの業務連絡のメールを残し、縊死を遂げたのである。

納期に縛られたSEという仕事のすさまじさはこれまでにもしばしば語られてきたが、あらためて思うになんという異常な労働世界か。ここではバグは生ける人間を翻弄する亡霊のようだ。伊達良樹の早すぎる死に対する無念の父親の労災申請は、〇一年一〇月に不支給処分、〇二年三月に審査請求棄却、〇五年四月に再審査請求棄却となる。しかし、不支給処分の取消を求める行政訴訟の法廷では、二〇〇七年六月二七日、福岡地裁(裁判長・木村元昭)が、伊達の短い労働体験を克明に追ってその心身の疲弊を確かめ、鬱病罹患と自殺の業務起因性を認定したのである。判決は控訴なく確定する。

＊以上、九州テンの伊達ケースについては、国・福岡中央労基署長(九州テン)事件、福岡地裁二〇〇七年六月二七日判決(『労働判例』九四四号、二〇〇七年)、働く女性に関する判例(IN情報)、『西日本新聞』二〇〇七年六月二八日付を参照

北海道銀行の得意先係

しかしながら、もちろん、法廷は若者の仕事がらみの自死のすべてを原告勝利とするわけではない。三三歳の銀行員、倉田精一（仮名）の場合を紹介してみよう。

倉田は九一年春、H学院大学を卒業して北海道銀行に就職、五店舗を経て二〇〇〇年四月、札幌清田支店の得意先係に配属されている。主な業務は、担当地域内の顧客を訪問して定期預金、住宅ローン、教職員給与振込口座などの契約を獲得すること、法人向けの投資信託や融資を新規開拓することである。それまで倉田は個人向けローンの契約では高い実績を上げ、二〇〇〇年度の人事考課では五段階の二番目のA評価であったけれども、法人向け取引では不慣れなこともあって成績がふるわなかった。それでも二〇〇〇年度下半期には、投資信託の販売強化を重点施策とした銀行は、その倉田を、この施策の推進担当に任ずる。融資係員六人、得意先係員六人に課せられた投資信託の販売目標は三億～三・五億円。得意先係としての倉田個人に割り当てられた目標・ノルマは五〇〇〇万～六〇〇〇万円であった。しかし当時、投資信託の基準価格は下落傾向にあり、平均して午後九時までの勤務にうかがわれるような倉田の努力にかかわらず、支店の目標達成率は低いままだった。

支店では月一、二回、渉外会議が開かれ、得意先係の行員が各自の推進担当項目について前月までの進捗状況と今後の見通しを発表する。〇一年二月はじめ、この会議で倉田は、前月の販売実績を把握していなかったことで、支店長から「販売担当推進者としてそのようなことでは困る」と声高に「叱咤《しった》激励」される。その頃から倉田は心のバランスを失いはじめたようである。業務の引継書を出さず電話連絡もつかない休暇取得があって、現場に混乱が生じ、支店長代理から叱正を受けたのは二月一五日である。その翌日、友人には「なにもかも嫌になった」と辞意を洩らしている。

倉田はまた、二〇〇〇年七月に、N製造からファームバンキングの解約申し出を受けて必要書類を預かっていたが、その解約手続きをとらなかった。毎月の手数料の自動振替日にはその都度、自動振替の停止処理をしてみずから立替え払いをし、後に停止処理を解除していたのだ。しかし〇一年二月にはその処理も怠ったため、銀行から手数料が引き落とされてしまった。銀行では行員の立替え払いは厳禁であり懲戒処分の対象にもなる。またファームバンキングの営業目標は契約ベースのものであり、新規契約は行員の業績としてカウントされるけれども解約は「評価対象外」であったという。ともあれ、二月一九日、N製造から引き落としについて問い合わせを受けて支店の次長は、倉田のそれまでの立替え払いを知らなかったので手続き上のタイムラグからきたトラブルにすぎないと思い、外訪から帰行した倉田に「顧客から見える」営業室で、解約書類を預かっているなら見せるように言った。倉田は「わかりました」と答えたが、部屋を出てそのままかき消すように消息を絶った。札幌から一三〇キロ離れた雪ふかい勇払《ゆうふつ》郡占冠《しむかっぷ》村で彼が縊死したのは、二〇〇一年二月二二日である。

倉田の父は、精一の死は銀行での過剰な業務がもたらした鬱病罹患によるものとして、北海道銀行に一億三〇〇〇万円の賠償請求を提訴している。だが、このケースでは、原告は、地裁(裁判長・生野考司)〇五年一月二〇日の判決でも、控訴審を経た高裁(裁判長・伊藤紘基)〇七年一〇月三〇日の判決でも全面敗訴であった。両判決は、倉田は「それなりに厳しい」ノルマの未達成や、ファームバンキング解約のとりつくろいが発覚した後に予想される処分に対するおそれなどから、軽症鬱病エピソードを発症してはいたけれども、月六〇時間ほどの残業や、支店長をはじめとする上司の叱正のきびしさがこの程度では、鬱病の業務起因性も銀行の安全配慮義務違反も認定できないというのである。

とくにファームバンキング解約後の手数料の立替え払いなど、銀行員としての最小限の自覚さえ疑わせるようなビヘイビアを、倉田が最期の日々に示したことはたしかであろう。しかし立証はされなかったが、本件にはほかに、銀行員に通弊のサービス残業とか、ノルマを達成させるための上司のより執拗な圧迫やハラスメントとかの要因が潜んでいたのかもしれない。仕事のインパクトの秤量はさまざまでありうる。倉田精一の場合は、それは「この程度」、つまり例外的にすさまじいわけではなかったかもしれない。だが、倉田の事例は、ノルマの必達と自分の将来を左右する企業の人事評価との直接的な関連を怯《おび》えをもって気にせざるをえなくなった時代に、多くの企業で働くいくらか脆弱な若者がとる痛ましい対応のひとつであったということはできる。なお本件は上告されている。

＊以上、倉田精一のケースについては、北海道銀行(自殺)事件、札幌地裁二〇〇五年一月二〇日判決(『労働判例』八八九号、二〇〇五年)、同、札幌高裁二〇〇七年一〇月三〇日判決(『労働判例』

九五一号、二〇〇八年）を参照

関東リョーショクの営業マン

若年ホワイトカラーにとっての個人ノルマ、それが必然化させるサービス残業のインパクトは、広範な食品の卸売販売を行う会社、関東リョーショクの大崎和夫（川人博による仮名）の場合、きわめて大きかったように思われる。

大崎は二〇〇二年春、私立A大学経営学部を卒業して総合職コースで同社に入社。会社が借り上げた宇都宮市のアパートで一人暮らしをしながら、先輩の営業活動に同行して応援するという業務研修に入った。この期間は「勤怠・時間外勤務届」で管理されるとおりの残業手当も支払われている。しかし大崎の意欲的な申し出もあって、一〇月から営業職として、取引先二社・三店舗を担当するようになってからは事情が一変した。

大崎はふつう七時三〇分には出勤して、清掃やゴミ捨てなど事務所の整理をすませ、週三日は朝のミーティングに参加し、それからクルマで営業活動に出かける。総じて大崎一人が行う取引先との商談は、過去の実績をふまえた商品の選定、見積りの提出、契約というプロセスである。値下げ要求があればあらためて交渉する。販売価格の決定は営業マンの裁量範囲であるとはいえ、過去の納入実績から得意先ごとの販売価格の基準は決まっていて、あまり判断に迷う必要はなかったという。また、取引先への商品の配送、店舗改装・イヴェントの手伝いなども営業活動の一環である。帰社してからは、見積書、企画提案書、社内資料などの作成といった社内業務が待ち受けていた。ある意味では電通の大嶋と類似の仕事内容である。

この会社では、前年九月下旬から一〇月にかけて、「予算」とよばれる売上目標を、翌年一月以降一年間を対象として、経済成長率、地域の特性、得意先の状況などを考慮しながら各営業担当が策定する。大崎の〇二年一〇～一二月の「予算」は前任者が策定したもの、前年度の三％増であった。しかし当時は平成不況のデフレ期間であり、卸値の低落があって、「予算」の達成はむつかしい状況であった。だが、それだけに支社長など上層部は、営業マンに「何があっても予算必達」を指示してやまなかった。会社は新人の大崎に対しては、取引先やメーカーとの将来の良好な関係維持を重視して、一歩ずつ一〇〇％達成に近づいてゆけばいいという指導方針ではあったという。さりとて新人には「予算必達」の指示を控えるというわけではない。家族や友人に語るところ、大崎はその指示をまともに受けとめ、それをどう実現するかに苦慮していた。

その焦りもあったゆえか、大崎はいくつかのトラブルを起こしてしまう。一〇月二七日、大崎は取引先のG社大沢店の発注を間違える。一一月二五日には、今度は誤ってG社大沢店に納入してしまった商品を、正しい発注先のG社安良沢《あらさわ》店(日光市)に再配送しようと社用車を急がせ、ハンドル操作を誤って縁石に乗り上げ、クルマを破損する物損事故を起こした。このため配送が遅れ、大崎は課長とともに安良沢店へ謝罪に赴いている。また、大崎の前任者は、メーカーとの関係を使って取引先H社にジュースを安い単価でうまく卸していたものだったが、大崎にはそれができず、一一月のH社との取引高が大きく落ち込んだ。善処は課長のメーカー側との交渉に委ねられた。大崎はこの有力な取引先、H社の担当者と良好なコミュニケーションをもつことができず悩んでいた。H社担当者からの連絡もあって、課長はH社との取引について大崎に具体的な指示を与えている。そんなこともあって、H社に対する「予算」達成率は、一〇月までは約八〇％であったが、大崎が担当になった一一月は五九％、一二月は七一％にとどまったのである。

入社から九月までの大崎の残業時間は、最大の四月で約四七時間、最小の六月が二五時間という水準であった。だが、三万円ほどの営業手当は支給されるかわりに平日の時間外手当はなくなる営業職になった一〇月以降、総労働時間は著しく増えた。まず、一〇月はじめから一二月二二日までの間、二六日ある週休日・祝日のうち、大崎の休日取得は一六日であり一〇日は出勤している。またこの間、ここでも「鍵使用者記入表」と警備会社の警備記録に記録される限りの一八日(たいていは平日)のうち、一五日は午後一〇時以降、うち六日は日が変わって零時すぎの帰宅である。大崎の母は毎朝、会社に遅れないように実家から下宿先にモーニングコールをかけていたという。総括すれば、後に法廷で認定されたこの間の残業時間は、一〇月に一五〇時間二二分、一一月に一四九時間四〇分、一二月(二二日まで)に一一二時間三六分であった。

大崎はクルマで二、三分のところの妹宅で夕食をとることにしていたが、一〇月中旬以降、それもできないほどになる。月一度の家族が集うときの印象でも、眼にみえて疲労と心労が著しく「暗くなった」。仕事のことを考えると眠れないとしきりに訴える。そして大崎和夫は、クリスマス前日の二〇〇二年一二月二四日朝、アパート内のドアの開閉器にマフラーをかけて頸部《けいぶ》に巻き、高さ二〇センチの台を足場にして縊死してしまう――「ただただいい顔ばかりしていた自分は、もう生きている価値はないんじゃないか」「会社でもいい顔ばかりして、又、得意先にも迷惑ばかりかけてしまい申し訳ありません」「人生は何とかなると思っていたけれど何とかなりません」などと記す遺書を残して。二三歳、入社してわずか九カ月後の死であった。

その後は、もうおなじみの経過である。両親の労災認定・遺族補償一時金支給の申請(〇三年五月)は〇四年八月、不支給処分となり、審査請求(〇四年九月)は〇五年二月、棄却された。ここでも会社が、大崎の業務の実態を示す「営業日報」などの資料を隠匿《いんとく》したことが実態の解明を妨げていた。両親は〇五年二月、再審査を請求すると同時に、東京地裁に不支給処分の取消を求める行政訴訟を起こす。そして地裁(裁判長・難波孝一)は、経験に富む原告代理人川人博らの精力的な立証にうなずき、すでに述べたような労働の諸要因が総合的に作用して大崎の心身を消耗させ、急激な鬱病罹患と自殺を招いたこと、すなわち業務起因性を認定したのである。判決は二〇〇六年一一月二七日。控訴はなかった。

＊以上、大崎ケースについては、国・真岡労基署長(関東リョーショク)事件、東京地裁二〇〇六年一一月二七日判決(『労働判例』九三五号、二〇〇七年)、「新入社員の自殺と業務起因性」(『月刊人事労務』二〇〇八年三月号)、川人〇六年を参照

辞めなかった女性たち

二〇〇〇年以降、頻発をみるようになった若者の過労自殺は、八〇年代、九〇年代の過労死とは異なり、男性に限られていたわけではない。男女雇用機会均等法の制定にはじまり、その改正によって促進された男女平等の息吹は、仕事における能力発揮と生活の自立を求めようとする女性をたしかに増加させていた。だが、徐々に達成されてゆく男女共同参画は、女性の進出によって従来の働きすぎの職場が大きく変わることのない限り、過労死・過労自殺の男女平等というメダルの裏面を伴う。男女共同参画論が時代の合意となるには、ある意味では不可避の代価として、先駆としての六〇年代末のウーマンリブの特徴であったところの「あくせく働かされている解放されていない男性のようになるのはまっぴら」という思想の放棄を求められるからである。

それゆえ、有利な学歴をもってやりがいのある仕事を得た若い女性の界限では、とくにすさまじい労務費コスト削減の嵐が吹き荒れた平成不況期の到来以来、斃れるまでの働きすぎはもうそれほど例外的ではなかった。資料は豊富ではないけれども、ここにいくつかの広義過労死の事例をレジメ風に瞥見しておきたい。

（1）大手リース系金融会社オリックスの秋本真希(川人博による仮名)、二〇代

二〇代半ばの入社後二年あまりで、法人営業の担当になる。「朝八時に出社し、仕事が終

わるまで帰るな」の支店長指示があり、平日の睡眠時間が四時間くらいになるほどの深夜までの勤務、休日出勤、自宅作業を余儀なくされる。サービス残業を加えると、九カ月間ほど月に一〇〇時間を超える残業が続いた。疲労困憊して退職を申し出たけれど慰留される。二〇〇一年一二月、秋本は力つきて会社近くのビルから投身自殺した。労災は認定されている。

（2）編集アルバイトの長峰由紀(仮名)、二六歳

以前から働いていた東京都内のある出版社で午前と夜間に、午後には別の出版社で勤務。〇〇四年一〇月の労働時間はあわせて三〇七時間にも及んだ。はじめの会社は、辞めようとした長峰を慰留し、そのうえ、長峰が低賃金の非正規雇用者にとってやむをえないかけもちアルバイトをしていることを、四時間にわたって責めたという。翌日、長峰は自殺。申請された労災は、〇七年五月一三日、審査請求段階で認定された。

（3）静岡県磐田《いわた》市の新任小学校教師、木村百合子、二四歳

五章3節で紹介した東京都の森川尚美(仮名)ときわめてよく似たケースである。新任の木村は、担任クラスに少なくない「母子分離不全」や発達障害の生徒たち、不登校や非行、出稼ぎ外国人子弟の日本語能力の不足などにどのように対処するかに悩んでいた。熱心なクリスチャンで、静岡大学教育学部の学生時代から、タイでの宣教師の手伝い、ベトナムでのストリートチルドレン支援活動、ブラジル人学校の日本語教師などの経験さえある木村であっ

たが、クラスの子どもたちの抱える問題のあまりの頻発と多様さに打ちのめされる。同僚や先輩からの援助はなく、教頭らはクラス運営上のトラブルを木村の責任とみなす始末だった。保護者からも木村の指導に対するつよい不満と苦情の手紙が届いた。その翌日、二〇〇四年九月二九日、抑鬱状態がきわまり、木村はクルマのなかで焼身自殺を遂げた。両親は〇八年七月、静岡地裁に、百合子の自殺を公務災害と認めなかった地公災基金静岡県支部の処分取消を求める行政訴訟を起こしている。

（4）国立循環器病センターの看護師、村上優子（過労死）、二五歳

村上は九七年から、重症患者の多い脳神経外科病棟で五つの変則勤務シフトのローテーションで働いていた。職責は患者のケアに加え、看護記録の作成、シフト間の引継連絡、退院・転院サマリーの作成、看護研究、新人指導、各種の係・委員会参加……など多岐にわたり、残業は恒常的に月五〇〜六〇時間（原告側の調べでは八〇時間）に及ぶ。勤務間の間隔が五時間程度しかない日が月平均五回もあった。二〇〇一年二月一三日夜、帰宅後にくも膜下出血を発症、三月一〇日に死亡した。このケースについては、使用者としての国の管理責任を問う訴えでは遺族側が敗訴している。しかし、これを公務災害と認めることを求める行政訴訟では、一審判決（〇八年一月）、二審判決（〇八年一〇月三〇日）とも、裁判所は業務起因性を認め、国に遺族補償金約一二五〇万円の支払いを命じた。

（5）東京都済生会中央病院の看護師、高橋愛依（過労死）、二四歳

緊張と心労の絶え間ない総合病院の手術室で交替制勤務についていた高橋は、二〇〇七年五月二八日朝、仮眠していた搬送用ベッド上で意識不明になっているのを発見され、その日夕刻、「致死性不整脈」で亡くなった。高橋は朝から翌朝まで二四時間以上拘束される宿直勤務を月に四回こなし、それ以前にも倒れたことがあった。死亡前一カ月の残業時間は病院によれば一五時間、遺族側の調べでは約一〇〇時間という。労災申請を受けた三田労基署は、これを約八〇時間とみなし、この水準は労災認定基準未満ではあれ「交替制勤務や緊急手術などの過重性を総合評価」すれば発症の業務起因性を認めうるとして、〇八年一〇月一七日、労災を認定している。

従来型の過労死であったナースの場合もふくめて、仕事に生きようとして容易に退職を選ばず、あるいは退職もできぬままに、力つきて斃れた新しい時代の女性労働者の群像をここにみることができる。

＊以上、秋本のケースでは、川人〇六年を、長峰のケースでは、『朝日新聞』二〇〇七年五月一七日付を、木村のケースでは、斎藤貴男『強いられる死――自殺者三万人超の実相』（角川学芸出版、二〇〇九年）を、村上のケースでは、「看護師・村上優子さんの過労死認定・裁判を支援する会」のホームページ（IN情報）、女性共同法律事務所「女性共同ニュースレター」（二〇〇九年一月七日）、『朝日新聞』二〇〇八年一〇月三一日付を、高橋のケースでは、共同通信配信記事（IN情報、二〇〇八年一〇月一七日）、『朝日新聞』二〇〇八年一〇月一八日付をそれぞれ参照

5節　若者たちの過労自殺――その要因と背景

若者労働の環境変化

およそ一九九〇年代の後半以降、過酷な企業労務の風は入社まもない若者労働者の界隈にも吹きつけるようになった。バブル崩壊後の長い平成不況のなか、企業は七〇年代半ばから徐々に進めていた低賃金で有期雇用の非正規労働者の活用をいっそう本格化する一方、年功制度の適用を受ける正社員を徹底的に限定するにいたる。この変化の風はもちろん全従業員の労働条件に影響を及ぼすものであったが、その風圧は多かれ少なかれ「既得権」をもつ既存の従業員に対してよりも、新規学卒採用者に対してよりつよかったかにみえる。

まず、学校から正社員雇用への移行がこれまでのようにスムーズでなくなった。低賃金国からの輸入増と生産拠点の海外移転による製造業の労働力需要の減少のために、九〇年代はじめには三倍を超えていた新規高卒の有効求人倍率は、〇二～〇四年頃には一・三倍ほどに低下している。フリーターとよばれる、底辺の非正規雇用者として働きはじめる高卒者が増えた。不況のどん底では、大卒でさえ平均して卒業者の二五～三〇％ほどは正社員として就職できなかった。ここではこのトランジション問題に早くから関心を寄せていた小杉礼子らの調査研究の示す、新規大卒の求人倍率と「無業者」の趨勢《すうせい》グラフだけを紹介しておきたい（図9－1）。「労働力調査特別調査」各年版などによれば、日本の労働者のうち非正規雇用者の比率は八一年から〇六年までに、男性では約六%から約一八%に、主婦パートタイマーの多い女性では約二六%から約五三%に増えている。しかし、右の事情を反映して、若者ではこの非正規化傾向はもっとすさまじい。〇八年版『青少年白書』によれば、男女あわせて非正規雇用者は、二〇代前半ではおよそ八二年の約一〇%から四三%に、二〇代後半では一〇

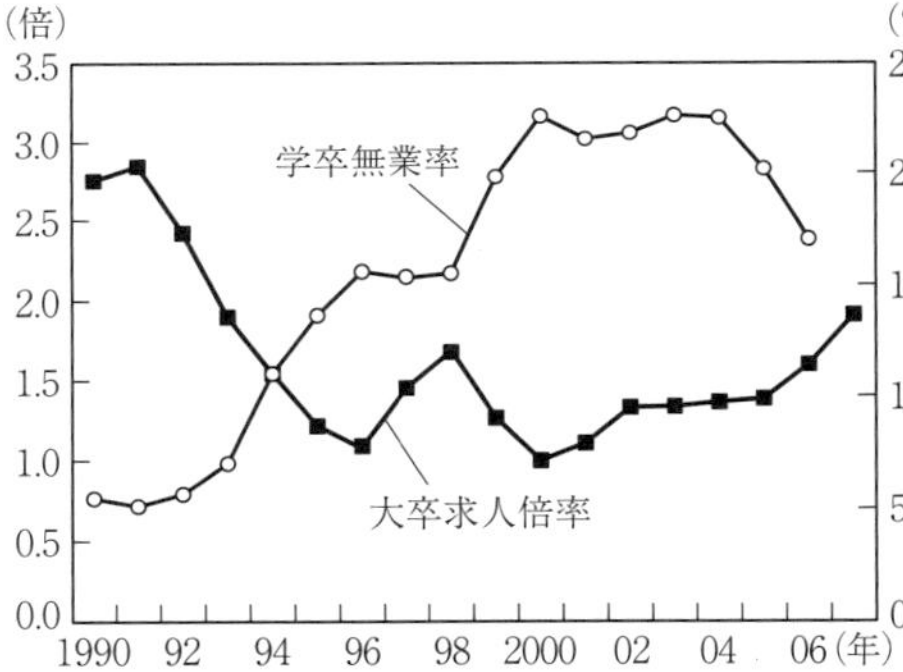

出所：小杉礼子編『大学生の就職とキャリア』(勁草書房, 2007年), 2頁. 原資料はリクルートワークス研究所「大卒求人倍率調査」(各年), 文部科学省「学校基本調査」(各年)

注1：大卒求人倍率は,「大卒求人倍率調査」での「民間企業就職希望の大学卒業予定者 / 大卒求人数」

注2：学卒無業者は「学校基本調査」における「無業 / 大学卒業者数」.「学校基本調査」では2000年以降は「無業」ではなく, 大学院等への進学や就職, 一般的な仕事をのぞく,「左記以外のもの」と表現されている. また, 2004年からは「専修学校・外国の学校等入学者」を別掲しているが, ここでは連続性を確保するため「無業」にふくめている

図 9-1 新規大卒者の求人倍数と学卒無業者

婦パートがきわめて少ないことである。

非正規雇用の若者の労働も、労働で生計を立てようとするならば当然、長時間労働が不可避になる。正社員よりもはるかに低い賃金がそれを強いるのだ。上段勇士や長峰由紀の事例がその事実を物語っている。とはいえ、過労自殺考察の文脈上、より注目すべきは、やはり若年正社員に課せられる労苦であろう。企業はこの時期、勤続の短い若者にはさまざまの職務を体験させてじっくりとフレキシブルな能力を会得《えとく》させるという、いわゆる「人材育成」論から、早期からきびしいノルマを課して性急に成果を求めるという、いわゆる「即戦力」論に方針を転じていた。選別した正社員のすべてにキャリア展開を期待するわけではない。彼ら、彼女らをさらに、「即戦力」の要請に応えてゆくゆくは管理者に経上がる者と、その要請に耐えられず辞めるなら仕方がないとする者に選別するのだ。同時期に導入された「成果主義」賃金システムがこの選別の路線と適合的であることはいうまでもないが、このような新しい企業労務が若者労働に与えるインパクトは大きい。たとえば、すでに一章の**表1-5**にみたように二〇〇四年、週六〇時間以上働く二〇代後半の男性は、三〇代、四〇代前半層に踵《きびす》を接して二〇%強、女性では五%水準ながら全年齢階層中のトップは二〇代であった。

作家の津村記久子は、二〇〇〇年に大学を卒業し、「四〇社回ってようやく決まった印刷会社で上司から理不尽な指導を何度も何度も受け」、「九カ月で辞め」たのち「落ち込み」の一〇カ月後、契約社員となって立ち直り、心に沁《し》みる作品『ポトスライムの舟』を著した。

その津村は『朝日新聞』のインタビューで次のように語っている――「就職氷河期にしんどい就活を経験した私たちの世代は、仕事への変な耐性を持っています。さんざん苦労してとった内定だからと、厳しいノルマや残業、「働かせてやっている」という会社側の見下した態度にも我慢して頑張ってしまう」。同世代の上段勇士、大崎和夫、伊達良樹、長峰由紀などのそれと多くの点で共通するこの時代の若者の仕事への向き合いかたを、それは端的に語ってみごとである。

＊以上、若者労働の労働市場的諸相については、厚生労働省『労働統計要覧』各年版(原資料は「職業安定業務統計」、「労働力調査特別調査」など)、小杉礼子編『大学生の就職とキャリア――「普通」の就活・個別の支援』(勁草書房、二〇〇七年)、若者労働の全体的な把握についてくわしくは、熊沢誠『若者が働くとき――「使い捨てられ」も「燃えつき」もせず』(ミネルヴァ書房、二〇〇六年)、津村記久子の発言は『朝日新聞』二〇〇九年三月一三日付を参照

職場の人間関係とストレス

もうひとつ、この時代の若者の職場生活に心労をもたらした深刻な要素は、職場の人間関係の緊張であった。

この時代には、同じ若い同僚との関係も総じて気の抜けないものになった。早期からの選別や成果主義が同僚間の競争を激化させ、助け合いや庇い合いの気風を風化させていたからである。仕事のつらさは、社内の同僚に語ることができず、一人で耐えるほかなかった。だ

が、もっとしんどいのは対上司関係である。二〇〇〇年の頃から、私のゼミの卒業生もしきりに「上司が怖い」と訴えるようになる。その怖さは、彼ら、彼女らがこれまで親にも教師にも感じたことのないものだった。

上司が怖くなったのは、なによりも、中間管理職や下級職制自身がチーム単位の重いノルマを背負っており、その達成のためには部下にきびしくあたるよう迫られていたからにほかならない。六章、八章で述べたように、管理職や現場リーダーは過重ノルマを負わされ、自分自身が心身の疲弊に追い込まれる被害者である一方、みずからのチームノルマの達成は部下の働きぶりにかかっているという関係から、彼らは部下の若者に対して、しばしば過酷な働きすぎを強いる加害者ともなる。ホワイトカラーの領域ではとくにその傾向がつよいかにみえる。彼らは部下のうち「精鋭」には過大な期待をかけ、ふつうの若者にも「死ぬ気でがんばれ」などと督励する。それにノルマの達成と賃金・ボーナス処遇との関係が直結する成果主義のもとでは、管理者や現場リーダー、すなわち若者にとっての上司による人事考課の役割はより大きくなっており、若手社員は、精鋭であれ「ふつう」であれ、上司から良好な査定を受けるか否かを今や最大の関心事とせざるをえない。成績がとくに思わしくなければ、次章で詳述する広義のハラスメントもありうる。そしてその場合、仕事において同じインパクトのもとにあって戦々恐々の同僚が助けてくれる条件はすでになかったのである。

すでに一章でかんたんに紹介したが、あらためて暦年の『労働者健康状況調査』によれば、「仕事や職業生活に関するつよい不安、悩み、ストレス」を感じる労働者の比率は、八〇年代、九〇年代、二〇〇〇年代と時期を追うごとにじりじりと高まって、六〇％前後に及んでいることがわかる（表9-3）。その「内容」を同調査の〇二年版でみれば、三つまでの複数回答で、「職場の人間関係」三五％、「仕事の量」三二％、「仕事の質」三〇％、「会社の将来性」二九％である。これはむろん若者に限られたことではないが、つよいストレスの果てに精神障害がくるとすれば、これは仕事の質量や人間関係の緊張によって「心の病」時代が到来したことの総括的な指標といえよう。そこでもう少し世代的な特徴を探ってみる。

厚労省の「労災補償状況について」によれば、二〇〇七年時点において、二〇代の若者は、精神障害等の労災補償の請求においては、三六％の三〇代に次ぐ二位の二一％、その支給決定においては、三七％の三〇代に次ぐやはり二位の二五％である。そして精神障害の果てに自殺がくるとすれば、九八年以降に三万人を超える自殺者のうち、この頃、二〇代の若者は三〇代とともにもっとも増加の著しい世代であったことが注目されよう。別の統計的アプローチ、「人口動態統計」の死因報告によれば、〇五年、二〇代前半から四〇代後半にいたる男性の六つの年齢段階において、死因の第一位は二〇代後半の四四・二％をピークとする自殺であった。女性でも一〇代後半から三〇代前半にいたる四つの年齢段階において、自殺は二〇代前半の四二・四％をピークとする死因の第一位

表9-3「仕事や職業生活に関するつよい不安, 悩み, ストレス」を感じる労働者の比率(%)

	労働者計	男性	女性
1982年	50.6	52.2	46.8
1992年	57.3	58.8	54.2
2002年	61.5	63.8	57.7
2007年	58.0	59.2	56.3

資料：厚労省『労働者健康状況調査』各年版より作成

である(ＩＮ情報)。「悪性新生物」がようやく首位にくるのは男性で四〇代後半、女性で三〇代後半なのだ。若年層を中心とした自殺の頻発に驚くほかはない。それに二〇代、三〇代の自殺原因では、中高年層の「健康問題」とは対照的に、「経済・生活問題」と「勤務問題」の比率上昇が著しい。それに、自殺の原因はひとつに集約できるものではない。たとえば、無職になってしばらくのち命を絶った場合、「健康問題」や「経済・生活問題」が自殺の直因と記録されるとしても、「勤務問題」で心身が疲弊して退職したことが遠因であることも多いのである。

いささか論点が拡散したけれども、以上は、九〇年代後半以降の労働環境の中で新入社員をふくむ少なからぬ若者が、企業労務の要請の臨界点で過労自殺に追い込まれていったことの「状況証拠」にはなるだろう。「物的証拠」はもちろんどこまでも個別的ではあるけれども。

＊以上、労働省・厚労省『労働者健康状況調査』各年版、厚労省「労災補償状況(平成一九年度)」報告(ＩＮ情報)、年齢別死因については厚労省のＩＮ情報(原資料は「人口動態統計」)を参照

それにしてもなぜ辞めなかったのか

二〇〇二年五月一四日、オートバイ部品などをつくる山田製作所熊本工場の塗装班リーダーであった二四歳の小林祐二(仮名)が、長時間労働と、迫られていた新たな品質管理基準への対応のもたらす心身の疲弊のために自殺した。このケースは労災認定され、損害賠償裁判

においても、一審で〇二年五月一四日、控訴審で〇七年一〇月二五日、原告勝訴の結末を迎えるにいたる。福岡高裁判決（裁判長・寺尾洋）によれば、死の当日の昼食時、祐二と同じ工場で働いていた原告の妻との間にはこんな会話があったことを、ここで紹介したい。

妻「壊れる前にこんな会社、辞めなんよ。壊れてからじゃ遅いからね。……いつでも辞めていいんだから、こんな会社」
祐二「もう壊れているかも」
妻「もう壊れているなら今すぐ辞めなんたい。たった今、辞めなんたい」

祐二はすでに、きびしくも情愛ほとばしるこの妻の言葉に従う心の余裕を失っていたけれども、一般に過労自殺した若者たちには、「壊れる前に」退職する選択がありえたはずである。事実、この頃、若者労働の界隈は「七五三」退職であった。新規就職後三年にして中卒の七割、高卒の五割、大卒の三割が退職するという意味だ。これはもちろん「壊れる前に」というほど切迫した退職ばかりではないだろう。ちなみに〇五年、ふつう「一五〜三四歳層」と定義される若者の雇用形態別離職者の四〇％は①非正規から非正規へ、一九％は②非正規から正規へ、三六％が③正規から正規へ、そして④二〇％が正規から非正規であった。このうち①は有期雇用の契約期限満了によるやむをえぬ離職、③は「新天地」を求めての積極的な転職もかなりあるように思われる。けれども、③の一部、そしてとくに④には、心身の消耗のために働き続けることができなくなって「壊れる前に」辞めたケースが多いと推測される。〇七年『労働者健康状況調査』によれば、「メンタルヘルス上の理由により連続一カ月以上休業又は退職した労働者がいる事業所の割合」は、平均七・六％にすぎないけれど、三〇〇〜九九九人規模では六七％、一〇〇〇〜四九九九人規模では九三％であった。ちなみにこれは〇七年にはじめて加えられた調査項目であるが、実際には、とくにこの比率の低い中小企業の場合、「メンタルヘルス上の理由」と労働者が会社に申し出ないままの、会社にそう認定されないままの「自発的退職」のほうがはるかに多いだろう。二〇〇〇年代、「心の病」で会社を辞めた、あるいはそのため解雇された労働者が激増したことは、労働相談に携わってきた人びとが一致して指摘するところである。

　それだけに、私たちはなお執拗な疑問をぬぐいきれない。一般に退職比率の高い、次の就職機会が中高年層ほど乏しくはない世代なのに、過労自殺した若者たちはなぜ「壊れる前に」辞めなかったのか。

　事例にもみるように、彼ら、彼女らの多くは、あまりにきびしい仕事の要請から辞めたいと申し出たときしばしば上司から慰留されている。会社も、将来を期待できると見込んだ「今どきめずらしい働き手」を手放したくなかったのだ。過労死のケースと同様、ここには無責任な期待や励ましが労働者を無理ながんばりに誘う関係がある。一方、会社がなんらかの事情でさほど期待をかけなかった従業員の場合には、ふたたび津村記久子の表現を借りれば「お前なんか、どこへ行ったってだめだ」という上司の無神経な侮辱が転職の意欲を萎えさせ、労働者を鬱屈の職場に縛りつける状況もある。

会社のこうした無責任または無神経な対応はともあれ、「今の若者は自立心を欠く」という、よくみられる「識者」の叱正とはまったく逆に、この時代の若者には、幸か不幸か高度成長期の若者よりも経済的に自立したいという志向はつよくなっていたように思われる。この変化はジェンダー規範を脱した女性においてとくに著しいが、その自立志向は、少なくとも若者男女の意識では、自分が稼がなければもうパラサイトできるところはないと感じることが多くなったゆえであろう。既婚女性では若い配偶者の収入の不安定さが不安である。未婚者では定年退職や老後の社会保障の不十分さがもたらす両親の生活苦への思いやり。木谷公治や上段勇士にみるように、死別や増加しつつある離婚によって「片親」になった母を自分こそが支えなければならないという自覚。そしてより一般的には親元の農業や自営業の先行き不安。すでにパラサイトはもうそれほど容易ではなく、若者たちは不遇の仕事・鬱屈の職場でもかんたんには捨てられないのである。

とりわけ正社員が退職すれば、苦労して得たこの正社員身分を捨てれば、次に就く蓋然性の高い働きかたはフリーター、派遣社員など非正規雇用であった。非正規雇用では、キャリア展開のない有期雇用のうえに、年収は二〇〇万円にも満たず、セーフティネットもきわめて粗く、シングルでも自立的な経済生活はむつかしい。非正規にはなりたくない。そこからくるものは会社の要請をとにかく呑み込もうとする姿勢である。すなわち非正規雇用者への差別的な待遇が働きすぎの鞭《むち》となる関係が認められる。まことに働きすぎの正社員とワーキングプアの非正規労働者とは地続きの相互補強関係にあるということができる。いや非正規労働者でさえ、編集アルバイトの長峰由紀のように、低賃金のもとで自立的な生活を立てようとすれば、必然的に長時間労働になる複合就労を余儀なくされる。バブル崩壊後日本の産業社会が若者たちの労働世界に贈ったのは、働きすぎかワーキングプアの非正規雇用かの選択、そしてその両者の暗鬱な相互補強関係であった。

バブル崩壊後の「就職氷河期」以降、若者たちは以上のような労働世界にほとんど無防備に送り込まれていた。ここに「無防備に」というのは、企業の要請を批判し、なかまと協同してそれに対抗しようとする思想、あるいはせめてそれをやりすごそうとするすべ、いわば「批判・対抗・協同の文化」をもつことなく、という意味である。この時代の若者は、主観的にはすでに前世代の「猛烈社員」意識から自由ではあった。しかしながら、彼ら、彼女らの発想の基本型がつくられる一〇代末の頃は、消費・娯楽文化の展開の時代であり、産業のサービス化のなかで就職もさして気にしなくてよいと展望できる時代だった。また、従来の社会運動や「革新」の政治運動は、総じて衰退して不可視になっている……。そんななか、ファッションや遊び、「オタクなかま」の閉じたコミュニケーションにおいては、若者たちは「個性尊重」を享受したけれども、一方、社会の基本システムには能力主義的競争の原理が確実に浸透しているゆえに、進学や就職や転職の決定については、判断基準がどんなに曖昧であってもあくまで「自己責任」が問われた。そして学校も家庭も、労働運動も革新政党も、およそ旧世代は、若者たちを「批判・対抗・協同の文化」の育成に誘う気力も方途も失っていた。

以上の若者の主体意識の把握は、周到な要因分析にもとづく考察とはとてもいえないだろう。また、若者労働がとらわれる企業社会の構造を多少とも知るならば、もちろん、そのなかで真摯に働こうとした若者の過労死・過労自殺について、若者自身の主体的責任を問うことはできない。とはいえ、あえて彼ら、彼女らの意識状況にふれたのは、オタフクソースの木谷公治に関する『南雲鑑定意見書』の底に流れる、「そこまで会社の要請につきあうことはなかったのに！」というある無念の思いを、私も共有するからにほかならない。

＊以上、若者の労働をめぐる状況や意識については熊沢〇六年、小林祐二のケースについては、オートバイ部品製造会社塗装班リーダー自殺(山田製作所)事件、福岡高裁二〇〇七年一〇月二五日判決(過労死民事判例七五号、ＩＮ情報)、若年離職者の内容については厚労省『平成一八年度労働経済白書』(二〇〇六年)を参照

一〇章　ハラスメントと過重労働のもたらす死

1節　ノルマ達成の督励

企業の業務上の要請を労働者に媒介する直属の上司のありようは、多かれ少なかれ、すべての過労死・過労自殺にふかい関係をもつ。とりわけ職場における人間関係の緊張のもたらす心理的負担という要素が大きな役割を果たす過労自殺の場合、この関係はいっそう明瞭であろう。この章では、近年とくに増加しつつある、ときにパワーハラスメントとよぶことのできる上司の強面《こわもて》のビヘイビアが労働者の死を招いた事例を扱うことにしたい。もっとも、上司がノルマや残業を強いる程度と、督励や叱正や罵倒の性格は、それぞれの死のケースによってさまざまである。その程度が弱く、まずはひとえにハラスメントによる自殺とは分類できない二つのケースから入る。

裁量労働制下の研究員

一九九九年一二月二〇日、大手建設機械メーカーの「コマツ」中央研究所の研究員、諏訪達徳(三四歳)が、週あけの出勤前、一人住まいのマンションから身を投げて死亡した。

八四年に入社してから一四年間、機械設計に従事していた諏訪は、九八年九月、専門外のレーザー開発部門に異動となり、研究開発のほか部品購入や営業も担当するようになった。新しい配属先では、つねにコスト削減を意識せざるをえない部品納入業者との交渉・折衝、顧客の苦情への対処、他部門との連絡調整、さらに九九年夏からは大阪の顧客との取引開始に伴う出張など、業務が大幅に増え、繁忙このうえなかった。ここで注目すべきは、この異動とほぼ同時に、諏訪が「フリータイム勤務」(裁量労働制)の適用を受けることになったことだ。労基法三八条の三、四に定める裁量労働制とは、業務の遂行手段と時間配分を労働者の裁量に委ねる勤務形態である。一定のみなし労働時間はあるものの、会社による労働時間の厳密な管理はない。コマツはそのうえで、裁量労働制に成果主義を結びつけ、適用労働者に対しては、半年間の成果に応じて半期に一回の賞与支給に大きな差をつける「フリータイム業績加算制」を実施している。

裁量労働制が労働者に労働時間選択の自由をもたらすという、よく謳われる言説はまったくの幻想にすぎない。この制度下でも「成果」をはかる「基準」、すなわち達成すべきノルマや「予算」や納期の割当ては厳存する。それらを決めるのは、そこにいくらか自己申告の要素が混じるにしても、基本的には、たいていは上位経営陣の意向を背後に負う直属の上司なのだ。そして諏訪の場合、その上司は、労働現場の実情を知らぬままに過大なノルマを課し、その達成が思わしくないと思えば、諏訪をきびしく叱責し、侮辱的な発言もはばからなかった。必然の結果はすさまじい長時間労働である。タイムカードはなかったけれども、同僚からのヒアリング、給与明細、事務所の最終退出者が記入する「火元管理カード」などによれば、諏訪の労働時間は、死亡前半年には日一〇時間から一九時間、死の直前、一二月一六日、一七日の退出時間は(翌日)午前三時前後であった。諏訪はその上司との人間関係や顧客とのトラブルにも悩んでいたという。

達徳の姉による翌年一月二四日の労災申請は〇二年九月二七日、平塚労基署に認定され、それに引き続いたコマツに対する損害賠償請求の提訴(〇三年七月)は、〇六年八月三日、東京地裁の場で勝利和解にいたる。労働時間の確定がむつかしい裁量労働制のもとでの過労自殺に対する企業の賠償責任を認めた、これは最初の法的措置であった。このケースに関する資料はなお不十分ではあれ、【裁量労働制―成果主義―ノルマの厳存―上司の枢要の役割】の連関というその背景は、現時点の労働の状況としてきわめてありふれたものとみなしうるゆえ、あえて紹介を試みた次第である。ちなみに、東京労働局管内の労基署が〇五年に過労死・過労自殺で労災認定した四八人のうち実に六割以上が、さまざまの管理職、営業職、SE、施工工事管理者など、「労働時間を自己管理する」立場の従業員だったという。

＊以上、諏訪のケースについては、川人〇六年、大阪過労死問題連絡会最新情報二〇〇二年九月(IN情報)、『時事通信』発信二〇〇六年七月二八日(IN情報)など参照

レストラン店長に課せられる「責任」

ファミリーレストランなど飲食店の店長は、およそ九〇年代後半以降、ときには過労死や過労自殺にいたる労働災害の多発した代表職種のひとつである。この仕事では、「責任」範囲が広範なうえに、すでに述べたように、企業から「管理職」とみなされて労働時間制限が適用されないことが多い。長時間労働と心身の疲弊はほとんど必然的であった。一九九六年二月一五日における京都のエージーフーズ(以下、AGF)三条店の店長、寺西彰(四三歳)の縊死は、その先駆的な事例ということができる。

七二年このかた喫茶店などで働き、七四年に調理師免許を取得した寺西は、ゆくゆくは蕎《そ》麦屋《ば》を開業することをめざして、七五年七月、AGFのアルバイトに入り、二カ月後に正社員となった。AGFは、蕎麦を中心とした和食レストラン「鷹匠《たかじょう》」のほか、洋食中心のファミレス、ハンバーガーショップ、蕎麦懐石料理店、そのほかダイニングバー、無国籍料理のレストランなど七店舗を展開する業界の大手企業であったが、会社を牛耳るのは取締役の会長、夫婦である社長と専務、それに子飼いの営業部長の四人であり、同族企業的体質を色濃く残していた。そのAGFで、寺西は鷹匠N店の調理師見習い、同店の調理場チーフ、鷹匠スイートピア店の店長を経て、八六年二月、同三条店の開店とともに同店のチーフとなり、九二年七月、そこで店長に昇格する。七店舗中で最大の売上高と「高級感」を誇る期待の店舗であった。

三条店の正社員は、寺西店長、チーフ、調理担当など五名のみ。三、四名の洗い場担当、ホールマネージャーをふくむ一〇～一五名の接客担当はパートタイマーまたはアルバイトである。寺西の責任範囲は、店舗の営業管理全般（一一時の開店から二一時三〇分の閉店までの業務の統括・指導）であるが、いわゆる「花番」とよばれる顧客の注文・調理・提供の管理と采配《さいはい》、売上げ・仕入れ・経費の伝票記帳と管理、売上金の保管、閉店後の集計と現金確認、夜間金庫への預入れなどを中心とする会計管理、スタッフの人事管理、そして常連客への接客……などきわめて広範であった。実務上はこれらすべてをいつも店長自身が行わねばならないわけではなく、ヴェテランパートの手助けも大きい。しかし、きちんとした遂行の責任はあくまで店長に属するのである。

心労を招く店長固有の業務にもう少し立ち入ってみよう。寺西はたとえば、毎週、時間帯ごとに必要な人員を策定して、AGFから指示される売上げの一定割合に決められた人件費の枠内で、各従業員の出勤・退勤の日時を把握して手配し、休業・欠勤の交代要員を確保しなければならなかった。すぐに想像できよう、とくに夜勤の主婦パートや学生アルバイトについて、この出勤調整の負担は容易なものではない。また、月二回行われる店長会議では、売上げの現状、顧客や売れ筋商品の動向、売上目標と達成の程度などについて社長から説明を求められる。その売上高というノルマは、総じて前年度の数％増の水準であり、すでにその前の店長会議に提出され、社長の「了承」を受けている。それゆえ、目標と達成の間に差があれば、店長はその理由と是正策の有無をきびしく問われるのである。

不幸にして三条店の売上げは、バブル経済崩壊後の消費節約の時期でもあって、九三年度を一〇〇とすれば、九四年度九四、九五年度八九と、他店よりも減少していた。社長はAGF全体の売上げの二〇%を占める三条店の不振をとくに問題視して、改善策の立案といっそうのがんばりを寺西に求めてやまなかった。社長はほぼ毎日、三条店で蕎麦の試食をしてその味に注文を出し、専務の妻と頻繁に来店しては、ときには数時間も、AGFと三条店の経営改善について「相談」したものである。事実上、売上不振に対する寺西の責任追及であり叱責であった。昼食や接待にしばしば三条店を利用する役員たちが、その際、料理の味や食器についてなにかと注文をつけ、彼らのために特別の調理を要求したりするのも、寺西を緊張させ傷つけるふるまいであった。

一方、社長は、三条店の不振は宴会利用の減少にあると考え、特別の営業部門を組織して、官庁や会社への飛び込み勧誘や街頭でのビラ配布を行わせることにした。寺西もその営業活動に動員されている。しかし、本来「調理師」であって営業の経験をもたない寺西は、そうした勧誘に不向きであるとみなされるようになった。寺西は、九五年一月二一日から九六年二月一四日までの間、この職種としては幸運にも例外的に存在したタイムカードによれば、休日が月に二日ほどしかなく、日に約一二時間も働いていた。もちろん業績の回復をつよく求められていたからにほかならない。だが、その努力も報われなかった。九五年末、社長は、寺西をN店の店長に異動させることを決めて内示する。九六年一月、寺西は一度はこれを承諾したものの、その後は数度にわたり社長の執拗な説得に抗った。開店以来、三条店に献身してきた寺西にとって、この異動はみずからのアイデンティティを根こそぎにする措置と感じられたからであろう。

寺西彰の自殺と損害賠償提訴

九五年夏以来、寺西の体調と生活は徐々に変化を来す。恒例の家族団欒の行事に次第に消極的になり、結婚して二五年の妻、笑子に飛び込みセールスのつらさをしきりに訴えている。同年九月頃には、頻繁な頭痛、腹痛、腰痛、下痢と便秘に悩んだ。同年末、前述の異動内示があったためか、以前のように笑子と話すことも少なく、考え込み、黙って出勤するようになった。寺西家にとって九六年は暗い正月だった。好物のカニすきにも食欲がなく、ゲームにも加わらず、とかく伏し目がちである。この月の笑子の誕生日には家族そろって恒例のカラオケに出かけたが、一曲も歌うことなく、笑子が時間延長を誘うと、「何時だと思っている。明日も仕事だ」と怒鳴る始末だった。少し前から寺西は転職を考えていたようである。タクシー会社の採用面接を受け、一月三一日には内定通知が届いていた。

二月一日、血尿が出た。それに排尿時の痛み、かねてからの不眠、食欲不振、急激な痩せもあって、寺西は総合病院の泌尿器科と神経内科の診療を受けた。会議でノイローゼ状態になる、同じことをぐるぐる考えてしまう、三日間くらい満足に食事がとれない、眠れない……などが主な訴えだった。抗不安剤、抗鬱剤を投与されている。しかし二月上旬、食欲もいっそう減退し、夜中に何度も目覚めて睡眠も三、四時間くらいとなる。入浴も怠り、髭や服装にも頓着《とんちゃく》しなくなった。社長が毎日のように長話に来る、客席にずっと座っている——

そのうっとうしさを笑子に語っている。

二月一〇日、寺西はぼんやりして、店の階段からだし汁をもったまま脚を滑らせて転落し、一週間の入院加療を受けることになった。その日、寺西ははじめて笑子に異動のことを伝え、不安と自信喪失の気持ちを訴えている。付き添ってきた従業員には「早く店に帰れ」ときびしい口調。翌日、見舞いに来た社長を迎えた後は、つよく退院を希望したという。壮絶な最期の日々だった。二月一二日、寺西は仕事の段取りがあるとして出勤。タイムカードでは公休である。翌日もなんと「会長宅の法事があるとして」出勤。一四日も笑子のバレンタインデーのプレゼントを無表情で受けとったまま出勤。その日、寺西は、異動の件で社長と二時間あまり懇談し、むしろ三条店のチーフにしてほしいと頼んだが、社長は肯《うなず》かず、「異動の話は白紙撤回する」として帰ったという。この「撤回」の真意をどう考えるべきだろうか。ともあれ寺西は、二月一五日午前一時一五分、京都市伏見区の団地の四階から身を投げ、全身打撲による内臓破裂で死んでしまったのである。

寺西笑子の申請を受けた京都下京労基署は、〇一年三月一九日、寺西の自死を業務に起因するものとして労災と認定する。これを受けて笑子と二人の息子は、同年六月、ＡＧＦと代表取締役の安全配慮義務違反を追及する、総計約九八七六万円の損害賠償請求を京都地裁に訴えている。

ほかの事例紹介と同じく、私は寺西の体験を判決の事実認定にもとづいて記述した。原告側の主張は状況をもう少しシビアに把握し、被告ＡＧＦの側は、例によって、「管理監督者」

の労働時間は自己裁量的である、店長がみずから行う必要のある業務は限られている、在社時間と就業時間は違う、売上げノルマの強制はない、したがって寺西に上司が過度の圧迫を加えた事実はない、提示した異動はむしろ栄転である……などと主張した。寺西の自死の原因は、被告側によれば、むろん「業務外」のこと――住宅ローンや教育費のローンの負担といった経済状態、噂される不倫の悩み、こじつけて円満とはいえないとみなした夫婦関係などであった。また寺西から鬱状態の告知もなく、会社に安全配慮義務違反はもちろん一切ないとも主張した。だが、地裁(裁判長・松本久)は、二〇〇五年三月二五日、右記のような事実にもとづいて寺西の業務上の負担、ノルマ達成への上司のインパクト、それらからくる「自己裁量的な労働時間」の虚構性を確認し、業務―鬱病罹患―自死の因果関係をすっきりと認定したのである。判決は述べる、寺西が会社に「鬱状態の告知を行えば」会社が「適切な業務内容の軽減等の措置を講じたはずであるとも言い難い」。さらに判決は、被告側の自殺原因論にはまったく裏付けや根拠のないこと、過失相殺も認められないことを明示している。逸失利益の計算は原告側といくらか異なったが、命令された損害賠償額は労災補償分を差し引いて総計約六五二八万円。寺西笑子と子どもたちの完全な勝訴であった。

しかしなお、AGFは控訴している。引き続いての勝訴が期待される。この寺西過労自殺事件に対するしかるべき法的制裁は、すでに述べたように、その後、ファミレス店長などを典型とする「名ばかり管理職」の問題が大きく浮上する推移をみるとき、まことに先駆的な意義を担うからである。

＊以上、寺西のケースについては主として、エージーフーズ事件、京都地裁二〇〇五年三月二五日判決(『労働判例』八九三号、二〇〇五年)、ほかに村山晃「寺西事件 店長の過労自殺は会社の責任」(大阪過労死問題連絡会ホームページ、IN情報)を参照

2節 いじめと過重労働のきわみに――あるソフトウェア会社の事例

釘宮恵路の受難(1)

次に、自死ではなかったとはいえ、直属の上司によるハラスメントがもっとも端的に転職者の過労死を招いた事例を紹介しよう。この過労死には、後に損害賠償請求が提訴されたが、結末は遺族側の勝利和解であって、判決を読むことができない。それゆえ、岩田栄や平岡悟の場合と同様、原告側の陳述書、訴状、法廷での本人調書、証人調書などを資料として、このあまりにもシビアな受難の体験を追うことにしたい。

東陶情報システム株式会社(以下、TIS)は、大手製陶企業TOTOのコンピュータシステムの保守・開発を行う小倉の会社である。熊本大学理学部卒業の釘宮恵路(死亡当時四二歳)が、東京のソフトウェア企業、CACから、管理職としてTISに転職したのは一九九四年一月一日のこと、その面接試験の際、当時の次長TSのみが釘宮の入社に反対したという。釘宮を死に追いつめたのは、極端な過重労働と、その指示もふくめてのTSのいじめにほかならなかった。

釘宮の当面の仕事は、ＶＡＮシステム（ＴＯＴＯの受発注管理システム）を動かすコンピュータソフト（ＣＳ）の開発であった。仕事の単価を切り下げよとのＴＯＴＯの要請はきびしかった。釘宮は、三人の部下とチームを組んで毎晩、午前零時頃までの勤務、ときには通勤に使うモノレールの終電に間に合わず、会社で仮眠し、翌早朝に帰宅し、三〇分ほど休んで、また出勤するという繁忙の日々だった。上司のＴＳは業績向上を焦って、当初から連日のように、「お前は三人分の給料なんだ。コストが高いんだ。給料返せ、ボーナス返せ」と怒鳴っていた。この頃から早くも釘宮は、口数が少なくなり、落ち込んでいたという。

そんな日々が続いた二年ほど後、九六年三月、ＴＳは釘宮に「大阪のグリコの仕事」を引き受けさせる。グリコの営業・経理・物流などを統一的に管理するコンピュータソフトを開発する業務である。この仕事のため釘宮は、ＩＢＭなど他企業の社員と組むグリコＣＳ開発チームのなかでただ一人のＴＩＳ担当者として、単身赴任することになった。一方、小倉のソフト制作担当者たちは、「昼間は恒常的なＴＯＴＯの仕事、定時後にグリコの仕事」という体制のもと、手当のつく残業は月五〇時間に制限されているのに、実際には残業二〇〇時間という異常な働きぶりであった。それに呼応して釘宮は、こうしたプロジェクトに不慣れで実に頻繁にソフトの変更を要求するグリコ側と、変更を嫌がる小倉の制作チームとの苦しい調整に、日に夜を継ぐ作業を強いられた。夜中の二時、三時に大阪の釘宮から小倉にファックスが届くこともあった。ＴＳはといえば、かねてから、なぜか――後の法廷での尋問でもその根拠はついに不明のままである――釘宮の仕事能力を低くみていた。彼はグリコの仕事の遅れに苛立ってほとんど毎日、電話で叱責・罵倒していたが、来阪したときにはついに一線を超え、他社のメンバーも多数いる前で釘宮を殴ったのである。

九七年六月末、派遣メンバー交替でようやく小倉に帰った釘宮を待っていたものは、さらなるTSのハラスメントだった。釘宮はやはりVANシステムの担当であったが、TSは、みんなはお前と一緒に働くのを迷惑に思っている、悔しかったらアウトプットを示せ、と釘宮を責め、七月九日には、釘宮を追いつめて辞表を書かせる。しかし、むしろTSのほうを問題視していたかにみえる社長や総務部長は、辞表を突き返して釘宮を励ました。自信をなくしたと訴える釘宮は、一週間の休暇をもらって一人で実家に帰っている。ちなみにTSは釘宮の能力は他社の人からも疑われていたと後の法廷で述べたけれども、辞職の件を伝え聞いたグリコやIBMのメンバーは、「感謝状」を出してでも釘宮を辞めさせたくないという意見だったという。だが、TSは執拗であった。九七年八月二日、彼は釘宮と妻の美加をよびつけ、「はっきり言ってこいつはいらない。いつ辞めてもらってもいっこうにかまわない。こいつのコストは高いから辞めてもらったら会社はそれだけ助かる。管理職の立場を格下げされてもいいか。今年末までは待ってやるから、何かやる気のあるところを示せ」と言ってのけたのだ。はばかりなく罵倒される夫の姿を妻に見せつける、その異様なサディズムはまことにハラスメントのきわみということができる。

九七年一〇月から、釘宮は、部下のない課長として第一生命ビル内へ隔離された職場で、相変わらず「血を吐くまでやれ」と叱責されながら、VANシステムの管理責任者を務めていた。そして九八年一月、釘宮は、新たな七名のチームでTOTOの受注によるプラスティック関係システムの開発(以下、PSD)に携わることになる。おそらくあえて「結果を出そう」としたためであろうか、これは釘宮の企画であり、営業部長と総務部長の決裁は得たものの、TSは「自分を通さなかった」と激怒し、釘宮に週末二日間で一万字の論文を書けと命じる。釘宮は徹夜して書き上げて提出したが、TSは一読して「ようわからん」と投げ出したという。嫌がらせであった。

しかし仕事がはじまるとTSは立場上、采配をふるい、グリコの仕事と同様にまた、「定時までは通常業務・定時後からPSDの仕事」と決める。三六協定の残業マックスは七〇時間、だから一〇時には仕事は終わるとスタッフと「約束」してはじめたものである。裁判でのTSの証人調書によれば、「もしこれが一〇〇時間もかかるようだったら、君たちの力は本当にないよね」というわけだ。しかもPSD業務は別の事務所、TOTO本社で行われる。責任を課せられた釘宮は、仕事開始の九八年三月以降の毎日、定時後に第一生命ビルからTOTO本社に移動して、深更まで、ときには寝袋持参で泊まり込んで働かねばならなかった。四月二六日から五月六日までの間、休んだのは一日のみ、退社は午後九時〜(翌日)午前四時、就業時間は休日出勤の五月四日の六時間をのぞけば、一〇時間半〜二〇時間一〇分。釘宮の最期の日々はこのような激務であった。

「なんとか生きのびた」とつぶやいて、疲れ果て、自宅ではテレビをつけたままうつぶせる、朝食をとらない、よく眠れない、自宅でも早朝、あるいは深夜目覚めてコンピュータに向かう、しかし連休などまったく関係なく、頭痛を抱えて出勤する……。五月はじめはそんな毎日だった。ただ五月四日だけ、美加の提案で家族とドライブしたけれど、往復の間はワゴン車の後部で横になり、遠賀川《おんが》では子どもらとはしゃぐことなく黙々と焼き肉を食べた。それでも五月五日には、「俺、この会社へ来てからまだなんにもやりとげた仕事がない。こんどの仕事は八月までにかたちにしてみせるから」と美加に語っている。その日は午後四時には帰宅。パソコン作業をした後、久しぶりに家族そろってカレーライスと豆腐入りサラダの夕食を囲んだ。美加の言う「神様が用意してくれた最後の晩餐《ばんさん》」であった。子どもたちとも寛ぎ、自分は風邪気味なので服を着たまま一歳の娘に入浴させる。釘宮は結局、死ぬまでの五日間、入浴できなかった。

六日の夕刻、釘宮は、ＴＳに「このプロジェクトにお前はいらん。帰れ」と罵倒されたと電話で美加に伝えた。その一週間前にも同じことを言われたという。その日は一八時ごろ帰宅。崩れるように寝込んだが、やはり夜中には起きて「明日の(部課長)会議の資料」をつくっていた。そして七日、目覚まし時計は鳴り続けたままだった。釘宮は洋服に着替え、小机に紙とペンを置いたまま、泡を吹いて倒れていた。美加はとっさに「今日こそは会社を休める」となぜかほっとし、病院に運ばれ、もう手術もできないと告げられたときも、まず「もうこれでＴＳに叱責されないですむ、会社に行かないですむ」と思ったという。一九九八年五月九日絶命。くも膜下出血であった。

裁かれる上司

釘宮恵路の死後、社長と総務部長は美加をねぎらい、本来は退職金二〇万円のところを「特別功労金」の一〇〇万円とし、労災申請をされるなら会社はどんな資料も提供するという姿勢を示した。ビルの「入退館時間表」でわかる限りでも、釘宮の死亡前三カ月間の残業は月七〇時間を超える。しかし「管理者」に対する労働時間管理の不在や、右に記したTSの働かせかたから推定して、実際の残業が少なくとも月八〇〜一〇〇時間に及んだことは確実である。それだけでも、〇二年三月二〇日に釘宮の死が労災認定されたのは当然であった。

労災認定に引き続き、美加と子どもたちは同年一〇月、TIS(社名変更で東陶インフォム(株))と代表者に対して、総額二億円の損害賠償請求を福岡地裁に訴えている。鬱状態で自殺するか、脳の血管が切れるか、いずれもありうる、いずれが早いか、法廷ではそんな釘宮の過労の日々が具体的に明らかにされた。TSの主張以外に原告側の訴えを否定する証拠は明示されず、結末は、賠償額の水準はともあれ、原告側の勝利和解であった。二〇〇四年四月二二日のことである。

すでに九九年六月には、釘宮に対するTSの不当な扱いを記す、TIS社員たちの匿名の手紙が美加に送られていた。一方、釘宮に対するTSの仕打ちを美加から聞き出していた社長は、直ちに「監督不行届」でTSの部長職を解任している。〇三年一〇月二日の証人尋問の際には、TSはすでにその三年ほど前に退職していた。法廷で彼は、プラスティック業務から釘宮を外した件をのぞけば、美加や「匿名の手紙」がきわめて具体的に述べた暴言や暴行のすべてを、「言ってない」「知らない」「覚えていない」と否定した。ダブルジョブの指示もSEとしての能力があれば働きすぎを招くことはなかった、釘宮は能力不足から無理をして死んだのだと言わんばかりだった。TSはかつて川崎重工に勤務していたが、四〇歳の八七年八月、造船不況に伴う「肩たたき」(退職勧奨)にやむなく応じて退職している。この会社で過労自殺した渡邉純一(八章参照)とほぼ同世代の彼は、退職後、TIS入社の九三年三月までの五年半の間、いくつものソフトウェア会社を転々とする。プロジェクトごとに人を寄せ集めてろくに仕事も教えずに使い捨てる、しわ寄せはみんなリーダーにかかってくる――そうしたソフトウェア企業の経営方針とあわなくて転職をくりかえしたというのである(証人調書)。成功的とはいえない職業経歴ゆえに、TSの心には重い鬱屈が蓄積されていたことだろう。おそらくその心底の鬱屈が、TOTO子会社の管理職として業績向上を迫られる焦りと持ち前の短気な性格に増幅されて、TSを「激務についてこなければ去れ」という、自分自身が体験してきたソフトウェア業界のならいに従わせたのだ。だが今回は、遅すぎたとはいえ釘宮美加らの懸命の反撃が、その「ならい」の非情さに意義ぶかい社会的制裁を加えたのである。六年でTISを去ったTSはここでも挫折した不成功者であった。このように考えるならば、この異様なまでのハラスメントの加害者もまた、ある意味では、製造業大企業のリストラ、時代の脚光を浴びるソフトウェア業界における人材使い捨て、関連会社への大企業の納期達成やコスト削減のきびしい要請など、この時代が労働者に課した困難の犠牲者ということもできる。

＊以上、釘宮のケースについては、釘宮 vs.東陶インフォム損害賠償請求裁判資料(釘宮美加陳述書、原告代理人・河辺真史、縄田浩孝による訴状、公判速記録――ＴＳ証人調書、釘宮美加本人調書)、ほかに「ＴＯＴＯ釘宮訴訟を支援する会」資料(「通信」、ビラなど)を参照

3節　製薬会社・ＭＲの場合

いじめと自殺

医療機関に対して医薬品の営業を行う製薬会社の医薬情報担当者、いわゆるＭＲも、総じて過重なノルマを背負って奔走する過酷な職種である。上司のビヘイビアは、ノルマの達成が思わしくない部下に対しては、ときに指導・督励の域を超えていじめに越境し、若いＭＲを自死に追いつめもする。堀川恒雄(川人博による仮名)が二〇〇三年三月七日、三六歳にして自殺したのも、すぐれてこのいじめが主な原因であった。

堀川は大学卒業の九〇年春、一部上場の製薬会社、日研化学に入社、京都営業所を経て九七年四月以来、名古屋支店静岡営業所静岡第二係(沼津市)でＭＲとして働いていた。ＭＲの営業業務は、訪問や説明会の実施によって医者・医療従事者に自社薬品の効能および安全性を説明する、医療機関からの情報を会社にフィードバックする、卸業者である特約店を訪問

し情報交換や販売促進の打ち合わせをする——などである。堀川の担当は、四つの大病院と、いくつかの中小の病院、診療所であり、毎週月曜日の朝、営業活動の報告と打ち合わせをするほかは「直行直帰」の勤務形態であった。九八年一月に智子(仮名)と結婚して二人の男児に恵まれ、家庭も円満であった堀川は、入社一〇年ほどは健康で、まずは順調なサラリーマン生活を送っていた。けれども、静岡第二係の営業成績は、会社の四七営業拠点中四一位という低さであり、とくに業績向上が求められていた。そこで日研化学は二〇〇〇年四月、辣《らつ》腕《わん》をもってきこえるFを係長として送り込むのである。

後の行政訴訟判決の認定するところ、F係長は、一途な性格ながら、相手の言うことをよく聞かず、大声で一方的に、相手の性格に顧慮せず、いわば傍若無人に喋《しゃべ》る「癖がつよい」人柄であった。個人攻撃も辞さない決めつけかた、解決に向けての建設的な方向を示さぬままの頭ごなしの叱正によって、部下たちの人気はなかった。そして直属の部下二人のうちの一人であった堀川は、ほどなくF係長から、営業担当者としての身だしなみがなっていないと注意を受けはじめる。背広やズボンに汗が滲《にじ》み、ふけがついている、喫煙による口臭がある、家族はなぜ気がつかないのか？　毎日同じ靴で、年中同じ背広を着ている……という次第である。

〇二年秋にもなると、いよいよ堀川の顧客との対応の不備が指摘されるようになった。同年九月から一二月にかけて、F係長は、堀川が担当病院の医者や薬局長には「むつかしい人」が多いとこぼすのを聞いて病院に同行したが、その際、堀川が医師の名前や顔を知らなかったことに驚き、仕事を進めるお膳立てをするとともに、堀川を叱責し、病院に挨拶回りをするよう指導を試みた。新入社員でもないのになぜ医師と情報交換ができないのかと咎《とが》め、「お前、対人恐怖症やろ」と毒づいている。さらにその後、堀川がなお市立病院への挨拶回りを果たしていないのを知ると苛立って、一二月九日、酒の勢いもあって怒鳴る——自分の時間を割いてやり方を一から教えているのに、教えられたとおりなぜできないのか、「病院の訪問をせずに給料を取るのは給料泥棒だ……ガソリン(代)が無駄だ」、病院の回り方がわからないだって！　もう「何年回っているんだ。そんなことまで言わなきゃならないの。勘弁してよ」と。

堀川は、その頃から自信喪失と抑鬱感情、F係長への怯え、「飛ばされそうな」不安などを訴え、家庭でも眼にみえて元気をなくしていった。早朝覚醒や不眠に悩み、好きだった餃子《ギョーザ》などの食物、映画やテレビゲームなどの趣味にも関心を示さなくなった。少なくとも軽症の鬱病エピソードは明らかであった。そのうえ、萎縮した堀川は、〇三年はじめから次々に仕事上のミスやトラブルを起こす。一月二八日と二月一七日、A病院J医師は患者を待たせているので高価な新薬グロウベンジェントの使用方法の説明にすぐ来るように依頼したが、堀川は別の用事で駆けつけることができなかった。そのため、一月には日研化学は商機を失い、二月には堀川はいきなり土下座してJ医師に謝罪する。J医師は堀川の「精神の異変」を感じ、後にむしろ堀川を慰めて涙ぐませている。そのころ堀川は、いよいよ心のバランスを失い、「俺って気持ち悪い？」と智子に尋ね、「俺はもう一杯一杯や」と語ったという。もう智子と寝室をともにすることもなかった。

そして最後のトラブル。三月四日には、B市立病院L医師が、すでに実施されたシンポジウムについて堀川の案内がなかったことに腹を立て、謝罪にきた静岡営業所長と堀川の前で担当者の交替を求めた。すぐにその件を伝えられた上位組織、名古屋支店の支店長は堀川に電話したという。おそらくきびしい内容の電話だったであろう。堀川が市民運動公園の立木に縄をかけて縊死したのは、その三日後の未明である。

堀川恒雄の遺したもの

堀川恒雄は、一月半ばから当日までの日付のある、上司、妻と子ども、親戚などへの計八通の遺書を残した。自分は能力が足りない「腐った欠陥品」だ、転職するだけの気力もない、もうがんばれない……と、全体として自虐的な言葉が綴られ、謝罪の言葉がくりかえされている。F係長宛ての遺書はしかし、上記の諸トラブルは自分の努力不足によるものとしながらも、彼から投げつけられ自分を傷つけた発言の数々を記している。すでに紹介した「給料泥棒」「ガソリン(代)が無駄だ」「……勘弁してよ」などいくつかのほかには、

- 「存在が目障りだ。居るだけでみんなが迷惑している。お前のカミさんの気がしれん。お願いだから消えてくれ」
- 「何処へ飛ばされようと……(お前は)仕事しない奴だと言い触らしたる」

- 「誰かがやってくれるだろうと思っているから、何にも堪《こた》えていないし、顔色ひとつ変わっていない」
- 「肩にフケがベターとついている。お前、病気と違うか」

などを読むことができる。F係長は告別式でも、恒雄のふけや口臭のこと、医師との意志疎通の無能力などを遺族に言い募り、後に営業所従業員の前でも、堀川の仕事の能力や意欲、身だしなみの駄目さ加減を語ってはばからなかった。その異様なまでの開き直りは、終章でもふれるけれども、智子を訪れて、このような事態を招いたことの自省の言葉と見舞金を贈った会社の同僚たちと対照的であった。

堀川智子の労災申請・遺族年金および葬祭料請求(〇四年二月)は、しかし、静岡労基署で不支給処分(同年一一月)となり、審査請求も棄却(〇五年七月)、再審査請求も棄却(〇七年五月)となった。本件では長時間労働など業務の過重性という要因がわりあい希薄であり、当局にはなおハラスメントの心労を評価する発想がなかったからであろう。けれども、不支給処分の取消を求める智子の行政訴訟は、〇七年一〇月一五日、みごとに勝利を収めた。静岡地裁(裁判長・渡邉弘)は、F係長の言動が堀川に強度の心理的負荷を与えるものであったとして、鬱病の発症と自殺の業務起因性を認定したのである。業務そのものでなく、業務遂行をめぐる上司のハラスメントのインパクトを直截に掬い上げた最初の司法判断であった。この判決は、後に労働法学者山口浩一郎から論理構成について批判が寄せられたけれども、控訴なく確定する。

＊以上、堀川のケースについては、国・静岡労基署長(日研化学)事件、東京地裁二〇〇七年一〇月一五日判決(『労働判例』九五〇号、二〇〇八年)、山口浩一郎「最新労災判例の詳解」(『月刊ろうさい』二〇〇八年一月号)、高谷知佐子「パワーハラスメントによる自殺に初の労災認定判決」(『労政時報』三七一九号、二〇〇八年)、川人〇六年など参照

4節　中部電力主任の焼身自殺

関川洋一の仕事

一九九九年一一月八日、中部電力火力発電所環境設備課主任、関川洋一(仮名)は、堀川恒雄と同じく三六歳にして、知多《ちた》半島野間灯台近くの空き地で、おそらく一三時ごろガソリンをかぶって焼身自殺を遂げた。

数ある過労自殺のなかでも、死そのもののすさまじいかたちばかりでなく、業務の過重さと労働時間の関係、タカ派上司の言動と関川への能力評価の関係、追いつめられた関川の妻への情愛と依存、告発を封じ込めようとする大企業労務の論理構成などにおいて、これはいくつかの考察を促す代表的なケースということができる。考察に用いた資料紹介の便宜上、はじめに八年半にわたる全経過をかんたんに示しておこう。

●二〇〇〇年一〇月一九日――妻・美緒(仮名)、名古屋南労基署長に労災認定申請
●〇二年五月三一日――名古屋南労基署長、業務外決定⇩審査請求
●〇二年七月一日――愛知県労災保険審査官、審査請求棄却⇩再審査請求
●〇三年四月九日――名古屋地裁に遺族補償年金など不支給処分取消請求の行政訴訟
●〇五年七月二二日――労働保険審査会、再審査請求棄却
●〇六年五月一七日――名古屋地裁、原告勝利判決⇩国・労基署側控訴
●〇七年五月一一日――名古屋高裁、原告全面勝利判決⇩確定

関川洋一は、八二年春、徳島の工業高校機械科を卒業して中部電力に入社する。以来、尾《お》鷲《わせ》や知多の火力発電所の発電課、保修課、出向先の民間企業・知多LNGなどにおいて一貫して現場技術者として働いてきたが、九七年八月一日、火力センター工事第一部環境設備課に配属され、「燃料グループ」の一員としてデスクワークに従事することになった。一年後、環境設備課の主任に昇格する。私生活での関川は、九一年秋にLNGに勤務していた美緒と結婚し、二児をもうけている。はじめは中部電力の社宅に入居したが、のち常滑《とこなめ》市のアパートへの転居を経て九八年一二月、同市に新築した自宅に移った。住宅ローンの月返済額(約六万円)はさして負担ではなかったが、美緒は、子どもたちを洋一の両親に預けて、中断はあれ、薬局や眼科クリニックでのパート勤務についている。洋一は健康で、テニスやテレビでのスポーツ観戦が好きなヤングアダルトだった。真面目で責任感がつよく、とても几帳面

な性格だったという。

環境設備課「燃料グループ」の主な業務は、中電火力発電所の長期計画にもとづく諸工事の実施プロセスを策定し実績を管理する、予算を編成し管理する、工事の実施手続きを決め発注する、委託される保全・修繕業務の内容検討と業務調査、設備機器の技術的検討・点検・管理にあたる、修理工事契約の更改に関する手続きを行う……などである。諸工事の予算を算定し着工の手続きをする「工事件名」と、会社の当該年度の業務方針に従い技術上・コスト上の問題点や懸案事項を検討して改善をはかる「検討件名」を二本の柱とする。環境設備課の課長MKの統括のもと、燃料グループは、勤怠管理・服務管理にあたる副長SN、業務のとりまとめにあたる担当副長SO、関川ともう一人のH主任、ほか四名をもって構成される。主として主任以下が右のような多様な領域の実務を分担するわけである。九九年春から関川が携わっていた具体的な業務は、①石炭設備の信頼度確保、②燃料油小口径配管の管理、③知多LNG受入設備の改造、④LNG用ローディングアーム定期点検の体制変更、⑤同設備の信頼度向上(以上、検討件名)、⑥三件の工事件名、⑦その他であった。例年八～九月に発電所から修理計画などの資料が提出されるため、主任以下の担当者は夏から秋にかけて予算編成作業に従事する。うち課長決裁にかかわる件名については、一〇～一一月に開催される課長ヒアリングにおいて工事の必要性、その内容・範囲・予算規模などについて説明を求められるため、担当者は書類作成などの準備に追われるのがつねであった。労基署への陳述書によれば「期限厳守」である。

これらの業務のそれぞれについて実際に関川が遂行した作業内容、関川個人が責任を問われる範囲、関川が発揮した創意や工夫の程度、彼の業務そのものの過重性などを正確に秤量することは、率直のところ、技術の知識と仕事分担の実態について知見を欠く私の能力を超える。後の労基署での聴取や公判の場で国側は、もっぱら会社の上司らの説明にもとづいて、右の諸業務について、その工事はすでに基本的に終わっていた、主として担当したのはSOや他のメンバーである、基本的な資料は社内や民間企業にすでに整っていた、納期はさほど厳密な要請ではなかった……などと、とかく関川の負担や貢献を限定的に説明することに執拗であった。地裁判決は原告勝訴ではあったが、これらの点では基本的に被告側の主張を支持している。しかし、やはり原告側を勝訴とした高裁判決はこの点でも、件名の一つひとつについて、業務が継続していたという事実、MKによる関川への仕事のやりなおし命令、とくに右の③については、高コストのメーカー見積りを見直そうとする関川の苦労、そして総じて関川の仕事に対するSOらの支援の不十分さなどを指摘して、関川の貢献と心労を重視し、その過重労働性を認定するのである。

長時間労働と「能力評価」の真偽をめぐって

疑いのないところは、関川の長時間労働であった。**表10-1**をみよう。この職場ではタイムカードはなく、残業管理は直属長(ここではSN)が始業時、終業時に従業員の出社、退社の状況を確認するという方法で行われていた。表の「関川申告」が僅少《きんしょう》なのはそのためだ。

表 10-1　関川洋一の時間外労働

	関川申告	原告側主張	労基署・一審判決認定
1999 年　6 月	8 時間 30 分	69 時間 34 分	51 時間 17 分
1999 年　7 月	11 時間	83 時間	61 時間 44 分
1999 年　8 月	9 時間	98 時間 14 分	86 時間 24 分
1999 年　9 月	12 時間	109 時間 32 分	93 時間 57 分
1999 年 10 月	24 時間	123 時間 38 分	117 時間 12 分
1999 年 11 月	39 時間 40 分	40 時間 30 分	39 時間 52 分

資料：名古屋地裁判決 別紙
注：11 月は死亡前の 7 日間

三六協定は日三時間四〇分、月四五時間（例外としては組合の承認を得て日五時間、月七五時間まで）、年三六〇時間を残業の上限としていたけれども、中電火力発電所は〇一年、〇二年、労基署によってくりかえし違法残業の摘発を受けている。表中の「認定所定外労働時間数」は、休日・時間外入出管理表、関川が帰宅にあたって美緒に連絡したPHS発信記録、パソコン更新日時、社有車運行管理簿などを調査したうえで算出されている。同じ資料や美緒の記録にもとづく「原告側主張」と大差はない。とくに八月に主任に昇格してからの、労災認定基準を超える長時間労働が印象的だ。またこの資料の原票によれば、関川が完全に休んだのは、週休、祝日、夏季休暇をふくめて、九九年六月と七月は各二日、八月は三日、九月は二日、一〇月と一一月はゼロだったことを示している。土日の両日、あるいはいずれかには出勤するのがふつうだったのだ。八月以降はむろん、六時間以上残業して深更に帰宅することもめずらしくなかった。

労基署での聴取に際して、この長時間労働の実態を上司たちはいっさい知らなかったと言い募り、勤怠管理役のSNも「申請がなく時間外管理簿にないから過度の残業や休日出勤はない(はずである)」と証言した。彼らの強弁の論拠は、決してそれほど働かねばならないほどの業務量ではなかったということだった。「実際業務をやっているのかどうかわからない……」とさえSOは語ったものだ。こうした言いかたはそして、とくにSOとMKが、関川の仕事ぶりを低く評価していたことに裏打ちされている。関川はなによりも同僚とくらべて「業務処理が遅かった」、一つの仕事をはじめると併行する他の仕事ができなかった、いくつかの仕事ではとりかかりでつまずいていた、「休日労働をしていたと聞いてもその成果があったようにはみえない」というのがSOの評価であった。MKは、関川の「努力」はともかく、仕事のスピード、集中力、仕事の成果はすぐれたものではないとみなしていた。一審判決は、関川の(仕事にとりかかる際)考え込んでしまう傾向や要領の悪さを認めている。関川の九九年度上期(四~九月)の人事考課は「E」であった。

とはいえ、この能力評価の正当性は、与えた仕事が過重ではなかったという主張、そして後に問題となるMKの関川への圧迫に正当性を与えるための傍証として主張された側面があって、多分に疑わしい。関川が入社時に受けた「総合適性検査SPI型」の検査結果では、彼の基礎能力は一〇人中二番であった。それに、原告代理人が二審に向けての準備書面で述べるように、それほど無能力ならなぜ主任に昇格させたのだろうか。少なくとも彼の能力は、高裁判決が述べるように、上司の適切な指導があれば克服しうる水準、せいぜい期待される主任としては今ひとつという水準であったというのが正確なところであろう。もっとも被告・国側は後に、関川の焦りから発症した鬱病が（それによるいっそうの能力不足を媒介として）無理な長時間労働を招いたと主張するようになる。過重業務を長時間労働の原因とした二審判決でさえ、部分的にはこの要素を認めざるをえなかった、それは企業側の巧みな立論であった。しかしいずれにせよ、関川は主任昇格以降、その業務遂行能力を疑われて、MKからさまざまのハラスメントを受けるにいたるのである。

課長MKの圧迫

六二年入社で勤続三七年、現場業務に精通したMKは、部下に問題ありとみればよびつけ、人前でも名古屋弁まじりの大声で叱りつける上司であった。仕事の指導は的確で注意点も具体的であったとも評されるけれども、同じ誤りをくりかえす、期日を守らない、動きが鈍い部下、つまり嫌いな部下に対してはとくにきびしく、ときに人格の誹謗に越境する感情的な発言も辞さなかった。たとえば副長のSNは、身をすくめて決して関川を擁護する証言をすることがなかったけれども、彼もかつてMKからきびしく扱われて、口論の末、不眠で軽い鬱病と診断され、投薬治療を受けていた。やはり能力を見限られてみずからの裁量権もとかくないがしろにされていたSNによれば、MKはすべて自分中心で動いていないと気に入らない、好き嫌いのはげしい「独裁者」であった。グループのなかで気に入られていたのはすべてに要領のよいSOであり、端的にいって関川は嫌われていたのだ。

たとえばMKは、九九年八月一日、主任昇格にあたって関川に「主任としての心構え」と題する文書を提出させた。関川はかねてからの彼への注意点——ある業務が終わったときは頭を切り替える、要点を端的にまとめた電話をかける、「集中すべき時は集中」する、などの心構えを記したが、MKはこれを不十分として書き直させ、「常に上長や同僚の目を意識し、恥ずかしくないような業務の取組み方をする」、「自分の油、LNG設備に対する知見の低さを自覚」する、「自分の業務と各担当の業務、どれが欠けても自分の責任であると意識する」など、ことさらにみずからの能力不足を自覚させ、あたかも管理者のような過剰の責任を課する文言を加えさせている。また、八月四、五日に夏季休暇を利用して駒ヶ根に家族旅行した関川は、六日に出勤すると、「こんな時に休暇を取って旅行なんて」とMKに非難された。関川は、旅行前の日曜日と同様、休暇取得を埋め合わせるかのようにその週の土日も出勤している。この事実は判決では言及されなかったけれども、主任関川がはじめからMKの支配にとらわれていた状態をよく表すものとして重視されねばならない。制度に沿った休暇取得のどこがいけないのか？

この事件を有名にした「指輪発言」の初回も八月または九月である。MKは関川がいつもシンプルな銀の結婚指輪をしているのが気に入らず、「目障りだから、そんなちゃらちゃらしたもの」は外せと迫った。死の前の週にも、「たるんでいる」「家庭の問題を会社に持ち込むな」という文脈で同じ発言があったと後に認定される。この指輪発言をめぐって、法廷で理由を問われたMKは、一つは現場での「異物混入」防止のため、もうひとつは関川の「意識を変えさせる」ためだったと証言している。

……やはり意識を変えるという点では、指輪ばかりじゃございませんけれども、自分の身なりを整える方法とか、あるいは持ち物を少し入れ替えてみて、とにかく、やる気を出すと、あるいは仕事に積極的に立ち向かう集中力を出す……動機づけになればなぁという淡い期待をもって、……勤務中に指輪を外すのも一つの手段かもしれないぞということを言った覚えがあります（一審・MK調書）

関川の仕事に「異物混入」の危険は皆無である。もってまわった表現の、この引用に値しない愚論をあえて紹介するのも、業務遂行上は支障がないのに、「やる気」を出させるためなら個人の思いが込められている結婚指輪にまで口を挟んでいいという、日本企業の管理者のわきまえのなさ加減を嗤うためだ。関川はなにも反論しなかったが、従わなかった。その後もMKは、ことあるごとに「お前なんか主任失格だ」などと関川を責め続ける。

関川洋一は帰宅すると出迎えた美緒をかるく抱擁するのがつねだった。しかしMKに「お前なんかいてもいなくても同じだ」と言われた秋の日には、玄関で妻を抱きしめてしばらくそのままだった。美緒は、洋一の打ちのめされようがよくわかるだけに、仕事のこと、課長のこと、「怒られたこと」はくわしく聞き出せないように感じて、ただ、あたたかく迎えることしかできなかった。これに対して法廷で被告代理人の検事は、「そうすると、あなたとしても、何となく受け流してしまったというような感じじゃないんですか。それほど大事なことだと、関川さんがそんなにこたえてるというふうに本当に思ったんですかね」とたたみかけている(一審・本人調書)。鈍感このうえない追及というほかはない。

死にいたる日々

九九年九月下旬にもなると、洋一の心身の不調は明らかになる。仕事の夢をみたあとの早朝覚醒、いま以上に繁忙になる予算時期を迎える不安などを美緒にしきりに訴えるようになった。新築した自宅に転居した後、美緒は洋一がよく休めるように寝室を別にしていた。しかしその頃、洋一は「一緒に寝たい」「隣でくっついて寝たい」と言いはじめ、さらに「手を握ってほしい。目が覚めたときに手を握るとまた寝れる《ママ》」と語ったという。妻だけに縋《すが》るような毎日だった。しかし九月から一〇月にかけて残業と休日出勤はさらに増え続けた。関川は疲労のため、最寄りの名鉄常滑駅まで自転車で行くのをやめて自動車通勤に変える。習慣だった飲酒もやめ、睡眠薬ハルシオンを服用している。そして一一月五日、洋一は美緒に「土曜日(六日)も日曜日(七日)も仕事に行くから」と伝えた。美緒が「どうしてそんなに仕事ばかり行くの」と尋ねると、洋一はただ不機嫌そうに黙っているばかりだった。関川にしてみれば、当時担当していたいくつかの業務(三三二ページ、①〜⑦のうち、予算が必要な件名に関しては一一月一七日にはじまる課長ヒアリングまでに工事費を積算しなければならない絶対的な期限があった。そのうち②については、たしかにSOの助言に従って進められていたが、九月に提出された文書に承認が得られず、以後何度も指示を受けて検討し直しており、

③についても技術的な検討結果を出すことを迫られていたのである。

それなのに死の直前のこの土日出勤をめぐっても、被告代理人の女性検事は、五日に美緒が「どうしてそんなに仕事ばかり行くの」と尋ねたあと、「大変ですね。頑張ってねという言葉はかけなかったの」と「追及」している。ついで彼女は、午後九時頃には帰宅して子どもたちとコミュニケーションをとってほしいとかの、かねてからの希望を関川に「お願いしたことはありますか」と尋ね、美緒の「ないです」という答え(本人調書)を得て満足げであった。これまた紹介にも値しないこの尋問からありありとうかがわれるのは、被告・国側が、洋一の自死の原因を美緒との関係に求めようとする酷薄な姿勢である。よく国側の代理人となる訴訟検事は、おそらく美緒が洋一の働きかたを問いつめることのできない事情をよく知りながら、美緒の苦衷の沈黙をあえて美緒の配慮のなさにこじつけようとしたのである。

一一月七日、日曜出勤した洋一は夕方、八日の美緒の誕生日のための花束をもって帰宅する。子どもたちが二人の写真を撮った。以前とはまったく違う消耗しきった顔つきの写真である。仕事は大丈夫？ と聞く美緒に、洋一は「割り切ったから」と答えている。翌八日、関川洋一はいつものように朝食用のおにぎりをもって午前六時すぎにクルマで家を出る。しかし職場へは向かわず、ＰＨＳでＳＯと主任のＨに風邪で休むと伝えたあと、知多半島に走った。その場所、野間灯台近くは結婚前によく美緒とデートしていたところ、いつかの夏休みに一家で海水浴に訪れたところである。一三時半、消防隊が発見したとき、関川は全焼したクルマの二、三メートルの位置に倒れていた。遺書はなかった。結婚指輪は遺体になく、美緒の小物入れのなかにあった。関川は結婚指輪を外せというＭＫの要求だけは、かけがえのない美緒との関係に介入するものとしてついに拒み通し、かけがえのないものの証《あかし》を無傷のまま残したのである。

労基署・地裁・高裁

関川美緒の労災申請を受けた名古屋南労基署が〇二年五月に不支給決定を下したのは、関川洋一が九九年九月に鬱病を発症したことはたしかながら、総合評価すれば仕事の心理的負担の程度は業務起因性を認定するに足りない、また発病後の病気の増悪と業務との因果関係は「判断指針」にない(?!)——という理由からであった。仕事は決して過重でなかったという上司らの執拗な証言が、パワハラを判断素材として問題にすることがなかった行政の保守主義と相まって、この結論を導かせたように思われる。中部電力は、はじめから遺族に住宅ローンの返済を要求し、自殺免責条項を楯に団体定期保険の支払いを拒むなど強硬であったが、美緒が労災申請に、ついで行政訴訟にふみきると、【業務の質量—長時間労働—鬱病発症—自殺】の因果関係という連関を切断する国側の主張に論拠と資料を提供することにつとめている。上司たちと被告側代理人は、「知らなかった」とはいえ過度の残業や休日出勤の存在自体は否定できなかった。そのうえでの彼らの論理は、ふつうの従業員にとって当該職場の業務は過重で納期がきびしかったわけではなく、関川の長時間労働はすぐれて彼の能力不足のためであり、そこからくる焦りが鬱病を招き、それがさらに長時間労働と鬱病増悪の悪循環を招いたというものである。そこではＭＫの「指導」もとくに問題なしとみなされた。おまけにすでに紹介したように国側の検事たちによれば、関川を追いつめたのは、彼があんなにも頼っていた美緒の思いやりや配慮のなさであった。とはいえ、地裁も高裁も結局、関川美緒と水野幹男、岩井羊一ら原告代理人の主張に肯くほかなかったのだ。もっとも、両判決のニュアンスには相違がある。

二〇〇六年五月の一審判決(裁判官・上村考由)は、業務の質量や関川の能力については被告側の主張の多くを認めている。たとえば「(洋一は)自らの業務遂行能力上の問題点につき自覚的であったため、要領よく仕事をこなすことができない原因が専ら自己の責任であると考え、それが仕事に対する自信の喪失につながり、(洋一の)性格とも相まって、ＭＫの指導に対し、萎縮的な態度を示すようになっていった」という文言にそれがうかがわれる。だが地裁は、三年前のトヨタ自動車事件高裁判決(八章参照)を踏襲して、いわゆる「平均人基準説」を否定し、「性格傾向のもっとも脆弱である者」を基準とする立場を採用したために、長時間労働やＭＫのときに行きすぎた指導が、ほかならぬ関川には大きな心理的負担になって鬱病と自殺を招いたとして、業務起因性を認めることができたのである。

他方、二〇〇七年五月の高裁判決(裁判長・満田明彦)は、関川の能力不足をより相対化し、業務をよりくわしく検討して労働の過重性を認めるとともに、ＳＯらの仕事上の支援不足こそを指摘し、ＭＫの指導が人格否定に通じるパワハラにほかならぬことを断罪した。そのぶん「本人基準説」は後景に退いたけれども、それだけに業務起因性、職場の出来事の労働者にとってのインパクトはより明瞭に認定された。こうして九九年における関川の痛ましい焼身自殺は、〇七年にしてはじめて、【「能力評定」—上司のパワハラ—長時間労働】という今きわめて普遍的にみられる職場のしんどさにメスを入れる判示をもたらしたということができる。

＊以上、関川ケースについては、労基署関係資料(関川美緒、同僚MSの陳述書、副長SN、担当副長SO、課長MKの聴取書)、中電事件、名古屋地裁二〇〇六年五月一七日判決および別紙資料(正本)、同、名古屋高裁二〇〇七年五月一一日判決(正本)、関川美緒調書、証人MS、MK調書(一審速記録)、その他裁判資料(原告代理人水野幹男／岩井羊一／森弘典「訴状」、関川洋一「主任としての心構え」)、『南雲鑑定意見書』および水野幹男「解説」、岩井羊一「うつ病の業務起因性を認め遺族補償年金不支給を取消す —— 中部電力過労自殺事件」(『五〇年』所収)などを参照

5節　パワーハラスメントと過労自殺

職場のいじめ——その増加の背景

二〇〇九年四月、厚労省は仕事に起因する精神疾患や鬱病の労災認定基準を一〇年ぶりに改訂した。九九年基準(一章3節参照)は、労基署が発病前六カ月に起きた職場の出来事がもたらしたストレスを「心理的負荷評価表」にもとづいて三段階で評価し、業務起因性の有無を判断していたが、今回の改訂は、その評価項目に、実情に応じた新たな項目を加えたので

ある。そのなかにはたとえば、自分の仕事による多額の損失の発生(ストレス強度、Ⅲ)、顧客や取引先からの無理な注文(Ⅱ)、達成困難なノルマ(Ⅱ)、複数名で担当していた業務の一人作業化(Ⅱ)、非正規社員の管理・教育という責務の追加(Ⅰ)など、私の事例紹介でもなじみぶかい心労のいくつかがふくまれており、「出来事」を半年間に限定していること、精神障害の発症後の出来事はなお評価外であること、などの問題点は残るにせよ、まずは歓迎すべき改訂であった。わけても本章の文脈上では、「ひどい嫌がらせ、いじめ、又は暴行を受けた」(Ⅲ)が加えられたことは、もっとも意義ぶかい改訂ということができる。

ハラスメントは増加しつつある。都道府県労働局が行う「個別労働紛争解決制度」への相談件数は〇七年、過去最多の約一九万八〇〇〇件であった。相談内容では、「解雇」が一位の約二三%ながら、次位は「労働条件引き下げ」と並んで「いじめ・嫌がらせ」が約二万八〇〇〇件の一二・五%。「いじめ・嫌がらせ」は前年度比二七・六%増という最大の増加である。日本産業カウンセラー協会による〇八年ネット調査の結果はもっと生なましい。ここではカウンセラーを訪れた人の八割が「いじめ」の相談を受けており、その内容は、「上司によるパワーハラスメント」七八%、「人間関係の対立・悪化に起因したいじめ」五九%、「仕事のミスに対するいじめ」四四%、「セクハラ」三六%、「ノルマ未達成に対するいじめ」二六%であった。いじめの形態は「ののしる・怒鳴る・威嚇する」六八%、「無視・仲間はずれ」五四%、「不快なメッセージ」三三%、「不当解雇」一五%……である。これはほかならぬ日研化学の堀川恒雄の自死への判決に触発されて行われた調査であった。

いじめそのものは、上司による、ときには同僚が協力しさえする、罵詈《ばり》雑言《ぞうごん》、陽のあたらない仕事または困難な仕事への差別的な配置、仕事をさせない隔離、執拗な退職勧奨など多様なかたちをとる。私が死を招いた事件に限ってこの章にとりあげた事例は、ハラスメントが労働者の死に果たした役割の度合いはさまざまではあれ、いずれも上司の面罵、私生活への介入、ときに暴力などがふかくかかわっている。電通事件をはじめとする九章での紹介事例のいくつかにも、その痕跡《こんせき》がないわけではない。ここにみる上司たちのあまりのわきまえのなさが、企業体質の古さや上司自身の「品格」の低さを示していることは明らかだ。とはいえ、それだけでは、増加しつつあるハラスメントの原因論としてはひっきょう表面的にすぎよう。そこにはやはり、基本的には、苦境にある企業の命運がかかっている過重なチームノルマをなんとしても達成しようとするあがき――それは六章、八章でみたように管理者や現場リーダーたち自身を悲劇的な死に追いやるほどである――が、彼らをこのようにも品格を欠くいじめに奔《はし》らせたという関係を認めることができる。やり手のタカ派上司は、あたかも優勝をめざして狂奔するスポーツチームの監督のようだ。職場というのは「人権」を云々できるような甘い場所ではない、部下へのしごきともいえるきびしい「指導」は当然のこと、パワーハラスメントの加害者としての上司たちは、そう感じていたことだろう。

ましてて能力・成果主義的選別が公認される時代である。おそらく上司たちにとって、「能力」やがんばりようが今ひとつ物足りないとみなす部下たちへの圧迫は正当化される行為だったのだ。その意味では、最前線の能力・成果主義管理は、労働者の人格をふかく傷つけるハラスメントに容易に越境するモメンタムをはらんでいるということができる。そして労働者はといえば、上司による能力や成果の評価基準がどれほど主観的なものであっても、さしあたりその主観性、恣意《しい》性が批判され是正されることはまず期待できない、その上司が統括する職場という小宇宙で生きてゆかねばならない「囚われびと」であった。労働者はそれゆえ、上司のハラスメントも「期待」されているゆえの督励とあえて考えるようにして、ひたすら良好な査定を受けるため、いっそう個人生活を犠牲にする残業や休日出勤に追いやられるのである。【ノルマ―ハラスメント―過重労働】の連鎖によって甦れた労働者の物語を綴るときあらためて痛感するのは、この職場という小宇宙の閉鎖性の怖さと、たとえば労働組合によって規制されないままの「能力・成果」評価というものが必然的にはらむモメンタムの深刻さにほかならない。

＊以上、最近の労災認定基準の改訂やいくつかの調査については、さしあたり、『毎日新聞』二〇〇九年三月二〇日付、『朝日新聞』二〇〇八年六月一〇日付、同紙二〇〇八年三月六日付による。いじめ分析については、熊沢誠「職場のいじめ・序説」(『労働法律旬報』一五三〇号、二〇〇二年)、内藤朝雄『いじめの構造――なぜ人が怪物になるのか』(講談社現代新書、二〇〇九年)を参照

激増する自殺のなかの過労自殺

八〇年代後半を過労死が社会的に認知された時期とするならば、過労自殺が深刻な社会問

題として浮上したのは九〇年代後半のことであった。ここにあらためて八章以降で紹介したケースの総括表、**表10-2**を掲げておこう。問題の所在を如実に示す先駆的な数件を別にすれば多くはここ一五年以内の出来事であり、その最終決着は、先駆的ケースもふくめ、二〇〇〇年代、それもほとんど現時点に及んでいる。

周知のように、平成不況が深刻化する九八年、一挙に三万人の大台を突破した日本の自殺は、その後、高位の水準にはりつき、WHOの最新の調査によれば、それまではさほどではなかった日本の自殺率を、〇八年で人口一〇万人比二三・七、一〇一カ国中の八位、OECD三〇カ国中では三位、G8中ではロシアに次ぐ二位に引き上げている。ちなみに他の先進諸国の自殺率は、フランス一七・六、スウェーデン一三・二、ドイツ一三・〇、アメリカ一一・〇、イタリア七・一、イギリス六・七である。

これをすべて過労自殺の増加のためであるということはむろんできない。二〇〇七年、原因を特定できた自殺二万三二〇九人の調査では、自殺の原因では「健康問題」が六三・三％、「経済・生活問題」が三一・五％、「家庭問題」が一六・七％であり、「勤務問題」は九・五％にすぎないからだ。とはいえ、以下はいくらかくりかえしになるけれども、「勤務」が他の要因の多くにふかくかかわっていることはおそらく疑いを容れない。近年、職場においてメンタルクライシスが著しく増加していることは明らかであって、たとえば労務行政研究所の〇五年調査によれば、過去三年間に「メンタルヘルス不全者」が「増加している」企業は、規模計で五二％、一〇〇〇人以上規模で七〇・二％、三〇〇人以下規模で一七・二％であった。

表 10-2　過労自殺紹介事例一覧(8～終章関係)

		享年	死亡時点	最終決着(09 年 8 月時点)
サンコー班長	飯島盛	30	85. 1. 11	99. 3. 12(行)地裁勝訴
トヨタ自動車係長	久保田敦*	35	88. 8. 26	03. 7. 8(行)高裁でも勝訴
日立造船設計技師	下中正	46	93. 3. 17	00. 5. 25 労災 S3 で認定/(民)和解
下田市観光課係長	河本繁雄*	40 代	92. 6. 23	98. 2. 19 労災 S2 で(逆転)認定
川崎製鉄掛長	渡邉純一	41	91. 6. 20	00. 10. 2(民)高裁で全面勝利和解
電通	大嶋一郎	24	91. 8. 27	00. 3. 24(民)最高裁で勝訴⇒同年 6. 23 高裁差戻審で和解
オタフクソース	木谷公治	24	95. 9. 30	00. 5. 18(民)地裁勝訴判決⇒確定
ニコンへの派遣	上段勇士	23	99. 3. 初旬	09. 7. 28(民)高裁でも勝訴
システムエンジニア	伊達良樹*	24	00. 9. 26	07. 6. 27(行)地裁勝訴
銀行得意先係	倉田精一*	33	01. 2. 22	07. 10. 30(民)高裁でも敗訴⇒上告
食品会社営業マン	大崎和夫*	23	02. 12. 24	06. 11. 27(行)原告勝訴
オリックス法人営業	秋本真希*	20 代	01. 12.	労災 S1 で認定
編集アルバイト	長峰由紀*	26	04. 10.	07. 5. 13 労災 S2 で認定
小学校教師	木村百合子	24	04. 9. 29	公務労災不認定取消を求める行政訴訟へ
ナース	村上優子■	25	01. 3. 10	08. 10. 30(行)高裁でも勝訴
ナース	高橋愛依■	24	07. 5. 28	08. 10. 17 労災 S1 で認定
コマツ研究員	諏訪達徳	34	99. 12. 20	02. 9. 27 労災 S1 で認定/06. 8. 3(民)地裁で勝利和解
レストラン店長	寺西彰	43	96. 2. 15	05. 3. 25(民)地裁勝訴⇒控訴(未決？)
東陶情報システム課長	釘宮恵路■	42	98. 5. 9	04. 4. 22(民)地裁で勝利和解
日研化学 MR	堀川恒雄*	36	03. 3. 7	07. 10. 15(行)地裁勝訴
中部電力火力センター	関川洋一*	36	99. 11. 8	07. 5. 11(行)高裁でも勝訴
トヨタ自動車班長	内野健一■	30	02. 2. 9	07. 11. 30(行)地裁勝訴

注：人名中＊印は仮名，■は過労死，ほか表 7-1 の注記に従う

それに対して「減少している」のはそれぞれ〇〜三%程度。「わからない」はそれぞれ二四%、一二%、五五%であって、これは小企業の場合とくに注目に値しよう。そこでこう考えることができる。鬱病状態になった人のかなりの部分は退職を選ぶか、退職を余儀なくされるだろう。そのまま生きる気力を失ってしばらく後に自殺すれば、その原因は「健康」になる。退職はまた多かれ少なかれ、一方ではときに「サラ金」に頼らせるまでに「経済・生活」状況を深刻にし、他方ではしばしば家族関係の緊張を招いて、最後のようすがであった「家庭」を崩壊させるかもしれない……。要するに「勤務問題」は、間接的にせよ、自殺の諸原因に広範な影響をもたらすトラブルなのである。

そしてあらためて確認しておきたい。現時点において労災認定の自殺者は、〇五年に四二人、〇六年に六六人、〇七年に八一人と増えつつある(一章の表1-1)が、労災申請者はその二、三倍にのぼる。それに自殺は、口さがない「世間体」への配慮とか、自殺が広く知られれば遺族のこれからの就職とか結婚とかになにかとトラブルが生じるといった思惑が働き、過労死のとき以上に労災申請がためらわれるだろう。「泣き寝入り」する場合もずいぶん多いはずだ。さらに、もちろん自死にいたるまでに退職する人が自殺者よりもはるかに多いことは確実である。行政訴訟や民事訴訟の判決で明らかになるようなケース、歴史として記すことのできる体験の事実は、「豊かな日本」の労働者をこのように斃れるまでの働きすぎに追いつめる、このような惨めな自死さえ選ばせる、広範に広がりをもつ職場状況のほんの一端にすぎないのである。

実際のところ、その最期の日々においては、働きすぎの臨界に立った労働者にとっては、脳・心臓疾患による過労死にいたるか、鬱病による過労自殺にいたるかは、偶然的でさえある。それほどに両者の根因は重なっている。しかしあえて、過労死と区別される意味での過労自殺に固有の要因をあげるとすれば、それは、九〇年代末以降の日本企業において、従員の処遇方式が長期的な能力主義的評価から短期的「即戦力」の成果主義的選別に展開し、ノルマ達成の要請がはばかりなく顕在化し、労働者間競争も激化したことからくる、労働条件決定の「個人処遇」化が起点となる。そこから職場の人間関係の緊張と労働者の孤立が生まれる。とくにホワイトカラーの世界では、仕事範囲の個人別設定の普及も棹さして、従業員はおよそ二〇代後半くらいから、「個人処遇」のもとで生き残って「精鋭」たることを一人ひとりで立証することにつとめなければならなかった。なんらかの事情で仕事がうまく行かねば、競争・選別の時代のもうひとつの合言葉である「自己責任論」によって「それはあなた自身の責任」とみなされる。がんばりが限界にきても、すでにライバルである同僚は基本的に助けてはくれなかった。気力の喪失と自殺は、そのような孤立のなかでなお過重労働を続けた、危機を告げる炭坑のカナリアのように敏感だった人びとの挫折にほかならない。

終章では、いくつかのくりかえしを避けられないけれども、あらためて過労死、過労自殺の人びとの体験が語るものを総括してみよう。

＊以上、自殺の国際比較はWHO調査(IN情報)、労務行政研究所調査は『労政時報』三六五二号(二〇〇五年)、二〇〇七年の自殺の原因については警察庁統計を紹介する斎藤〇九年などを参照

終章　過労死・過労自殺をめぐる責任の所在

1節　最後の事例——トヨタ自動車班長の死

割愛された諸事例

過労死・過労自殺の足音は今も絶えることがない。現時点の報道によれば、二〇〇八年に認定された限りでも脳・心臓疾患の労災は〇七年に次ぐ三七七件、過労死は〇二年に次ぐ一五八件、精神障害の労災は過去最多の二六九件、過労自殺は〇七年に次ぐ六六件であった（表1-1参照）。本書で紹介された事例は五〇件以上にものぼるけれども、もっと物語を続けたい気持ちにも駆られる。

その死の背景がこれまでの事例にもまして独自的で、私がさしあたりその職場の独自性に立ち入ることのできる知見を欠くゆえに、その重要性を認識しながらも検討を省いた業種や職種の事例もいくつかある。たとえば使命感に駆動されたあまりの激務に押しつぶされて死を選んだ医師。あるいは「日勤教育」にアイデンティティをずたずたにされて自死したＪＲのヴェテラン運転士。「日勤教育」では、きわめて些細な仕事上の「ミス」、というよりはマニュアルにはない行動を罪科として、何人かの職制が居丈高に、あるいは猫なで声で執拗に責め、いつ終わるともわからぬ日々の間、「なぜルールを厳守しなければならないのか、お客様の安全のためです」という類の、一定字数を満たす反省文をくりかえし書かせるのである。反省不十分とみられれば、なじみの運転労働を続けることは覚束ない……。私が念頭におくJR西日本・尼崎電車区の服部匡起(四四歳)二〇〇一年九月の自殺は、過労自殺の範疇には入らないものの、明らかに陰惨なパワーハラスメントのもたらした死であった。

とはいえ、全体の総括にあてられるこの終章においてさえ、〇七年一一月の地裁判決(行政訴訟)というかたちで一応の決着をみた、トヨタ自動車EX職(班長)内野健一の過労死(二〇〇二年二月九日、三〇歳)は、やはり紹介を避けることができない。トヨタという会社の日本企業としての代表性、労働者にとっての「トヨタ」の意味、過労死の背景要因の典型性、関係諸機関のビヘイビアの問題性、告発者たる妻、博子の勇気と努力、司法判断のある点での画期性、そして決着の現時点性などにおいて、それは「総括」される諸命題の考察にも資するところがきわめて大きいからである。

＊医師の過労自殺については、立正佼成会佼成病院の小児科医、中原利郎(四四歳)の投身自殺(一九九九年八月)が代表的である。この事件では行政訴訟は勝訴、民事訴訟は控訴審で敗訴となる。新宿労基署長(佼成病院)事件、東京地裁二〇〇七年三月一四日判決(『労働判例』九四一号、二〇〇七年)、『労政時報』三七四二号(二〇〇九年)、『朝日新聞』二〇〇八年一〇月二三日付など参照。JR西日本の服部事件は、二〇〇五年二月から二〇〇七年三月にかけて、民事訴訟の初審、

控訴審、上告審すべてにおいて遺族・原告側の敗訴であった。大阪地裁および大阪高裁判決(いずれも正本)、最高裁決定(冊子)など参照。実態としての「日勤教育」はなお法曹界では人格権の侵害とみなされていないかにみえる

内野健一の広範な業務責任

愛知県豊田市生まれの内野健一は、祖父も父もトヨタマンだった。彼もまたトヨタに入る目的で高校でも就職希望クラスに属していた。八九年四月、卒業して憧《あこが》れの入社を果たし、堤工場の車体部品質係に配属される。一方、職場のボーリング大会で博子と出会い、約三年後の九五年六月に結婚し、安城市に新居を構えた。結婚式場はトヨタ労組建物内のカバハウス、旅行のエージェントはトヨタ・ツーリスト、ショッピングはトヨタ生協メグリアだった。健一は三歳の長女、一歳の長男を遺して死亡したが、その葬儀もまたメグリアの葬儀場で行われた。トヨタに丸抱えされた生活だったともいえよう。

職場での内野は、ボディー課が組付けと溶接をすませたボディーにゆがみ・傷・へこみがないかの品質検査にあたる堤工場車体部第一品質係・RL813組に属して変わらず、準指導職、指導職を経て、〇二年一月、エキスパート(EX、班長)に昇格する。チーフリーダー(CL、工長)、グループリーダー(GL、組長)に次ぐポストである。その間、世界に進出するトヨタの精鋭従業員として、九八年の三カ月はイギリスTMUKに、二〇〇〇年の五カ月はアメリカTMMKに、作業指導の海外出張に赴いてもいる。

二〇〇二年一月当時、この組は、GLのT、内野らEX四人(一人は定年前の有休消化のため長期欠勤)、期間従業員や派遣社員をふくむ一般作業員八人という構成であった。組の業務は、ラインに入って品質不具合を検査するライン作業と、発見された不具合の情報を受けて前工程に連絡するとともに後工程(塗装・シャーシー組立て)からの不具合情報の窓口ともなるライン外作業に分かれる。内野の担当はGLのTとともにこのライン外作業であった。忙しく心労の多い仕事だ。ライン作業者から不具合の連絡を受けると、内野は直ちに後工程に同じ不具合が流れていないかどうかを確認し、それを発生させた前工程に連絡する。そのうえでその発生原因を調査して必要な手直しを施し、検査も行わねばならない。とくにつらいのは、後工程で自分の組が見逃した不具合を発見されるときである。後工程のGLは、ジャスト・イン・タイムのもと、ゆとりなく決められた生産ノルマの達成が遅れることに苛立って、状況の確認のためすぐに後工程に駆けつける内野をきびしく叱責するのがつねだった。これらの不具合への対応はRL813組では内野が中心的に担っていた業務であり、後工程に不良品を流さない責任はすぐれて内野に課せられていたのである。これら本務のほか、ラインスピードになかなかついてゆけない新入社員、期間工、派遣工などの受入教育も、内野の担当であった。

駆けずりまわるようなライン稼働が終了したあとには、返却されたボディーの手直し状況や欠陥の生まれた職場の確認、さまざまの日報の作成、関係部署の担当者との懇談など作業管理関係の諸業務があった。とくに重要な不具合については内容と対応、反対直でもとられるべき対処法などを絵図を用いて伝える「申送帳」の記入は、丁寧な仕事ぶりで知られる内野が重要視した定時外の仕事であった。ゆとりのない定時内では丁寧な記入ができなかったのだ。そしてこのほかにもEX内野は、翌日の作業分担のふりわけ、部下の年休調査など、人事管理業務もこなさねばならなかった。

○一年末から○二年はじめにかけて、内野の業務はいっそう繁忙になった。品質見直しの特別体制がとられ、ライン外作業の不具合処理は基本的に内野ひとりの分担になったからである。そのうえ、海外輸出向け中級車カムリの生産に多発する品質不良に即応を迫られ、さらに高級車レクサス生産設備の九州工場移管に伴う調整作業が加わった。内野に死をもたらした近因は、このカムリ、レクサス関係の不具合多発であったといえよう。

このように本務が過重だったばかりではない。この事件をめぐる後の行政訴訟でとくに争点になったのは、労働時間の正確な判定にもふかくかかわるさまざまの本務外業務の存在である。それはトヨタが全社的に推進している一種の「運動」にほかならない。たとえば次のような営みが数えられる(これらを「周辺業務」「周辺作業」と総称する)。

(1)創意くふう提案――個人ベースで業務の改善などを記入して提出する

(2)QCサークル活動――職場のEX以下の従業員が三カ月を一単位として職場の改善に関するテーマを話し合い、そこで決められた目標達成に努力する

(3)EX会――EXが技術や知識の向上を図るため行われる研修会、講演会、他社の見

学会のほか、懇親会、慶弔行事などを行う

（4）交通安全活動――従業員が遭遇した「ヒヤリ」体験を洗い出して提案シートに記入させ、それを検討して再発を防ぐミーティングなどを開催する

まことに日本企業らしい企業内の活動といえようが、ここで注目すべきは、EXでありすぐれたトヨタマンであった内野健一がこの周辺作業について負わされた特別の役割である。すなわち内野は、(1)では、月一回のみずからの提案のほかに、業務として部下の提出状況を調査・管理し、提出しない者には助言し、ときに自分がかわって提案を行っていた。(2)では、QCサークルリーダーとして活動を活発にするため、それぞれのテーマリーダーへのアドヴァイス、話し合いの結果や資料のまとめ、パソコンでの文書の作成・修正、その取組みの評価などをする必要があった。要するにQCという「自主活動」を成功させるという展開に業務責任を負っていたのだ。(3)では、彼はEX会の広報担当役員として定時後や自宅でのチラシづくりなどを余儀なくされた。そして(4)では、内野は「交通安全リーダー」であり、部下の提出する「交通ヒヤリシート」をとりまとめ、ミーティングの進行役を務めた。内野の定時後の労働、さらに少なからぬ自宅残業には、こうした本務ではない、会社ではあくまで「業務外」とみなされていた不可避の周辺作業がふくまれている。

せめてヘッドライトをつけて帰りたい

内野健一の残業が長時間に及んだのも当然であろう。トヨタは九五年五月、一直は六時二五分〜一五時一五分、二直は一六時一〇分〜翌一時というシフトの連続二交替制を採用している。内野もこの体制下で一週間ごとの交替勤務であった。車での通勤時間は一時間以内であったが、内野は反対直からの申送帳の確認などの準備作業——もちろん明瞭な早出残業である——のため、いずれのシフトでも三〇分から四〇分前には組の詰所に到着している。だから一直のとき、起床は午前四時頃、出発は五時であった。そして帰宅は、〇二年一月末の繁忙がきわまった頃からは、家族とともにする夕食時の午後六時半、子どもとの入浴時間七時半にも間に合わず、二〇時半をすぎるようになった。二直のときはといえば、帰宅はふつうは午前二、三時、しばしば明け方だった。「たまにはヘッドライトをつけて帰りたいな」と内野は同僚に語っていたという。二直についていた最後の週、健一の朝食(!)は家族と一緒であった。

この職場にタイムレコーダーはなく、労働時間管理はあってなきがごときものである。ここでも会社の認める残業時間は、三六協定の枠内で上司により適当に調整されていた。健一の死後、内野博子は労災申請や行政訴訟にあたって、毎日の帰宅時を記すカレンダー、帰宅時の携帯電話の時刻、健一が帰路ガソリンスタンドで給油した際の領収書などをもとに、通勤時間を差し引く一方、前述の本務以外の仕事や組合の職場委員活動の時間、パソコンで行っていた自宅での作業時間などを加えて、労働時間の実態把握につとめている。それによれば死亡前二〜六カ月の月平均残業時間は八七時間弱から一〇二時間強になる。しかし、会社の資料にもとづく国・労基署側の計算では約三一時間半から三七時間強であった。国・労基署側は、ある意味でいつものことながら、(a)在社時間のすべては労働時間ではない、(b)周辺作業(右の(1)~(4))は業務ではないと主張したのだ。法廷で主として地裁が関心を寄せたのは死亡前一カ月、一月一〇日から二月八日までの勤務状況である。博子は、原告代理人のアドヴァイスにもとづいてこの間の所定外労働時間を一四四時間三五分と推算した。この間の休日は二日のみである。そして地裁は、組合活動時間を算入するという主張は認めず、自宅残業の量は確定できないとしたものの、被告労基署側が法廷で主張した五二時間五〇分という残業時間計算と、その論拠(a)および(b)をはっきりと斥け、一〇六時間四五分と認定するのである。

健一の最期の日々のことに戻る。健一は〇二年一月半ばには、子どもを入浴させることも億劫がり、好きだった洗車もまったくしないほど疲労困憊のようすだった。そして不運にも、二月八日の二直勤務では処理の必要な不具合が多発する。ライン作業終了直前には、塗装工程のCLからRL813組が検査を担当していたカムリとレクサスのドアのへこみ、手直しの不良が続発していると連絡があった。駆けつけた内野を、そのCLは「ラインが混乱する」とはげしい口調で叱責する。内野は謝罪し、みずからの組のGLの支援も得られぬままに事態収拾の努力をつくしたけれど、それからもなお、ドアへの異物付着などいくつかのトラブルが続いた。ラインの一本は定時後の午前一時四五分に、もう一本は午前二時三〇分にようやく停止した。その後、内野は詰所に戻って、ライン作業者からの報告を受け、組立てのGLと折衝し、不良品を現場から持ち帰るなどの作業をして、申送帳を書きはじめる。そして深夜残業三時間二〇分の後、二月九日午前四時二〇分、内野健一は意識を失って椅子から崩れ落ちた。救急救命士のいない会社の私設救急車でトヨタ記念病院に運ばれた内野は、六時五七分に息をひきとる。死因は「致死性不整脈の出現が引き金となった心臓突然死を含む心停止」であった。

内野博子の闘いと労災認定のゆくえ

豊田労基署長は、内野健一の死に対する業務上認定と遺族補償年金、葬祭料の給付を求める博子の労災申請(〇二年三月六日)に不支給決定(〇三年一一月二八日)を下し、愛知県労災補償保険審査官は、審査請求(〇四年一月九日)を棄却(〇五年三月三一日)し、労働保険審査会は、再審査請求(〇五年四月一九日)に対し三カ月たっても決定を出さなかった。行政のこのような対応の意味や背景については後節でまたふれよう。ともあれ、こうした初期のアクションは、はじめこそ息子の死を憤ったもののやはり生粋のトヨタマンに徹していた実父らの支持も得られない、博子ひとりの労基署や会社への働きかけであった。しかし一方、ここにきて審査請求段階から相談していた水野幹男、田巻紘子ら弁護士の協力もあり、「働くもののいのちと健康を守る全国センター」「過労死家族の会」などの支援も寄せられつつあった。博子は〇五年七月二二日、国・労基署長を相手に労災不支給処分の取消を求める行政訴訟を名古屋地裁に訴えるにいたる。

一〇回にわたる口頭弁論の争点は、内野の課せられた業務量や責任の程度、本務外・周辺の責務は「業務」であるか否か、それらと密接にかかわる労働時間の秤量であった。それら争点に関する原告、被告の主張はあらかた右の記述で明らかであって、くりかえす必要はないだろう。「敵性証人」への尋問さえも、内野にとって在社時間はすなわち労働時間であること、QC活動などの推進は会社の評価対象になる職制の責務にほかならなかったこと、過度の残業も三六協定内の月四五時間を超えないように上司に調整されていたこと――などを明瞭にした。判事があたかも原告代理人であるかのような質問を投げかけることもあった。それをふまえて、二〇〇七年一一月三〇日、地裁(裁判長・多見谷寿郎)は、内野の死亡前一カ月の残業時間を原告側の主張に近く一〇六時間四五分と認め、その業務の過重性を認定して労基署の不支給処分を取り消したのである。認定労働時間は〇一年の労災認定基準の目安一〇〇時間を超える。それゆえにか国側の控訴はなく、判決は確定であった。

この裁判においてトヨタ自動車は被告ではなく、会社は判決について「当事者ではないから……」とコメントを避けることができた。原告側は、猿田正機の研究によって、内野の過密労働の背景にあるものを、つくりすぎと在庫をゼロにする「ジャスト・イン・タイム」(JIT)と、そのJITの実行に対して現場労働者の責任を問う「自働化」――品質不良が生じれば自動的にラインが停止し労働者が直ちに対応を迫られるシステム――とを二本柱とする「トヨタ生産方式」に求めていた。この点で地裁は、「いわゆるトヨタ生産システムの詳細について判断するまでもなく」として内野の死の業務起因性を認定している。個別企業の生産方式そのものの正否は、法的な判示になじまないということはできよう。とはいえ、内野の死がJITと「自働化」のくびきにとらえられたそれであったことはたしかだ。判決で問われたのはトヨタでの典型的な働きかた・働かせかたにほかならなかった。

典型的な働きかた・働かせかたのもうひとつの側面は、JIT・「自働化」によるきびしい本務に重なってくる、QC・提案活動など「周辺業務」についての「暗黙のノルマ」である。企業の説明を鵜呑みにした労基署はこれを命令された「業務」ではない「自主活動」と主張し、これに必要な時間を労働時間と認めなかったけれども、地裁判決はこの主張をはっきりと斥けている。今回の地裁判決ではとくにこの点が画期的であり、その影響するところはきわめて大きいゆえに、一般的な総括にあてられる後節であらためて論じることにしよう。

八章で扱った設計技術者・久保田敦(仮名)をはじめとして、トヨタの工場にはこれまでにもいくつかの過労死・過労自殺があった。けれども、内野博子の提訴ははじめて実名を掲げての、実名報道でなければマスコミの取材にも応じないというほどきっぱりと面をあげた闘いであった。二人の幼子を抱えながらの、コンピュータ関係の派遣社員として月一三万円ほどの収入を得ながらの、トヨタからの正社員採用の誘いを拒みながらの、そして「トヨタ」が圧倒的な権威をもつ名古屋周辺で運動する気の重さに耐えながらの、約六年にわたる苦闘であった。それだけに、「夫のがんばりを認めて!」と訴え続けた博子の勝訴には、トヨタという企業の代表性、判決にみるQC活動などへの判示の画期性も相まって、洪水のようなマスコミ報道が続いた。後に高い評価を受けたTBSのドキュメントも放映され、『ニューヨークタイムズ』『ヘラルドトリビューン』『エコノミスト誌』などの海外報道も多かった。その意味でも、今なお日本の宿痾ともいうべき過労死は、ある意味で典型的なトヨタマンであった内野健一の妻、博子が「夫はなぜ死んだのか」を探る心労を経て、「あのトヨタ」でも、現時点でも起こりうる深刻な社会問題としてあらためて人びとの意識に刻まれたのである。

＊以上、内野健一の体験と博子の闘いについては、遺族補償年金等不支給処分取消請求事件(トヨタ自動車内野事件)名古屋地裁二〇〇七年一一月三〇日判決(正本)、「内野さんの労災認定を支援する会」(冊子)『夫のがんばりを認めて!!――トヨタに立ち向かった妻の記録』(二〇〇八年。内野健一の経歴、経過の詳細、証人尋問記録、判決要旨など豊富な資料をふくむ。以下、『妻の記録』)、内野博子、櫻井善行「トヨタ自動車の工場で――ひとつの過労死と労災認定判決の語るもの」(『職場の人権』五四号、二〇〇八年)を参照。トヨタ生産方式について解説・分析する研究書は数多いが、さしあたり「訴状」とそれが参考文献とする猿田正機『トヨタシステムと労務管理』(税務経理協会、一九九五年)を参照

2節　過労死・過労自殺の企業責任

ふたたび長時間労働について

働きすぎに斃れた労働者の物語を読み進めれば、次のような結論は避けがたいように思わ

れる。過労死・過労自殺の悲劇をもたらす要因はまずもって、①生理的限界をもつ人間にとって継続的に従事することがむつかしい長時間労働であり、その長時間労働の最大の動因は、②労働者に課せられる仕事の量的および質的な過重性、端的にいえば重いノルマと責任である。さらに②を①に媒介するものとして、③会社や上司による担当者への能力主義的・成果主義的な評価(査定)をあげることができる。そのうえでさらにこれら①〜③の背景を問えば、八〇年代、九〇年代、二〇〇〇年代と局面の特徴を変貌させながらも貫かれた経済グローバル化のもとでの、国内外の企業間競争の激烈さにさかのぼることができよう。とはいえ、労働現場に視点をすえて過労死・過労自殺の直接的な原因を探るならば、それはひっきょう、最高度の効率とコストダウンの要請を、たとえば要員削減を前提にした労働者の働かせかたの無理を通じて満たそうとする、企業労務のありようにほかならない。

①長時間労働の現時点について、あらためて最小限の判断素材、一章の表1-4、表1-5に接続する資料を示しておこう。最新の『就業構造基本調査』によれば、〇七年、年間二〇〇日以上働く正社員男女で「週四九時間以上」の労働者は三七・八%、超長時間労働というべき「六〇時間以上」は一五・六%である。この数値はいずれも〇二年とくらべるとそれぞれ二%程度増えている。二〇代後半から三〇代の男性正社員にいたっては、六〇時間以上働く人の比率は、これも〇二年より高まって二二〜二三%に及んだ(図 終-1)。〇八年に脳・心臓疾患で労災認定された人の約六割は月の平均残業時間が一〇〇時間(週労働時間では約六三時間)を超えていたことからも、長時間労働と広義の過労死のふかい連関はまず明瞭であ

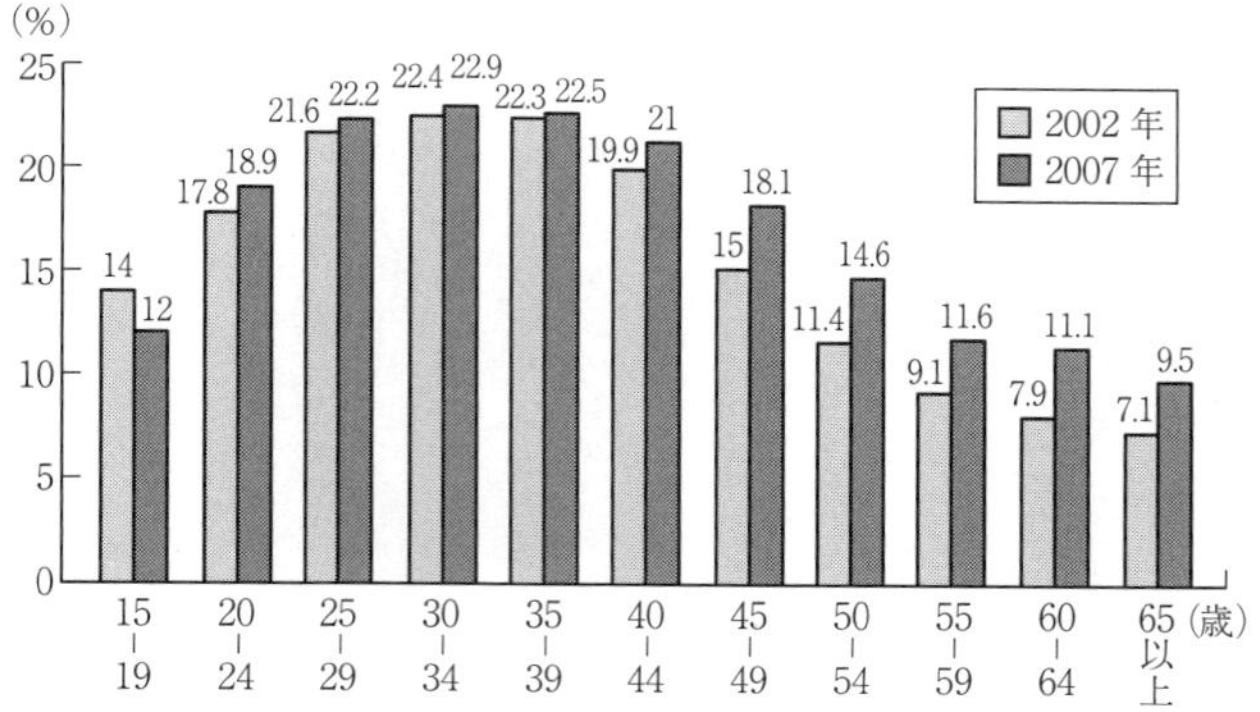

資料：総務省『日本の就業構造』(2009 年)

図 終-1 年齢階級別週間就業時間が60時間以上の「男性の正規の職員・従業員」の割合

ろう。それに近年の労働時間についてはさらに注目すべきことがある。

ひとつは、「仕事ができる人に仕事が集中するようになった」と感じる労働者が増えたことである(資料後掲)。個人単位の業務が増えた、スタッフの少数化をはかる会社が残る「精鋭」をいっそうがんばらせる、認められることを望む「精鋭」は期待されている自分に課せられる過重な業務にむしろ前向きに「挑戦」する――といった職場の動向をそれは反映するものだ。なかま同士の競争関係が峻烈でなかった昔日には、こうした個人ごとに不均等な仕事負担を他の従業員が補い合っていたが、いまはその慣行が失われたという。大野正和はそこに、過重負担を負った「メランコリー気質」の労働者の過労死が頻発する原因を求めている。私のいくつかの事例に即しても肯きうる見解といえよう。

もうひとつは、八七年の労基法改正における裁量労働制の創設、九四〜〇二年の同対象業務拡大、そして〇七年にはついに挫折したとはいえ、〇二年このかた政財界がくりかえしたホワイトカラー・エグゼンプションの提案などにみる、労働時間のフレキシビリティ拡大である。みなし労働時間の基準はあるとはいえ、サービス残業を常態とさせるような「あってなきがごとき」労働時間管理がいっそう広がったのだ。小倉一哉によれば、こうしたことから、「管理監督者」の部課長一一・四％に、事業場外労働の営業職、専門業務型および企画業務型の裁量労働など「みなし労働時間制」の人びと八％を加えた、労働時間規制外の労働者は〇五年、すでに一九・三五％に及んでいる。この二〇％弱という数値はもちろん、ファミレスなどのいわゆる「名ばかり管理職」、主任、班長、係長など「半ば強制・半ば自発」によって事実上残業申告なく働く労働者のような「非合法」の時間管理対象外の人びとをふくんでいない。ホワイトカラー・エグゼンプションはすでに、少なくとも日本の労働者の二五％には機能していると私は推定する。ふりかえれば、内野健一をはじめ過労に斃れた人びとのどれほど多くが、みずからの労働時間の長さをさしあたり念頭におくことなく働いていたことだろう。それとともに、設備稼働率の向上と、通貨や証券といったトレード市場のグローバルな展開に促されて、工場労働者のみならずホワイトカラーにも、深夜業をふくむ交替勤務が広がっていることにも注目すべきであろう。

＊近年の労働時間の動向については、総務省『日本の就業構造――平成一九年　就業構造基本調査

の解説』(二〇〇九年)、森岡孝二『貧困化するホワイトカラー』(ちくま新書、二〇〇九年)、小倉一哉『エンドレス・ワーカーズ——働きすぎ日本人の実像』(日本経済新聞出版社、二〇〇七年)など参照。その他、大野正和『まなざしに管理される職場』(青弓社、二〇〇五年)を参照

ノルマのくびき

では、①長時間労働と②仕事の過重性＝重いノルマとの関係についてはどうか。七章1節に紹介した八九年の労働省調査(二〇一〜二〇二ページ参照)に接続する二つの資料を掲げよう。

まず、連合の〇二年調査による「サービス残業をしている理由」(二つ以内選択)では、約四五%の「個人に課せられたノルマ達成」がほかを引き離して際立つ(図 終-2)。「みんながサービス残業をやっている」が九八年よりも増えて二二・四%で二位にきているのは、この間、残業の実態どおり申告をしにくい職場が広がりつつあったことの反映であろう。四位の「残業手当を請求しにくい雰囲気」があると、それは同根である。三位は能力主義への積極的な対応を示す「自分の能力向上」であるが、この比率は漸減している。ちなみにここで調査された連合傘下の組合員のうち、程度はさまざまながらサービス残業をしている労働者の比率は四七・五%であった。

ついで〇四年にJIL-PTによって行われた調査研究のうちから、所定外労働が「よくある」「ときどきある」人(あわせて約七六%)が、三つまでの選択で示した「その理由」(表 終-1)をみよう。ここでもやはり群を抜くトップは「そもそも所定労働時間内では片づかな

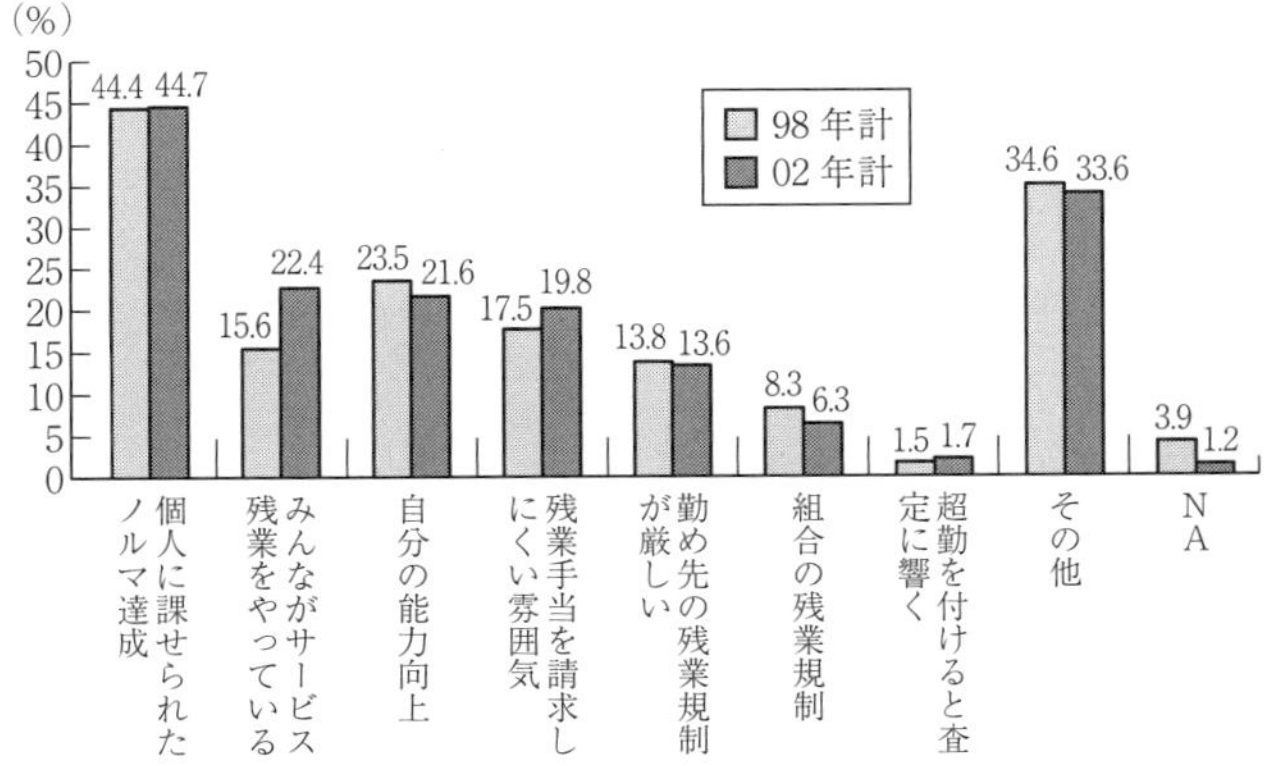

資料：「2002 連合生活アンケート」『れんごう政策資料』143 号（2003 年）

図 終-2　サービス残業をしている理由（2 つ以内選択）

い仕事量だから」六一％である。三位の「最近の人員削減により、人手不足だから」三四％も、同じ事情の別の表現であろう。二位は「自分の仕事をきちんと仕上げたいから」三九％であるとはいえ、これですら「きちんと仕上げる」ことが定時では不可能であるという事情をうかがわせよう。さらに選択肢6（二〇％）にも、納期というノルマがかかわっている。以上を要するに、日本の労働者の働きすぎが、ひいてはその臨界に生まれる過労死・過労自殺がすぐれて仕事の過重性＝重いノルマに起因することは、ここに疑いを容れない。

ノルマに関しては、このほかいくつか考察されるべき問題領域がある。

その一。一般にノルマは、「藤川」の下請けの「北信運輸」（二章）、大日本印刷から「分社」された「大日本京都物流システ

表 終-1　所定外労働時間に働く理由

1	最近の人員削減により，人手不足だから	33.7%
2	そもそも所定労働時間内では片づかない仕事量だから	61.3%
3	事業活動の繁閑の差が大きいから	17.4%
4	仕事の性格上，所定外でないとできない仕事があるから	30.4%
5	仕事の進め方にムダが多く，ダラダラ残業があるから	5.5%
6	取引先との関係で，納期を間に合わせないといけないから	19.5%
7	残業手当や休日手当などを増やしたいから	4.9%
8	業績手当などを増やしたいから	1.2%
9	上司や仲間が残業しているので，先に帰りづらいから	13.5%
10	残業が評価される傾向があり，査定に影響するから	2.7%
11	自分の仕事をきちんと仕上げたいから	38.9%
12	定時で帰るより働いているほうが楽しいから	1.3%
13	その他	4.8%

NA＝0.3%

資料：JIL-PT『労働政策研究報告書』No. 22, 2005
注：「よくある」「ときどきある」の計. 3問以内選択

ム」(三章)、富士通傘下の「九州テン」(九章)、TOTO関連企業の東陶情報システム(一〇章)など、大企業の関連・下請け企業、または「分社」された子会社において、いっそう過重であろう。親企業によってコスト削減のためにつくられ、親企業に従属しているそれらの会社は、労働者に親企業の社員以上のすさまじい働きかたを求めてやまない。経営者はそれができなければ企業の存続はむつかしいと感じており、労働者もまた、とくに別の雇用機会が乏しい時期には、相対的に低い所定内給与のゆえにいっそう働かされすぎの受容を余儀なくされるからである。

その二。製造業、小売業、サービス産業などに非正規雇用が浸透するなか、これまではもっぱら正社員のものであったノルマが、素朴なかたちで非正規労働者にも適用されつつあるかにみえる。パートタイマー、アルバイト、派遣労働者は、今では賃金が低いだけでなく、仕事そのものも大変なのだ。九章ではニコンへの派遣労働者、上段勇士の納期に迫られた労苦をつぶさにみた。転職をくりかえす若い労働者の軌跡を追う『北海道新聞』の連載は、札幌に展開するサービス業や商店で働く、たとえば次のような非正社員のノルマ状況を伝えている——洋装店アルバイトには前月実績に一、二％上乗せした売上げの数値目標。この「数字」がとれれば正社員に「登用」され、とれなければ「自費で埋め合わせる」か、解雇される。男子服専門店のアルバイトの店長代理の処遇は「個人別売上げランキング表」で決まる。ほかにノルマは、コールセンターの契約社員では一日四〇件以上の丁寧な電話応対、新聞販売店のアルバイトでは新規購読者獲得数……。ちなみに連載は同時に、ガソリンスタンドではオイル交換売上高・クレジット機能付きカード申込数・ガソリン添加剤販売数、印刷会社でのパソコン入力作業では一時間六〇〇〇字のスピード……など、正社員に課せられるきびしいノルマのようすも伝えている。この連載でつよく印象づけられることは、ノルマ設定が今や雇用形態を超えて職場に定着していること、その達成いかんで若者を自由に処分する使い捨てがまったくはばかりなくなっている若者労働ニッポン〇八年の現状なのである。

＊以上、ノルマの諸相については、『れんごう政策資料』一四三号(二〇〇三年)、ＪＩＬ-ＰＴ『日本の長時間労働・不払い労働時間の実態と実証研究』(労働政策研究報告書 二二号、二〇〇五年)、『北海道新聞』連載「ぼくらに、希望を」二〇〇八年一月三日付〜一一月一五日付を参照

QC活動は「業務」か——「暗黙のノルマ」をめぐって

その三。日本の労働者の仕事には、規定上の本来の職責のほかに、「望ましい従業員」として積極的な参加が期待されるさまざまの営みがまとわりついている。トヨタの内野健一のケースでは、創意くふう提案、QC活動、職位別の研修と懇親(EX会)、メセナ活動ともいうべき交通安全運動などである。そしてEXの内野の場合には、すでに述べたように、これらの周辺的な責務に対してときに消極的になる部下を督励する責務も負わされていた。組の提案数の不足を自分の提案で補ったり、週に二回は「歩行マナー」(運搬車両の交通を妨げないで構内を安全に歩くルール)を守らせる「指導」までしなければならなかった。しかし、こうした「望ましい従業員として期待される」営みについて、これまで企業側は、会社によって取扱いにいくらかの違いはあれ、それらは命令された「業務」ではなく、労働者が労働時間外に「自主的に」遂行するべきものと説明するのがふつうだった。それゆえ、たとえば過労死裁判の法廷に立つ会社は、民事訴訟では直接的に、行政訴訟では間接的に、これらの「業務外活動」に要した時間は残業と認められないと主張する。だが、こうした「自主活動」の遂行と参加は、査定の、少なくとも「情意」考課の対象でもある。労働者にとっては、それはまぎれもない「暗黙のノルマ」であり、今日の能力・成果主義的な企業風土のなかで「精鋭」と認められるためにはひっきょう「個人の都合」で拒むことはできないものなのだ。それに要した時間が労働時間と認められないのではやりきれない。

内野事件への地裁判決の画期的な意義はここにもある。地裁は、被告側が「業務外」とする右の「周辺諸活動」について、会社が企業にとっての枢要の意義を随所で公言していること、全般に企業の統制下にあること、QCや提案活動においては「組メンバーを巻き込んだ活動ができること」がEX職の人事考課の考慮要素とされていることなどをあげて、それらを業務とみなし、そのうえで内野の死亡一カ月前の残業時間をしかるべく認定したのである。

アメリカの日系自動車企業における労働者の職務境界の曖昧さを批判するすぐれたルポ・『ワーキング・フォー・ザ・ジャパニーズ』(邦訳タイトル)はかつて、QC活動、工場の清掃、朝礼などの例をあげて、日本人は「強制的」と「自発的」の区別がつかなくなっているのではないかと述べたものである。正式の業務か否かがわからないQC活動など広義の仕事領域で、査定ゆえに容易にはそれを拒めない従業員の「自発的な」献身を動員できることは、競争力の点では日本企業の大きなつよみの一つだった。それはまた、追及されれば「自発的なもの」と言い逃れもできるサービス残業の一温床でもあった。この地裁判決は、「業務」境界の曖昧さをむしろ奇貨としてきた企業労務に反省を迫るとともに、強制か自発か不分明なまま「業務」内外の責務のため月一〇〇時間以上もの残業を担う多くの働きすぎの労働者に、いいようのない鬱屈からのひとつの出口を示したものということができる。

この判決のおよそ半年後の〇八年六月、トヨタはQC活動の制度をあらため、これまで月二時間までとしていた業務認定の上限を撤廃して、なお「自主活動」とみなされる自宅などで行う「発表練習」、勉強会参加・発表会傍聴などを別にすれば、すべてのQC活動に残業代を全額支払うとする「新ガイドライン」を設定した。QC活動は原則として二時間以内にとどめよとの趣旨とも読める。同時に「創意くふう提案」についても位置づけをあらためている。これは参加への強制のない、不参加への不利益処分のない、自由参加の自主活動であり、「職場や個人への(件数、参加率などの)目標設定は不可」となった。もっとも、ここでも「就業時間外で且《か》つ会社外で行う場合は自主活動」である。これらのルール変更は人事部からGL以上の職制に回された内部資料(?)の示すところであり、一般社員には一部が口頭で説明されたにすぎない。辛辣にみれば、「会社の眼の届かないところで大いにやってほしい」ということかもしれない。とはいえ、本務以外の責務を実質的には業務内、「出るところへ出れば」業務外とする二枚舌はもう通用しないという自覚は、このルール変更にもはっきりとうかがわれよう。トヨタは変更は裁判とは無関係と装っているけれども、それはグローバルな規模で報道された地裁判決に対する日本の代表企業の対応とみることができる。ちなみにQCサークルは全国に三万といわれるほど普及しているが、『朝日新聞』の製造業五〇社調査(〇八年六月)によれば、実施四四社中すでに三二社が小集団活動を「業務」、二社が「業務に準じる」と答えており、業務化の傾向が進行しつつある。

＊以上、前掲の名古屋地裁判決、熊沢誠「司法の認めた暗黙のノルマ」(『朝日新聞』二〇〇七年一二月二七日付)、Joseph J. Fucini and Suzy Fucini, "Working for the Japanese", Free Press, 1990(ジョセフ・J・フッチニ、スージー・フッチニ著、中岡望訳、イースト・プレス、一九九一年)、トヨタ内部文書「〇八年六月度PPM資料」、その内容にふれる『朝日新聞』二〇〇八年

表 終-2 職場の変化(肯定の回答の比率)

		(1)従業員側回答(%)	(2)企業側回答(%)	(1)−(2)
1	部門を越えた社員間のコミュニケーションが活発になった	27.9	34.1	−6.2
2	社内における意思決定のスピードが上がった	25.4	42.4	−17.0
3	仕事の進め方において社員の裁量が増大した	26.4	26.5	−0.1
4	社員の間での競争意識が高まった	15.3	21.2	−5.9
5	自分の業績達成を意識するようになった	47.4	21.2	26.2
6	新しい課題に取り組む意欲が高まった	33.1	20.6	12.5
7	若年層の育成に手が回らなくなった	27.1	26.5	0.6
8	職場で協力し合う雰囲気がなくなった	19.3	8.5	10.8
9	仕事のできる人に仕事が集中するようになった	55.6	51.1	4.5
10	進捗管理が厳しくなった	41.6	60.4	−18.8
11	残業が増えるなど，労働時間が増加した	41.2	43.5	−2.3
12	精神的ストレスを訴える社員が増加した	59.6	34.9	24.7
13	自己都合で離職する社員が増加した	39.6	19.3	20.3

資料：JIL-PT『労働政策研究報告書』No. 61, 2006
注：従業員側回答は「そう思う」「どちらかといえばそう思う」の計，企業側回答は「当てはまる」とするもの

五月二二日付、同紙六月二一日付、同紙七月一九日付など参照

ある調査にみる「最近の職場の変化」

労働者に働きすぎを要求する企業労務という要因のまとめにかえて、最後にJIL-PTによる〇五年調査の示す、最近三年間の「職場の変化」(従業員側回答と会社側回答)を検討しておこう(表 終-2)。これはバブル崩壊後の成果主義浸透のもとでその成否を問うという問題意識にもとづいて行われた調査であるが、これまでの記述にもかかわる興

味ぶかい選択肢と回答がみられる。

まず、「9 できる人への仕事の集中」が、労使いずれの回答でも五〇％を超えて二位にくることが注目される。すでにみたように、仕事のさせかたが個別的になったことの反映である。従業員側の回答のトップは「12 精神的ストレスの高まり」(約六〇％)である。この実感はどこからくるのか。一方では、「11 労働時間の増加」(四一％)、「10 進捗管理の厳密化」(四二％)などにみる仕事のいっそうの過重化・過密化がしのびよっている。他方では、「5 自分の業績達成を意識するようになった」(四七％)、それに比率自体は高くないとはいえ、「4 社員間の競争意識の高まり」(一五％)、「8 職場で協力し合う雰囲気の喪失」(一九％)などにうかがわれる、近年の成果主義的選別による人間関係の緊張がまぬかれがたい。約四〇％の「13 自己都合退職の増加」も、雇用機会縮小の調査時期を考慮すれば、それらの総結果としてのストレスの高まりがもたらすものといえよう。企業側の回答も、10、11、12は高い比率で、4、5――これらは企業側にはおそらく望ましい変化である――は二〇％強の比率でこの変化を肯定している。

調査の穏健な選択肢設定では、「査定の強化」、つまり労働条件決定に占める人事考課の役割増大とか、「上司のハラスメントの増加」とかはない。けれども、もしそれらの項目があれば、別の箇所、たとえば九章5節、一〇章5節に示したように、労働者のそれらへの投票はかなりの比率にのぼるはずである。それでも総じて、**表終-2**は、この間の職場が労働者にとってより生きづらい界隈になりつつある傾向を明示している。それは過労死・過労自殺の原因究明にとって少なくとも状況証拠にはなる。たとえば過労自殺は、よりスピーディな進捗管理や残業の増加による仕事の過重化、右にみる助け合う雰囲気の喪失や競争意識の先鋭化による職場の人間関係の緊張という状況に、ノルマを達成させようとする上司の硬軟さまざまのハラスメントが加わるときもっとも起こりやすいのである。

＊以上、ＪＩＬ-ＰＴ『現代日本企業の人材マネジメント』(労働政策研究報告書　六一号、二〇〇六年)を参照

過労死・過労自殺の諸類型

日本の労働世界の宿痾であるかにみえる過労死・過労自殺の根因を、こうして日本企業の労務管理のありように求めたとしても、仕事の過重性の性格、当該労働者が負った具体的な心身の疲弊、したがってそれぞれの過労死・過労自殺に対する「業務起因性」の内容は、職種や企業内のポスト、そのほかの個人的な事情などによってさまざまである。その個別性、独自性にこだわって、これまで執拗な事例紹介を重ねてきたが、この地点ではあえて、そのあまたの過労死・過労自殺のタイプ分けを試みてみよう。死者の体験は、業務責任の重さと、たとえば日に一二時間以上、月あたり残業一〇〇時間以上といった長時間労働を共通の要因としながらも、主として要請される業務の性格によっておよそ次のように分類できる。この点は中間総括の七章でもいくらか論じたが、くりかえしをおそれず、ここであらためてまとめてみよう。

類型Ⅰ：連続・反復作業型――生産、流通、情報処理のシステムが稼働するなか、カンとコツは求められるとはいえ、どちらかといえば自己裁量性のあまりない作業を、ときには深夜勤務をふくむ交替制のもとで、遅れないように間断なく遂行する肉体的・神経的疲労の大きい労役での過労死・過労自殺。帯広の斉藤英治、京都の市川守などトラック労働者の群像、製本断裁工の金井義治、製版工から包装工に移された中居和好、オタフクソースの木谷公治、ニコンへの派遣労働者の上段勇士など、ブルーカラー職種に多いものの、富士銀行の岩田栄など「一般職」ＯＬもこの類型に属するといえよう。

類型Ⅱ：ひとり作業型――熟練や経験を求められるとはいえ、企業にとってはどちらかといえば周辺の業務を、隔離された職場で、ときに単身赴任してひとりで遂行する末の過労死。サービスエンジニアの三木孝男、茨城新聞出版センターの編集・校正の村上晃などがその代表例である。

類型Ⅲ：営業職型――数値で示されるノルマを達成させようとする上司の、ときにハラスメントをふくむきびしい督励のもとで、いくつかの取引先との納入量や価格の折衝にあたる若手営業マンの過労死・過労自殺。エース証券の亀井修二、火災保険営業の早川勝利、電通の大嶋一郎、銀行得意先係の倉田精一、食品会社「関東リョーショク」の大崎和夫、オリックス法人営業の秋本真希、日研化学MRの堀川恒雄など数多い事例がある。研究員とはいえ「コマツ」の諏訪達徳の職務にも不慣れな営業活動が重なっていた。また、中小企業の管理職、食品関連会社の加藤邦夫や柴田謙、広告代理店の八木俊亜などの過労死の場合も、主な労苦はすぐれて取引先との営業の折衝であったかにみえる。

類型Ⅳ：専門職型――ふつう数値的なノルマは不明瞭であるが、仕事そのものにやりがいや使命感を感じることが多いだけに、所属機関やサービス受益者の要請に応じてあえて仕事の境界を広げて無理を重ねるにいたる対人サービス専門職の過労死・過労自殺。名古屋の柏木恒雄ら教師たちの群像、編集アルバイトの長峰由紀、ナースの村上優子や高橋愛依などがその例である。

類型Ⅴ：技術者型――なによりもきびしい納期に迫られて、専門技術を駆使してほとんど際限のないストレスに満ちた仕事を続ける設計技術者やSEの過労自殺。日立造船の下中正、九州テンの伊達良樹など。トヨタ自動車の久保田敦の場合、下級管理職としての心労以上に、この技術職的ながんばりの無理という要素が色濃いと思われる。

類型Ⅵ：現場リーダー型――企画や財務を担当する経営の高位レベルからもはや修正は不可能なものであるかのように下降してくる生産と営業の目標を労働現場で達成する責任を負

う下級職制、具体的には班長、主任、係長などの過労死と過労自殺。企業目標はどれほど精緻に計画されていても、とくに新製品や新工場の場合いくつかのトラブルは避けがたいのに、この現場リーダーたちは、担当部局によって差こそあれ、出勤要員の確保など部下の統括、新人や非正規労働者の教育・指導もふくめて、目標に従った生産量(または売上高)、コスト、品質、そして納期を守る責任を課せられている。トラブルが生ずればたちまち不可欠な休養や睡眠は後まわしになる。ここでは自分のノルマとチームのノルマはイコールの関係にある。会社に期待されてそうしたポストにあるこの層に、私たちは働きすぎに斃れた人の一大グループをみることができよう。扶桑化学の木下春男、カルビーの要田和彦、椿本精工の平岡悟、サンコーの飯島盛、トヨタ自動車の久保田敦、下田市の河本繁雄、川鉄の渡邉純一、エージーフーズの寺西彰、東陶情報システムの釘宮恵路、中部電力の関川洋一、そしてトヨタ自動車の内野健一など事例はつきない。

分類の境界はそれほどくっきりとしてはいない。また、このほかにも、たとえば営業や技術指導のためのあまりにも頻繁な出張(三井物産の石井淳、セイコーエプソンの犬飼俊彦)や、開催時期、つまりある意味での納期が確定したイヴェント関係工事(電気工の仮屋忠一、鈴木竜雄)が労働者の死を招いた事例を、いずれかの類型の亜種とすることができるかもしれない。しかし右の類型化によって、私たちは働きすぎに斃れた人びとの心身の疲弊の多様な質をいくらかは概念的に把握し、それによって過労死・過労自殺という臨界への接近の可能性を、仕事の内容に即してより意識的に透視することができよう。

この三〇年の傾向としては、類型Ⅰは、相対的には減少しているように思われる。労働形態が変わったからではない。その種の仕事の担い手が、退職をためらうことの多い正社員から否応なしにほどなく辞める短期有期雇用の非正規労働者に比重を移しつつあるからだ。その点では、この職域での過労死問題が非正規ワーキングプア問題におきかえられているともいえよう。なお、〇八年一一月、三週連続の夜勤、直前月の残業一〇六時間という過酷な労働ののち〇四年二月末に急性心臓病で死亡したブラジル人派遣労働者(五一歳)の妻が、岐阜地裁に派遣元および派遣先企業に損害賠償を請求する訴えを起こした。また、〇九年八月には、研修生のときには月一〇〇時間、実習生になってからは月一五〇〜一八〇時間の残業を強いられ、〇八年六月に急性心不全で死亡した中国人、蔣暁東(三一歳)の遺族が労災申請に赴いている。これらは、容易に逃れられない非正規ワーキングプアとしての外国人労働者にとっては、類型Ⅰの過労死の危機がすでに無縁ではないことを物語るものといえよう。

一方、類型Ⅲ、Ⅳ、Ⅴ、Ⅵは依然として支配的なタイプであり続けている。そして今後は、容易に退職を選ばなくなった類型Ⅲおよび類型Ⅳの女性たちが、過労死・過労自殺の臨界に近づく傾向がさらに高まるように思われる。

＊二件の外国人労働者の過労死については、さしあたり『朝日新聞』二〇〇八年一一月一九日付、同紙二〇〇九年八月八日付を参照

3節　企業の要請を規制する主体――行政と労働組合

しかしながら、過労死・過労自殺が私たちの国の際立った特徴の一つであることの背景を、ひとえに企業労務の論理に求めることはできない。コスト削減と納期厳守のために労働者に過重労働を求めることは、ある意味で万国共通の資本の論理だからだ。企業の要請を前提の認識としたうえで問われるべきは、それゆえ、その貫徹を過労死の頻発を防ぐ方向で規制すべき諸主体の性格であろう。すなわち、この日本における労働行政と労働組合のありようが当然、次の関心事として浮上するのである。

労災認定の労働行政

前者からかんたんにふりかえってみよう。過労死・過労自殺の物語を読むとき、つよく印象づけられることはまず、ぬぐいがたい労基署への不信であろう。他の先進諸国よりも労働時間の法的規制が緩やかであることのうえに立つ、労働時間の実態への労基署のチェックは甘く、改善を重ねたとはいえなおきびしい基準の運用による過労死の労災認定の門戸は狭い。それら労基署の頼りなさも、過労死の労災認定を拒まれた遺族たちの生活をかけた法廷闘争でようやく明らかにされるのが実情であった。

労働時間の法的規制や労災認定基準の推移、それに影響される労災申請件数・認定件数・認定率などについてはすでに述べている。ここでは、トヨタ内野事件を例にとって、あらためて労基署や労働局のビヘイビアの背景にある事情を探りたい。

内野博子は、健一の死のおよそ一カ月後の〇二年三月六日、豊田労基署に労災を申請しており、その後、懸命に健一の労働時間の実態を調べて、彼の死亡前一カ月の残業時間を約一五五時間と把握する一方、トヨタの人事担当者Sと連絡をとりあって協議を重ねている。その結果、注目すべきことにSは、博子の算出した時間から休憩時間、自宅残業時間、組合活動時間などを差し引いたものの、博子の主張の多くを容れ、一〇月半ばには、博子とSの間で労災認定基準を超える「一一四時間」という確認がなされた。この数値はSにとっても「違和感はない」ものであり、博子の要望に応じてSは、一二月二四日、労基署に赴き、その旨を伝えたのである。だが、労基署は、Sの聴取書もとらず、健一の労働時間を示す会社の正式の書類を提出するよう命じた。そこでSはその指示に従ったけれども、Sの作成資料はついに社内の稟議《りんぎ》を通らなかったという。このあたりは「藪《やぶ》の中」ながら、それまでに労基署はトヨタの誰かとくりかえし面談しており、会社と労基署はすでに内野の死を労災と認めない線で合意していたように思われる。そののち会社は、労基署に提出した資料のなかで、内野の時間外活動については「判断できなかった」と述べている。

二〇〇三年一一月二八日、豊田労基署は不支給処分を決定する。そこでは健一の残業はなんと四五時間しか認定されていなかった。〇四年一月、このたびは弁護士の協力も得て、博子が審査請求に進んだのは当然であろう。けれども愛知労働局・労災補償保険審査官もまた、スタンスは労基署と同じであった。審査官は、在社時間イコール労働時間ではない、残業時間の実態はわからないという上司Tの主張だけを重視して、〇五年三月三一日、業務外認定を下す。その折の残業認定は約五二時間であった。

もちろん、引き続いて国の労働保険審査会へ再審査請求がなされている。だが、審査会の係員はわずか九名と若干のOBだけなのに、一〇〇〇件を超える審査案件が山積しており、内野事件の審理も〇六年一一月まで待たねばならなかった。決着は上司らの安易な証言を問い詰めることのできる法廷に委ねられるほかなかったのである。

＊以上、前掲『妻の記録』所収の詳細な経過年表、内野博子からのヒアリング(二〇〇九年六月)による

会社と労基署の癒着

このような行政の対応の背景に、この地域の労基署とトヨタの癒着《ゆちゃく》、より直截には前者の後者への従属があったことはほぼ確実である。労基署で内野の死の労災審査が行われている頃、労基署長の古田和憲と主任安全専門官の後藤勝は、トヨタの部品メーカー、大豊《たいほう》工業から受けとった法人契約の割引券で同社社員とゴルフを楽しんでいた。また、同社出身の豊田労基署総合労働相談員(非常勤の国家公務員)は、大豊工業社員から残業代に関する内部告発が寄せられたとき、日付や発信元の部署名を同社に通報していた。トヨタ系労働者の間では、豊田労基署に訴えることはむしろ危険視されていたという。その後、古田と後藤は愛知労働局に異動していたが、ことが明るみに出て〇七年四月、ほかの五名とともに、国家公務員倫

理法違反で戒告処分を受けている。けれども、これも不思議なことに、〇八年四月一日、古田は豊橋労基署に、後藤は岡崎労基署に、それぞれ署長として栄転したのである。両市はいずれもトヨタ系企業や取引先の多いところであった。

それればかりではない。地裁判決直後の〇七年一二月二〇日、豊田労基署は、法廷の認定を無視して、遺族年金を「周辺業務」時間やサービス残業時間を削りとった労働時間で算出するという方針を原告らに伝えてきた。〇一年一一月は四一時間三五分、一二月は二三時間一五分、〇二年一月は三八時間という驚くべき低水準であった。博子と原告代理人たちはそれゆえ、引き続く闘いとして、ふたたび資料を整えて豊田労基署、愛知労働局への折衝を余儀なくされている。国会議員の協力もあって、舛添厚労相への直訴も行われた。舛添は、愛知労働局の責任者をよびつけて、名古屋地裁の判決にもとづく遺族年金算定を指示したという。世論の流れは博子らの側に大きく傾いていた。トヨタの残業把握方法の曖昧さや賃金体系の複雑さ、それに賃金計算時期の問題があって成り行きはさほどスムーズではなかったけれども、ようやく〇八年三月六日、国・労基署は、内野健一の死亡前三カ月の残業を地裁判決に近い水準の九八時間、六三時間五〇分、九三時間五分として遺族補償年金を計算することを決定するにいたる。

以上の苛立たしいプロセスが労働行政の改善に示唆するものについて、私に創見はない。しかしまぎれもなく必要なことは、企業と労基署の癒着――これは果たして豊田地区だけのことだろうか？　たとえば中部電力と名古屋南労基署との間にも同じ関係が認められるのではないか？――の根本的な打破と、労災審査にあたるスタッフの量的増加と質的向上である。労働行政全体としては、深夜業の規制、勤務間インターバル（退勤から次の出勤までの時間）のミニマム設定、労働時間管理の「柔軟化」の制限をふくむ新たな労働時間短縮の法制が、あらためて求められる。過労死・過労自殺で労災認定された人の六割以上が労働時間を「自己管理する」労働者であったという東京都の労基署〇五年の調査結果を思い起こしたい。労働時間の規制なくしては、あらゆるワーク・ライフ・バランスの施策はひっきょう画餅《がべい》に帰すのである。

＊以上、『妻の記録』所収の経過年表、前掲ヒアリング、「癒着」については『朝日新聞』二〇〇八年四月一二日付を参照。近年の労働行政におけるいくらか望ましい方向への変化の兆しについては、五十嵐仁『労働政策』（日本経済評論社、二〇〇八年）参照

内野夫妻とトヨタ自動車労組

さて、死にいたるまでの働きすぎをおそらく行政以上に具体的に規制できる潜在的な可能性をもつ主体は、労働現場にある労働組合である。現代日本におけるその状況について、ここでも内野事件を手がかりにいくらかの批判的な考察を試みよう。

内野健一はトヨタ労組の（RL813組）職場委員であって、主として昼休みに行われる職場会議を主宰して組合の決定を組合員に伝達する任務、福利厚生の利用を斡旋《あっせん》する任務などにあたっていた。トヨタでは組合員五〇人以上の推薦がなければ、つまり、よくいえば職場

での信頼がなければ、辛辣にいえば会社の施策に批判的でない人物でなければ、職場委員にも立候補できない。たいていは下級職制がその任につく。内野もそれゆえ、推薦されてほぼ自動的に選ばれる職場委員のポスト就任を拒むことは、「出世に響く」と考えていたという。親子三代トヨタマンの彼にとって、組合の業務はまったく「会社の業務」と変わりはなかった。八八年の久保田敦(八章参照)と同じく、職場委員として、彼自身と組メンバーの過重業務やサービス残業に抗議し、その是正の方向で発言することなど思いもよらなかったのである。

内野博子は、労災申請直後の〇二年三月一五日、たまたま建物が目にとまった地域の連合愛知に相談に訪れている。もちろん支援の感触は得られなかったが、「組合に相談に行った」という噂を聞きつけた会社は、おそらく会社に批判的な労働団体へ赴いたのではないかと心配して(父親でさえ「アカに相談に行ったのか」と詰問したという)、人事を通じ「会社にも組合がありますよ」と紹介したようである。そこで博子はトヨタ労組の担当者と面談し、健一の死にかかわる過重負担のいくつかについて具体的に訴えている。

労組は「調査」を約束した。そこで五月一五日、博子はふたたび労組支部を訪れたが、そこでは「本来は反対の立場の二人が話しているのも変ですよね」などと言いながら、人事担当者が労組役員と談笑していた。とはいえ、「無知で労働組合がなんなのかわかっていなかった」博子には、その光景に「別に違和感はなかった」。率直な述懐というべきであろう。だが、伝えられた組合の独自「調査」の結果は博子を打ちのめす。組合は健一の折々の仕事の(博子の主張するような)過重性を否定し、いくつかの「自主的な」周辺作業は「会社でやるように」といわれていたにもかかわらず健一があえて自宅で行った……などと報告した。それは後に博子が折衝した人事担当者Sよりもはるかに会社よりの立場であった。労災認定への組合の支援は絶望的だった。それ以降、博子は組合を頼りにせず、提訴時に、組合の支援はむつかしいとしても、せめて原告側で証言しようとする人への不利益処分がないよう守ってほしいと要望しただけだった。この要望に答えはなかったという。

勝訴後の二〇〇八年二月六日、博子と原告代理人は、組合(委員長・鶴岡光行)に六項目の要請書を提出する。過労死を防ぐような職場環境の是正、二直の時間短縮、育児期には一直勤務の選択優先権、QC活動などの労働時間認定、すべての在社時間への残業代の支払い、救急体制(とくに二直時)の強化などを会社に要求してほしい、組合は長時間残業・サービス残業の相談窓口を設置し、家族が匿名で労基署に訴えるときこれに同行するようにしてほしい——などがそこにふくまれていた。要望事項のうち、組合独自でできることについてだけでも歩みがはじめられるなら、それは過労死問題解決への組合の大きな貢献になることだろう。だが、これに対する組合の二月二一日「口頭回答」は、「これまでにも」組合は労働強化や長時間労働の是正、計画年休獲得、安全衛生の確保につとめてきたものであり、「これからも」引き続き努力すると一般的に述べるのみであって、具体的にはなにも行動の着手を約束しなかった。判示された内野の過労死そのものについても一切の言及を避けた。判決も読んでいなかったという。すなわち、個人の受難は組合の「業務外」であって、個人の受難に露呈される「これまでの」施策の不十分さや限界は、およそ顧みられなかったのだ。民事訴訟で敗訴した企業がしばしば述べるところと、それは寸分違わなかったのである。

＊以上については、ここでも『妻の記録』所収の経過年表、前掲ヒアリング、トヨタ労組堤支部「内野さん、組合への質問に対する調査結果」(二〇〇二年五月一五日)など参照

企業別労働組合の性格

この著書全体の事例紹介において、私はわかる限り当該企業の労働組合のビヘイビアにふれてきたが、圧倒的な印象は、被災者がたとえ組織労働者であっても、日本運送の亀山豊、淡路交通の織田清志、茨城新聞出版センターの村上晃、下田市の河本繁雄、それに何人かの公立学校教師たちの例をのぞけば、過労死・過労自殺事件に当該企業の労働組合はまったく姿を現さないことであった。とくに九〇年代に入ってからはその傾向が著しい。労災認定や裁判闘争を支援する労働者は、職場の同僚とはいえない個人ベースの「地域の労働者」、あるいは退職者だけだった。それはなぜかに答えるには、本当は八〇年代以降の日本の労使関係の動向全体にふれる必要がある。けれどもここでは、日本の企業別組合がこのようにも過労死・過労自殺問題を傍観する背景について、主として自動車工業に関する近年の詳細な調査研究と、その解読に学びながら、かんたんな考察を試みてみよう。しかし、いくらか回り道をしたい。

日本の労働組合の大きな問題点の一つに、組合の視野から下請け企業の労働者や親企業職

場の非正規労働者の劣悪な労働条件への関心がほとんど欠落しているということがあげられる。紹介した事例についても、もしトラック運転手の市川守、包装工の中居和好、ニコンへの派遣労働者の上段勇士、九州テンのSE伊達良樹、東陶情報システムの釘宮恵路など、広義の下請け労働者の労働実態に業務を発注する親企業の労働組合がいくらかでも関心を寄せていたならば、あれほどの過酷な働かせかたはいくぶん是正されていたかもしれない。名うての大企業別組合は、下請け企業や派遣会社がそこでの労働者の働きすぎと低賃金を頼りになんとか自社(親企業)の発注をこなすシステムを容認してきたのだ。大会社の関連企業従業員や非正規労働者の過労死・過労自殺の背景には、たいていこうした親企業の要請があるにもかかわらずである。

けれども、日本労働組合運動のこの性格――労働条件の標準化に関する著しい視野狭窄、組合規制における規範思想の欠如――については今はしばらく措く。ここでは、ふつうあまりふれられないもうひとつの問題点に立ち入ってみよう。それは、労働組合が今では組合員である正社員についても、一人ひとりのノルマ、残業、サービス残業などにはほとんどタッチしなくなっているということがそれである。過労死・過労自殺への組合の無策には、この傾向を帯びた性格の形成がより直接的にかかわっている。

石田光男を中心とする自動車会社についての共同研究、『日本のリーン生産方式――自動車企業の事例』(中央経済社、一九九七年)のなかで、久本憲夫は「日本の労使関係を検討する場合……企業経営に対抗することが労働組合の役割であるという暗黙の前提が疑われねばならない」、そのうえで「生産性向上をとおして企業の成長・発展を図り、それによって労働者の生活安定・向上を図るという(労使)共通の利害を前提としながら、企業経営としてのトップダウン的意思決定と一般労働者からの公平感・安心感のボトムアップ的要求との妥協・すりあわせこそが、企業内労使関係の内実をなしている」と述べている。ほぼ正確な現状認識というほかはない。私見をもっていくらか敷衍すれば、会社は生産量、要員、賃金予算などの決定を一方的に行うのではなく、それら提案の設計・計画の段階において組合役員や職制を兼任する職場委員から、その実施の可能性をめぐって意見を聴取し調整を施している。この精緻な共同研究の別の箇所から学べば、そこではたとえば、「計画されているタクト(ラインスピード)では、応援者が近くいなくなるのでもう少し要員がいる」とか、「ゼロ・コンマいくつかの改善しか進んでいないのに一人工《にんく》減らす」のは「無理な改善」であるとかの発言が「組合側」から寄せられる。だからたしかに「労働組合が工数削減にまったく発言していないという理解は正しくないだろう」。

問題はその先にある。組合役員や職制兼任の職場委員の発言は、経営が「無理」をすればかえって効率や生産量に支障を来すという理由にもとづいて、つまり経営側の論理にとって内在的なかたちで、すなわち経営側と共通のスタンスに立って行われるのであり、その発言が容れられるのも、そうした「支障」に経営が気づかなかったと認識する場合に限られよう。この文献に対する野原光のすぐれた解読によれば、「ここにあるのは、本質的には、経営に対する組合の補完機能であって、チェック機能ではない」。野原はこのこと自体を批判しているわけではないが、それは、残業削減、労働密度軽減、労働内容改善、職場の人権尊重など、組合に固有の立場から要求を突きつける発言ではないとみなしている。それゆえ、たとえば要員削減が「多少の」労働強化は招いても生産に支障を来すほどではない、つまり経営にとっては決して「無理な改善」と感じられないときには、組合は「意見を聴かれた」(組合は介入した！)けれども、「意見は聴きおかれた」にとどまるのである。省人化のためにはまず「人を抜け」、そうすれば現場は過大な負担を避けようとして必死で「改善」せざるをえない、そうすれば人は減る——という、海外では組合の抵抗があって不可能な、したがって海外の管理監督者がそれができる日本企業を羨むようなタカ派合理化の断行もしばしばある。「こういうばあいに、日本でも組合がチェックをかけるという事例を我々は聞いていない」と野原は述べる。久本の言う「妥協・すりあわせ」は、少なくとも仕事そのもののありかたに関しては、組合の発言力の過大評価であろう。実態は「ボトム」(?)のニーズが計画にいくらか混ぜられるという程度なのである。

＊以上、石田光男／藤村博之／久本憲夫／松村文人『日本のリーン生産方式——自動車企業の事例』(中央経済社、一九九七年)、野原光「多様な諸研究の対話の成立を目指して——自動車産業労働実態調査研究再検討の序章」(『日本労働社会学会年報』一八号、二〇〇八年)を参照

「個人処遇」規制からの撤退

経営の論理とは異なる組合の論理をもたず、あまりにも経営管理に内在的な組合機能が、

たとえばリーン生産の要求する個別職場のきびしい業務量と要員の設定をほぼそのまま承認するにいたるのは当然であろう。それに、トヨタなど日本の大企業の「組合側」発言者が一般労働者を代表しているか否かも、それ自体ひとつの問題である。彼らは総じて、経営の目標をすでにある程度は内面化した「精鋭」従業員または下級職制だからだ。しかし、今はその点もさて措くとすれば、いちおう「組合側」の意見を聴取した後の生産や人員の計画は、厳密なコスト計算に裏打ちされた企業施策であり、稼働しはじめてからは、まず下部労働者の日々のニーズとの「妥協・すりあわせ」なく、ほとんど修正不可能な自動マシーンのように自己を貫徹する。そこではなんらかの不可避的なトラブルの克服、そのトラブルからくる計画進行の遅れを取り戻す作業もふくめて、このシステムのスムーズな稼働を保証することが労働者に課せられた広義のノルマとなる。

もっとも、すでに述べたように、ノルマの形態やそのインパクトの直接性の程度は、過労死・過労自殺の類型でもある職種の類型によってさまざまであろう。リーン生産やＪＩＴ方式をとる大企業内部では、現場リーダー型、技術者型、そしていくつかの連続・反復作業型のノルマは、この自動マシーンの稼働そのものへの奉仕のかたちをとる。しかし、現代の産業社会では、大企業の内なる自動マシーンは、一方ではそれが生み出す製品の販売・サービス部門の「分社」的展開、他方ではピラミッド構造をなす下請け・関連企業の組織的利用を通じて、自動マシーンの稼働する大企業にかかわる中小企業の職場のありようをつよく牽引してやまない。市川守の例でみたように、自動車工業のＪＩＴシステムは、運輸会社下請け企業のトラック労働者の疾走をも規定しているのだ。もちろん、こうした職場はたいてい未組織でもあって、労働者が仕事のありかたに発言できる機構そのものを欠いている。それゆえ、社長の命令や懇願という粗放なかたちで課せられる、こうした周辺企業の管理者、現場リーダー、連続・反復作業者のノルマは、大企業でのそれよりも、量的にはより重いかにみえる。

ともあれ、日本の労働組合はこうして今、組織労働者についても、一人ひとりの労働者の担う仕事のありかた、すなわち仕事量(ノルマ)・要員・残業などに関する「個人処遇」には基本的にタッチしなくなった。その点では、まさに個人処遇に直接的にかかわる人事査定をはじめて本格的な分析対象とした遠藤公嗣による研究史レビューの視点が正鵠《せいこく》を得ている。日本の民間企業の組合は、従業員全体の賃金水準と身分保障についてはともかく、査定制度とともに「従業員個々の個別処遇とか従業員間の処遇格差」を規制対象から外してきた——遠藤はそう述べて、集団的労使関係のありようのみに視野を限ってきた従来の労働研究が、それゆえ同時に、この規制されざる領域の問題の枢要性を見逃してきたと批判している。共感を禁じえない。私なりの推論に戻れば、生産・業務量や人員配置の計画について、包括的なかたちで「すでに意見を聴かれている」労働組合は、計画の実行段階で特定の個人と上司——くりかえすけれども、組合を代表して意見を聴かれるのはしばしばこの上司である——の間に生じうる、個人ノルマ、残業量、残業計算などをめぐるトラブルや苦情に介入する立場にはないというわけだ。「特定の個人」の過労死・過労自殺の場に労働組合が登場しないのは結局そのためである。組合は総じて個人の受難に寄り添うことをやめているということもできる。

労働組合が責任を負う三六協定にしても、残業のマキシマムはたいていの企業で原則的には月四五時間・年三六〇時間ながら、少なからぬ有力企業がしばしば公表されない付帯的な特別協定によって、業務上の必要があるときは、労災認定基準を超える水準、日に一一～一五時間、月に九〇～一二〇時間という時間延長を承認してもいる(表 終-3)。それにあまりにも多くの実態を見たように、管理監督者でもないのに、実態としての残業が上司の手で三六協定以内の水準に「調整」される現実に、組合のチェックが働いているということもできない。しかし、過労死する人の日に一二時間、月に一〇〇時間といった長時間労働も、三六協定の例外条項の適用であれ、上司の「調整」によるサービス残業であれ、それは労組が規制を控える「個人処遇」の産物なのである。

労使関係の現代史という文脈からいえば、個人の仕事の態様についての組合の沈黙は、高度経済成長期、低成長期、バブル期を通じて正社員の雇用と昇給がまずは保障されてきたことに組合が支払ってきた代価ということもできよう。その間、企業はほとんど規制を受けずに能力・成果主義的な選別を行使することによって、配置と異動、仕事量・ノルマ、残業指示などのフリーハンドを享受できるようになった。能力・成果主義の最後の言葉は広義の労働条件の「個人処遇」である。この「個人処遇」がふかく浸透した後ではそして、選別に耐えようとする労働者の競争意識が以前よりも連帯の気風を風化させている。その必然の成り

表 終-3　三六協定付属特別協定による最大残業時間

企業名	協定成立日	延長することができる最大時間				過半数代表者
		1日(時間:分)	1カ月(時間)	3カ月(時間)	1年(時間)	
キヤノン	08. 8. 29	15	90	−	1080	労働組合
トヨタ自動車	08. 8. 24	8	80	−	720	労働組合
新日本製鐵	08. 3. 6	8	100	−	700	労働組合
新日本石油	08. 3. 31	−	100	−	480	労働組合
三菱商事	08. 3. 26	5	43	−	360	労働組合
パナソニック	08. 3. 31	13:45	100	−	841	労働組合
第一生命	08. 3. 26	−	45	−	360	判読不能
三井物産	08. 3. 26	12:45	120	−	920	労働組合
東レ	08. 9. 29	−	160	−	1600	労働組合
みずほ FG	08. 8. 31	11	90	−	900	従業員代表
日立製作所	08. 3. 26	13	−	400	960	労働組合
三菱重工業	08. 3. 31	13:30	−	240	720	労働組合
野村 H	08. 3. 21	8	104	−	360	従業員代表
全日本空輸	08. 3. 31	7	30	−	320	労働組合
三井不動産	08. 3. 31	4:30	90	−	360	労働組合
東京電力	08. 9. 26	12:10	100	−	390	労働組合

資料：株主オンブズマンによる情報公開請求により所轄労働局から公開された36協定(株主オンブズマンの日本経団連への要望，2009年3月)
注1：同一企業でも事業や業務の種類が異なる場合は，それぞれの延長時間の長いほうを示した
注2：一般協定における延長時間より長い特別延長時間が明らかにされている場合は後者を示した
注3：第一生命の2007年3月28日の協定の特別延長時間は月120時間，年600時間であった

行きとして、労働組合は平成不況期にいたって、それまで高い「代価」を支払って得たはずの雇用確保と順調な昇給という約束が裏切られたときでさえ、労組に対してより親和的な政権を待望することのほかにはもうなにも抵抗することができないことに突然気づかされている……。

さしあたり主流派の労働組合運動に必要なことは、企業に求められる能力と成果の内容と水準へのノンエリート的規制、人事考課による労働条件格差の限定をふくむ「個人処遇」のチェック、労働者が自分に割り当てられた労働にまつわる苦しみをいつでも訴えることのできる組合運営の慣行構築であろう。これらが着手されない間は、日本の労働者は、【自動マシーンを支障なく稼働させる能力・成果主義的な個人選別の企業労務─労働のありかたという領域からの労働組合主義の撤退─サバイバルを願う労働者の必死の競争的適応】という、三位一体の相互補強関係のなかに閉じ込められ続ける。過労死・過労自殺は、こうして閉じ込められた労働者のがんばりの臨界に必然的に生まれた事象にほかならない。

＊以上、遠藤公嗣『日本の人事査定』(ミネルヴァ書房、一九九九年)、熊沢九七年、熊沢〇七年など参照

4節　過労死・過労自殺の労働者像

日本の労働者の主体性

二〇〇七年一月、人材派遣会社社長の奥谷禮子は、『週刊東洋経済』(二〇〇七年一月一三日号)のインタビューのなかで、ホワイトカラー・エグゼンプションを支持する文脈でこう語っている。「だいたい経営者は、過労死するまで働けなんて言いませんからね。過労死も含めて、これは自己管理だと私は思います。……祝日もいっさいなくすべきです。二四時間三六五日を自主的に判断して、まとめて働いたらまとめて休むというように、個別に決めていく社会に変わっていくべきだ。同様に労働基準監督署も不要です……」。私のすべての事例紹介が示すように、労働者が労働時間について「自主的に判断」できる余地はほんとうに狭い。過労死・過労自殺を「自己責任」とする言説は少なくないけれど、わけてもこの「財界マドンナ」の発言は、労働の日常的な現実に対するあまりの無知とそこからくる酷薄さにおいて、嗤うべきものながら記憶されるに値しよう。

しかしながら、過労死・過労自殺をひとえに自己責任とする言説を嗤うことは、働きすぎに斃れた人びとのビヘイビアにはいささかの選択も主体性もなかったという認識に直結するわけではない。企業の要請する過重労働が責任感のつよい働き手を死に追い込む。どのケースについてもそのことに企業労務は最大の責任をまぬかれない。とはいえ、現代の労働が言葉の厳密な意味において奴隷労働でない限り、過労死であれ過労自殺であれ、それらは働きすぎを要請する企業の論理に対する、労働者のいくばくかは自発的な対応の結果として現れるのだ。過労死・過労自殺は総じて、この「階級なき」日本の労働者になじみの「強制された自発性」から生まれる悲劇の極北なのである。

この「自発性」の内容は、本章2節で述べた労働者の類型によって異なるだろう。さまざまの亜種をもつ「〈やりがい〉の搾取」という関係もたしかに認められる。たとえば、教師や医療関係者など類型Ⅳ・専門職型の人びとは、専門能力の発揮がそのサービスの対象者にたしかに受けとめられるよろこびに駆動されていたかもしれない。良心的で責任感のつよい労働者ほど、「手を抜く」ことができず、ときに管理者の要請に「過剰反応」してしまう傾きもあっただろう。仕事そのもののやりがいが過重労働にのめり込ませる関係は技術者の場合にも認められる。みずからの誇りをかけたみごとな設計図をつくろうとする設計者の、ソフトウェアのトラブルなき稼働をめざすSEの、時間の経過をほとんど意識しない作業は、上司に命じられたからだけではないはずである。また、過労死・過労自殺の大グループ、現場リーダーたちの場合は、立場上、おそらくもっとも企業の要請を内面化していたけれども、そこでも部下を統括しながらトラブルを解決し、自動マシーンを順調に稼働させる責任を果たすことに、会社での良好な評価や「出世」の期待ではつくせない主体的な意欲を燃やしたはずである。あえていえば、このような諸類型では、「要領よく」ふるまえばあるいは働きすぎの自発的な抑制が一定程度可能だったかもしれない。しかしその点では、多くの営業職型、ひとり作業型、そしてほとんどの連続・反復作業型では、働きすぎはなによりも働かせすぎであった。ここでは「強制された自発性」という表現が不適当に思われるまでに、働きかたにおける主体性や自発性は逼塞させられているかにみえる。

とはいえ、働きすぎにおける「自発性」の労働のタイプによる差よりも大切な問題領域としてここにあらためてふりかえられるべきは、諸タイプを超えて認められる、日本の労働者のこれまでのあゆみのうちに刻印された特徴的なありようである。

＊「〈やりがい〉の搾取」という把握については、本田由紀『軋む社会――教育・仕事・若者の現在』(双風社、二〇〇八年)参照

「唯一の生活安定手段」としての「会社人間」化

日本の労働者はこれまでのところ、「会社の仕事のため」ということと「自分の生活のため」ということとをひっきょう峻別できない人びとであった。私は拙著『日本の労働者像』において、この峻別ができるような組織労働者像に労働者が「離陸」できなかったことの失敗の由来を、日本の近代および戦後の労働史の検討を通じてそれなりに探っており、いまその詳細をくりかえすことは控えたい。とりあえず言えることは、私たちの国では、特定企業の従業員としての成功、雇用保障や順調な昇給、その保証となる自分の働きぶりへの会社の高い評価がなければふつうの生活はむつかしいという労働者の確信が、高度経済成長の爛《らん》熟《じゅく》期、およそ六〇年代後半から七〇年代にはいくぶん動揺をみたとはいえ、基本的に揺ら

ぎはしなかったことだ。その確信はそして、バブル期以来の格差拡大と、平成不況以来の「成功」者の比率低下のなかでむしろつよまり、「猛烈社員」が文化的な言説のなかで揶揄《やゆ》されるようになってからも、ふつうの労働者の多数を無理な働きすぎに追いやり続けたのである。

この「確信」は、みずからと家族の生活のため、労働者を不遇の職場でも文字どおり最後まで刻苦勉励させる動因であった。とくにその子どもが成長期・学齢期にあり、家庭が資産形成期にある三〇代、四〇代、五〇代のサラリーマンには、家庭責任というものの強烈な自覚が支配的であったように思われる。七章2節でも述べたことだが、そのプロセスがそのためにこそ働いている家族からの一時的な——と夫や父親は思いたかったことだろう——疎隔さえ生み出しても、平均的な家財、よりましな住宅、望ましい子弟の教育のため、この会社でがんばらねばならないと彼らは思い定めていた。妻たちもアンビヴァレントな状況におかれていた。彼女らの多くは、一方では夫や父親の体調不良が限界に近づいていたことをおそらく察知しており、休養、いや退職さえ勧めてやまなかったが、他方では、最後近くまで、精鋭社員として期待されている夫や父親がばりばり働いて家族にふつうの生活のできる稼ぎをもたらしてくれることに、感謝と誇りを感じてもいたのである。

この点では、夫にも妻にも、性別役割分業を肯定するジェンダー規範がなお規定的であったということもできる。とくに八〇年代の男たちの過労死についてはそうだ。しかし今、観念としても生活実態としても、ジェンダー規範はようやく後退しつつある。有配偶女性にも独身の女性にも、生活費補助のためというよりは家計支持のため雇用労働に携わる人が増えている。女性の職場進出が今こそ従来の働かせかたの変革をもたらすことがなければならない。そうでなければ今後は、過労死・過労自殺が男性のみに特徴的な現象ではなくなるだろう。すでにその兆しは専門職や営業職の若い女性の過労自殺の事例にみられる。すでに述べたようにこれまで働き手の妻たちは、その夫や父親よりも会社の要請を相対化することができ、それゆえにこそかけがえのない人を喪った後は、労災申請や裁判闘争を通じて、企業社会のもっとも具体的な告発者に転生することができた。けれども、さしあたり現時点は、その女性たち自身が過労死・過労自殺の当事者に加わる時代の門口《かどぐち》にあるようにも思われる。

本論に戻る。企業内の成功者にならなければ肩身の狭い生活しかできないという「確信」は、より直接的には、労働力需給の局面や技能の社会的通用性の有無によって程度はさまざまであれ、総じて有利な転職・別会社への不利益のない中途入社がなかなか困難な労働市場の構造に規定されている。さらに敷衍すれば、日本の社会保障などセーフティネット全体は、特定企業の正社員身分とそこでの雇用期間や勤続年数によって給付が大きく異なるという性格を帯びている。要するに「弱音を吐かず」就職した企業でがんばりぬくことが、すべての生活安定にとって不可欠の、少なくとも決定的に大切な前提であった。

過労死・過労自殺した人びとの多くは、晩年には心のなかでは退職を希望していた。エージーフーズの店長寺西彰などはタクシー会社の内定をとっている。多くの妻たちも「こんな会社、今すぐやめなんたい」ときっぱりと迫るほどでなくとも、「私も働くから」と退職を勧めている。だが、斃れた人びとは、そうした妻の慫慂《しょうよう》には不機嫌に対応して辞めず、あるいは辞め遅れた。その対応には、ケースによっては会社の要請に対する心からの納得、仕事や職場への責任感、ジェンダー的な男性規範、スポーツマン的「根性」、意地やつよがりなどさまざまの心情が混じっていたことだろう。そのことをめぐって遺された妻が「(あなたが)死ぬほど大切にしたかったのは、なんだったのですか」と恨みの声を洩らす場合もあった(七章2節参照)。そして私には、彼らの死の背景にあるどうしようもない事情をいかに綴ってもなお、こうした妻たちの問いかけに共感するところがある。過労自殺の事例では、たとえば中部電力の関川洋一はなぜ、眠るときいつも「手を握ってほしい」と求めていた美緒にさえなにも言葉を遺さずに死んだのか。遺された美緒のすさまじい喪失感を思いやることはなかったのだろうか。それらの判断ができなくなるのが鬱病というものと教えられても、私はどうしてもある割り切れなさを払拭《ふっしょく》できないのである。しかし今、こうした疑問はあえて封じ込めよう。少なくともこうは言える──働きすぎに斃れた人びとは、「会社のため」「仕事のため」「自分のため」「家族のため」というくつもの思いを分かつことができずに抱え込む、日本の労働者の共有するしがらみに閉じ込められて生き、その無理を背負って死んだのである。

＊日本の労働者像の歴史的解明については、熊沢九三年a、また女性労働の今日と明日の姿については、同『女性労働と企業社会』(岩波新書、二〇〇〇年)の参照を乞う

「囚われびと」としての労働者

「しがらみ」というタームは軽きにすぎるけれども、過労死・過労自殺の人びとは、こうした「しがらみ」への「囚われびと」であった。人一倍真面目で、責任感がつよく、厄介事を「要領よく」やりすごせない人間像であっただけに、彼らはあるいは企業の要請や上司の期待に、あるいは顧客の満足する品質や納期の達成に、あるいはすぐれた効率性を発揮する自動マシーンのもつ魔力に、そしてなによりも従業員生活の成功なくしては生活の安定はないという確信に囚われた人びとであった。

辞めなくてもいい、職場の状況を変えればいい。その議論は、依然として唱え続けられるべき正論でありうる。だが、それができるためには、少なくとも同じ職場で働くなかまの助け合いと連帯行動の気風が不可欠であろう。八〇年代以降、この気風がいかに衰退し、労働者が一人ひとりで会社や上司の、ときには明瞭なハラスメントをふくむ要請に孤立のまま対処しなければならなかったかは、事例紹介そのものと、企業労務と労働組合運動の状況に関する先の考察があらかた明らかにしているように思う。それだけに、次のエピソードが私の心を打つ。一〇章に紹介したように、二〇〇三年三月、MRの堀川恒雄は過労とハラスメントの末に自殺を遂げた。その直後、会社の同僚四人が堀川智子宅を訪れ、従業員二六名の連名による見舞金二五万三〇〇〇円と、「同じ名古屋支店に所属しながら、こういう結果を迎えてしまい、なんともお詫びのしようがございません」と書かれた文書を手渡している。訪問者は最期の日々に堀川が遭遇したトラブルのことにふれ、「そのときにもう少し話を聞いていればよかった」、F係長が赴任したとき「何かをしでかすだろうと思っていた」、私たちは「会社の体質を改善したい、このままだとまた堀川のような犠牲者が出る……」と語ったという。暗鬱なストーリーのなか、そこだけには淡い光がさしているように感じられ忘れられない。とはいえ、この堀川の同僚のようななかまの存在を確信できる労働者は、今どれほどわずかなことだろう。働きすぎの臨界に近づく人びとは、多くの場合、たとえ大企業であっても、もっぱらタカ派の上司との関係だけが日夜気になるような職場という小宇宙に、ここでも閉じ込められていたのである。

なお頻発する過労死・過労自殺の克服には、ワーク・ライフ・バランスの方向への企業労務の転換、労災認定基準のいっそうの緩和や不況期の「緊急避難」にとどまらない構造的な労働時間短縮をふくむ労働行政の充実、「個人処遇」を規制する方向への労働組合機能の展開、すでに個人の受難に寄り添う努力を続けている新しい「ユニオン」の強化、そして雇用形態に大きく左右されない社会保障の給付システムなど、すべてが一定有効であることはいうまでもない。けれども、過労死・過労自殺という悲劇に日本の労働者の主体的なありかたもまた無関係でないとするならば、以上の具体的・実務的ないくつかの改善とともに、私たちはついには、「自分と家族の生活のため」と「会社の仕事のため」とを峻別できる労働者像はいかに形成可能かと問うことを求められよう。

いま私には、周到な発想をもってこの問いに対する十分の回答を用意する余力はない。しかし、旧著での表現を借りてさしあたり一歩だけ具体化するならば、形成されるべき労働者像はおそらく、価値意識としては、自分にとってかけがえのないなにかに執着する「個人主義」を護持しながら、生活を守る方途としては、競争のなかの個人的成功よりは社会保障の充実や労働運動の強化を重視する「集団主義」による――そうした生きざまの人間像であろう。この意味での「価値意識」と「生活を守る方途」との間に生じうる一定の矛盾を背負うような関係に生きる、この人間像の形成プロセスは長く曲がりくねった道程である。けれども、八〇年代以降の新自由主義がなお勢力を保ち、働きかたの「個人尊重」論がもつ惰力としての受難の「自己責任」論によって、目前の働きすぎとワーキングプアの併存すら一定不可避なこととみなされもする現時点では、あえてこのように変革の方向を展望するほかないように思われる。

＊堀川の同僚の行動は前掲の日研化学事件についての東京地裁判決を、労働者像の展望については熊沢誠『日本的経営の明暗』(ちくま学芸文庫、一九九八年)を参照

むすびにかえて――「市民」と「労働者」

バーバラ・エーレンライクは、現代アメリカの貧困層の実態に迫るすぐれたルポの末尾に、みずからは貧苦に耐えて低価格の製品やサービスを提供するワーキングプアを「匿名のドナー」とよび、「今では私たち自身が、ほかの人の低賃金労働に「依存している」ことを、恥じる心を持つべきなのだ」と記している。

このような考察は、日本のワーキングプアについてはもとより、働きすぎの労働者につい

てもあてはまるのではないだろうか。過労死・過労自殺の軌跡を執拗に綴った今、私はそう感じる。「消費の時代」とよばれた八〇年代以降、私たち市民は、クルマをはじめとするすばらしい品質の製品を、それらの早々のヴァージョンアップを、魔法のような働きをするソフトウェアを、リーズナブルな価格の多様なレストランメニューを、レジャーを楽しむさまざまの催しを、懇切な教育や医療を、便利このうえない宅配便などの運送を、九〇年代後半からは下落しさえした相対的低価格で、そしてなによりもスピーディに贈られてきた。「豊かな日本」を実感させるそれらの享受は、しかし、今さらいうまでもなく、労働現場におけるる労働者のすさまじい労働に、ときにみずからの命さえ犠牲にするまでに心身を消耗させる労働現場に支えられていたのだ。日本というすぐれた産業社会を象徴する営みというべき「プロジェクトX」は、その裏面に死の臨界に接近した、あるいはそこにふみこんだ多くの匿名のホワイトカラー、ブルーカラーの顕彰されなかった苦闘をひそめている。そして、過重労働を直接的に指示する企業は、その指示の正当性を価格、品質、納期に対する「顧客の要望」に求めてもきたのである。

多くの場合、「市民」とは「顧客」「消費者」を意味している。日本の体制批判派はしばしば「市民」を財界や官界の対抗的存在と位置づけるけれども、その「市民主義」が「匿名のドナー」の存在を発想に組み込むことは、新聞の社会欄や生活欄、テレビのドキュメンタリーなどが例外的に労働問題の深刻さを社会問題・政治問題として一時的に浮上させるときをのぞけばほとんどない。市民が、たとえば工業製品や交通機関、教育や医療、公共サービスなどのありかたを批判することはよくある。企業や官庁に対して一介の市民は力の弱い存在であり、大組織の提供する製品・サービスへの苦情を申し立てること自体は今日、民主主義の不可欠な要素である。とはいえ、「市民」は、ときにあまりにも無理な苦情を申し立てる消費者、あまりにも居丈高な顧客となる。モンスターペアレントやモンスターペイシェントの身勝手、一般公務員の待遇引き下げをやみくもに要求する公務員バッシング、「組合が労働者を甘やかしている」といった根拠のない発言などは、その代表例にほかならない。

製品やサービスの供給者へのしかるべき批判は、同時に、その供給を労働現場で支える労働者の状況への洞察を求められるのだ。その洞察なくしては、市民は客観的には、労働者の働きすぎや低賃金への無意識の支持者に堕するともいえよう。職場の「しがらみ」に囚われ死にいたるまで真摯に働いた労働者はまた、職場の労働の現実というものに総じて無関心な市民・顧客・消費者のとめどない要望にも囚われていたと理解することができる。

労働現場への洞察の欠如がもつ決定的な問題点は、現代日本の産業社会では、市民＝消費者のほとんどもまた、みずからの職業の場ではなんらかの「しがらみ」に囚われた働きすぎの人びとにほかならないことの忘却であろう。たとえば、「民営化の優等生」、宅配便の価格とスピードを歓迎する市民は、それを支えているのは過労に耐えて昼夜を分かたず疾走するトラック労働者なのだとふと気づくことはないだろうか。その気づきは、自分の、そして家族の労働の日々も、あるいはどこかで「トラック野郎」と同じかもしれないという地点にまでいたらないだろうか。私の重ねてきた五〇件以上に及ぶ過労死・過労自殺の報告は、こうした気づきへの促しを究極の目的としている。

死にいたるまで働いた人びとは、消費社会の市民に対して一貫して寡黙だった。だが、ほんとうは彼らも、自分がどのように働き、働かされ、どのように死んだのかを伝える「手紙」を送りたかったことだろう。本書はその「手紙」にかわることはできない。けれども、もしその幻の「手紙」が届き、消費者である市民たちが自分自身の働きすぎの日々を顧みて、特別に不運なケースのようにみえた彼らの過労死・過労自殺も、あれは私の体験だったのだ、私の身の内に起こったかもしれないことだったのだと気づくとき、働きすぎの果てにきたなんびとの死も記憶されるべき日本の労働者の悼みとなるだろう。そのとき過労死・過労自殺の問題ははじめてふつうの労働者たちによって共有される。そしてこのように問題が共有されるとき、それは多くの労働者をなお働きすぎの臨界近くまで追い込む現代日本の職場のありようを明日は大きく変えようとする、現役の労働者たちがさしあたり気力を喪っているかにみえる営みが契機を見出すときである。過労死・過労自殺した無念の人びとへの市民の鎮魂は、そうした心の道行きのうちにしかないように思われる。

＊以上、バーバラ・エーレンライク『ニッケル・アンド・ダイムド――アメリカ下流社会の現実』(曽田和子訳、東洋経済新報社、二〇〇六年)、また、日本での産業民主主義の希薄さという文脈から市民と労働者の関係を考察する熊沢〇七年を参照

参考文献

▼新聞報道、週刊誌、無署名のIN情報は省略／場合により書名のサブタイトルは省略

安部誠「店長だって労働者だ！——マクドナルド店長による残業代未払い裁判」(『職場の人権』四三号、二〇〇六年)
池田直樹「カルビー製菓要田事件」IN情報
岩城穣「平岡過労死裁判の完全勝利和解について」IN情報
岩城穣、西晃「平岡過労死事件——勝利和解への軌跡」IN情報
五十嵐仁『労働政策』日本経済評論社、二〇〇八年
石田光男、藤村博之、久本憲夫、松村文人『日本のリーン生産方式——自動車企業の事例』中央経済社、一九九七年
内野さんの労災認定を支援する会(冊子)『夫のがんばりを認めて!!——トヨタに立ち向かった妻の記録』二〇〇八年
内野博子、櫻井善行「トヨタ自動車の工場で——ひとつの過労死と労災認定判決の語るもの」(『職場の人権』五四号、二〇〇八年)
バーバラ・エーレンライク『ニッケル・アンド・ダイムド』曽田和子訳、東洋経済新報社、二〇〇六年
遠藤公嗣『日本の人事査定』ミネルヴァ書房、一九九九年
大野正和『まなざしに管理される職場』青弓社、二〇〇五年

同　「過労自殺の労働者像――オタフクソース事件について」(『職場の人権』三〇号、二〇〇四年)
小倉一哉『エンドレス・ワーカーズ――働きすぎ日本人の実像』日本経済新聞出版社、二〇〇七年
過労死110番全国ネット事務局(冊子)『過労死110番　一〇年の歩み』一九九七年
過労死110番全国ネット事務局／過労死弁護団全国連絡会議事務局(冊子)『過労死110番　二〇年のあゆみ』二〇〇八年
過労死弁護団全国連絡会議『過労自殺の原因分析――精神科医南雲与志郎鑑定意見書集』二〇〇六年(各ケースについての担当弁護士、清水善朗、池上忍、佐々木良博、水野幹男(二件)の「解説」も所収)
河上亮一『学校崩壊』草思社、一九九九年
川人博『過労死と企業の責任』労働旬報社、一九九〇年
同　『過労自殺』岩波新書、一九九八年
同　『過労自殺と企業の責任』旬報社、二〇〇六年
同　「『過労死一一〇番』活動の経過と課題」(日本労働弁護団『日本労働弁護団の五〇年　第一巻』二〇〇七年)
具志堅和男「「トラック運転手」の労働運動――全港湾大阪支部の闘い」(『職場の人権』三四号、二〇〇五年。熊沢誠による「コメント」も収録)
熊沢誠『新編　日本の労働者像』ちくま学芸文庫、一九九三年
同　『働き者たち泣き笑顔――現代日本の労働・教育・経済社会システム』有斐閣、一九九三年
同　『能力主義と企業社会』岩波新書、一九九七年
同　『日本的経営の明暗』ちくま学芸文庫、一九九八年

同『女性労働と企業社会』岩波新書、二〇〇〇年
同『リストラとワークシェアリング』岩波新書、二〇〇三年
同『若者が働くとき――「使い捨てられ」も「燃えつき」もせず』ミネルヴァ書房、二〇〇六年
同『格差社会ニッポンで働くということ――雇用と労働のゆくえをみつめて』岩波書店、二〇〇七年
同「スト権スト・一九七五年日本」(清水慎三編著『戦後労働組合運動史論』日本評論社、一九八二年)
同「企業社会と労働」(『日本通史　第二一巻　現代2』岩波書店、一九九五年)
同「職場のいじめ・序説」(『労働法律旬報』一五三〇号、二〇〇二年)
同「偽装管理者問題の周辺」(『POSSE』二号、二〇〇八年)
経済企画庁国民生活局編『個人生活優先社会をめざして』大蔵省印刷局、一九九一年
厚生労働省「脳・心臓疾患及び精神障害等に係る労災補償状況(平成一九年度)について」IN情報
同『平成一八年度　労働経済白書』二〇〇六年
小杉礼子編『大学生の就職とキャリア――「普通」の就活・個別の支援』勁草書房、二〇〇七年
後藤正治『はたらく若者たちの記録』日本評論社、一九八三年
斎藤貴男『強いられる死――自殺者三万人超の実相』角川学芸出版、二〇〇九年
斉藤実『改訂版　よくわかる物流業界』日本実業出版社、二〇〇六年
猿田正機『トヨタシステムと労務管理』税務経理協会、一九九五年
同　編著『トヨタの労使関係』中京大学企業研究所、二〇〇九年
自殺実態解析プロジェクトチーム『自殺実態白書　二〇〇八　第二版』二〇〇八年

ＪＩＬ-ＰＴ（労働政策研究報告書一二二号）『日本の長時間労働・不払い労働時間の実態と実証分析』二〇〇五年
同（労働政策研究報告書六一号）『現代日本企業の人材マネジメント』二〇〇六年
渋谷望『魂の労働――ネオリベラリズムの権力論』青土社、二〇〇三年
清水一彦ほか編著『最新教育データブック――教育の全体像が見えてくる 第一二版』時事通信社、二〇〇八年
鈴木良始『日本的生産システムと企業社会』北海道大学図書刊行会、一九九四年
ストレス疾患労災研究会／過労死弁護団全国連絡会議編『激増する過労自殺――彼らはなぜ死んだか』皓星社、二〇〇〇年（各ケースについての担当弁護士の寄稿――川人博：電通大嶋事件、清水善朗／山本勝敏：川鉄渡邉事件、池上忍：オタフクソース木谷事件、大森秀昭：下田市観光課係長事件、松村文夫：サンコー飯島事件、小林義和：日立造船下中事件を所収）
全国過労死を考える家族の会編（構成・青山恵）『日本は幸福か――過労死・残された50人の妻たちの手記』教育史料出版会、一九九一年
総務省統計局『日本の統計』二〇〇八年版
同『平成一四年 就業構造基本調査報告全国編』二〇〇四年
同『日本の就業構造――平成一九年 就業構造基本調査の解説（および時系列統計表）』二〇〇九年
高谷知佐子「パワーハラスメントによる自殺に初の労災認定判決」（『労政時報』三七一九号、二〇〇八年）
田中芳子「なぜ、学校の先生はこんなにしんどいのか」（『職場の人権』五一号、二〇〇八年。伊藤正純による「コメント」も収録）

玉木一成「労働者の精神障害・自殺と労災補償・損害賠償」(前掲『激増する過労自殺』二〇〇〇年に所収)

徳永芳郎「働き過ぎと健康障害」(経済企画庁経済研究所編『経済分析』一三三号、一九九四年)

内藤朝雄『いじめの構造――なぜ人が怪物になるのか』講談社現代新書、二〇〇九年

中居さんの過労死裁判を支援する会(冊子)『あきらめたらあかん――大日本印刷中居過労死裁判一六年の記録』二〇〇六年

中生加康夫『「過労死」と妻たち』風媒社、一九八九年

西谷敏『規制が支える自己決定――労働法的規制システムの再構築』法律文化社、二〇〇四年

日本労働組合総連合会『れんごう政策資料』一四三号、二〇〇三年

日本労働弁護団『現代企業社会と労働者の権利』一九九七年(各ケースの担当弁護士の寄稿――藤本正：電通大嶋事件、池田直樹：椿本精工平岡事件を所収)

日本労働弁護団『日本労働弁護団の五〇年 第三巻』二〇〇七年(各ケースについての担当弁護士の寄稿――清水善朗：川鉄渡邉事件、池上忍：オタフクソース木谷事件、水野幹男：トヨタ久保田事件、岩井羊一：中部電力関川事件を所収)

野原光「多様な諸研究の対話の成立を目指して――自動車産業労働実態調査研究再検討の序章」(『日本労働社会学会年報』一八号、二〇〇八年)

野呂汎「小学校教員の過労死と公務上認定」(『労働法律旬報』一二三四号、一九九〇年)

ジョセフ・J・フッチニ、スージー・フッチニ『ワーキング・フォー・ザ・ジャパニーズ』中岡望訳、イースト・プレス、一九九一年

ジル・A・フレイザー『窒息するオフィス』森岡孝二監訳、岩波書店、二〇〇三年

本田由紀『軋む社会――教育・仕事・若者の現在』双風舎、二〇〇八年
松丸正「ノルマ競争の中で失われた定時意識――エース証券トップセールスマン過労死事件」ＩＮ情報
松本七哉「仮屋過労死事件の勝利について」ＩＮ情報
水野谷武志『雇用労働者の労働時間と生活時間』御茶の水書房、二〇〇五年
水野幹男「トレーラー運転手の過労死と審査請求中の取消訴訟の早期確定」(『労働法律旬報』一三七四号、一九九五年)
村山晃「寺西事件　店長の過労自殺は会社の責任」ＩＮ情報
ものがたり戦後労働運動史刊行委員会編『ものがたり戦後労働運動史Ｘ』第一書林、二〇〇〇年
森岡孝二『企業中心社会の時間構造――生活摩擦の経済学』青木書店、一九九五年
同『日本経済の選択――企業のあり方を問う』桜井書店、二〇〇〇年
同『働きすぎの時代』岩波新書、二〇〇五年
同『貧困化するホワイトカラー』ちくま新書、二〇〇九年
文部科学省「平成一九年度　児童生徒の問題行動等生徒指導上の諸問題に関する調査」ＩＮ情報
矢野恒太記念会編集・発行(日本国勢図会　長期統計版)『数字でみる日本の一〇〇年　改訂第五版』二〇〇六年
山口浩一郎「最新労災判例の詳解」(『月刊ろうさい』二〇〇八年一月号)
連合・中小企業対策局／連合総合生活開発研究所(冊子)『取引関係の現状と労働時間への影響』一九九三年
労働省『産業労働事情調査報告』一九九二年版
労働省・厚生労働省『賃金構造基本統計調査　職種別篇』各年版

同　『働く女性の実情』各年版
同　『女性労働白書』各年版
同　『労働者健康状況調査』各年版
同　『労働統計要覧』各年版
労働省労働基準局編著『労働時間白書――労働時間短縮の現状と課題』日本労働研究機構、一九九一年
脇山拓「亀井エース証券外務員過労死事件に業務上認定」ＩＮ情報

裁判資料

▼事件紹介順／職場名・被災者名（＊は仮名）／会社名は事件発生当時のもの／（行）は行政訴訟、（民）は民事（損害賠償）訴訟／判決全文のほか訴状、証人調書、労基署聴取書等を含む／ＩＮ情報とはインターネットによる判決文の入手を示す

梅田運輸・斉藤英治＊事件　（行）釧路地裁判決（『労働判例』七〇九号）
北信運輸・市川守＊事件　（行）大阪高裁判決（正本）
大阪淡路交通・織田清志＊事件　（行）神戸地裁判決、大阪高裁判決（ともに『労働判例』七四三号）
東宝運輸・植松伸剛事件　（行）名古屋地裁判決（『労働判例』六八四号）
日本運送・亀山豊事件　（行）中生加八九年（労災不支給処分文書、津地裁判決および名古屋高裁判決の要旨を原文どおりに収録）
永井製本・金井義治事件　（行）東京地裁判決、東京高裁判決（ともに過労死行政訴訟判例データベース、ＩＮ情報）
三菱電機・宮島昌夫＊事件　（行）静岡地裁判決（『労働判例』五九八号）、東京高裁判決（『労働判例』六九

六号）
大日本京都物流システム（大日本印刷の子会社）・中居和好事件　（行）大阪高裁判決（正本）
茨城新聞社・村上晃*事件　（行）水戸地裁判決（過労死行政訴訟判例データベース、ＩＮ情報）
富士銀行・岩田栄事件　（民）訴状、陳述書、民事第一審訴訟記録（証言速記録）
瑞鳳小学校・岡林正孝事件　（行）名古屋地裁判決（『労働法律旬報』一二三四号、一九九〇年）、最高裁判決（集民一七八号、ＩＮ情報）、名古屋高裁（差戻審）判決（ＩＮ情報）
吉田高校・大野芳温事件　（行）東京高裁判決（過労死行政訴訟被災者側勝訴判例八六号、ＩＮ情報）
豊正中学校・柏木恒雄事件　（行）名古屋地裁判決（『労働判例』六九六号）、名古屋高裁判決（『労働判例』七五〇号）
平田小学校・神尾修*事件　（行）盛岡地裁判決（『労働判例』八一〇号）、仙台高裁判決（『労働判例』八四三号）
教育出版社・本間輝久*事件　（行）福岡地裁判決（ＩＮ情報）
サンコー・飯島盛事件　（行）長野地裁判決（過労死行政訴訟判例データベース、ＩＮ情報）
トヨタ自動車・久保田敦事件　（行）名古屋高裁判決（過労死行政訴訟判例データベース、ＩＮ情報）
川崎製鉄・渡邉純一事件　（民）岡山地裁倉敷支部判決（正本）、訴状、陳述書、会社側準備書面、証人調書（証言速記録）
電通・大嶋一郎事件　（民）東京高裁判決（『労働判例』七二四号）、最高裁判決（正本）、川人〇六年（一審、控訴審、上告審の要旨を収録）
オタフクソース・木谷公治事件　（民）広島地裁判決（過労死民事訴訟判例データベース、ＩＮ情報）
アテスト／ニコン・上段勇士事件　（民）東京地裁判決（『労働判例』八九四号）

九州テン・伊達良樹*事件　(行)福岡地裁判決(『労働判例』九四四号)
北海道銀行・倉田精一*事件　(民)札幌地裁判決(『労働判例』八八九号)、札幌高裁判決(『労働判例』九五一号)
関東リョーショク・大崎和夫*事件　(行)東京地裁判決(『労働判例』九三五号)
山田製作所・小林祐二*事件　(民)福岡高裁判決(過労死民事判例七五号、IN情報)
エージーフーズ・寺西彰事件　(民)京都地裁判決(『労働判例』八九三号)
東陶情報システム・釘宮恵路事件　(民)釘宮美加陳述書、原告代理人訴状、釘宮美加及び証人調書(公判速記録)
日研化学・堀川恒雄*事件　(行)東京地裁判決(『労働判例』九五〇号)
中部電力・関川洋一*事件　(行)名古屋南労基署資料(関川美緒*などの陳述書、上司らの聴取書)、名古屋地裁判決(正本)、名古屋高裁判決(正本)、本人及び証人調書(一審公判の速記録)、その他(原告側訴状、関川洋一「主任としての心構え」ほか別紙証拠書類)
立正佼成会佼成病院・中原利郎事件　(行)東京地裁判決(『労働判例』九四一号)
JR西日本・服部匡起事件　(民)大阪地裁判決(正本)、大阪高裁判決(正本)、最高裁決定文書(冊子)ほか
トヨタ自動車・内野健一事件　(行)名古屋地裁判決(正本)、原告側訴状

あとがき

およそ二〇〇七年の夏以来、私は長年の仕事であった労働研究のまとめとして、ここ三〇年ほどの日本の労働、労働者、労使関係についての全般的な歴史を描きたいという思いにとらわれ、あらためて現代日本の労働史に関する文献や統計の収集と整理につとめるとともに、視野を広げるためさまざまの分野の現代史の記述を乱読していた。しかし、時間と健康には恵まれているものの、大学を退職して「地方」に住む「高齢者」の研究環境にはなにかと制約があって、作業は思うように進まない。そこで私は、〇八年はじめには、通史的な労働史をまとめることはいったん断念し、戦線を縮小して、限られたテーマにくわしく立ち入ることによってそこから日本の労働者の共通体験を透視してみようと考えるようになった。テーマの選択いかんでは、私なりに特徴的な労働史を書くことができるかもしれない……。

そんな早春のある日、私は近隣のブックオフの「一〇〇円コーナー」に、『日本は幸福か——過労死・残された50人の妻たちの手記』が埋もれているのをみつけたのだ。九一年刊のこの書は、かつて私も推薦人に加わった愛読書であり、本文で記したように、およそ日本の労働にいくらかの関心を抱く者には必読の文献である。働きすぎて現代日本に豊かさと「便利」を贈りながら斃れた無名の人びとの労働体験は、決して忘れ去られてはならない。労働史を透視できるような右の「限られたテーマ」を過労死、そして今ではさして例外的なことでなくなっている過労自殺に求めたい——そう思い定めたのは、この『妻たちの手記』をあらためて精読したときである。

それ以来、私は、この書に代表される死者たちの遺族の手記と、それをより具体的、実証的に裏付けるいくつかの裁判資料などの読み取りに没頭した。執筆をはじめたのは〇八年一二月半ばである。〇九年八月末の一応の脱稿まで、私の関心は、この真摯な働き手たちはどのような企業の要請に応えてどのように働き、どのように死んでしまったのか、夫や父親の死が労災と認定されるまでにはどのような苦闘が避けられなかったのかを理解することから一日も離れようとはせず、私のエネルギーのほとんどすべては、それらをできることなら情理をつくして文章に掬う努力に注がれていた。その成否を気に病んで、私はいくたびも「早朝覚醒」に陥ったものである。

本書は、八〇年代末に社会的に認知され今なお足音の絶えない過労死・過労自殺についての細部にまでこだわる物語であるとともに、その悲劇を招いた要因を探る研究であり、過労死・過労自殺に責任を負うべき企業労務やシステムを告発する発言であるとともに、なんらかの事情でやむなく死の臨界に赴いた人びとへの私なりの鎮魂の書ということができる。一人ひとりの過労死・過労自殺はどこまでも独自的ではあれ、そこにいたるまでの体験は八〇年代以降を生きた日本の労働者の多くにもなじみぶかいものにほかならない。いま痛切に願うことは、できるだけ多くの現役の働き手たちが、執拗にすぎるほど紹介された死の事例を読むことを通じて、「これは私にも起こりえたことかもしれない」と、みずからの勤労の日々を顧みてくださることである。

執筆の労働そのものは、私のおかれた立場上、進行の途上で他の研究者からの批評にまったく恵まれない孤独な営みであったとはいえ、ここまでくるにはもちろん多くの人びとのあたたかい協力があった。今回はとくに得難い資料の送付、資料の示唆、そしてときにヒアリングなどについて、中嶌清美さん(京都の過労死遺族の会)、トヨタ過労死裁判の原告・内野博子さん、それから東京の川人博氏、名古屋の水野幹男氏、大阪の岩城穣氏、岡山の清水善朗氏など、労災申請や裁判を通じて死者たちの遺族に寄り添い、過労死・過労自殺問題の社会的認知に力をつくしてこられた弁護士の先生方にふかい謝意を表したい。何人かの研究者、愛知県勤労会館労働図書資料室の方々にも、資料収集のうえでいくたびもお世話になった。また、コンピュータのハード、ソフト両面の使用においてまことに初歩的な「トラブル」(?・)に遭遇するたびに遠く西宮市から駆けつけてくださった甲南大学理工学部の道之前允直教授には、お礼の申し上げようもない。そしてもとより、岩波書店に感謝したい。編集者の中山永基氏には、前著『格差社会ニッポンで働くということ――雇用と労働のゆくえをみつめて』に引き続いて、私から依頼した本書の出版について、企画段階からさまざまの有益な示唆を惜しまれず、幸い出版が決まってからは、煩雑《はんざつ》な整理、校正をはじめとする業務の全体にわたって行き届いた配慮をいただいた。多くの方々のご尽力を得て、「大所高所」の眼にはあるいは「マイナー」にみえるかもしれない、このようなテーマの書物をいま出版できることの幸せを思うことしきりである。

八〇年代以降の日本の現代史を描く多くの論者にとって、「労働」は、政局や景気の変動、全共闘運動、消費ブームやサブカルチャーにくらべれば、まず関心の外にあったようである。わけても過労死・過労自殺は、それが日本の労働にまつわる宿痾《しゅくあ》とみなされているわりには、専門の労働研究者によってさえ立ち入った考察の対象とされることはあまりなかったかにみえる。そしてここ一〇年ほど、労働研究はもっぱら格差社会の底辺、非正規ワーキングプアの累積に焦点を絞っている。私自身も前著のなかで不十分ながら試みたことであり、ワーキングプアへの注目は今日、もちろん必須の要請であろう。だが、たとえば「漂流フリーター」や日雇派遣の若者の文字どおりの生活苦は、正社員の若者たちの、働きすぎの挙げ句に頻発する「心の危機」、退職、過労自殺……とまさに表裏一体なのだ。非正規雇用者を正社員にすればことはすむというものではなく、改善に向けた労働の構造分析はその両者を貫くものでなければならない。そう考えて私はひそかに、いまあらためて過労死・過労自殺に関する著作を世に問うことの意義をみずからに納得させようとしている。

二〇一〇年、厳冬

熊沢　誠

過労死・過労自殺の現時点——現代文庫版へのあとがきにかえて

死にいたるまでに働きすぎた労働者五〇人以上の職場の日々と、かけがえのない人を喪った遺族の告発の軌跡を細部にわたって綴り、企業社会ニッポンに潜むこの悲劇をもたらした重層的な要因を帰納法的に考察する。そんな内容の『働きすぎに斃れて——過労死・過労自殺の語る労働史』(二〇一〇年)は、私の研究生活後期の全エネルギーを注いだもっとも愛着ふかい著書であった。この作品はしかし、どちらかといえば学界外の多くの人びとから熱い共感が寄せられたとはいえ、「格差社会」や「労働組合運動」のようなより一般的なテーマを扱うその前後の拙著にくらべれば、読者はかなり限られていたかにみえ、版を重ねることなく二〇一五年頃には、過労死問題の講演会などでの販売を企図した関係者から品切れを嘆かれたりもしていた。それゆえ、このたび、この書が表題を変えて岩波現代文庫の一冊として刊行されることは、私にはそれでもう生を終えてもいいと思えるほどのよろこびである。

原著が扱ったのは、八〇年代からおよそ二〇〇七年頃までの過労死・過労自殺の事例であるが、文庫版刊行に際しては、統計・図表もふくめて叙述された内容にはなにも修正を加えず、校正は技術的なミスなどのチェックに留めた。けれども、記された事例のうち、その後に事態の推移があったものについては、ここに略記しておくべきだろう。以下、すべてのお名前の敬称を略す。

たとえば、京都のレストラン店長・寺西彰(九六年二月自死)の損害賠償裁判は、地裁勝訴のあと控訴がなされたとはいえ、ほどなく勝利和解にいたっている。堺市の中学教師・田村友子(九八年一〇月自死)は、ようやく一〇年三月、行政訴訟を通じて公務災害が認定された。一方、民事訴訟で遺族が地裁・高裁で敗訴した北海道銀行の倉田精一(仮名、〇一年二月自死)については、その後の上告においても成果のあった記録はない。二〇〇〇年代に入ると新任の女性教員の自殺が相次ぐ。そのうち静岡県磐田市の小学校教師・木村百合子(〇四年九月焼身自殺)と、東京都の小学校教師・森川尚美(仮名、〇六年六月自死)の場合は、それぞれ四年から七年を経て、地裁への行政訴訟によって公務災害を認定されている。

では近年、過労死・過労自殺の件数は、どのようなトレンドにあるだろうか。

歴年の厚労省「労災補償状況」を資料として、脳・心臓疾患、精神障害にわけ、二〇一二年から一七年までの労災請求件数、決定件数、支給決定件数(認定)、認定率の年平均値を、内数としての「うち死亡」の場合とともに、表示してみよう。

ここからはいくつかの事象が読み取れる。脳・心臓疾患では年八〇八件、精神疾患では一四九三件、死亡のみについてはそれぞれ二六六件、一九六件の労災請求がある。そして支給決定件数で示される「死亡の業務起因性」を認定された人も、高水準を保って、「伝統的な」過労死で一一二人、過労自殺で八八人、合わせて二〇〇人にのぼる。もちろん、請求されたけれど労災認定されなかった死亡、さらにその請求もされなかった死亡も考慮しなければならない。仕事で命を喪った人の実数が、この二〇〇人を遥かに超えることはいうまでもない。

この公認された二〇〇人の過労死・過労自殺には、どのような現時点的な特徴が認められるだろうか。

なによりも、精神疾患による労災と、過労自殺の著しい増加である。試みに上に表示された期間に先立つ二〇〇二〜一一年の一〇年間の年平均値をみれば、脳・心臓疾患については、労災請求件数は八四七件、認定は三二七件、死亡事案は請求三〇九件、認定一四一件であり、精神疾患については、請求八二六件、認定二〇七件、死亡(自殺)は請求一五二件、認定五八件であった。最近の広義の過労死問題の比重は、死亡事案もふくめて明らかに労災請求、認定ともに精神疾患・過労自殺に傾

2012–17年の労災補償状況(年平均)

	脳・心臓疾患	精神障害
請求件数	808(94)	1493(576)
決定件数	679(73)	1321(490)
支給決定件数	281(13)	481(150)
認定率	41.3(17.6)	36.5(30.1)
【うち死亡】		
請求件数	266(17)	196(16)
決定件数	257(17)	193(16)
支給決定件数	112(2)	88(3)
認定率	43.0(14.6)	44.5(21.1)
新たな支給決定	8(0)	18(3)
うち死亡案件	5(0)	9(0)

資料：厚労省調査
注1：認定率は支給決定件数を決定件数で除した数値(%)
注2：(　)内は女性
注3：新たな支給決定とは審査請求，再審査請求，訴訟等による旧処分取消しに伴う支給．決定件数の外数

いているということができる。では、その背景はなにか。

脳・心臓疾患も精神疾患もともに、強いられた過重労働――作業量決定の経営専制のもたらす厳しいノルマや納期の重圧――を基底要因とすることでは同じである。だが、精神疾患や過労自殺の相対的増加は、この基底要因に、近年とくに頻発する職場のパワーハラスメントが重なってきたという事情がある。労働法上の合法と非合法のグレーゾーンにあり、かつ集団というよりはすぐれて特定の個人がターゲットとされるパワハラ。それは職場における差別と人権抑圧のもっとも現時点的な形態であり、その蔓延《まんえん》は留まるところがないかにみえる。パワハラの労務管理上の背景やその具体像に関しては、ここに詳細を記す余裕はない。しかし、強化されてゆく個人選別の労務管理が惰力《だりょく》としてもつ上司のパワハラが、部下の労働者を心身の疲弊、孤立、無力感、そして自尊感情のまったき喪失に追い込み、その果てのメンタルヘルス不全を通じて、その臨界点での自死にいたらせるのだ。以下、過労自殺に焦点をすえて、忘れられない最近の悲劇の一端を紹介したい。

① 二〇〇八年八月、清涼飲料運送会社・日東フルラインのペットボトル補充係の男性(入社三カ月、二七歳)が、毎日六時～二二時の勤務、七月の残業一〇四時間という激務の末に縊《い》死《し》した。一〇年に労災認定され、遺族の損害賠償を求める提訴は一三年に勝利和解する。

② 〇八年六月、飲食チェーン・ワタミのキッチンスタッフ森美菜(入社二カ月、二六歳)が、月一四一時間もの残業の上、はばかりなく無償の献身を説く社風の研修などが重なる心身の

疲弊に耐えきれず、マンションの七階から身を投げる。その過酷な状況と会社の開き直りが広く暴露されたこの周知の事件は、一二年二月に労災認定され、その後、紆余曲折を経て、一五年八月、民事訴訟の場で賠償金支払いと謝罪、労務管理の改善を約して和解する。

③　北九州市で子ども・家庭関係の相談業務に熱意を燃やした嘱託相談員・森下佳奈(二七歳、一二年四月就業)は、一五年五月に睡眠薬過剰服用で自死する。繁忙と毎日つづく上司の問責・叱正で心身を壊し、就職一年後には重度の鬱病で退職したあとのことである。

④　一五年一二月、電通で自動車火災保険業務等で残業月一〇五時間におよぶ激務をハラスメントに耐えながらこなしていた東大卒の才媛、二四歳の高橋まつりが、心身の疲弊から心を病み自殺。母親のきっぱりした抗議もあって広く喧伝されたこの電通事件は、労災認定され、電通はずさんきわまる労働時間管理と安全配慮義務違反ゆえに刑事罰も受けている。

⑤　一六年一月、新潟市民病院に勤務する消化器外科の医師・木元文(三七歳)は、四カ月連続で二〇〇時間以上(最大月二五〇時間)という殺人的残業のなかで鬱病を発症し、睡眠薬をアルコールと摂取し自殺。一七年五月には労災認定されている。

⑥　一六年四月二〇日、関西電力の四〇代の技術課長が、出張先の東京でみずから命を絶つ。この課長は、高浜原発一、二号機の再稼働審査をめぐる原子力規制委員会との心労絶え間ない折衝で、二月〜四月には月一〇〇〜二〇〇時間の残業を余儀なくされていた。一六年一〇月には労災認定が報じられた。関電は地域と企業内にきびしい箝口令を敷いたという。

⑦　一七年四月、前月に失踪していた三信建設(新国立競技場建設工事の下請企業)の工事現

場監督(二三歳)の遺体が発見された。残業が月に一九〇時間以上の激務に、人手不足による工期の遅れの責任を理不尽に追及されるハラスメントが重なり精神障害を発症していたもの。約六カ月後、労災認定されている。

まさに氷山の一角ともいうべきわずかの事例ではあれ、これらの悲劇が、過重なノルマやきびしい納期が必然化する、信じられないほどの長時間労働を基本的要因とする関係は明瞭であろう。この点は過労死が社会問題として浮上した八〇年代以来なにも変わっていない。その上に、今や労働者の苦情申立て事項のトップに躍り出たいじめ・ハラスメントが重なっている……。

それぞれの過労自殺の背後にある職場生活の実相をもっとくわしく語りたい気持ちに駆られる。それに七つの挙例は死に誘われた人びとの属性的な構成比を正確に表してはいないだろう。それでもここからは、過労自殺の現時点的な特徴にもう少し接近することはできる。

その一。まず、若者の過労自殺が多い。二〇一七年度の労災補償状況調査によれば、認定された過労自殺は、年齢構成では二〇代で二三%、三〇代で二六%、四〇代で三一%で、マスコミの報道から印象づけられるほど若者に偏っているわけではない。過労自殺は全世代の労働者のものなのだ。だが、二三%という数値は、高度成長期とは異なり、今や若手従業員が入社早々から「成果」を求められる過重労働を課せられていること、技能においても抵抗の思想においてもなお脆弱な彼ら、彼女らがはじめて出遭う圧倒的な権威の行使である上司のパワハラにとりわけ傷つきやすいことは明示する。そして当然のことながら、若者の過労死を告発する遺族の多くは、かつての妻から両親、とりわけ母親に変わっている。

その二。新しい特徴のもうひとつは、女性の過労自殺がもう稀でないことだ。二〇一〇年の原著で述べたように、これまでの過労死・過労自殺は、すぐれて企業社会に内在的な存在であり、また「妻子を養う」ジェンダー規範にとらわれていた男性に多かった。しかし、一方では親や夫にパラサイトせず自分で生活費を賄いたい、他方では仕事のやりがいを求めたいという自立の志向が女性のなかに熟成してゆくにつれ、彼女らもまた、多少無理をしても仕事でがんばろうとするようになった。過労死者への女性の参入はそうした労働観と生活プランにおける男女平等の結果でもある。企業の能力・成果主義管理の驀進《ばくしん》は、過重労働・ハラスメントに対しても男性以上に傷つきやすい女性に対して容赦ないものになったからだ。労災補償統計は象徴的にも二〇一一年から「うち女性」を表示している。

その三。近年の特徴としてはさらに、厳密には今に始まったことではないとはいえ、男女ともに専門職の過労死・過労自殺が多くなったことに注目したい。この分野では仕事そのものに内在するやりがいゆえに、きびしすぎる納期やノルマに、「強制された自発性」の色濃い無理な対応をしてしまう関係が認められよう。自死ではないけれど、首都圏放送センターのＮＨＫ記者、三一歳の佐戸未和が、都知事選などの取材で月一六〇時間以上もの残業を続け、一三年七月に鬱血性心不全で死亡したことは、その典型例といえよう。あまりの過重労働が指摘されながら、「要員不足」がいつまでも抜本的に改善されない開発技術者、教師、医師などの界隈では、今後とも過労死・過労自殺が続発する蓋然性を否定できない。

以上と深く関わる問題領域として、若者や女性に普通のことになった非正規雇用化が、近年の過労死・過労自殺を語るとき無視できなくなった事実にも注目しておきたい。たとえば、事例①の日東フルライン・ペットボトル補充係の若者の自死は、非正規雇用のくりかえしのあと「やっと正社員になれたよ」と喜んでがんばった末のことであった。生活維持の困難な非正規雇用の体験は、正社員になったとき、企業の要請になかなか抗えず、しばしば働きすぎの求めに鞭《むち》うたれるままとなる。また、仕事そのものに生きがいを感じる女性専門職は、非正規雇用の不当な労働条件をさほど気にしないまま無理を重ねもする。とくに公務員の世界では、非正規なるがゆえ特別の抗議の難しさもある。事例③にみる臨時嘱託の相談員・森下佳奈の場合、地方公務員災害補償法によって、役所の所属部署が労災に当たるか否かを判断して市の鑑定委員会が認定する、つまり、本人や家族は労災申請できないという縛りがかけられていたのだ。非正規差別の極みといわねばならない。北九州市はそれを奇貨とし、上司のハラスメントゆえの死という訴えを門前払いする。母親が、市に対する損害賠償と労基法にもとづく遺族補償金を請求する提訴に踏み切ったのは当然であった。さらに一般論として、総じて単純労働を担う、外国人労働者をふくむ非正規労働者の大グループが、おそるべき長時間・高密度の労役のうちに斃れてしまう事件も、これからは頻発するだろう。彼ら、彼女らはとりわけ孤立しており、発言の機構や機会が乏しく、最小限の訴えに踏み切ることもむつかしいからである。

日本の労働者の心性は、労働組合が職場の労働や人間関係のありかたを規制できるという思想と行動に対する、絶望のシニシズムに深くむしばまれたままである。私は批判をこめてこの認識をくりかえし示したい。しかし一方、二〇一四年の頃には、現時点の日本の労働現場の働きすぎ・働かせすぎをこれ以上は放置できないという正当な問題意識が、総じてエコノミックアニマル志向の政財界や一般世論にもさすがに一定の反省を迫り、この年ようやく、過労死の遺族と過労死問題に関心を寄せてきた法律家や研究者の悲願であった法的規制、超党派の議員立法としての過労死等防止対策推進法(平成二六年法律一〇〇号)が制定されるにいたった。なにをいまさら！ と思われもするけれど、はじめて遺族の訴えを聴いて涙を流す議員もあったという。過労死防止を国・地方公共団体の責務とし、これに対する企業の協力を促すという法文はなお抽象的であるけれど、この法律にもとづいて、政府は過労死防止大綱を策定し、過労死白書を発表する。研究者たちも過労死防止学会を発足させている。

二〇一五年以降も広義の過労死が絶えなかったことに照らせば、新しい法律の効力はなお限定的である。もっとも、法律以上にいま検討すべきは、安倍内閣が二〇一八年六月二九日に強行採決した「働き方改革関連法」の、謳われた働きすぎの是正という目的にとっての実効性であろう。関連法にふくまれる正規・非正規の「処遇の平等化」についての辛辣な評価はしばらく措く。ここでは労働時間の短縮にしぼって最小限のコメントを加えよう。

関連法では、これが「画期的」とされる残業の罰則つき法的最大限を七二〇時間とするものの、繁忙期には、残業は二〜六カ月で月平均八〇時間、一カ月に限って一〇〇時間未満の水準が許される。思えばこの水準は、過労死の労災認定の目安なのだ。その上、マキシマムの七二〇時間は休日労働を含まず、企業が休日労働の慣行を続ければ、実際には、月八〇時間×一二カ月＝年九六〇時間の残業がなお可能である。長時間労働の法的規制の弱々しさは論をまたない。これで週六〇時間以上の労働者の比率が大きく下がることはないだろう。

同時により深刻な問題は、仕事の進め方が自己決定的であり、年収が平均の三倍にあたる一〇七五万円以上の特定の専門職にはいっさいの労働時間規制を外すという高度プロフェッショナル制度が、つよい反対を押し切ってついに導入されたことだ。導入の前提として、本人の同意、内容不明な「労使委員会」の決議、土・日の合計にすぎない年一〇四日以上・四週四日の休日取得が必要であるとされ、かつ企業は①勤務間インターバル制度、②働く時間の上限設定、③連続二週間の連続休暇、④臨時の健康診断のうち、いずれかを実施することを導入の条件としてはいる。しかし枢要の問題が手つかずである。そもそもどのような職務であろうとも、必要とされる労働時間は仕事のノルマや納期によって決まるものだが、それを自己決定できる労働者がどれほどいるだろうか？　日本の精鋭従業員は、きみもそろそろ時間で働くサラリーマンでなく、ビジネスマンとして成果を追求する高プロに挑戦してみないかと上司に誘われればきっと、やってみますと答えるだろう。その結果はおそらく、「強制された自発性」に駆動される過労死を招くまでの働きすぎである。

強行採決に身体を張って抗うことを放棄した連合をバックとする妥協的な野党は、高プロ導入の「付帯決議」の獲得を誇っている。そこでは労働基準監督行政の強化とともに、「使用者は、労働時間に関わる業務命令や指示、働き方の裁量を奪うような成果・業務量の要求、納期・期限の設定をしてはならないこと」を省令で明確化するという。高度専門職に限られるとはいえ、これはノルマ決定の経営専制を防ぐまことに画期的な規定だ。その言うやよし！　だが、あまりに抵抗力を失った「労働者代表」の連合に、たとえば労働政策審議会の場で、仕事量決定に関する経営権をチェックするような強力なプッシュを期待できるだろうか？　高プロは、上級ホワイトカラーを先達として広く日本の労働者を労働時間の規制なく働かせることができる企業体制への「トロイの木馬」にほかならない。

そのほか、実際の時間数はともかく「勤務間インターバル制度」を導入する企業比率を高める、有給休暇の取得率を五〇％に高めるという規定なども、現時点の労働者の休みかたの惨めさを考慮すれば意義ぶかいかもしれない。しかし、その実現もひっきょう、職場に根を下ろす強靭な労働運動のこれからの展開にかかっている。新自由主義を基本的な政策志向とする自民党内閣のもとでも労働改革はここまではきた、とはいえ、経済界の意向に沿って経営権の聖域に立ち入ることのない自民党内閣のもとでは、ここに留まったというべきか。

真摯《しんし》な働き手であった森美菜や高橋まつりは、そのときは救急の手立てに恵まれなかった。けれども、彼女らが臨界点での自死を前にして綴った悲鳴のようなＳＯＳは、無念の遺族らの告発行動とともに報道され、世論に木魂《こだま》し、ニッポン二〇一〇年代の市民や一部の政治家の行動を促して、政治の場で「ここまで」の労働改革はもたらしたといえよう。

だが、「ここまで」の限界を意識せざるをえない私は、過労死・過労自殺を労働現場で根絶するためには、労働組合こそが「個人の受難にどこまでも寄り添う」思想と行動を取り戻すことがやはり不可欠だという見果てぬ夢を追い続ける。過労死・過労自殺の重層的な要因の論理化にあたり、私は、働かせる企業労務、労働行政の不備と労働組合の機能不全、社会保障の日本的性格を考察した上で、「強制された自発性」に閉じ込められた労働者の主体意識のありかたに注目した。あえて労働者の主体性を凝視したのは、現時点の労働組合の国際相場を割る機能不全と、本来の組合運動のもつ可能性への労働者自身のあきらめとの、相互依存関係の克服を希求するからだ。労働組合の性格はひっきょう労働者の主体意識がつくる。企業内外の所与の条件に「強制されて」、生活のためであれ、仕事そのものへの内面的没入のゆえであれ、日本の労働者は、憑《つ》かれたように「自発的に」、ときには死ぬまでに働いてきた。いつもひとりだった。しかし今、働く人びとの主体性は、命と生活を守るためには、仕事のありかたについて発言できる、個人の受難に寄り添うことのできる連帯の労働組合運動の再構築に発揮されるべきであろう。普通の労働者と市民がそう気づくとき、長らくただ見送り続けてきた過労死の葬列の途絶える日がきっと訪れる。

二〇一八年、酷暑八月

熊沢　誠

本書は『働きすぎに斃れて——過労死・過労自殺の語る労働史』として小社より二〇一〇年二月に刊行された。

過労死・過労自殺の現代史――働きすぎに斃れる人たち

2018年12月14日　第1刷発行

著　者　熊沢《くまざわ》 誠《まこと》

発行者　岡本 厚

発行所　株式会社 岩波書店
〒101-8002 東京都千代田区一ツ橋 2-5-5
案内 03-5210-4000　営業部 03-5210-4111
現代文庫編集部 03-5210-4136
http://www.iwanami.co.jp/

印刷・精興社　製本・中永製本

ISBN 978-4-00-600396-8　Printed in Japan

岩波現代文庫の発足に際して

新しい世紀が目前に迫っている。しかし二〇世紀は、戦争、貧困、差別と抑圧、民族間の憎悪等に対して本質的な解決策を見いだすことができなかったばかりか、文明の名による自然破壊は人類の存続を脅かすまでに拡大した。一方、第二次大戦後より半世紀余の間、ひたすら追い求めてきた物質的豊かさが必ずしも真の幸福に直結せず、むしろ社会のありかたを歪め、人間精神の荒廃をもたらすという逆説を、われわれは人類史上はじめて痛切に体験した。

それゆえ先人たちが第二次世界大戦後の諸問題といかに取り組み、思考し、解決を模索したかの軌跡を読みとくことは、今日の緊急の課題であるにとどまらず、将来にわたって必須の知的営為となるはずである。幸いわれわれの前には、この時代の様ざまな葛藤から生まれた、人文、社会、自然諸科学をはじめ、文学作品、ヒューマン・ドキュメントにいたる広範な分野のすぐれた成果の蓄積が存在する。

岩波現代文庫は、これらの学問的、文芸的な達成を、日本人の思索に切実な影響を与えた諸外国の著作とともに、厳選して収録し、次代に手渡していこうという目的をもって発刊される。いまや、次々に生起する大小の悲喜劇に対してわれわれは傍観者であることは許されない。一人ひとりが生活と思想を再構築すべき時である。

岩波現代文庫は、戦後日本人の知的自叙伝ともいうべき書物群であり、現状に甘んずることなく困難な事態に正対して、持続的に思考し、未来を拓こうとする同時代人の糧となるであろう。

（二〇〇〇年一月）

岩波現代文庫［学術］

G334
差異の政治学 新版
上野千鶴子

「われわれ」と「かれら」、「内部」と「外部」との間にひかれる切断線の力学を読み解き、フェミニズムがもたらしたパラダイム・シフトの意義を示す。

G335
発情装置 新版
上野千鶴子

ヒトを発情させる、「エロスのシナリオ」を徹底解読。時代ごとの性風俗やアートから、性のアラレもない姿を堂々と示す迫力の一冊。

G336
権力論
杉田敦

われわれは権力現象にいかに向き合うべきか。『思考のフロンティア 権力』と『権力の系譜学』を再編集。権力の本質を考える際の必読書。

G337
境界線の政治学 増補版
杉田敦

国家の内部と外部、正義と邪悪、文明と野蛮の境界線にこそ政治は立ち現れる。近代の政治理解に縛られる我々の思考を揺さぶる論集。

G338
ジャングル・クルーズにうってつけの日
―ヴェトナム戦争の文化とイメージ―
生井英考

アメリカにとってヴェトナム戦争とはどのような経験だったのか。様々な表象を分析しながら戦争の実相を多面的に描き、その本質に迫る。

2018. 12

岩波現代文庫[学術]

G339
書誌学談義 江戸の板本
中野三敏

江戸の板本を通じて時代の手ざわりを実感するための基礎知識を、近世文学研究の泰斗がわかりやすく伝授する、和本リテラシー入門。

G340
マルク・ブロックを読む
二宮宏之

現代歴史学に革命をおこし、激動の時代を生きたブロック。その波瀾万丈な生涯の軌跡と作品世界についてフランス史の碩学が語る。〈解説〉林田伸一

G341
日本語文体論
中村明

日本語の文体の特質と楽しさを具体的に分かり易く説いた一冊。日本語の持つ魅力、楽しさが、作家の名表現を紹介しながら縦横に語られる。

G342
歴史を哲学する
―七日間の集中講義―
野家啓一

「歴史的事実」とは何か？ 科学哲学・分析哲学の視点から「歴史の物語り論」「歴史修正主義論争」など歴史認識の問題をリアルな講義形式で語る、知的刺激にあふれた本。

G343
南部百姓命助の生涯
―幕末一揆と民衆世界―
深谷克己

幕末東北の一揆指導者・命助の波瀾の生涯をたどり、人々の暮らしの実態、彼らの世界観、時代のうねりを生き生きと描き出す。

G344
〈物語と日本人の心〉コレクションⅠ
源氏物語と日本人
―紫マンダラ―
河合隼雄
河合俊雄編

『源氏物語』の主役は光源氏ではなく、紫式部だった？　臨床心理学の視点から、現代社会を生きる日本人が直面する問題を解く鍵を提示。〈解説〉河合俊雄

G345
〈物語と日本人の心〉コレクションⅡ
物語を生きる
―今は昔、昔は今―
河合隼雄
河合俊雄編

日本の王朝物語には、現代人が自分の物語を作るための様々な知恵が詰まっている。河合隼雄が心理療法家独特の視点から読み解く。〈解説〉小川洋子

G346
〈物語と日本人の心〉コレクションⅢ
神話と日本人の心
河合隼雄
河合俊雄編

日本人の心性の深層に存在する日本神話の意味と魅力を、世界の神話・物語との比較の中で分析し、現代社会の課題を探る。〈解説〉中沢新一

G347
〈物語と日本人の心〉コレクションⅣ
神話の心理学
―現代人の生き方のヒント―
河合隼雄
河合俊雄編

神話の中には、生きるための深い知恵が詰まっている！　現代人が人生において直面する悩みの解決にヒントを与える「神々の処方箋」。〈解説〉鎌田東二

G348
〈物語と日本人の心〉コレクションⅤ
昔話と現代
河合隼雄
河合俊雄編

昔話に出てくる殺害、自殺、変身譚、異類聟、夢などは何を意味するのか。現代人の心の課題を浮き彫りにする論集。岩波現代文庫オリジナル版。〈解説〉岩宮恵子

2018. 12

岩波現代文庫[学術]

G349
〈物語と日本人の心〉コレクションⅥ 定本 昔話と日本人の心
河合隼雄
河合俊雄編
ユング心理学の視点から、昔話のなかに日本人独特の意識を読み解く。著者自身による解題を付した定本。〈解説〉鶴見俊輔

G350
改訂版 なぜ意識は実在しないのか
永井均
「意識」や「心」が実在すると我々が感じる根拠とは？ 古くからの難問に独在論と言語哲学・分析哲学の方法論で挑む。進化した永井ワールドへ誘う全面改訂版。

G351-352
定本 丸山眞男回顧談(上・下)
松沢弘陽
植手通有編
平石直昭
自らの生涯を同時代のなかに据えてじっくりと語りおろした、昭和史の貴重な証言。読解に資する注を大幅に増補した決定版。下巻に人名索引、解説(平石直昭)を収録。

G353
宇宙の統一理論を求めて
—物理はいかに考えられたか—
風間洋一
太陽系、地球、人間、それらを造る分子、原子、素粒子。この多様な存在と運動形式をどのように統一的にとらえようとしてきたか。科学者の情熱を通して描く。

G354
トランスナショナル・ジャパン
—ポピュラー文化がアジアをひらく—
岩渕功一
一九九〇年代における日本の「アジア回帰」を通して、トランスナショナルな欲望と内向きのナショナリズムとの危うい関係をあぶり出した先駆的研究が最新の論考を加えて蘇る。

2018.12

G355
ニーチェかく語りき
三島憲一

ニーチェを後世の芸術家や思想家はどう読んだのか。ハイデガーや三島由紀夫らが共感した言葉を紹介し、ニーチェ読解の多様性を論ずる。岩波現代文庫オリジナル版。

G356
江戸の酒
—つくる・売る・味わう—
吉田元

酒づくりの技術が確立し、さらに洗練されていった江戸時代の、日本酒をめぐる歴史・社会・文化を、史料を読み解きながら精細に描き出す。〈解説〉吉村俊之

G357
増補 日本人の自画像
加藤典洋

日本人というまとまりの意識によって失われたものとは何か。開かれた共同性に向けた、「内在」から「関係」への〝転轍〟は、どのようにして可能となるのか。

G358
自由の秩序
—リベラリズムの法哲学講義—
井上達夫

「自由とは何か」を理解するには、「自由」を可能にする秩序を考えなくてはならない。法哲学の第一人者が講義形式でわかりやすく解説。

G359-360
「萬世一系」の研究（上・下）
—「皇室典範的なるもの」への視座—
奥平康弘

新旧二つの皇室典範の形成過程を歴史的に検証、日本国憲法下での天皇・皇室のあり方について議論を深めるための論点を提示する。〈解説〉長谷部恭男（上）、島薗進（下）

岩波現代文庫［学術］

G361
日本国憲法の誕生 増補改訂版
古関彰一

第九条制定の背景、戦後平和主義の原点を見つめながら、現憲法制定過程で何が起きたかを解明。新資料に基づく知見を加えた必読書。

G363
語る藤田省三
—現代の古典をよむということ—
竹内光浩
本堂明
武藤武美
編

ラディカルな批評精神をもって時代に対峙し続けた「談論風発」の人・藤田省三。その鮮烈な「語り」の魅力を再現する。岩波現代文庫オリジナル版。〈解説〉宮村治雄

G364
レヴィナス
—移ろいゆくものへの視線—
熊野純彦

レヴィナスが問題とした「時間」「所有」「他者」とは何か？　難解といわれる二つの主著のテクストを丹念に読み解いた名著。〈解説〉佐々木雄大

G365
靖国神社
—「殉国」と「平和」をめぐる戦後史—
赤澤史朗

戦没者の「慰霊」追悼の変遷を通して、国家観・戦争観・宗教観こそが靖国神社をめぐる最大の争点であることを明快に解き明かす。〈解説〉西村明

G366
貧困と飢饉
アマルティア・セン
黒崎卓
山崎幸治
訳

世界各地の「大飢饉」の原因は、食料供給量の不足ではなく人々が食料を入手する権原（能力と資格）の剥奪にあることを実証した画期的な書。

2018.12

岩波現代文庫[学術]

G367
アイヒマン調書
―ホロコーストを可能にした男―
ヨッヘン・フォン・ラング編
小俣和一郎訳

ナチスによるユダヤ人殺戮のキーマン、アイヒマン。八カ月、二七五時間にわたる尋問調書から浮かび上がるその人間像とは？
〈解説〉芝 健介

G368
新版 はじまりのレーニン
中沢新一

西欧形而上学の底を突き破るレーニンの唯物論はどのように形成されたのか。ロシア革命一〇〇年の今、誰も書かなかったレーニン論が蘇る。

G369
歴史のなかの新選組
宮地正人

信頼に足る史料を駆使して新選組のリアルな実像に迫り、幕末維新史のダイナミックな構造の中でとらえ直す、画期的〝新選組史論〟。「浪士組・新徴組隊士一覧表」を収録。

G370
新版 漱石論集成
柄谷行人

思想家柄谷行人にとって常に思考の原点であった漱石に関する評論、講演録等を精選し、集成。同時代の哲学・文学との比較など多面的な切り口からせまる漱石論の決定版。

G371
ファインマンの特別講義
―惑星運動を語る―
D・L・グッドスティーン
J・R・グッドスティーン
砂川重信訳

知られざるファインマンの名講義を再現。三角形の合同・相似だけで惑星の運動を説明。再現にいたる経緯やエピソードも印象深い。

2018. 12

G372
ラテンアメリカ五〇〇年
―歴史のトルソー―
清水　透

ヨーロッパによる「発見」から現代まで、約五〇〇年にわたるラテンアメリカの歴史を、独自の視点から鮮やかに描き出す講義録。

G373
〈仏典をよむ〉1 ブッダの生涯
中村　元
前田專學監修

誕生から悪魔との闘い、最後の説法まで、ブッダの生涯に即して語り伝えられている原始仏典を、仏教学の泰斗がわかりやすくよみ解く。〈解説〉前田專學

G374
〈仏典をよむ〉2 真理のことば
中村　元
前田專學監修

原始仏典で最も有名な「法句経」、仏弟子たちの「告白」、在家信者の心得など、人の生きる指針を説いた数々の経典をわかりやすく解説。〈解説〉前田專學

G375
〈仏典をよむ〉3 大乗の教え(上)
―般若心経・法華経ほか―
中村　元
前田專學監修

『般若心経』『金剛般若経』『維摩経』『法華経』『観音経』など、日本仏教の骨格を形成した初期の重要な大乗仏典をわかりやすく解説。〈解説〉前田專學

G376
〈仏典をよむ〉4 大乗の教え(下)
―浄土三部経・華厳経ほか―
中村　元
前田專學監修

浄土教の根本経典である浄土三部経、菩薩行を強調する『華厳経』、護国経典として名高い『金光明経』など日本仏教に重要な影響を与えた経典を解説。〈解説〉前田專學

2018.12

G377
済州島四・三事件
―「島《タムナ》のくに」の死と再生の物語―
文京洙

一九四八年、米軍政下の朝鮮半島南端・済州島で多くの島民が犠牲となった凄惨な事件。長年封印されてきたその実相に迫り、歴史と真実の恢復への道程を描く。

G378
平面論
―一八八〇年代西欧―
松浦寿輝

イメージの近代は一八八〇年代に始まる。さまざまな芸術を横断しつつ、二〇世紀の思考の風景を決定した表象空間をめぐる、チャレンジングな論考。〈解説〉島田雅彦

G379
新版 哲学の密かな闘い
永井均

人生において考えることは闘うこと――哲学者・永井均の、「常識」を突き崩し、真に考える力を養う思考過程がたどれる論文集。

G380
ラディカル・オーラル・ヒストリー
―オーストラリア先住民アボリジニの歴史実践―
保苅実

他者の〈歴史実践〉との共奏可能性を信じ抜く――それは、差異と断絶を前に立ち竦む世界に、歴史学がもたらすひとつの希望。〈解説〉本橋哲也

G381
臨床家 河合隼雄
谷川俊太郎
河合俊雄編

多方面で活躍した河合隼雄の臨床家としての姿を、事例発表の記録、教育分析の体験談、インタビューなどを通して多角的に捉える。

岩波現代文庫［学術］

G382
思想家　河合隼雄
中沢新一
河合俊雄編

心理学の枠をこえ、神話・昔話研究から日本文化論まで広がりを見せた河合隼雄の著作。多彩な分野の識者たちがその思想を分析する。

G383
河合隼雄語録
カウンセリングの現場から
河合隼雄
河合俊雄編

京大の臨床心理学教室での河合隼雄のコメント集。臨床家はもちろん、教育者、保護者などにも役立つヒント満載の「こころの処方箋」。〈解説〉岩宮恵子

G384
新版 占領の記憶 記憶の占領
―戦後沖縄・日本とアメリカ―
マイク・モラスキー
鈴木直子訳

日本にとって、敗戦後のアメリカ占領は何だったのだろうか。日本本土と沖縄、男性と女性の視点の差異を手掛かりに、占領文学の時空間を読み解く。

G385
沖縄の戦後思想を考える
鹿野政直

苦難の歩みの中で培われてきた曲折に満ちた沖縄の思想像を、深い共感をもって描き出し、沖縄の「いま」と向き合う視座を提示する。

G386
沖縄の淵
―伊波普猷とその時代―
鹿野政直

「沖縄学」の父・伊波普猷。民族文化の自立と従属のはざまで苦闘し続けたその生涯と思索を軸に描き出す、沖縄近代の精神史。

2018. 12

岩波現代文庫［学術］

G387
『碧巌録』を読む
末木文美士

「宗門第一の書」と称され、日本の禅に多大な影響をあたえた禅教本の最高峰を平易に読み解く。「文字禅」の魅力を伝える入門書。

G388
永遠のファシズム
ウンベルト・エーコ
和田忠彦訳

ネオナチの台頭、難民問題など現代のアクチュアルな問題を取り上げつつファジーなファシズムの危険性を説く、思想的問題提起の書。

G389
自由という牢獄
―責任・公共性・資本主義―
大澤真幸

大澤自由論が最もクリアに提示される主著が文庫に。自由の困難の源泉を探り当て、その新しい概念を提起。河合隼雄学芸賞受賞作。

G390
確率論と私
伊藤清

日本の確率論研究の基礎を築き、多くの俊秀を育てた伊藤清。本書は数学者になった経緯や数学への深い思いを綴ったエッセイ集。

G391-392
幕末維新変革史(上・下)
宮地正人

世界史的一大変革期の複雑な歴史過程の全容を、維新期史料に通暁する著者が筋道立てて描き出す、幕末維新通史の決定版。下巻に略年表・人名索引を収録。

2018. 12

岩波現代文庫［学術］

G393
不平等の再検討
—潜在能力と自由—
アマルティア・セン
池本幸生
野上裕生 訳
佐藤 仁

不平等はいかにして生じるか。所得格差の面からだけでは測れない不平等問題を、人間の多様性に着目した新たな視点から再考察。

G394-395
墓標なき草原（上・下）
—内モンゴルにおける文化大革命・虐殺の記録—
楊 海 英

文革時期の内モンゴルで何があったのか。体験者の証言、同時代資料、国内外の研究から、隠蔽された過去を解き明かす。司馬遼太郎賞受賞作。〈解説〉藤原作弥

G396
過労死・過労自殺の現代史
—働きすぎに斃れる人たち—
熊 沢 誠

ふつうの労働者が死にいたるまで働くことによって支えられてきた日本社会。そのいびつな構造を凝視した、変革のための鎮魂の物語。

G397
小林秀雄のこと
二宮正之

自己の知の限界を見極めつつも、つねに新たな知を希求し続けた批評家の全体像を伝える本格的評論。芸術選奨文部科学大臣賞受賞作。

2018. 12